U0094460

PUBLIC SPEAKING

An Audience-Centered Approach
9th Edition

演讲课

听者为重
原书第9版

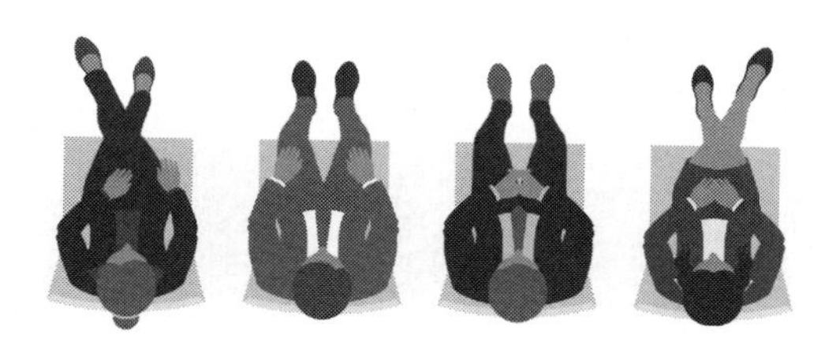

[美]史蒂文·A. 毕比（Steven A. Beebe）［美］苏珊·J. 毕比（Susan J. Beebe）著
张蓉蓉 译

上海文化出版社

谨以此书献给我们的父母，
拉塞尔·毕比和缪丽尔·毕比，
赫布·戴伊和简·戴伊

以及我们的孩子，
马克·毕比、马修·毕比以及布列塔尼·毕比

序　言

第九版《演讲课：听者为重》作为入门读物，意在帮助读者成为更好的公共演说家。我们高兴地看到，自二十多年前本书第一次出版后，公共演讲课程的教师和学生都认为这本书对提升公共演讲技巧非常有用。通过增加新的特色和保留之前版本中最为成功的元素，我们力求使最新的版本成为帮助读者提升演说技巧的卓越工具。

第九版新增内容

我们完善、更新了您手中这本书，以此创建一个强大而现代的资源，用以帮助演讲者同他们的观众建立联系。我们添加了几个新的板块，同时也对获得赞誉的部分进行了修订。

对首次演说进行支持

作为对使用本书的教师所提建议的回应，我们在新版中增加了第二章：呈现你的首次演讲。这一章在公共演讲课程的前期为学生提供建议，使其有效地、自信地进行初期的演讲，从而对以观众为中心的演讲模型有一个简明的总体印象。

新增板块和更新板块

在第九版中，新的**学习目标**出现在每一章的开头部分，为学生提供掌握本章内容的策略和关键点。目标还会以关键点的形式再次出现在该章中，以此来帮助学生检测自己的进步和监督自己的学习。修正扩充后的**学习指导**出现在每章的最后，用以复习学习目标和关键词，指导学生认真思考概念和相关伦理问题。我们还增加了更多的页面边缘**概述**框及表格来帮助学生检验他们对概念的理解，为考试进行复习，以及在他们准备演讲时提示关键建议。最后，我们还修正并扩充了贯穿本书始终的**一步一步地规划你的演讲**板块中的例子。

新的演讲

我们在全书范围内增加了带有注释的学生演讲以及演讲范例。另外，经过修改后的附录 B 中每一篇演讲都是全新的、经过挑选的，为读者提供了各种不同的有效演讲的范例。

全新的范例和例证

为帮助学生掌握公共演讲的艺术，整合在每一章内的全新的范例和例证都会提供古典和现代范例。和之前的版本一样，我们也借鉴了学生演讲稿和知名人士的演讲稿。

每一章中新增的材料

除了这些新增和扩充的板块外，我们对每一章都进行了修订，增加了全新的范例和例证，并援引了最新的研究结论。以下是对我们所做的改变和修订的总结：

第一章　自信地演讲

- 通过将公共演讲与对话进行比较，向学生展示演讲是建立在他们已经掌握的技能的基础上的，以此来帮助学生建立信心。
- 补充了公开演讲在改善就业机会和培养批判性思维能力方面的益处。
- 扩充后的公共演讲历史总结中增加了关于罗马雄辩家的探讨和关于如今沟通技术的探讨。
- 更新后的研究强化了对克服演讲焦虑以及建立自信心的建议。

第二章　呈现你的首次演讲

- 新增加的这一章提供了以观众为中心的演讲过程的概观，对在学期初就被指定发表演讲的学生的演讲准备过程起到推动作用。
- 提供了通过视频会议以及其他相似的沟通技术进行有效演讲的建议。
- 新增的首次演讲实例帮助学生了解其他演讲者如何成功应用本章中所讨论的概念。

第三章　合乎伦理地演讲

- 贯穿整章的新增示例具备资料的当前性以及同读者之间的相关性。

第四章　倾听演讲

- 本章经过简化，删除了将接受者的焦虑作为一种倾听障碍的探讨。
- 更新了对倾听方式的讨论，帮助学生发挥自身特殊倾听方式的优势并克服其中的困难。
- 在评估其他演讲者时，学生可以以新增的图示为指导或评估表单。
- 贯穿整章的更新研究具备资料的当前性以及同读者之间的相关性。

第五章　分析观众

- 更新了对性、性别以及性取向的探讨，强调观众多样性。
- 在本章首次出现更新后的**一步一步地规划你的演讲**页缘框，为学生提供关于怎样践行以观众为中心的演讲理念的扩展示例。

第六章　规划演讲

- 更新了潜在演讲主题清单，鼓励学生自己围绕主题展开头脑风暴。
- 贯穿于受欢迎的这一章的新增示例具备资料的当前性以及同读者之间的相关性。

第七章　收集并使用支持材料

- 更新了关于网络信息源的部分内容，添加了对维基百科和网站域名的探讨，用以指导学生批判性地看待他们在网上找到的信息。
- 贯穿整章的新增示例展示了如何有效地整合章节中讨论到的不同类型的支持材料。

第八章　组织并概述你的演讲

- 本章整合了关系密切的、关于组织和概述演讲的两章。
- 本章删除了对演讲提纲的探讨，因为对许多演讲者来说，演讲提纲和发言稿是同义词。
- 修正了关于指示标识的探讨，帮助学生理解指示标识怎样协助他们将信息传达给观众。
- 本章提供帮助学生评估科技方案的信息，如使用平板电脑保存演讲笔记。
- 新增的**准备提纲示例**提供了完整的组织和概述的最佳实践范例。

第九章　引入并总结你的演讲

- 新增了从学生演讲者以及经验丰富的演讲者处获得的有效的引言和总结的示例，向学生展示怎样运用本章描述的技巧。

第十章　有效地运用语言：演讲者的语言和风格

- 新增了表格，通过增加对肯尼迪在就职演说中使用的令人难忘的词语结构的可视化分析，巩固学生们的理解。
- 新增示例用以阐明暗喻、倒装、省略、比拟、对照和头韵的用法。

第十一章　发表演讲

- 本章提供了额外的指导，当你在用视频或者类似技术发表演讲时，要有效地运用眼神接触、手势和面部表情。

- 在对于使用麦克风以及穿着合适的服装的探讨中更新了对当前趋势的建议。

第十二章　使用演示辅助工具

- 更新了关于二维演示辅助工具的信息，讨论了对照片、图画、地图、曲线图和图表等“旧式方式”，以及在电脑上生成的演示辅助工具的使用。
- 对电脑生成的演示辅助工具的讨论已经从演示文稿（PowerPoint）扩展到了其他流行的演示软件。
- 更新了关于使用视频辅助工具和音频辅助手段的探讨，涉及对现代技术，如智能手机，及演示辅助工具云存储功能的评价。这些现代技术使演讲者可以轻松制作视频和音频辅助工具。

第十三章　信息性演讲

- 新增了关于故事讲述的信息，有助于学生了解故事的普遍吸引力及其在获取和维护观众注意力上的用途。
- 贯穿整章的新增示例具备资料的当前性以及同读者之间的相关性。

第十四章　理解说服性演讲的原则

- 扩展讨论，阐明示例，巩固学生对认知失调理论的理解。
- 通过说明、示例帮助学生理解同说服相关的理论，以及如何将这一理论运用到以观众为中心的说服性演讲模式的每一个步骤。

第十五章　使用说服性策略

- 关于迹象推理的新增部分扩充了学生可以在说服性演讲中使用的推理技巧。
- 通过引入各种技术，提醒演讲者重视观众在公共演讲中的核心作用，增加了关于适应文化多样化观众的说服性技巧的建议。
- 新增的**说服性演讲示例**为学生提供完整的示范，展示了怎样使用激励序列及其他说服原则。

第十六章　特殊场合及特殊目的演讲

- 新增的开场示例以纯经济证据强化了公共演讲的价值。
- 本章新增的示例展示了正式场合的演说范例，包括毕业致辞、基调发言、悼词和幽默演讲。

这一版本依然保留了成功的板块

第九版《演讲课：听者为重》的目标和之前的八个版本一样：成为兼具实用性和使用方便性的指导用书，帮助演讲者将他们的内心和思想同观众联系起来。在增加了强大的新鲜板块和内容，来帮助学生成为训练有素的公共演讲者的同时，我们也尽力保留了学生和教师们最爱的部分。具体来说，我们保留了在之前的版本中被证明比较成功的五个重点板块：以观众为中心的方法，我们对克服交流恐惧的关注，我们对伦理的关注，我们对多样性的关注，以及我们对技能提升的关注。

以观众为中心的方法

这本书突出的就是以观众为中心的方法。2300多年以前，亚里士多德（Aristotle）说过："演讲包含三个要素：演讲者、演讲主题和演讲针对的对象，最后一项要素，即观众，是演讲的目的所在。"我们认为亚里士多德是正确的。一个好的演讲者会以观众的需求、价值观和期望为中心，在规划和发表演讲的过程中将观众置于首位。因此，确切地说，是观众书写了演讲。有效且合乎伦理的公共演讲不只是简单地告诉观众那些他们想听到的内容——这是一种操纵性的、以演讲者为中心的方法。相反，以观众为中心的演讲者在不摒弃自己目的的同时，会对观众的兴趣做出合乎伦理的回应。

对于一本公共演讲书来说，对观众进行分析并不是稀奇或特别的事。但以观众为中心的方法的特别之处在于，我们对观众的分析并不局限于单独的章节之中；相反，我们对"考虑观众"的重要性的强调，贯穿了准备和发表演讲的过程。从本书一开始对公共演讲过程的总体介绍，到本书的最后一章，我们一直在强调把观众放在首位的积极作用，帮助读者更好地同观众建立联系。

准备和发表演讲的过程包含一系列步骤。以观众为中心的模式将准备演讲和发表演讲的步骤同考虑观众的进程整合在一起。在右边展示并在第二章中进行详细介绍的"以观众为中心"的公共演讲模型，会在本书中多次出现，提醒学生准备演讲和发表演讲过程中的相关步骤，同时强调考虑观众的重要性。将这个模型视为一个钟表，演讲者在十二点处以"选择并缩小主题"开启这一过程，然后顺时针移动到"发表演讲"。准备和发表演讲过程中的每一个步骤都和模型中间标记着"考虑观众"的部分相接。连接中心和各个步骤的箭头表明观众是如何影响着设计和展示演讲过程中的每一个步骤的。中心过程"考虑观众"周围的双向箭头表示，演讲者有时会

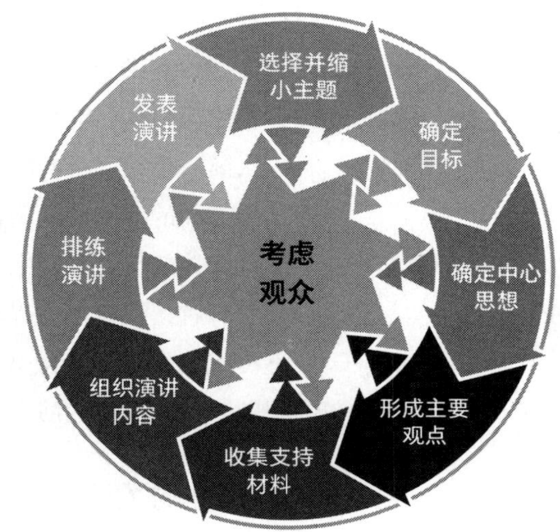

资料来源：Copyrighted by Pearson Education, Upper Saddle River, NJ

因为进一步的信息或者考虑到了观众而修正之前的某一个步骤。例如，一位演讲者可能会在收集支持材料之后回过头来修改演讲目标。视觉型学习者特别喜欢用模型展示整个公共演讲的过程。对有些人来说，在演讲准备开始前对整个过程有所概观效果最好，他们会更喜欢形象的、易于理解的介绍。

在这本书的开始介绍了这个模型之后，本书很多地方都会出现这个模型，继续强调模型中心“考虑观众”的重要性。好几章中都会出现该模型的突出显示版，提醒读者以观众为中心的演讲过程进行到了哪一步。同样，突出显示的模型也出现在**一步一步地规划你的演讲**框中。这个模型的缩小版会起视觉提示作用，图标将出现在页面边缘。**当你看到这个图标时，它是在提醒你，当前页提供的材料对于考虑观众具有特殊意义。**

对交流恐惧的关注

阻碍一个演讲者，尤其是一个公共演讲新手，同观众相联系的最大的因素之一就是恐惧。对失败的恐惧，对忘词或笨嘴拙舌的恐惧是主要的干扰。在这一版中，我们通过让学生关注他们的观众而非恐惧来帮助他们克服同别人讲话时的恐惧。我们对第一章中关于交流恐惧的内容进行了更新和扩充，添加了我们能够找到的最新研究成果，帮助学生克服许多人在进行公共演讲时都会经历的焦虑。为了帮助学生们在学习公共演讲的过程中使用树立自信的策略，我们在每一章的**自信地同你的观众建立联系**板块，提供了有力的应对焦虑的建议。

对伦理的关注

以观众为中心并不意味着演讲者只给观众讲述他们想听到的内容，如果你不忠于你自己的价值观，那你将会变成操控别人、没有伦理意识的交流者，而不是以观众为中心的演讲者。以观众为中心的演讲者会明确地表达真实的信息，在使用有效的方式确保信息的清晰度和可信度的同时让观众去选择如何进行回应。

从第一章起，我们将以观众为中心的演讲同合乎伦理的演讲相联结。我们在修辞技巧方面的原则和策略都植根于伦理原则，这些原则能够帮助演讲者清晰地表达与观众相关的信息。我们不但用了一整章（第三章）探讨如何成为一名具有伦理意识的演讲者，还提供了提醒、提示和策略，使合乎伦理的演讲和倾听成为人类沟通中不可或缺的部分。在每一章结尾的**学习指导**中，学生和教师会发现一些值得讨论的问题，并在有效的演讲过程中提高对伦理问题的认识。

对多样性的关注

和观众分析一样，多样性这一主题也出现在大多数公共演讲的课本中。有时多样性出现在一个单独的章节中，有时出现在散落在书中的“多样性方格”中。我们将对多样性的考虑当作帮助学生成为一个以观众为中心的演讲者的要素，而不是主要讨论基础之上的附加项目。要成为以观众为中心的演讲者，就要了解聚集在一起听演讲的人所呈现出的不同的种族和文化背景、态度、观念、价值观和其他的差异。我们认为，在成为以观众为中心的演讲者的过程中，当代观众的多样化本质是一个固有的重点。因此，适应多样化观众这一主题并不是一种事后思考，而是要融入以观众为中心的方法的每一步。

对技巧提升的关注

我们非常高兴能够同公共演讲教师进行长期合作，他们当中有许多人二十年来一直使用以观众为中心的方法。我们将之前版本中教师和学生都称赞的技能提升板块保留了下来。教师们最常对我们说的是“书中所写，就如同我所教授的内容”或“书中的建议同我给学生的提升技巧的建议相同”。我们为《演讲课：听者为重》继续受到欢迎而感到高兴。

清晰有趣的行文风格 读者特别看重优美的文笔、简练的文风，以及生动活泼的表达。学生告诉我们，阅读我们的书就像和他们的老师在进行对话。

优秀的示例 我们不仅要**告知**学生如何有效地演讲，也要向其**展示**如何优秀地进行演讲。我们融合了现代和古典时代众多有说服力的、有趣的学生演讲者和著名雄辩家的示例，继续与学生产生共鸣。

内置学习资源 我们保留了之前版本中的以下内置教学板块：

- 章节提纲
- 学习目标
- 清晰的书面总结

在第九版中，我们对许多受欢迎的**概述**方框及表格进行了扩充，总结了每章中几乎所有主要部分的内容。我们在每一章的最后也提供了改进后的**学习指导**。

致谢

本书的编写归功于作者之间的合作，更要归功于很多为使这本书成为最好的教学资源提供了宝贵经验及建议的人。我们感谢书中引用或提到的所有作者和演讲者，他们的文字和智慧为我们的知识增添了特殊的含义，也让我们的建议更加充实。我们感激我们的学生、同事、使用者、朋友和培生公司驾轻就熟的编辑团队。

在确定这一版本的内容和特色时，我们得到了许多有才华的评论者的帮助。这些有才能的公共演讲教师使我们的经验得到补充，帮助我们确定了如何呈现和组织这本书中的内容。我们对下列分享了他们的建议、智慧和专业知识的评论者表示衷心的感谢：

第九版的评论者：

马库姆社区学院的辛西娅·布朗·埃尔、莫瑞麦克学院的德博拉·伯恩斯、蒙特胡德社区学院的布雷迪·凯里、哥伦比亚特区大学的劳伦斯·科温顿、芝加哥州立大学的卡梅沙·汗、丹尼森大学的杰夫·库尔茨、迈阿密大学的玛乔丽·纳德勒、加州州立大学东湾分校的瓦莱丽·史密斯。

先前版本的评论者：

西勒斯学院的梅拉妮·安森、威奇塔州立大学的理查德·阿姆斯特朗、布里瓦德社区学院的南希·阿内特、约翰逊县社区学院的大卫·E. 阿克森、巴克斯县社区学院的恩斯特·W. 巴托、阿克伦大学的约翰·比、金西学院的贾伊玛·L. 本内特、纽约州立大学奥尔巴尼分校的唐纳德·S. 伯恩斯、摩海德州立大学的蒂姆·伯彻斯、威斯康星大学密尔沃基分校的巴里·布鲁梅特、田纳西大学的约翰·巴克利、内华达大学拉斯维加斯分校的托马斯·R. 伯克霍尔德、阿马里洛学院的朱迪·H. 卡特、滑石大学的马克·蔡斯、天堂谷社区学院的玛丽莲·J. 克里斯蒂亚诺、中密苏里州立大学的丹·B. 柯蒂斯、伊利诺伊大学香槟分校的安·L. 达林、迈诺特州立大学的科纳尔·E. 戴维森、弗吉尼亚州北部社区学院的特伦斯·多伊尔、托马斯·尼尔森社区学院的加里·W. 埃克尔斯、圣托马斯大学的托马斯·G. 恩德雷斯、埃尔帕索县社区学院的理查德·I. 法尔沃、欧文斯州立社区学院的约翰·S. 弗朗斯、辛辛那提大学的克里斯蒂娜·加林、斯克兰顿大学的达拉·杰默罗斯、塔尔萨社区学院的唐纳·古德温、瑞德大学的迈拉·G. 古廷、路易斯克拉克州立学院的拉里·哈帕宁、北亚利桑那大学的戴勒·C. 哈迪-肖特、欧道明大学的卡拉·J. 哈勒尔、佐治亚大学的蒂娜·哈里斯、泰德沃特社区学院的菲莉丝·赫伯林、卡梅隆大学的詹姆斯·L. 赫夫林、圣地亚哥州立大学的苏珊·A. 黑尔韦格、弗吉尼亚理工大学的韦恩·E. 汉斯莱、阿克伦大学的帕特里夏·S. 希尔、俄亥俄州立大学的朱迪丝·S. 赫夫勒、伊利诺伊州立大学的斯蒂芬·K. 亨特、库克县学院的保罗·A. 哈钦斯、欧文斯社区学院的安·玛丽·雅布洛诺夫斯基、西切斯特大学的伊莱恩·B. 詹克斯、古斯塔夫·阿道夫学院的南妮特·约翰逊-库里斯基斯、弗雷斯诺城市学院的科尔斯丁·汗-布罗克班克、利伯缇大学的小塞西尔·V. 克雷默、密苏里大学的米歇尔·W. 克雷默、密苏里大学堪萨斯分校的琳达·库尔茨、布拉德利大学的埃德·拉穆勒、塔尔萨专科学院的大卫·劳利斯、北达科他州立大学的罗伯特·S. 利特菲尔德、密西西比州立大学的杰瑞·W. 利特尔约翰、宾夕法尼亚大学米勒斯维尔分校的哈罗德·L. 梅克、梅萨社区学院的吉姆·曼库索、欧道明大学的德博拉·F. 梅尔茨纳、斯克兰顿大学的丽贝卡·米克塞尔、塔尔萨专科学院的玛克辛·明森、内布拉斯加大学奥马哈分校的克里斯蒂娜·米桑、伯克利学院的芭芭拉·莫纳汉、密苏里南方州立大学的杰伊·R. 穆尔曼、迈阿密大学的玛乔丽·基山·纳德勒、五指湖社区学院的卡伦·奥唐奈、旧金山大学的隆朗达·帕克、佐治亚大学的罗克珊·帕罗特、布劳沃德社区学院的理查德·L. 基安西、大都会州立学院的卡罗尔·L. 拉德茨基、欧文斯社区学院的伦顿·拉思本、北达科他大学的玛丽·海伦·里彻、得克萨斯理工大学的K. 大卫·罗奇、佛罗里达大学的凯利·W. 罗伯茨、怀俄明大学的丽贝卡·罗伯茨、华盛顿大学的巴尔·萨弗龙、夏威夷大学马诺分校的克里斯蒂·沙勒、巴克斯县社区学院的卡拉·斯科伦伯格、中得克萨斯学院的沙恩·西蒙、伊利诺伊州立大学的谢里·J. 西蒙兹、中阿肯色大学的格伦·D. 史密斯、利波缇大学的大卫·R. 斯普拉格、塔尔萨专科学院的杰茜卡·斯托厄尔、罗文学院的爱德华·J. 施特雷布、亨利·福特社区学院的艾琳·森德斯特伦、克劳德县社区学院的苏珊·L. 萨顿、西勒斯学院的塔莎·凡·霍恩、特洛伊州立大学的吉姆·维克瑞、艾奥瓦州立大学的丹尼斯·弗尔霍塔、弗吉尼亚理工大学的贝丝·M. 瓦根斯帕克、中田纳西州立大学的大卫·E. 沃尔克、芝加哥州立大学的杰米尔·沃特金斯-巴恩斯、鞍峰学院的林·威尔斯、格伦威尔州立学院的南希·R. 沃恩、埃尔帕索县社区学院的查尔斯·N. 怀斯、印第安河州立学院的马西·王、东北湖景学院的阿尔真蒂纳·R. 沃瑟姆、利伯缇大学的默尔·齐格勒。

科斯塔·托夫斯蒂亚迪是非常好的朋友以及值得信赖的研究者，她为我们对这一版本的研究提供了帮助。我们非常感谢大众传媒出版商卡伦·鲍尔斯，正如在之前版本中所做的那样，当我们为这一版本而工作时，她依然大力支持和鼓励我们。优秀的策划编辑舍利·康纳斯，一直在为我们提供精妙的意见，提出有创造性的建议，来使这本书变得更好。正是她非常有建设性的意见和建议帮我们减少了工作量。

我们受到众多教师、朋友和同事的大力支持和指导，多年以来他们一直在影响着我们的工作。我们在得克萨斯州立大学的同事们一直向我们提供支持。汤姆·威利特，威廉贾威尔学院的退休教授；丹·克提斯，中密苏里州立大学退休教授；约翰·马斯特森，得克萨斯路德大学的退休教授；汤普森·比格斯，摩斯大学的教授，他们都是我们多年的朋友以及模范教师，不断地影响着我们的工作和生活。苏·霍尔，得克萨斯州通信研究部门高级行政助理，再一次为我们提供了特殊的支持和协助，使我们的工作顺利进行。得克萨斯州的行政助理梅瑞迪斯·克莱顿也在许多方面为我们提供了很大的帮助。

作为作者，我们将本书看作一个教学过程。我们有幸得到许多才华出众的教师的帮助，他们的奉献和指导继续激励和鼓励我们。玛丽·哈珀，史蒂文的母校——密苏里州格兰山谷的格兰山谷高中的前演讲、英文及戏剧老师，以及苏珊的演讲老师，已故的玛格丽特·登特老师，她曾在密苏里州汉尼拔的汉尼拔高中授课——他们为我们提供了对公共演讲最初的指导，至今仍让我们受益匪浅。我们还从另一位格兰山谷高中的前任老师伊玛·多迪处得到了生活经验以及友谊，她的语言及她为他人服务的生活方式一直鼓励和支持我们。我们感谢罗伯特·布鲁尔给予的耐心和鼓励，他是我们在中密苏里州立大学的第一任辩论教练，我们四十多年前在学校中相识，并且对这本书中的想法首次进行了探讨。已故的密苏里州巴克纳附近的奥萨奇堡高中前任老师路易斯·班克尔，为当时还是实习教师的我们提供了难忘的、积极的指导。同样，密苏里大学哥伦比亚分校退休教师玛丽·杰内特·史密斯的专业性指导也让我们获益匪浅。我们希望将祝福传达给密苏里哥伦比亚大学的退休教授洛伦·里德，对我们来说，他仍然是演讲老师的典范。

最后，我们也很感谢我们的儿子马克、马修以及儿媳妇布列塔尼·毕比，感谢他们一直以来对我们的耐心、鼓励、支持以及对我们的爱。他们提供了许多克服人生挑战，让生命充满快乐的鼓舞人心的故事。他们仍然是我们最重要的观众。

史蒂文·A. 毕比

苏珊·J. 毕比

简　目

目　录

1

自信地演讲

目标

学完本章后，你应该能做到以下几点：

1.1 对比、区分公共演讲和日常交谈。

1.2 阐述为什么学习公共演讲很重要。

1.3 制作并阐述沟通要素和沟通过程的模型。

1.4 简单介绍公共演讲的历史。

1.5 运用多种技巧成为一个更自信的演讲者。

世界上有两种演讲家：一种是紧张的演讲家，另一种则是骗子。

——马克·吐温（Mark Twain）

也许你曾听说过这个演讲者，甚至上过他的课：他的眼睛一直盯着他的手稿，单调的语言迟疑地从胡子后边发出，在穿过胡须后渐渐几不可闻。观众们蜂拥而至，只为一睹他的风采，听他的演讲，但他们一饱眼福之后，就不再继续倾听。最后，这位伟人仍在喋喋不休，观众们开始窃窃私语。[1]

在此以一种不客气的方式描述的演讲者不是别人，正是阿尔伯特·爱因斯坦。令人悲伤的是，这个伟大的物理学家虽然能够以名声吸引观众，却不能够维持他们的注意力和兴趣，因为他缺少公共演讲技巧。

当你开始阅读这本书时，你也开始了一门公共演讲课程。你并非孤军作战，每年有将近五十万大学生参加公共演讲课程。[2] 如果你没有在公共场合进行演讲的经验，你也并非孤军作战。开始一门公共演讲课的学生中有 66% 的学生只有极少或者根本没有公共演讲的经验。[3]

好消息是，这本书和这门课程会为你提供成为一名合格的演讲者——而不是爱因斯坦这样的演讲者——所必需的知识和经验。

对比、区分公共演讲和日常交谈。

1.1　什么是公共演讲

公共演讲是将信息呈现给或多或少的观众的过程。你几乎每天都能听到演讲。每天你上课和参加讲座时都能听到演讲；在电视上或者通过网络收听新闻时，你会听到政治家发表演讲的“录音片段”；当一个喜剧演员在深夜的谈话节目或喜剧频道上表演单口相声时，你会听到娱乐性的演讲。

公共演讲的技巧建立在你日常同他人的互动之上。实际上，当你开始学习和练习公共演讲时，你会发现这与日常交谈——一种你每天都会进行的交流方式——非常相似。就如同交谈一样，公共演讲要求你关注你的想法并将其用语言表达出来。

当你进行交谈时，你也必须迅速地做出决定。如果你的朋友看起来很疑惑或者提出问题，你就需要再次解释你的想法。如果他们看起来很不感兴趣，你就要插入一个有趣的故事或者让自己的陈述更加生动。作为一个公共演讲者，你将学习的是根据你对观众的了解、他们对你的演讲的期望以及对你所说的内容的反应，进行类似的调整。事实上，我们认为使自己适应观众是非常重要的能力，所以这本书主要关注以观众为中心的公共演讲。

然而，如果公共演讲像日常交谈一样，阿尔伯特·爱因斯坦的讲座就会更加吸引人，那么开设一门公共演讲的课程就没有任何必要，这本书也没有存在的必要。让我们看一下公共演讲和日常交谈的不同之处。

公共演讲
（public speaking）
向观众呈现信息的过程。

- **公共演讲相较于日常交谈需要更加充分的准备。**尽管有时你也会被要求当场进行演讲，但是通常情况下，你会提前知道你是否会在特定的场合发表演讲。一个公共演讲者可能会花费数小时甚至数天来计划及练习演讲。

- **公共演讲比日常交谈更加正式。**我们在日常交谈中经常使用的俚语或是随意的语言通常并不适用于大多数公共演讲。观众希望演讲者使用标准的语法和词汇。公共演讲者的非语言交流也比人们在普通的交谈中使用的非语言交流更加正式。
- **公共演讲相较于日常交谈，会涉及更加明确的演讲者和观众的角色划分。**在一次日常交谈中，讲话者和观众角色通常是可互换的。但是在公共演讲中，演讲者和观众的角色就被更加明确地划分出来并且会保持稳定。虽然在某些文化中会出现呼唤和回应的交互作用，但是在美国，大部分观众很少打断或者反驳演讲者。

学习新的公共演讲技巧是一项挑战，同时也很费时间。努力学习有效的演讲会给你带来什么益处呢？

1.2　为什么学习公共演讲

阐述为什么学习公共演讲很重要。

虽然有生以来你曾听到过无数的演讲，但你仍可能怀有疑问：为什么学习公共演讲对**我**来说这么重要呢？有两个原因：通过学习公共演讲，你将获得与**自主性**和**就业**相关的长期优势。

自主性

毫无疑问，在你的生命中，你会在各种不同的时间被要求在公共场合发表演说：作为一名参加研讨班的学生；作为下属，说服老板批准你的新项目；作为公民代表在市议会的分区委员会上发言。在每个场景中，具有竞争力且自信地进行演讲的能力将会提供**自主性**。提升自主性就是让你拥有为实现预期目标而采取行动所需的资源、信息和态度。成为训练有素的公共演讲者能够给你带来不具有这些技能的沟通者所缺少的优势，即使他们可能拥有出众想法和丰富经验，受过良好训练。这将使你把自己定位为一个做大事情的人。将公共演讲称为“领袖的语言”的前总统演讲稿撰稿人詹姆斯·休姆斯说：“每一次你不得不演讲时，不论是在一个礼堂中，在公司的会议室里，甚至是在你自己的书桌前，你都是在参加领袖的面试。”[4]

自主性（**empowerment**）拥有为实现预期目标而采取行动所需的资源、信息和态度。

你从公共演讲中发展起来的自主性的来源之一是**批判性思维**。批判性地进行思考就是听取和分析你所听到的信息，这样你就可以判断其准确性和相关性。当你在这个课程中学习怎样提升你的演讲技巧时，你也在学习批判性思维的技巧，用以将优秀的想法从糟粕中分离出来。批判性的思想家和成功的沟通者是一个强大而有力

批判性思维（**critical thinking**）分析信息以判断其准确性和相关性。

概述

为什么学习公共演讲？

- 自主性：你会获得同别人交流时的自信和技巧。
- 就业：增加你的就业和晋升机会。

的组合。

但是，不出意外的话，你可能会体验到在公开场合演讲的恐惧和焦虑。当你开启成为一个有效的公共演讲者的旅程时，你也许会有疑问，不知怎样去增强你的自信以及控制你的恐惧。在本章结束之前，你将会看到十几种帮助你提高自主性和自信心的对策。你可以成为自信且自主的公共演讲者。成为一个自主的演讲者也会增强你的领导力，为你的职业发展带来更多机会。

就业

如果你很擅长演讲，那你就拥有了一种被其他人看重的技能。实际上，实业家查尔斯·M. 施瓦布曾经说过："相比一个人所拥有的任何其他品质，我会为他的演说能力和表达自己的能力支付更多的价钱。"[5] 亿万富翁、股票投资者沃伦·巴菲特也表示同意，在接受美国有线电视新闻网记者克里斯汀·阿曼普的采访时，他高度赞扬了公开演讲课程的优点，他说："如果你提升了你的沟通技能，我保证在你的一生中你将多赚 50% 的钱。"[6]

无论你当前是一名最底层的新员工，抑或一位立志成为公司最高领导人的普通管理者，能够与他人进行有效沟通，是任何工作成功的关键。在公共演讲课程中你所学习的技能，诸如如何合乎伦理地使你的信息适应观众，如何组织你的想法，如何说服他人以及如何吸引观众的注意力，都是被所有雇主看重的技能。在一项全国范围的调查中，大学毕业生的准雇主们说，他们寻找的是有"公共演讲和表演能力"的应试者。[7] 其他对美国和国际公司人事主管的调查证明，他们认为沟通技能是帮助即将毕业的学生找到工作的最重要因素（见表 1.1）。[8]

表 1.1　雇主最重视的技能

排名	人事主管调查结果[9]	大学就业服务部调查结果[10]	准雇主调查结果[11]	几个研究性学习的调查结果[12]
1	口头沟通能力	沟通及人际关系技能	沟通技能	沟通技能
2	书面沟通能力	智慧	诚实正直	分析 / 研究技能
3	倾听能力	热情	团队合作	技术能力
4	热情	灵活性	人际关系技能	灵活性 / 适应性
5	技术能力	领导力	积极性 / 主动性	人际关系技能

资料来源：Copyrighted by Pearson Education, Upper Saddle River, NJ

制作并阐述沟通要素和沟通过程的模型。

1.3　信息传播过程

早期的传播理论家已经认识到传播是一个过程。他们构想出的模型是线性模型，表明的是意义从信息发送者到信息接收者的简单转移，如图 1.1 所示。最近，

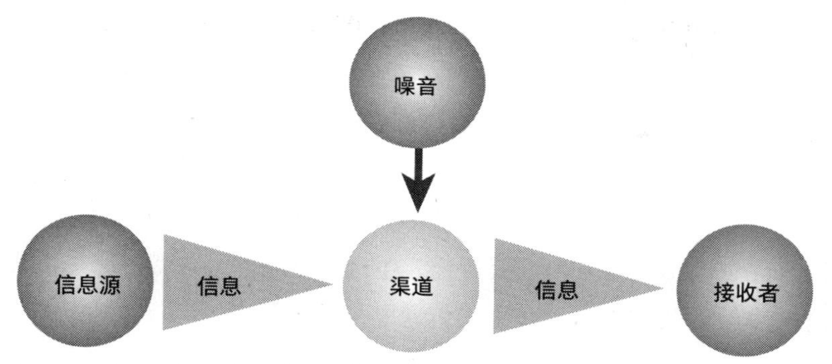

图 1.1　早期的模型将信息传播视为一种信息源将意图传递给接收者的行为

资料来源：Copyrighted by Pearson Education, Upper Saddle River, NJ

理论家创造出能够更好地展示信息传播过程的复杂模型。让我们一起探讨其中一些模型，搞清楚信息传播时到底发生了什么。

传播的行为模式

早期的传播行为模式的线性模型虽然很简单，但是它们确定了传播过程的大部分要素。我们会解释与公共演讲有关的每个元素。

信息源　公共演讲者是观众的信息和想法的**信息源**。演讲者的工作是将头脑中的想法和图像**编码**或翻译成观众可以识别的语言或非语言符号（**密码**）。演讲者可以将其编译成文字（例如，“这块布应该是 2 平方英尺[①]”）或者编译成手势（用手表示尺寸）。

信息　公共演讲中的**信息**就是演讲本身——包括演讲的内容和演讲的方式。如果一位演讲者无法找到表达自己想法的文字或非语言符号，则观众可能无法将该演讲者的语言和非语言符号**解码**成信息。

渠道　发送者通常通过两种**渠道**将信息传递给接收者：**视觉**和**听觉**。观众看到演讲者并且将他们的非语言符号——眼神接触（或者缺乏眼神接触）、面部表情、手势、姿势以及衣着——进行解码。如果演讲者使用一些可视化的辅助材料，如表格或者模型，这些也沿着视觉渠道进行传递。当演讲者讲话时，听觉渠道就打开了。之后观众会听到话语以及语调、语速和音质等声音线索。

接收者　信息的**接收者**是观众中的个人，他们会根据自己以往的经验、态度、信念和价值观去解码信息。如刚才强调的，有效的演讲应该以接收者或者观众为中心。

噪音　任何妨碍信息传播的因素都被称为**噪音**。噪音可能是物理的和来自外部的。如果上午八点的公共演讲课程频繁地被窗户外来回运转的割草机的轰鸣声打扰，

信息源（source）
公共演讲者。

编码（encode）
将观点和图像转化为语言或者非语言符号。

密码（code）
代表想法或者图像的语言或者非语言符号。

信息（message）
演讲的内容以及发表演讲的方式。

解码（decode）
将语言或非语言符号转化为观点或者图像。

渠道（channels）
视觉和听觉两种方式，通过这两种方式将信息从发出者传递到接收者处。

接收者（receiver）
观众或者听众。

---

① 1 英尺约合 30.48 厘米。

那你可能难以专注地听你的老师说话。空调的嘈杂、孩子的哭闹或者不间断的咳嗽声就是**外部噪音**的例子，这些外部噪音使观众很难听到或者专注于一场演讲。

噪音也可能是内部的。**内部噪音**可能源于**生理**或**心理**原因，并可能直接影响信息源或接收者。重感冒（生理噪音）可能会使演讲者的记忆变得混乱或者导致他无法完成演讲。观众正在担心一场即将到来的考试（心理噪音），那他就不太可能会记住演讲者所说的话。不论内部还是外部，生理还是心理，或者不论是由演讲者还是接收者引起的，噪音都会妨碍信息的传递。

传播的互动模式

意识到了线性模型过于简单，之后的传播理论家设计的模型将沟通描述为一个更复杂的过程（见图 1.2）。这些模型是循环的或交互式的，并且添加了两个重要的元素：反馈和情景。

反馈 正如我们已指出的一样，公共演讲与闲聊的一个不同之处在于，公共演讲者进行了大部分或全部的演讲。但是公共演讲仍然是互动性的。没有了观众的倾听和**反馈，**公共演讲根本无的放矢。训练有素的公共演讲者是以观众为中心的。他们依靠观众的点头动作、面部表情或低语声来调整他们的讲话速率、音量、词汇、风格以及辅助材料的种类和其他传播变量，以此来成功地传递他们的信息。

情景 公共演讲所处的**情景**是演讲发生时的环境或情况，包括时间、地点以及演讲者和观众的文化传统及预期。约翰·多恩曾说，演讲不是一座孤岛。演讲不会发生在真空中。更确切地说，每一场演讲都是无法完全复制的情境混合。在不同时间和不同地方向多个不同观众传达相同信息的人员可以证实每个演讲情景的独特

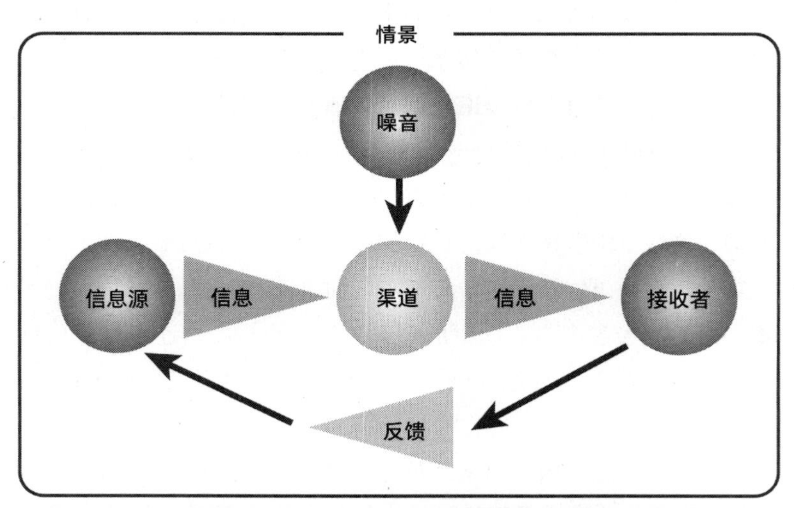

图 1.2 互动式传播模型比早期的行动模型多了“反馈”要素，这一模型也将传播情景纳入了考虑的范围

资料来源：Copyrighted by Pearson Education, Upper Saddle River, NJ

外部噪音（external noise）
妨碍传播的物理上的噪音。

内部噪音（internal noise）
妨碍传播的生理上或心理上的噪音。

反馈（feedback）
观众向演讲者提供的语言或者非语言的回应。

性。如果房间很热、很拥挤或者照明很差，这些条件对演讲者和观众都会造成影响。在上午十点听演讲的观众会比下午四点半听演讲的观众更有精力和更加容易接受。在高峰时段经历了九十分钟的交通拥堵后到达目的地的演讲者可能很难拿出热情来发表演讲。

信息源/
接收者

接收者/
信息源

图 1.3　交互式传播模型关注同时发生在演讲者和观众之间的信息交换

资料来源：Copyrighted by Pearson Education, Upper Saddle River, NJ

你将从这本书中学习到的技能不仅同有效的演讲信息相关联，还同传播过程中的反馈和情景相关联。以观众为中心的方法关注的是如何"阅读"观众的反应，并在演讲时进行调整以适应他们。

情景（context） 演讲发生时的环境或者情况。

传播的交互式模式

最新的传播模型不再强调单个组成部分。交互式模型的重点是将传播视为一种同步发生的过程。如图 1.3 所示，我们同时发送和接收信息。在两人交流的交互中，双方同时发送和接收信息。当你倾听时，你同时也在以非语言的方式表达你的想法和感受。

公共演讲者不应只关注他们表达的信息，同时也应该去观察观众对这些信息的回应。一名优秀的公共演讲者不会等到演讲结束才去评估一场演讲的有效性。相反，由于传播具有交互性，演讲者可以在演讲过程中观察观众，通过获取非语言线索来评估观众的反应，这就像你和别人进行谈话时所做的那样。

> **概述**
>
> **信息传播过程**
>
> 观众和演讲者同时发送信息。这个过程的要素包括：
>
> - 信息源：信息的源头；
> - 信息：以语言或非语言的方式表达的内容；
> - 渠道：信息从发出者传递到接收者的方式；
> - 接收者：看到或者听到信息的观众或听众；
> - 反馈：观众对演讲者的回应；
> - 情景：演讲发生时的环境或情况。

虽然传播模型最近才被发展出来，但这些模型的要素早已是公认的公共演讲成功的关键。在学习公共演讲的过程中，你将不断追溯文明的起源。

1.4　公共演讲的历史传承

简单介绍公共演讲的历史。

早在许多人可以阅读之前，他们就已经听过公开演讲。**修辞术**可以被描述为使用文字和符号来实现目标。虽然修辞术常被定义为讲话和写作的艺术，其目标在于说服其他人（改变或者巩固看法、观念、价值观或者行为），但只要是为了实现某个目标，无论是传递信息、说服他人或是取悦观众，你都是在使用修辞术。

公共演讲的黄金时代

公元前 4 世纪的希腊时代被称为修辞学的黄金时代，因为在这段时间里，哲学家亚里士多德提出了演讲原则，至今仍被我们奉为圭臬。在本书后面的章节中，你会学习到亚里士多德在《修辞学》（*The Art of Rhetoric*）这本书中首次总结出的公

修辞术（rhetoric） 使用文字和符号来实现目标。

共演讲的原则和实践，这是他写于公元前 333 年的经典之作。

罗马演讲者传承了希腊修辞学传统。罗马雄辩家西塞罗（Cicero）不仅是一个优秀的公共演讲者，还留下了关于如何成为一个成功的演讲者的著作。昆体良（Quintilian）出生于如今的西班牙，他也在试图教导他人如何成为成功的演讲者。在古罗马政治家和诗人吸引了大量追随者的同时，西塞罗和昆体良试图明确“真正的”演讲者的特征。众所周知，昆体良曾写过，理想的演讲者应该是“一个擅长演讲的优秀的人”。值得一提的是，传说是罗马演讲者发明了领带，因为害怕患上喉炎，他们穿上“颏服”来保护他们的嗓子。[13]

几个世纪后，在中世纪的欧洲，牧师是最为优雅、光鲜的公共演讲者。人们急切地聚在一起，就是为了能够听马丁・路德阐述其提出的新教的教规。在十八世纪，殖民地的英籍人士倾听街头公告员和热诚的爱国志士描述未来的美国。

19 世纪和 20 世纪，政治演说的时代

许多 19 世纪的观众听过亨利・克莱（Henry Clay）同丹尼尔・韦伯斯特（Daniel Webster）等演说家关于州权的辩论；他们听过弗雷德里克・道格拉斯（Frederick Douglass）、安吉莉娜・格里姆凯（Angelina Grimké）以及索杰纳・特鲁斯（Sojourner Truth）为奴隶制的废除辩论；他们听过卢克丽霞・莫特（Lucretia Mott）为女性的投票权疾呼；在马克・吐温进行全国范围的巡回演讲时，作为晚间消遣，他们会聚集在一起听他的演讲。

19 世纪公共演讲课程的学生只花极少的时间来提升自己的演讲。相反，他们会练习**朗诵**——即发表已经成名的演讲——的技术。最受喜爱的朗诵题材包括由像帕特里克・亨利（Patrick Henry）和威廉・詹宁斯・布莱恩（William Jennings Bryan）这样的美国人以及英国演说家埃德蒙・柏克（Edmund Burke）发表的演讲。像 1906 年出版的布莱恩编纂的十卷本《世界著名演说》（*The World's Famous Orations*）这样的演讲集是非常受欢迎的。

同朗诵齐头并进的是对**演讲术**的研究和实践，这是一种通过姿势、行动、手势、面部表情以及声音表达情感的技巧。自 19 世纪中期到 20 世纪初，演讲术指南（详细阐述有效演讲的方式）不仅是美国学校中的标准参考书目，也几乎是每个中产阶级家庭的必备手册。[14]

公共演讲的科技时代

朗诵（declamation）
发表已经成名的演讲。

演讲术（elocution）
通过姿势、行动、手势、面部表情以及声音表达情感的技巧。

在 20 世纪上半叶，收音机使全世界的人都能听到，富兰克林・德拉诺・罗斯福在夏威夷珍珠港遭到偷袭后说 1941 年 12 月 7 日是“一个遗臭万年的日子”。在 20 世纪的后半叶，观众可以通过电视这种媒介看到和听到最激动人心的演讲：马丁・路德・金宣告了他的平等之梦，新的千年之交大屠杀幸存者埃利・威塞尔

（Elie Wiesel）带着"深刻的恐惧和非凡的希望"展望未来……

伴随着21世纪的到来，一个演讲新时代来临。这个时代传承了公共演讲的悠久传统——在这个时代，在伊拉克和阿富汗服役的美国士兵们可以通过流媒体观看他们的孩子在毕业典礼上演讲。同时，这将是一个号召公共演讲者迎接历史上最困难挑战的时代——在这个时代，经历了桑迪胡克小学二十个孩子和六个成年人被枪击事件之后，奥巴马总统深切感受到笼罩着纽敦镇的悲伤。他让他的观众放心："……你们并不孤单；我们的世界也被撕裂了；在全国各地，我们与你们一同哭泣，我们都紧紧抱住我们的孩子。"[15] 未来的演讲者也将继承丰富、悠久的遗产，并不断开拓新的前沿领域。

如今你可能更倾向于通过视频网站或播客听演讲，借助智能手机或其他数字设备，而非亲自去现场观看一场演讲。实际上，你也可能以在线形式学习这门课程，以录像的方式向你的老师和同学们呈现你的演讲。虽然信息的电子传播环境会影响信息的筹备和接收，但是几个世纪以来，生成和呈现演讲的主要的过程都是相同的。我们会在第十一章提供通过视频发表演讲的建议和策略。

古罗马人确立了五条准备和发表演讲的**标准**，或者说是要素：

- **发明**：开发思想的创意过程
- **安排**：如何组织演讲
- **风格**：你对于文字的选择
- **记忆**：通过便笺或者依靠你的记忆分享你的想法
- **演讲方式**：你的信息的非语言表达

无论你是当面呈现信息还是通过视频呈现信息，你都会发现这五项要素会决定你的观众如何对信息进行回应。

公共演讲中另一个不变的事实是，在公共演讲中你所做的一切事情的核心都是关注你的观众。你的观众将会最终决定你是否能够实现演讲目标。出于这个原因，我们建议，从你开始考虑你的演讲主题的第一分钟起，到你说出你演讲中的最后一句话为止，你都应该将你的观众置于首要地位。在下一章中，我们会循序渐进地指导你准备演讲，无论你使用何种渠道，都能帮助你同你的观众产生联系。

概述

公共演讲的历史传承

时期	事件
公元前4世纪至公元前1世纪	希腊修辞学蓬勃发展——亚里士多德时代。罗马雄辩家延续了传统。
15世纪	欧洲牧师是公共演讲的主要参与者。
18世纪	美国的爱国者情绪激昂地公开请求独立。
19世纪	废奴主义者和妇女参政论者为了改变现状而大胆发言；全国巡回演讲兴盛。
20世纪	电子媒介吸引大量观众。
21世纪	使用快速发展的技术和媒体，同时吸收利用公共演讲丰富的遗产。

运用多种技巧成为一个更自信的演讲者。

1.5 提升你作为演讲者的自信

演员及著名主持人乔治·杰塞尔（George Jessel）曾挖苦道："人脑从出生的那刻起就开始辛勤工作，从未停止……但要你当着大家的面站起来讲话的时候，它却变得一片空白。"也许公共演讲是你的必修课程，但是，由于你发表演讲时会感到焦虑，所以你会尽可能地将课程延后。

我们能提供的一点安慰是：**紧张是正常的**。在一项关于人类恐惧的权威性调查中，公开演讲被认为是大多数人面临的最能使人产生焦虑的经历。41% 的被调查者认为公共演讲是他们最大的恐惧：对死亡的恐惧仅仅排名第六！[16] 以这些数据为基础，喜剧演员杰瑞·宋飞（Jerry Seinfeld）说道："如果能够选择的话，在葬礼上，我们中的许多人宁愿作为躺在棺材中的那个人，也不愿成为发表悼词的那个人。"新的研究也表明大多数人为发表演讲感到忧虑。[17] 其他的研究发现多于 80% 的人在对着观众讲话时会感到焦虑。[18] 一些人认为公共演讲是非常令人恐惧的：研究表明大约 20% 的大学生会为在其他人面前演讲感到忧虑。[19]

即便你的恐惧感不是非常强烈，你还是可以从一些积极的应对方法中学到如何调节自己的神经，来使你的紧张不安**为你**效劳，并从中受益。[20] 首先，我们将会帮助你明白你为什么会变得紧张。之后我们会提供详细的对策，帮助你在演讲时感到更加舒适而不那么焦虑。

理解你的紧张不安

是什么让你在公共演讲时感到紧张？为什么你的手有时会发抖，你的膝盖会颤动，你的胃在震颤，你的声音好像提高了八度？在你身上到底发生了什么？[21]

研究发现，对公共演讲的焦虑是一种**特性**（你可能产生的一种具有个性或者共性的倾向性），也是一种**状态**（由对观众进行演讲这一特定事件所引发的焦虑）。[22] 两位传播研究人员经过调查发现，公共演讲焦虑产生的原因有害怕丢脸、担心没有准备、对自己的长相不自信、演出的压力、个人的不安全感、担心观众对自己或演讲不感兴趣、缺乏经验、害怕犯错，以及对失败的整体恐惧。[23] 另一项研究发现当与文化不同于自己的人说话时，男人比女人更容易感到焦虑。[24] 还有一项证据表明，完美主义者在与别人交谈时可能会更加忧虑。[25] 当你阅读上述可能引发演讲焦虑的一系列原因时，你可能会找到符合自己情况的那一种原因，因为大多数人在别人面前讲话时都会感到些许紧张。如果你对发表演讲感到恐惧，其他人也是如此。[26] 了解为什么你和其他人都会体验到恐惧能够让你洞悉如何更好地处理你的焦虑。[27]

你的生理影响你的心理　越来越多的研究者断定，沟通恐惧可能有遗传或生物学基础：一些人可能继承了公共演讲时感到焦虑的倾向性。[28] 你可能会有疑问："如果我有生物学上的焦虑倾向，那我是否还能够做些什么来控制我的恐惧？"答案是，**能**。即使你因为你的基因组成而具有感到焦虑的预先倾向，也有对策能够帮助你控制恐惧。[29] 也许你曾听说过，保持平静的秘诀是关注你能够改变的事情，而不是那些你不能改变的事情，以及拥有了解能够改变和不能够改变事物之间区别的智慧。为了在公共演讲时更为平静，我们建议你关注你能够改变的行为，巩固你的演讲技能，而不是关注很难改变的生理上的演讲恐惧。较好理解你感到恐惧的生物学原因是你进行自信平静的演讲的一个很好的开始。[30]

你的心理也会影响你的生理　你对演讲任务的看法，你对自己的演讲能力的看法以及你的自尊心会相互作用从而产生焦虑。[31] 你想要做好（一件事情），但是你不能确定你是否能够做好。出现这种冲突时，你的大脑会发出信号指示你的身体转换到默认的“战斗或逃跑”模式：你可以进行战斗作为对这个挑战的回应，也可能逃跑来避免产生焦虑。你的身体通过聚集更多的能量来处理你正面对的矛盾。你的呼吸频率上升，更多肾上腺素流入你的身体，更多血液穿过你的血管。[32] 说得更专业一些，你的心理状态正让你经历物理上的变化，这也就解释了为什么你心跳加速、膝盖和双手颤抖、声音提高了八度以及不断流汗。[33] 你可能也会因为消化系统的变化而心神不定。由于你身体上的不适，你可能减少同你的观众进行眼神接触的频率，使用更多的声音停顿（“嗯”“啊”“你知道”），并会加快语速。虽然你将你的身体上的反应视为障碍，但是你的大脑和身体却只是单纯地想要帮助你完成当前的任务。有时它们会提供比需求更多的“帮助”，并且它们的帮助是没有用的。

你的恐惧遵循一种可预测的模式　在需要发言的传播课上，你什么时候会觉得最紧张？研究表明，人们在一个典型的时间段感到紧张。如图 1.4 所示，许多人在

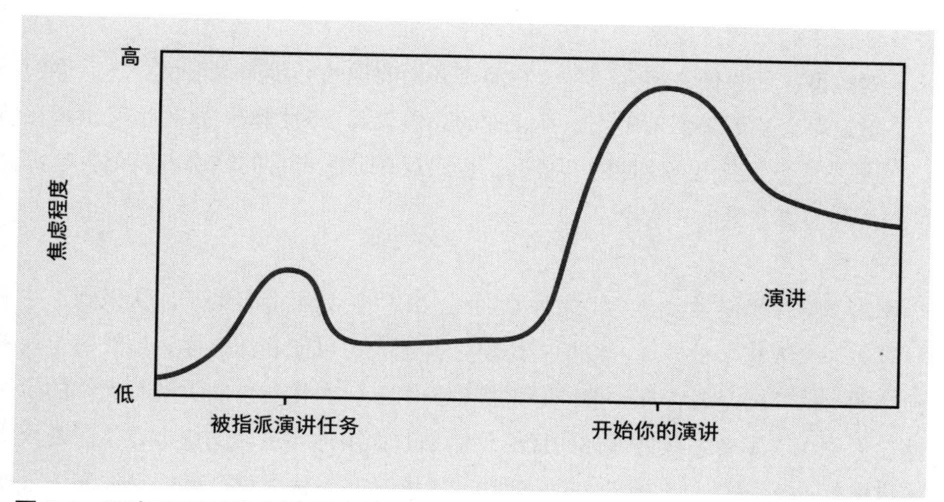

图 1.4　研究显示了许多演讲者共有的紧张模式，他们在演讲开始之前最紧张，随着演讲的继续，焦虑逐渐减弱；当他们的导师指派他们发表演讲时，学生的担忧也可能出现一个较小的峰值

资料来源：Copyrighted by Pearson Education, Upper Saddle River, NJ

演讲之前最为紧张。这时候，即将发生的事情具有非常高的不确定性。[34] 如果你是普通人，那么在你的老师布置演讲任务时，你的紧张程度会仅次于演讲之前。当你准备演讲时，你可能觉得**最不**紧张。

这一研究的实际应用之一是，现在你了解了什么时候最需要管理焦虑——那就是在演讲之前；这也有助于让你记住，从你开始演讲的那一刻起，你的焦虑感通常会明显减轻。这一研究的另一应用是帮助你了解，做一些积极的事情来准备演讲，你的焦虑感就会减轻。不要拖延演讲前的准备工作；如果你能提前做好充分准备，演讲时你不但能够发挥出色，你的紧张程度还会降低。

为了给人们感觉到的沟通恐惧分类，一个研究者测量了演讲者发表演讲时的心跳速率，并且询问了几个关于公共演讲的恐惧的问题。[35]

在研究了这些结果后，他确定了以下四种沟通恐惧类型。

- **正常型：**如果你在公开沟通方面通常采取积极态度，你的沟通恐惧就属于**正常型**；在你演讲时，你的整体心跳速率保持在正常幅度内。相较于其他类型的演讲者，这类演讲者通常认为自己的表现最好。
- **迟钝型：**只有在以前有过公共演讲的经验，**迟钝型**才有可能是你的恐惧类型。也许因为你的经验，你往往对演讲时的忧虑不那么敏感；当你进行演讲时你的心跳速率较低，并且认为你的表现比较成功。
- **呆板型：**如果你属于**呆板型**，那你在进行公共演讲时的心跳速率是最高的。一些人利用这种强烈的焦虑来激励自己改进表现：他们的忧虑激励着他们做好准备并尽全力做到最好。对于其他人来说，呆板型恐惧下的神经过度紧张会使他们表现得很差。
- **对抗型：**如果像许多人一样，在演讲开始前你的心跳速率很快，之后你的心跳速率会逐渐降低至平均水平，你的恐惧就属于**对抗型**。这种情况出现在演讲表现更情绪化或感性的人身上，也出现在经验丰富的演讲者及至少有部分公共演讲背景的人身上。

你属于哪种恐惧类型会产生何种差别呢？第一，它可能有助于你认识到，并不是只有你一个人在某种程度上经历着恐惧，其他人也可能和你一样。虽然每个人都是独特的个体，但是也存在一般的恐惧类型。第二，对你自己的类型有大体的了解能够让你更深入了解怎样处理你的忧虑。例如，如果你知道你的忧虑在你对观众进行演讲的最初阶段会向上飙升（对抗型），那你就需要利用对策来处理你演讲最初的焦虑。最后，对于恐惧类型的研究印证了一个理论，即恐惧可能是一种遗传特性或是倾向性。[36] 这意味着，恐惧类型取决于你自己的脾性，你可能需要更多的信息来帮助**自己**开发有益的方式，从而处理你可能感到的忧虑。

你还能做些什么来了解和处理你的恐惧和焦虑呢？考虑以下这些观点。

你看上去并没有你感觉的那么紧张　其实，观众不可能发现你所有的感受。

完成演讲时，卡门一屁股坐到座位上，喃喃低语道：“啊，我在台上摇摇欲坠！你看到我有多紧张了吗？”

“紧张？你很紧张？”科斯塔惊讶地问道，“在我看来你表现得很镇定。”

担心你会在他人面前表现出紧张只会**徒增**你的焦虑感。你的身体会出现更多的身体变化来处理你自己的焦虑状态，所以即使你真的感到紧张，也要记住你的观众是不会看到你的感受的。你的目标是使用你在这门课程中所学的技巧来呈现一场有效的演讲。[37]

不止是你一人如此　肯尼迪总统因其杰出的公共演讲技巧而闻名。当他演讲时，他看起来非常轻松。英国前首相温斯顿·丘吉尔也被誉为20世纪最伟大的演说家之一。令人惊奇的是，肯尼迪和丘吉尔都非常害怕在公共场合进行演讲。这份承认自己在演讲前感到非常紧张的著名人物的名单，一定会让你大吃一惊：芭芭拉·史翠珊（Barbra Streisand）、阿尔·罗克（Al Roker）、安德烈·波切利（Andrea Bocelli）、玛丽亚·凯莉（Mariah Carey）、凯蒂·库里克（Katie Couric）、朱莉娅·罗伯茨（Julia Roberts）、科南·奥布莱恩（Conan O’Brien）、杰·雷诺（Jay Leno）、卡莉·西蒙（Carly Simon）以及奥普拉·温弗瑞（Oprah Winfrey）都曾被报道过在公共场合演讲之前会感到焦虑及惊惶。[38] 几乎所有人在演讲时都会有些许焦虑。尝试去消除演讲焦虑是不太现实的。相反，你的目标应该是管理好自己的紧张情绪，这样它就不会引发很多妨碍你有效演讲的内部干扰。

> **概述**
>
> **理解你的紧张不安**
>
> 请记住：
>
> - 感到紧张是因为你的大脑试图帮助你；
> - 紧张可以预测：在演讲前达到峰值；
> - 你看上去并没有你感觉的那么紧张；
> - 不止你一个人会紧张；
> - 紧张是正常的；
> - 你的紧张会增强生理反应，从而提高你的演讲效果。

你可以利用自己的焦虑　肾上腺素增多、血流量增加、瞳孔放大、阻止疼痛的内啡肽增加、心跳加快以及其他由焦虑引起的身体上的变化会提升你的精力水平并有助于更好地表现。你的高度警觉的准备状态实际上可以帮助你有更好的演讲表现，尤其是当你把公共演讲看作是一件积极而不是消极的事情时。将自己的生理反应增强称为“紧张”的演讲者更容易感到焦虑和恐惧，但是同样的生理反应也可以被称为“热情”或是“兴奋”。如果你积极地而不是消极地看待公开演讲这件事，你更有可能从大脑正在试图给予你的额外帮助中获得益处。不要被你最初的焦虑情绪左右，不要认为自己无法进行有效的演讲。

怎样建立你的自信

你可能会有疑问：“当我进行演讲时，我能够做些什么来管理我的紧张焦虑吗？”现代研究及几个世纪以来经验丰富的公共演讲者都提供了一些实用的建议。[39] 我们将其总结在下页的表1.2中。

表 1.2 建立自信的建议

演讲前要做的事情
• 不要拖延，给你自己充分的时间来准备你的演讲。
• 尽可能地了解你的观众。
• 选择一个你感兴趣或者了解的主题。
• 做好准备并且进行良好的组织。
• 清楚地了解你怎样开始和结束你的演讲。
• 站起来大声地排练，并且尝试重现演讲环境。
• 使用呼吸技巧帮助你放松。
• 疏导紧张能量。
• 设想成功。
• 给自己加油鼓劲。
演讲时要做的事情
• 关注如何同观众进行联系，而非关注自己的恐惧。
• 寻找观众对你和你的信息的积极支持并做出回应。
演讲后要做的事情
• 关注你的成果和成就而不要回顾你做错的事情。
• 寻找其他的演讲机会以获取经验和自信。

资料来源：Copyrighted by Pearson Education, Upper Saddle River, NJ

认识你的观众　认识你的观众，并且尽可能地了解你的观众。你对观众的反应预计得越充分，你在传递信息时就会感觉越轻松。[40] 当你准备演讲时，要时不时地设想一下你的观众对你的信息的反应。准备演讲时，要考虑他们的需求、目标以及期望。不要一直想自己会变得多么紧张。[41] 一个以观众为中心的演讲者关注的是同观众之间的联系而非恐惧。第四章会提供分析你的观众并且使自己适应他们的详细方法。

不要拖延　一项研究证实了你可能已经知道的事实：相较于不太害怕演讲的人，对公共演讲更加忧虑的演讲者会拖延演讲的准备工作。[42] 缺乏周全的准备经常导致不理想的演讲表现，也会加深演讲者认为公共演讲困难重重的看法。要知道，如果你担心演讲时会很紧张，你就倾向于推迟演讲的准备工作。尽早处理演讲任务，给自己的成功创造机会。不要让自己因为害怕而停滞不前，应该及早开始做准备。

选择合适的主题　如果你谈论的是某些你熟悉的东西，或是你的个人经历，你就不会过于紧张。你对演讲主题的轻松态度将反映在你的演讲表现之中。

朱迪·谢泼德是常常在会议上发言的演讲者，也是同性恋者权利的忠诚支持者，她的儿子马修·谢泼德因为是同性恋而在 1998 年被仇视同性恋者残忍杀害。大学时代总是为演讲感到忧虑的她说："演讲课是我的噩梦。" [43] 但是如今，由于她对自己的事业怀有热切的信念，她已经发表了上百场演讲。“这是我活下去的意义，这是我应对失去马修这一事实的方式。”她对弗吉尼亚州的里斯顿南部湖泊高中的学生解释道。[44]讨论你所热爱的事情可以提高你的积极性并且帮助你管理你的恐惧。在后面的章节中我们提供了很多关于如何选择主题的详细指导。

准备 一个适用于你可能遇到的大多数情况的方法：你准备得越充分就越不会感到焦虑。准备充分意味着在演讲前你已经深入研究了主题，进行了多次排练。一项研究发现，有明显证据证明，对演讲进行排练会减轻你的忧虑。[45]准备也意味着你已经拟了一个逻辑一致、条理清晰，而非杂乱无章、难以遵循的提纲。过渡性短语和摘要可以帮助你呈现一场结构清楚且易于理解的报告。

有条理 你将在《演讲课：听者为重》中学习到的关键技能之一，是呈现条理清晰的信息。对于大多数的北美观众来说，演讲应该包含开头、中部以及结尾三部分，并且应该遵循有逻辑顺序的提纲进行。传播研究专家梅拉妮·布思-巴特菲尔德（Melanie Booth-Butterfield）表示，在准备和发表演讲时遵循一定的规则和结构，包括一份清晰的提纲，能够更好地管理自己的恐惧。[46]她的研究表明，当演讲者严格遵循发表演讲的知识和规则时，关于发表演讲的焦虑会减轻，而相应的自信会增强。所以，为了管理自己的演讲忧虑，你要仔细听任务，如果你对你的任务并不清楚，要追问一些附加信息，并制作一份条理清晰的演讲提纲。

熟悉自己的引言和结语 演讲的开场时刻很有可能是你感觉最焦虑的时刻。因此，为如何开始演讲提前制订一个明确的计划不失为一个好主意。虽然这不是说要将你的引言一个字一个字地背诵下来，但是熟悉引言能够让你对整场演讲更有把握。

如果你知道怎样结束演讲，你就有了一个安全的港湾以防止你迷失在演讲中。如果你需要提前结束演讲，一个完美的结语可以让你从容收尾。

实景练习 当你练习演讲时，假装你正面对观众。起立，想象房间是什么样的，或者可以在你将发表演讲的房间里进行排练。你会如何着装？试着从座位上站起来，走到房间的前方然后开始你的演讲。要大声地练习，而非低声地自言自语。在演讲时刻到来之时，逼真的排练将增加你的信心。

呼吸 紧张的一个表现是你的呼吸和心跳频率发生改变。紧张的演讲者易于进行短促的呼吸。为了打破焦虑引起的呼吸模式，可以在你起身演讲之前慢慢地深呼吸一次。如果你仅仅是在演讲前慢慢地吸气和呼气，没人会觉察到你在进行深呼吸。除了深呼吸，尝试放松整个身体。深呼吸和想象自己成功的样子将帮助你放松下来。

疏导紧张能量 紧张常表现为手脚发抖。正如我们前面提到的，当身体分泌出大量的肾上腺素时，就会产生必须释放到某处的能量。你的肌肉可能会抖动，无论你是否想让它们这样做。疏导这种能量能让你更好地掌控自己。释放紧张情绪的一个方法是在到达演讲场所之前先散一会儿步。缓慢、轻松的走动可以帮助你平静下来，并且可以消耗一些多余能量。落座并等待发言期间，抓住椅子的边缘（不要让别人注意到你在做什么），轻轻地挤压椅子以释放紧张情绪。不需要让别人知道你在做这件事，只要不引人注意地挤压放松、挤压放松。你也可以在坐下时有意地拉紧和放松你的双腿和双臂肌肉。不要让自己看起来像是在抽搐，只是不引人注意地拉紧、放松你的肌肉来燃烧能量。另一个提示：双腿不要交叉，双脚要着地，而后轻轻地扭动脚趾。交叉双腿有时可能会导致一条腿或一只脚进入睡眠状态（麻木了）。把你的脚放在地板上，稍微移动你的脚趾可以确保你身体的所有部分都保持清醒，并且能够在轮到你演讲时做好准备，随时上台。

> **自信地同你的观众建立联系**
>
> **以终为始**
>
> 已故的史蒂芬·R. 柯维（Stephen R. Covey）在他很有影响力的《高效人士的七个习惯》（*The 7 Habits of Highly Effective People*）中提到的一个习惯是“以终为始”（begin with the end in mind）。从你开始准备和呈现你的演讲的那一刻起，设想自己是自信且成功的。如果在准备演讲的过程中的任意时刻你发现你的焦虑开始上升，就改变脑海中自己的形象，想象你已经完成了你的演讲，观众报以热烈的掌声。想象你成功的样子而不要关注你的恐惧。使用我们在本书中探讨的原则、技巧和策略会帮你开发出属于你的成功演讲习惯。

在等待别人介绍你时，要集中精力保持镇静。以行动的平静实现感觉上的平静。给自己加油鼓劲，收紧和放松肌肉帮助自己放松。之后，当你的名字被叫到时，泰然自若地走到前方。在发表抓人眼球的开场白之前，花一点时间寻找一个友善的、带着鼓励的面孔。镇定地思考，从而使自己保持镇定。

想象成功 研究表明，控制焦虑最好的方法之一是想象一种场景：作为演讲者的你游刃有余地在公众面前展现自己的技能。[47] 想象自己充满自信地走上台，将经过充分准备的开场白娓娓道来。想象自己像一个泰然自若的、自信的演讲者一样完成了整篇演讲，想象自己镇定且一切尽在掌握。积极的想象是非常有效的，把自己想象成一个更加自信、成功的演讲者，会激发你的自信。[48]

研究发现，当你想象自己的演讲时，看着另一个人自信、镇定地发表演讲的照片也会有所帮助；这种积极的想象可帮助你管理自己的忧虑。[49] 你甚至可以简单地画出某人自信演讲的图片。[50] 你可以看着这张图，想象这是你在自信地进行演讲。如果图上的演讲者是非常像你的人，或者你认为像你的人，这也是有帮助的。[51]

给自己加油鼓劲 你可能认为同自己讲话显得有些不正常，但是默默地给自己加油鼓劲可以给你信心。一些证据证明，仅仅是相信一些技巧能够减轻你的恐惧，就可能真的能减轻你的恐惧。[52] 给你自己一些积极的信息，如“我可以做到”，也许是管理你的焦虑的一种富有成效的方式。这里有一个简单的例子，你可以在演讲之前默默对自己说：“我比其他任何人都更加了解这些材料。我已经练习过。我已经很好地组织了我的信息。我知道我能够做到。我会做得很好。”研究提供的证据表明，心怀忧愁和失败想法不会给自己带来任何好处。[53] 当你感到自己变得紧张时，要使用积极的信息来代替悄悄混进你意识中的消极想法。以下是示例：

消极的想法	积极的自我对话
我可能会忘记我应该说什么。	我已经练习这个演讲很多次了。 我有小便笺提示。 如果我忘记了讲到哪里，也没有人会知道我没有按提纲讲。
这么多人正在看着我。	我可以的！我的观众希望我能做好。当我感到紧张时，我会寻找友善的面庞。
人们认为我单调又无趣。	我已经准备了一些很棒的例子。我可以一对一地讲给别人听，人们看起来很喜欢我。
我无法完成演讲。	我一直在和人们聊天。 我已经在课堂上进行演讲多年了。我可以完成这次演讲因为我已经排练和准备过了。

关注你的信息，而非你的恐惧　你越关注演讲焦虑，就越会加深你的焦虑程度。相反，考虑一下你接下来要说什么。在你开始演讲前的几分钟，在脑海里回忆一下主旨大意、你的引言以及你的结论。关注你的想法而非你的恐惧。

寻找积极的支持　有证据证明，如果你认为观众在挑剔地看着你或者看待你的演讲，你就会更加恐惧和紧张。[54] 相反，当你注意到积极的观众的支持时，你会感觉更加自信，也不那么紧张了。重申一下我们之前的建议：以观众为中心是非常重要的。虽然你可能面对一些不会给你或你的演讲积极回应的观众，但是绝大多数观众还是非常积极的。寻找并找到积极的、支持性的反馈，你会发现，作为一名演讲者，这么做能够帮助自己变得更加自信。一项研究表明，如果演讲者有一群人或一个小的“学习型社区”向他们提供积极的支持和反馈，他们会感觉没那么焦虑。[55] 这项研究结果无论对于演讲者还是观众都有意义。当你接受一项演讲任务时，同其他人一起工作，在准备和进行演讲时都能获得支持。在演讲课堂上听别人演讲，成为一个积极的、支持性观众来帮助他们：提供眼神支持和附加的非语言支持，如同意地点头及保持积极真诚的面部表情。你可以帮助演讲的同学放松下来，他们也会对你做相同的事情；你可以寻求他们的支持。一项研究表明，非本土的演讲者可能会感到焦虑和紧张，因为英语不是他们的母语，所以当你知道演讲者非常紧张时提供积极的支持性反馈尤其重要。[56]

寻找演说机会　作为公共演讲者，你所获得的经验越多，你就越不感到紧张。[57] 随着你成功发表演讲记录的增加，你会更加自信。[58] 公共演讲课程将会通过频繁的练习，给你机会增强自信，巩固技巧。研究者发现，在公共演讲课程开始时最紧张的演讲者在课程结束时会最不紧张。[59] 另一个研究发现，学习了基础公共演讲课程的学生与没有上过这门课的学生相比，对演讲有更少的恐惧和更多的满足感。[60]

概述

建立自信

- 将你的身体激励视为兴奋。
- 理解和利用自己的焦虑类型。
- 关注观众和信息。
- 不要拖延；早做准备。
- 认真遵循演讲任务的指导原则。
- 尽量真实地进行练习。
- 深呼吸并练习疏导紧张能量。
- 设想成功并给自己加油鼓劲。
- 从观众中找寻支持。
- 建立一个同学间的“支持型社区”。
- 在演讲后向自己表示庆贺。

作为课堂练习的补充，你可以考虑加入组织和俱乐部，如国际演讲俱乐部（Toastmasters），这是一个专注于提高公共演讲技巧的组织，他们通过提供支持性团队来帮助你打磨演讲和克服恐惧。

关注成果而非恐惧 当你结束演讲时，你可能倾向于关注你的恐惧。你可能会在脑海里放大你的紧张，并且认为所有的人都会看出你有多么紧张。要阻止这种念头。当你结束你的演讲时，想一些积极的事情来庆祝自己的成就。对你自己说：“我做到了！我完成了演讲并且人们听了我的演讲。”不要重放紧张和恐惧的心理形象。相反，在心里重播你成功同观众进行沟通的图像。有证据表明，如果你持续获得演讲的经验，你将变得自信并且会更加愿意进行沟通。所以当你完成演讲时，要祝贺自己已经达到了目标，知道目前的成功可能会让你在未来取得更大的成功。[61]

因为处理演讲恐惧对大多数公共演讲者来说是非常重要的技能，所以在这本书的每一章中我们都给你提供一些建议来帮助你增强自信。在页面边缘寻找**自信地同你的观众建立联系**的技巧。

学习指导　回顾、应用及评估

1.1　什么是公共演讲

对比、区分公共演讲和日常交谈。

公共演讲——将信息呈现给观众——以其他的沟通技巧为基础。公共演讲和日常交谈有相似之处，需要关注、表达以及适应观众。但是，公共演讲相比于日常交谈更加有计划性，更加正式以及对演讲者来说有一些更加确定的规则。

关键词

1.2　为什么学习公共演讲

阐述为什么学习公共演讲很重要。

在人生的不同阶段你都有可能必须在公众面前进行演讲，出色的演讲技能能够为你增色不少，而且还可以帮助你就业或获得职业上的提升。

关键词

批判性思考

你认为这门公共演讲的课程对于你的职业发展目标有什么帮助？对你的个人生活呢？

评估你以观众为中心的演讲技能

回顾第4页的表1.1。使用从1到5的数值（1＝糟糕的；5＝优秀的）对表中列出的技能进行评估，将你的演讲技巧和表格中列出的技能相比，结果怎么样？

1.3　信息传播过程

制作并阐述沟通要素和沟通过程的模型。

就像其他沟通形式一样，公共演讲也是一个过程。不同的理论家将传播过程解释为：（1）一个行为，通过这个行为信息源将信息经由一个渠道传递给接收者；（2）一种互动，在这种互动下，接收者的反馈以及传播的情景被添加到了上述行为之中；（3）一种交互，信息源和接收者同时发出信息来建立一种共识。

关键词

批判性思考

回想最近一次你作为观众的公共演讲的场景。对第5页的传播模型中所列的具体要素进行辨识。如果演讲是有效的，模型中的哪些要素解释了有效性（例如，信息很有趣以及几乎没有噪音）？或者如果演讲者不称职，模型中的哪些要素解释了为什么这个演讲者不称职？

评估你以观众为中心的演讲技能

当你读到这个问题时，请给出一个对你产生影响的内部噪音的例子。公共演讲者应该如何做或如何演讲才能让自己关注演讲，而非关注使你分心的内部噪音呢？

1.4　公共演讲的历史传承

简单介绍公共演讲的历史。

对于公共演讲的学习可以追溯到二千多年前。经过数个世纪，人们积累了丰富的演讲经验和知识，当你在锻炼自己的公共演讲技能时，应该让这些经验和知识指导自己的学习。如今，你更容易听到在电视上或者视频中呈现的演讲。

关键词

朗诵……………………………………………………8
演讲术…………………………………………………8

伦理性思考

朗诵在本章中被定义为“发表已经很有名的演讲”。发表一场他人所写或是他人所发表的演讲合乎伦理吗？给出你的答案并进行解释。

评估你以观众为中心的演讲技能

确定一位有名的公共演讲者，也许他存在于政治领域、社区服务领域，无论是谁，只要你认为他是一名出色的公共演讲者就可以。是什么因素使这个人成为一名高效的演讲者？在这些品质中你更倾向于发展哪一种来增强你的演讲技能？

1.5 提升你作为演讲者的自信

运用多种技巧成为一个更自信的演讲者。

一些公开演讲初学者甚至会对发表演讲的想法感到紧张。如果你比你看起来更加紧张也不要觉得惊讶。记住，几乎所有的演讲者都会体验到紧张感，而轻度焦虑能够起到有益作用。有助于你管理恐惧的具体建议包括充分的准备，了解你的观众，在排练的时候想象演讲环境，使用放松技巧，如想象、深呼吸以及不要去关注你的恐惧。

批判性思考

麦克·罗伯茨是兄弟会（美国高校中的一种学生社团）的主席，正在准备向大学学术委员会致辞，以劝说理事会成员支持在校园内建立一个希腊住房区。这是他作为主席的第一个主要任务，所以他的紧张也是可以理解的。你能为他提供什么建议来帮助他管理紧张感？

评估你以观众为中心的演讲技能

进行一个测验（www.jamescmccroskey.com/measures/prca24.htm），以此评估你的沟通恐惧水平。在课程的最后再次评估你的沟通恐惧，确定这门课程是否对你整体的沟通恐惧水平产生了影响。

2

呈现你的首次演讲

目标

学完本章后，你应该能做到以下几点：

2.1 在准备演讲的每一个步骤中以观众为中心都是非常重要的，解释一下这是为什么。

2.2 选择并缩小适合的演讲主题。

2.3 区分演讲的总目标和演讲的具体目标。

2.4 用一句话来描述演讲的中心思想。

2.5 确定产生演讲主要观点的三个策略。

2.6 描述可以用来支持演讲观点的几种材料类型。

2.7 形成一场在组织结构上划分为三个主要部分——引言、主体和结论——的演讲。

2.8 确定成功排练演讲的策略。

2.9 描述有效发表演讲的核心要素。

如果我所有的天赋和能力都要被神秘的天意所带走，并且我可以选择保留其中的一个，那我会毫不犹豫地请求允许我保留我演讲的能力，因为通过它，我能够很快地恢复其他所有的能力。

——丹尼尔·韦伯斯特

除非你之前在高等数学方面有一些学习经验，否则，在你第一次学习这门课程时，可能对微积分没有任何概念。但是在你告诉他人你正在学习的是公共演讲课程时，大多数人至少知道公共演讲者要做些什么。公共演讲者在讲话，另一些人则在听（他讲话）。几乎每天你都会听到演讲，而越来越多你所听到的演讲都是通过电子媒体呈现的。在网上，不论是在 YouTube 上的视频中，还是在 Facebook 上的视频中，你都很可能听到演讲，如 TED 演讲。然而，即使社交媒体无处不在，毫无疑问，你仍会在课堂上或在工作场所经历许多现场演讲。虽然你曾听过无数场演讲，但你对于演讲者怎样准备和呈现演讲仍有疑问。

在第一章中，我们讨论了学习公共演讲的重要性并描述了有效沟通的要素。我们还提供了成为一名自信演讲者的建议和策略。在本章中，我们将预先展示你会在本课程中学习到的准备、发表演讲的技巧。毫无疑问，我们会在本课程的前期给你一个演讲任务。虽然最理想的情形是，在你处理你的首次演讲之前将《演讲课：听者为重》从头到尾阅读一遍，但要做到这点是不切实际的。为了帮助你着手准备演讲，我们推出了本章，通过一步一步概述，帮助你建立公共演讲技能的框架。

2.1 考虑你的观众

在准备演讲的每一个步骤中以观众为中心都是非常重要的，解释一下这是为什么。

从你 2 岁开始，你就一直在和别人说话。同别人交谈仿佛是你生命中非常自然的一部分，因此你可能从未停下来去分析这一过程。但是当你在准备演讲课程上的首次演讲时，你可能会感到疑惑："我首先要干什么？"你的任务可能是向你的班级介绍自己，或者你的首次任务可能是一次简短但信息丰富的交谈——向观众描述某样事物。然而，不论具体的任务是什么，你都需要知道如何开始。

如我们之前提到的，在进行你的首次演讲前，不需要将这本书从头到尾通读一遍。但是对发表演讲的步骤及技巧有一个概览会有很大的帮助。为了帮助你理解，图 2.1 展示了准备演讲的过程所涉及的不同任务，强调以观众为中心体现在演讲过程的每一个步骤中。我们在整本书中会多次提及这个以观众为中心的公共演讲模型。**为了强调以观众为中心的重要性，我们将这个模型的缩小版本放置于整本书的页面边缘，以使你的注意力集中在那些讨论观众的重要性的信息上。**当你看到左边这个图标时，我们正在探讨这本书的中心主题：**在设计和发表演讲的过程中，总是要将你的观众考虑在内。**

我们将从中心要素（考虑你的观众）开始，对演讲准备过程进行讨论。之后我们将从选择并缩小主题范围开始，讨论每个步骤，接下来沿着这个模型顺时针旋转，分析每一个相关的步骤。

为什么公共演讲的重点应该是观众？为什么不是主题的选择、演讲提纲或是演讲调查？道理很简单，你的观众会对你选择的主题以及准备过程中的每个步骤产生影响。你对主题、目的甚至是主要观点的选择都应该以你对观众的透彻理解为基础。确切地说，是你的观众在“书写”演讲。[1] 不要仅将准备演讲的第一步看作一个“步骤”——你做了一件事，然后继续做下一件事——更要将其看作一个连续过程的开始。无论是考虑要探讨些什么，还是考虑如何发表结语，我们都建议你永远不要忘记演讲的原因：与你的观众沟通。

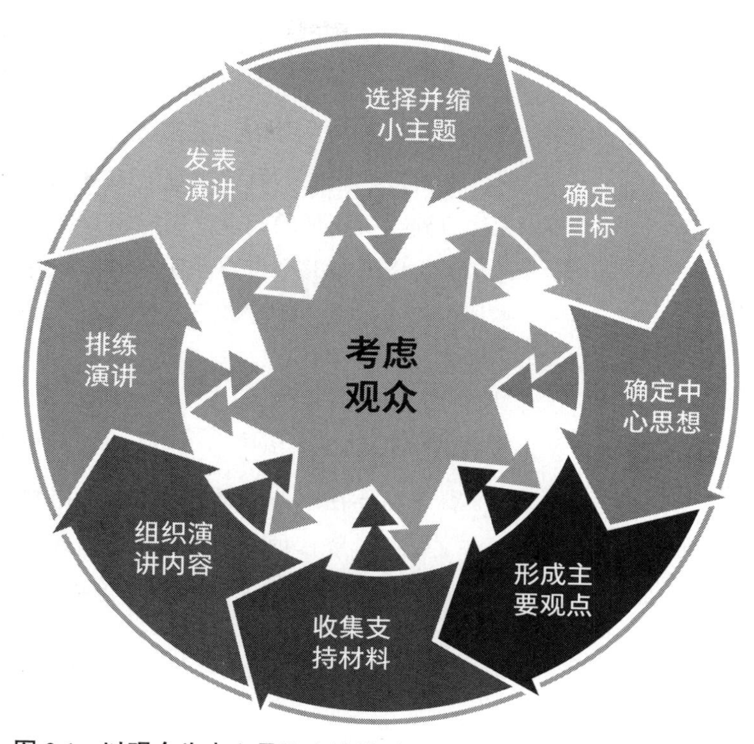

图 2.1　以观众为中心是这个演讲过程模型的核心，因为观众影响着演讲的设计和展示的所有环节。当我们在整本书中深入讨论每项任务时，还会使用该模型的缩小图像来标记信息和建议，以提醒你考虑观众

资料来源：Copyrighted by Pearson Education, Upper Saddle River, NJ

收集并分析观众的信息

要以观众为中心，你首先应该确定观众的信息，之后对此进行分析。例如，只需在演讲班级中观察你的观众，你就可以确定这些基本信息，包括他们大约几岁，男性和女性所占的百分比，你也会知道他们都是学习公共演讲课程的学生。要确定不太明显的信息，你可能需要提出问题或者设计一个简短的问卷。

如我们曾经提到过的，并不只是在准备演讲时才需要做观众分析，观众分析应该是一项持续性活动。观众的特点影响着你在演讲准备的每一步骤中所做的选择。这就是为什么在以观众为中心的演讲模型中，箭头将图的中心要素连接到设计和发表演讲的每一个阶段。在准备和发表演讲过程中的任何时候，如果你了解到有关观众的新的信息，你就可能需要修改自己的想法或材料。所以该模型在中心要素的边界和这一过程中每个步骤的边界之间存在双向箭头。第五章全面讨论了分析观众所涉及的原则和策略。

以观众为中心包括，在演讲**之前**根据你对观众的价值观、观念和知识的了解，决定你的演讲内容和演讲风格。同时以观众为中心也意味着，在演讲过程**之中**了解你的观众的反应，这样你可以做出适当的调整。

当你和现场观众进行交谈时，你能够直视观众的眼睛，并观察他们的即时反应，无论是他们在眼神接触时表现得全神贯注，身体微微前倾而非坐立不安，还是表现出注意力不集中，目光涣散，观察这些反应都能使你从中获益。现场的演讲允许你当场修改你的信息以达到你的目标。当你使用视频技术发表演讲时，通常你无法看到你的观众，尤其是如果你为观众录制演讲，以便稍后查看和收听时，在演讲期间根据反应修改你的演讲则更具挑战性。对于视频或在线演讲，你无法看到或听到你的观众，所以你必须尽可能地**预测**观众可能会如何回应。选择你认为可以获得并维持观众注意力的示例和例证，最为清晰地组织演讲，以眼神来传达你的信息，适度的声音变化和有意义的手势可以帮助你同你的虚拟观众建立联系。

考虑观众文化背景的多样性

你不需要在国外发表演讲就能认识到适应不同观众文化期望的重要性。美国人在文化、年龄、种族和宗教传统方面都有很大的差异。想一下你的同学们，他们代表了多少不同的文化和种族传统？几年前，一般的大学生的年龄可能在18岁至21岁之间。如今，你的同学可能在年龄、背景和经验上有更大的差异。你不仅需要调整你的演讲方式，还要根据你的观众主体以及他们的兴趣来调整你的主题、组织模式，以及使用的示例。

不同文化背景对公开演讲的期望有根本上的不同。例如，在俄罗斯，演讲者会使用“无修饰”的方法来强调演讲的内容。让美国商人——习惯于直截了当、以问题为导向的逻辑——觉得非常合理且可以接受的一场演讲，却可能让中国商人感到难以接受，因为他们习惯于更为委婉、不带有明显目的的言辞。一些非裔美国观众“前来参加演讲活动”[2]，期待演讲者使用非裔美国人的口头传统“相互呼应法”（call response formulas）[3]。不过，本书的一位作者在巴哈马上过几个学期的公开演讲课程，当他建议学生们实现一种对话式的非正式演讲风格时，学生们感到震惊。他很快发现，巴哈马观众期望演讲者进行正式的演讲，就像19世纪的美国观众更喜欢斯蒂芬·A. 道格拉斯（Stephen A. Douglas）的豪言壮语，而非亚伯拉罕·林肯（Abraham Lincoln）的安静朴实的风格。所以本书的作者在巴哈马教书时不得不润色自己的风格。

保持对观众的敏感，并相应调整你的信息，这样，不仅是在面对与你有不同文化背景的观众进行演讲时，在任何情形下都能为你提供很好的帮助。如果你学会了分析你的观众并且适应他们的期望，你就可以在众多环境中应用这些技能：通过视频软件面试，发表商务演示或与市议会交谈，甚至是在求婚时。

概述

考虑你的观众

- 在准备演讲过程中的每一步都牢记你的观众。
- 尽可能地收集和分析信息。
- 对观众文化多样性保持敏感。

2.2　选择并缩小你的主题

选择并缩小适合的演讲主题。

在保证观众处于你心里最重要的位置的情况下，你的下一个任务是确定你将要讨论的内容，并缩小主题以适应演讲任务的限制。请特别注意你的老师为作业提供的指导。

如果首次演讲任务是向班级介绍你自己，你的**演讲主题**就已经被选定——**你**就是主题。被要求就特定主题演讲并不罕见，但通常你会被要求在没有给出主题的情况下进行发言。选择或寻找用来进行演讲的主题可能会令人沮丧。“我应该讨论什么呢？”会成为一个很困扰的问题。

虽然关于你应该谈论什么的问题并没有唯一的答案，但是可以通过提出三个通用的问题来找到主题：

- “观众是谁？”
- “我的兴趣、才能和经验是什么？”
- “在何种场合？”

给自己充足的时间来选择并缩小主题是一个不错的主意。不要等到最后一刻才考虑你要谈论的是什么。你能为成为一个有效的演讲者做的最重要的事情之一就是提前准备好你的演讲。一项研究确定了一条非常实用的建议：**你准备演讲的时间最好地预示了演讲的成绩。**[4]

观众是谁

你的主题应该来自你对观众的基本了解。例如，如果你知道你的观众主要是25至40岁的人，他们通常处于就业状态，而且不是在寻找配偶就是在养家糊口，那么这些信息就有助于你对主题的选择。年纪较大的观众可能会让你想到其他关注点或议题：“我是否能享有社会保险？”或者“作为美国退休人员协会成员的优点”。

我的兴趣、才能和经验是什么

与其绞尽脑汁寻找新奇的话题和古怪的想法，不如审视一下自己的背景。你选择的大学专业、你的爱好以及你的旅行都是主题想法的来源。你对什么问题很有感触？思考你的工作，在互联网上浏览到的令你感兴趣的故事，你家乡发生的事件，你的职业目标，或者你遇到的有趣的人。第六章讨论了寻找主题的具体策略。

一旦你选择了你的主题，请缩小它的范围以适应演讲的时间限制。如果你被要求发表一场十分钟的演讲，“在校园中怎样咨询求助”这一主题就比“如何充分利用你的大学经历”更容易掌控。正如我们的模型所示，当你完善你的演讲主题时，

演讲主题（speech topic）
演讲内容的关键重点。

你的观众应该是你的头脑中最重要的因素。

概述

选择并缩小你的主题

要选一个好的主题，可以问三个问题：

- 观众是谁？准备演讲的每一步都要考虑你的观众。
- 我的兴趣、才能和经验是什么？缩小主题范围以适应时间限制。
- 在何种场合？设定演讲的环境也很重要。

在何种场合

当你选择主题时，除了你的观众，你还要考虑演讲的场合。例如，毕业典礼的演讲主题和在铁道模型俱乐部（Model Railroad Club）的演讲主题，两者自然应该是不同的。你要考虑的另一个方面是你演讲时的物理环境。你会面对坐在椅子上围成一圈的人演讲？你的观众会坐在桌子旁，通过网络广播或电话会议来观察你？你会站在成排的人面前演讲？物理环境，包括你的演讲是否通过媒体进行传播，以及演讲场合都会影响你的观众对你所选择主题的期望的程度。

区分演讲的总目标和演讲的具体目标。

2.3 确定你的目标

你可能会认为，一旦你有了主题，你就可以开始进行研究调查了。然而，在你做这些之前，你需要先确定一个总目标和一个具体的目标。

确定你的总目标

你的**总目标**是你的演讲的全局目标。演讲的总目标一般有三种：**提供信息**、**说服**和**娱乐**。

当你提供信息时，你是在教授、定义、图解、阐明或者详细描述一个主题。上课、讲座和研讨的主要目的都是提供信息。第十三章将会为你展示如何带着提供信息的目的构建有效的演讲。

目的是进行说服的演讲，寻求改变或强化观众的态度、观念、价值观或行为。电视上、广播里以及互联网上弹出的广告，政治演讲以及销售演示都是以说服为目的而进行信息传递的例子。要成为一名熟练的说服者，你需要体察观众对你和你的主题的态度（喜欢或者不喜欢）。第十四章和第十五章将讨论准备说服性演讲的原则和策略。

总目标（general purpose）
演讲的全局目标——提供信息、说服或者娱乐。

娱乐观众是演讲的第三种总目标。餐后演讲和单口相声就是主要用来娱乐观众的几种演讲方式。如第十六章的描述，有效的娱乐演讲的关键通常在于你对故事、示例和图表以及演讲风格的选择。附录 B 中包含了以提供信息、说服以及娱乐为目的的演讲示例。

确定你的具体目标

你的**具体目标**是一个简明的陈述，指出你希望你的观众在你演讲结束后能够做什么、记住什么或感觉到什么。对具体目标的陈述明确了你希望观众做出精确的、可评估的反应。这里我们要再一次强调确定你的具体目标时关注观众的重要性。也许你曾有过这种经历，你在听某位演讲者发表演讲时，内心产生疑惑："重点是什么？我知道他在谈论教育，我不知道他讨论的和这一主题有什么相关之处。"你可能知道演讲者的总目标，却并不清楚其具体目标。如果你不能指出其具体目标是什么，也许是因为演讲者自己也并不清楚。

> **概述**
>
> **确定你的目标**
>
> **明确总目标**
>
> 提供信息　通过教授、定义、图解、描述或解释来分享信息。
>
> 说服　改变或者强化一种态度、观念、价值观或者行为。
>
> 娱乐　以幽默、故事或例证给人以快乐。
>
> **明确具体目标**
>
> 演讲结束时，你想让你的观众记住什么、做什么或者感受到什么？
>
> | 总目标 | 具体目标 |
> | --- | --- |
> | 提供信息 | 在我演讲的结尾，观众将能够识别出校园内的三种咨询中心，并描述每个咨询中心能够为同学们提供的咨询服务。 |
> | 说服 | 在我演讲的结尾，观众们将去参观学校中的咨询中心。 |
> | 娱乐 | 在我演讲的结尾，我会向校园内的就业指导老师咨询问题，并故意制造一系列误解，观众将会被我的演示逗乐。 |

主题一旦缩小之后，决定具体目标并不困难："在我演讲的结尾，班级同学将能够识别校园内的三种咨询中心，并能够描述如何从每一种咨询中心那里获得最好的帮助。"要注意这个目的是用你希望观众在演讲结束时能**做**的事情的角度来表达的。你的具体目标应该细化，以观众为中心。对于信息性演讲，你可能只希望你的观众能够复述某个观点，定义新的词汇，学会辨别、描述或使用例证就可以了。而在一个说服性演讲中，你可能希望你的观众去参加一个课程，购买某种商品，改变一个坏习惯或者为某人投票。说服演讲也能够强化一种行为、态度、观念或者价值观。

具体目标（specific purpose） 对于期望观众所做出的回应的简要的说明，指出你希望你的观众在演讲结束后记住、感受到或者去做什么。

中心思想（central idea） 对演讲内容的一句话总结。

当你明确了自己的具体目标之后，将它写下来，在你为演讲进行材料阅读和想法收集时把它放在你的面前。你的具体目标应该指导你的调查研究并帮助你选择与观众相关的辅助材料。在继续为演讲做准备的过程中，你甚至还有可能修改你的目标。但是，只要在准备过程中始终将目标牢记在心，你就能一直保持在正轨上。

2.4　确定中心思想

用一句话来描述演讲的中心思想。

现在你应该能够写出你演讲的**中心思想**了。对具体目标的陈述指出了你希望观众在演讲结束时能够做些什么，而中心思想则体现你想传播的信息的本质。将它看作对你的演讲进行的一句话总结。举个例子：

主题 无麸质饮食

总目标 提供信息

具体目标 在我演讲的结尾，观众将能够识别无麸质饮食的三种关键因素。

中心思想 无麸质饮食的基础是减少摄入加工食品的数量，避免进食所有加工过的面粉，并增加你的运动量。

还有另一种方式来帮助你思考如何确定你的中心思想。想象一下，你刚刚结束了演讲并且走进了一个电梯。一个错过了演讲的人对你说道："噢，很遗憾我错过了你的演讲。你讲的是什么啊？"在二楼和一楼之间，你只有十五秒的时间来总结你的演讲。你可能会说："我讲的是父母和孩子的沟通的两个关键点：第一，腾出时间来沟通；第二，有效地倾听。"这一简要的重述就是你的中心思想。说得更清楚一点，你的目标和中心思想之间的不同之处在于：你的目标是你想要你的观众去做什么，中心思想则是用一句话简要概括你的演讲内容。

确定产生演讲主要观点的三个策略。

2.5 形成主要观点

用专栏作家 H. V. 普罗克诺（H. V. Prochnow）的话说："有很多人都可以发表演讲，但讲得好却非常困难。"高效的演讲者也都善于思考，他们能够讲出一些门道。他们知道如何运用辞藻和思想来明确自己的**主要观点**。古罗马人将这种技能称为**发明**——产生或者发现对旧问题的新见解或新方法的能力。罗马雄辩家西塞罗将演讲的这一方面称为"发现（一个演讲者）应该说什么"的过程。

当你在纸上写下合适的主题、具体的目标以及措辞精确的中心思想后，下一个任务就是确定你演讲的主要部分或者说你想要开发的重要观点。为了将中心思想划分成各个重要观点，请询问自己以下这三个问题：

- 你的中心思想是否能够进行逻辑上的划分？
- 你的中心思想是否能够得到论据的支持，证明其是对的？
- 你的中心思想是否能够转化为一系列步骤？

我们来看看这些问题，以及如何应用这些问题的示例。

主要观点（main ideas）
演讲的要点。

发明（invention）
对于想法和观点的发展或者发现。

你的中心思想是否能够进行逻辑上的划分

如果你的中心思想是"有三种方式解读当地报纸或金融网站的股票市场板块"，那么你的演讲可以被划分为三个部分。你将会很容易识别出解释股票市场信息的三种方式并将其作为重点。关于舞台化妆运用艺术的演讲也可以被划分为三个部分：

眼部妆、面部妆以及头发染色。从逻辑上将演讲主题划分成重要观点可能是最为简单的方法。

你的中心思想是否能够得到论据的支持，证明其是对的

如果你的中心思想是“需要新的立法来确保美国公民的隐私受到保护”，演讲的每一个主要观点，都可以是你认为需要新隐私法的一个原因。例如，需要新隐私法，因为（1）更多的零售店正在收集有关我们购买的产品的信息；（2）我们的上网习惯可能被我们使用的搜索引擎追踪；（3）更多的公司和政党可以获得“大数据”，以便为个人制定具体的有说服力的信息。如果你的中心思想是陈述某件事是好或是坏，你应该关注你的中心思想得以产生的真实原因。将这些原因作为演讲的主要观点。

你的中心思想是否能够转化为一系列步骤

假设你的中心思想是“运作一间校园办公室并不难”。你的演讲可以围绕一系列步骤展开，告诉你的观众第一步要做什么，第二步要做什么以及第三步要做什么来获得选票。描述个人经历，或者解释怎样建立或者制作某些事物的演讲通常可以安排为循序渐进的过程。

你的时间限制、主题，以及从你的研究中获得的信息将会决定你的演讲中包含几个主要观点。3 至 5 分钟的演讲只可能包含两个主要观点。在一个非常简短的演讲中，你可能只能拥有一个运用示例、例证以及其他形式进行支持的主要观点。不要浪费时间去划分一个不需要进行划分的主题。在第六章和第八章中，我们将会探讨如何形成并组织主要观点。

概述

中心思想和主要观点

确定你的中心思想

写下一个能够总结你的演讲的句子。

利用你的中心思想形成你的主要观点

问你自己：

- 你的中心思想是否能够进行逻辑上的划分？
- 你的中心思想是否能够得到论据的支持，证明其是对的？
- 你的中心思想是否能够转化为一系列步骤？

2.6 收集支持材料

描述可以用来支持演讲观点的几种材料类型。

明确主要观点之后，你的下一个工作是收集材料来支持它们——寻找事实、示例、定义以及引证来说明、详述、阐明、提供证据或者讲述故事。在这里，像往常准备演讲一样，成为一个以观众为中心的演讲者的重要性怎样强调都不过分。有一个古老的谚语说道：“例证远胜于话语。”如果一场演讲非常无聊，通常是因为演讲者没有选择同观众相关或者让他们感兴趣的支持材料。不要仅仅给观众展示数据，还要将事实同他们的生活联系起来，正如一位哲人曾揶揄道：“数据不是信息，正如 50 吨的水泥并不是摩天大楼。”[5]

收集有趣的支持材料

辅助材料应该是具体且有意义的，它应该能够打动观众的感官。

唐·休伊特（Don Hewitt），广受欢迎且屡获殊荣的《60 分钟》电视节目的创始人及长期的制作人，经常被年轻的记者们反复追问："作为一名传播者，你的成功秘诀是什么？"休伊特的答案："讲故事。"每个人都喜欢听到一个好的故事。如休伊特曾提到的，《圣经》不仅仅描述善与恶的本质，它更精彩地讲述了约伯、挪亚、大卫等人的故事。[6]

根据自己的经历讲故事，并对真实的事件进行生动的描述，让观众可以想象到你正在谈论的内容。除了刺激视觉外，支持材料还可以刺激触觉、听觉、嗅觉和味觉。你用词触发的感觉越多，你的谈话就越有趣。诸如"这块饱经风霜的木头的粗糙且开裂的表面"或是"樱桃果冻的甜美、冰凉又清爽的味道"的描述能够唤起感官影像。此外，将抽象统计数据与真实的信息相关联可以更清晰地传达你的想法。例如，如果你说菲多利食品公司（Frito-Lay）每年能够卖出 26 亿磅①零食，你的观众会有一种模糊的想法：26 亿磅是非常多的玉米和薯片。如果你补充道，26 亿磅是帝国大厦重量的三倍，你的观点就更加令人印象深刻。[7]或者，与其简单地说每年有 4000 多名青少年死于交通事故，不如说："如果每年有 12 架满员的大型喷气式飞机坠毁，那么一定有措施出台来解决它。每年有超过 4000 名青少年死于车祸——这相当于 12 架大型客机失事。"将数据同观众能够想象的事情相联系可以让一些观点更加有力。[8]我们将在第八章讨论可供你使用的各种支持材料。

公共演讲者如何找到有趣的支持材料呢？通过不断提升调查技能。美国前总统伍德罗·威尔逊（Woodrow Wilson）曾经承认："我不只会绞尽自己的脑汁，我还会利用所有我能借用的脑力。"想出好的想法固然非常重要，但知道如何利用现有的知识也同样重要。你可能会想出一到两个你认为自己非常擅长的话题。如果你发表了一场关于一项你已经练习了很多年的运动或者你最近的一次旅行的简短的演讲，那么你就不需要收集额外的信息，这种情况也是可能的。但是迟早你会需要做一些关于主题的研究，以便你能非常游刃有余地对观众进行关于这一主题的演讲。如果到目前为止你的课程还是只需要简单地通过互联网收集信息或在图书馆进行研究，那这种情况即将发生改变！等到你要在本课程发表演讲之时，你要学会使用一些资源：图书馆的电子目录、图书馆订阅的各种电子数据库、《社会科学索引》、《巴特利特的名言警句》（*Bartlett's Familiar Quotations*）的电子版本、政府公开文件的复印件及在线文件，以及各种各样的互联网索引系统。

除了熟练运用在线信息和图书馆资源之外，你还应该学会在阅读、看电视或视

---

① 1 磅约合 0.45 千克。

频、浏览互联网时，留心观察能够运用到演讲中的想法、示例、例证和语录。最后，你应该学会如何通过采访和书面信函来收集不同主题所需的信息。

收集可视化支持材料

很多人都认为，眼见为实。除了搜索文字形式的支持材料外，你也可以寻找可视化的支持材料。使用演示辅助工具——视觉上，或在某些情况下是听觉上的辅助工具——来强化关键想法几乎可以增加任何一场演讲的演讲效果。通常最简单的演示辅助工具最为有效：用一件实物、一张图表、一幅曲线图、一张海报、一个模型、一份地图或是一个人（也许这个人是你）来展示一个过程或是一种技能。如今，有许多即时手段能够帮助你实现视觉效果。最新的电脑上的图形软件，如 PowerPoint、Prezi 或者 Keynote，可以帮助你生成五颜六色的曲线图、图表、符号以及横幅。利用今天的技术，你可以用合适的设备来拍摄令人惊叹的视频图像。当然，使用这些高科技的设备需要技巧以及额外的排练时间。

在第十二章中，我们探讨了关于使用演示辅助工具的一些基础建议：你的图片要足够大以保证观众能够看得清楚，以及花大量的时间来准备它们；谨慎使用词语，不要在你的视觉材料上填充过多信息；要盯着你的观众而非你的演示辅助工具；通过控制视觉展示时间吸引观众的注意力；保证你的演示辅助工具简单化。始终专注于与观众进行有效的沟通，而不是让你的观众因浮华的演示而眼花缭乱。

概述

收集支持材料

利用你自己的知识和调查研究来找到以下类型的支持材料：

- **有趣的，**大部分观众喜欢故事。
- **相关的，**帮助观众理解并认同数据。
- **难忘的，**可视材料帮助观众理解和记忆。

2.7　组织你的演讲

形成一场在组织结构上划分为三个主要部分——引言、主体和结论——的演讲。

一个智者曾经说过：“有序的努力让成功水到渠成。”一场结构清晰且有逻辑的演讲能够帮助你的观众记住你所讲的内容。良好的逻辑结构还会帮助你更好地控制你的演讲，而较好的控制会帮助你在发表演讲时感觉更加轻松。

如我们在第一章中看到的，古典修辞学将组织一场条理清晰的演讲的过程称为**部署**。演讲者需要有序地呈现观点、信息、示例、例证、故事以及数据，使观众能够很容易听懂他们所说的内容。

每一场精心准备的演讲都有三个主要的部分：引言、主体以及结论。引言部分吸引注意，作为演讲的概览，为观众提供听你讲话的理由。主体部分呈现演讲的主要内容。结论部分总结中心思想。你可能听说过关于怎样组织一场演讲的建议：“告诉他们你将要说什么（引言），对他们讲述（演讲的主体），告诉他们你说了什么（结论）。”

部署（disposition）
对想法和例证的组织和安排。

作为公共演讲课程的学生，你将研究并学习如何灵活运用这种基本的组织模式（按时间顺序、主题、因果关系、问题–解决方案），以帮助你的观众理解你的意思。你将学习如何预告及总结信息，这些信息能够帮助你的观众记住你的想法。在以下演讲提纲的模板中，要注意引言如何吸引观众的注意力，演讲的主体如何确定主要观点，结论如何总结中心思想。

因为你的引言是对演讲的预告，你的结论是对其进行总结，大部分公共演讲老师都会建议你在仔细组织了演讲的主体部分**之后**再准备你的引言和结论。如果你已经通过逻辑划分、分析原因或者分解步骤形成了主要观点，那么说明你制作提纲的工作进行得非常顺利。将你的主要观点用罗马数字标示出来，支持材料使用大写字母，如果你需要将你的想法继续细分，那就使用阿拉伯数字。**不要**逐字写下你的演讲。如果你这样做了，你的演讲会听起来僵硬且不自然。然后，使用简要的笔记——将提示性文字写在便笺卡片上——代替完整的手稿可能会有所帮助。越来越多的演讲者使用手持平板电脑来保存他们的发言要点。

你可以在第八章中查看组织演讲的方法，并查看更多的示例概要。第九章提供了更多的关于开始和结束演讲的详细的建议。一些公共演讲老师对于提纲形式的要求可能会略有不同。例如，你的老师可能希望你使用罗马数字 I 来标注演讲的引言部分，使用 II 来标注主体，以及使用 III 来标注结论。请确保你遵循了老师的精确指导。对自己的首次演讲，你可以参照这里的演讲提纲模板。[9] 你的老师可能希望你在提纲中添加更多关于支持材料的详细信息。

除了在演讲的时候使用书面的提纲之外，你还可以考虑使用演示辅助工具来增加主要观点的条理性和清晰度。使用简单的视觉强化手段就能够帮助观众记住你的

提纲示例

主题 如何投资	你的老师可能会分配给你一个主题或者你可以选择主题。
总目标 提供信息	提供信息、说服或者娱乐。 你的老师可能会指定你的总目标。
具体目标 在我的演讲的结尾，观众应该能够辨别帮助他们更好地进行投资的两个原则。	一个明确的陈述，用以表明你的观众在听过你的演讲之后应该能够做到什么。
中心思想 了解金钱的来源和如何进行投资，以及通过理智的投资让钱增值，从而实现收入增加。	对你的演讲的一句话总结。

引言

想象此刻是2065年。你已经65岁了。你刚刚打开了一个信封，里边装的是一张30万美元的支票！不，你没有中彩票。当你意识到在过去的40年里，你自己的适度投资策略获得了丰厚的回报时，你会心一笑。

引人注目的开场白。

今天，我将回答三个问题，帮助你成为一个更好的金钱管理者：第一，金钱来自哪里？第二，你要投资到哪里？第三，如何做到小钱变大钱？

预告主要观点。

得知这三个问题的答案可以为你带来巨大的收益。只要适度地投资，保持严谨的态度，年收入30万美元或以上不在话下。

告诉你的观众为什么他们应该听你演讲。

主体

I. 有两种资金来源	I. 主要观点
A. 你已经有一些钱	A. 支持性观点
B. 将来你会赚到钱	B. 支持性观点
II. 你可以用你的钱做三件事情	II. 主要观点
A. 你可以花了它	A. 支持性观点
B. 可以借给别人	B. 支持性观点
C. 可以投资	C. 支持性观点
III. 帮助你变得富有的两项原则	III. 主要观点
A. 复利的“魔法”可以将几便士变为几百万	A. 支持性观点
B. 找到最佳收益率会带来很大的回报	B. 支持性观点

结论

今天我确定了有效资金管理的三个关键方面：（1）资金的来源；（2）你可以用资金去做什么；（3）可以帮助你变得富有的资金管理原则。现在让我们“回到未来”！还记得你收到30万美元支票时的那种感觉吗？当你存入第一张支票时去唤起那种美好的感觉。记住这个积累财富的简单秘诀：可以将全部收入的一部分储存起来。你有权“去追求财富”。

总结主旨，重申中心思想。

重要观点。在第十二章中，我们提供了使用PowerPoint、Keynote或Prezi等软件的技巧。

至此，我们已经探讨了很多步骤。然而，你作为演讲者是否成功最终将由你的观众决定。这就是为什么在全书中，我们一直向你介绍本章中以观众为中心的演讲准备模型。

当你有了满意的演讲结构和视觉辅助工具之后，你就可以进行排练了。

确定成功排练演讲的策略。

2.8 排练你的演讲

还记得那个笑话吗？一个人问另一个人："怎样才能到卡耐基音乐厅？"回答："练习，练习，练习。"① 这个笑话可能比卡耐基音乐厅本身还要年代久远，但它对所有演讲者，尤其是演讲初学者来说，仍然是一个很好的建议。一场演讲就是一场表演。与任何舞台表演一样，无论是音乐、舞蹈还是戏剧，都需要排练。经验丰富的木匠知道要"量两次再动手"。排练演讲是衡量你的信息效果的一种方法，有助于你在将其呈现给观众时做到正确无误。

最好的练习方法是，就如你在面对观众发表演讲时那样站起身来，大声演讲。当你排练时，尝试着找到一种合适的方式来表达你的想法，但是不要背诵你的演讲。实际上，如果你多次排练你的演讲，以至于你每次使用的都是相同的词语，那么你的排练已经足够多了。要排练得足够多，这样你在谈论观点和支持材料时才不会遗漏主要内容。你也可以使用便笺，但是大多数公共演讲老师会限制你使用便笺的数量。

你在排练时，要尽可能多练习同你想象中的观众进行眼神交流。另外，确保大声地进行演讲，让房间中的所有人都能够听到你的声音。在排练时，如果你不确定你的手应该做些什么，那就将它们放在身体两侧。把注意力放在你的演讲之上，而不是去担心手应该如何摆放。不要让手在口袋里弄出响声，或者使用其他可能分散观众注意力的手势。如果你通过视频（无论是直播还是事先录制）发表演讲时，要记住，摄像机可能会让观众觉得你离他们只有一两米远。要是通过视频进行演讲，你不需要使用过于生动的手势或面部表情。无论你是在摄像机前演讲还是对现场观众进行演讲，采用一种自然的、会话式的风格是非常重要的。

如果你在练习演讲时，就好像你真的在做演讲一样，那么当你与观众交谈时，你将会是一个更高效的演讲者。并且有证据证明，和早早准备演讲一样，花时间排练也会提高演讲的整体质量。[10]

除了排练有形的演讲表达之外，还要确定自己的演讲风格。"风格，"小说家乔纳森·斯威夫特（Jonathan Swift）说过，"就是在恰当的场合使用合适的词语。"你对词语的选择及安排造就了你的演讲风格。在第十章你会学习到更多关于如何使用词语的知识。如我们之前说过的，一些观众会对一种简单且非正式的风格做出响应，其他的人则更喜欢隆重且充满诗意的风格。要成为一个出色的演讲者，你必须熟悉你的观众习惯倾听的语言，并且必须知道如何选择合适的词语或短语来表达自己的想法。努力训练出能够分辨观众态度的耳朵。

---

① 原文为"How do you get to Carnegie Hall?"。英文中 get to 有"到达"和"达到某一阶段"的意思，提问者想知道怎样去，但另一个人理解的是怎样才能在其中演出。——译注

2.9　发表你的演讲

描述有效发表演讲的核心要素。

演讲时间到了，你已经准备好面向观众了。发表演讲是准备过程中的最后一个步骤。在你走上台之前，环顾一下聚集的观众，看他们是否符合你的期待。这些人的年龄、种族以及性别是不是像你预测的那样？或者你是否需要在最后时刻改变你的内容，以适应不同的观众群体？

当你被介绍的时候，从容自信地走上前，同你的观众进行眼神接触，自然地微笑，然后发表精彩的开场白。专注于你的演讲和观众。以一种谈话的方式发表演讲，尝试建立与观众之间的默契。就像你在想象的观众面前排练一样发表演讲：保持眼神接触，说大声点让别人能够听到，在音调上使用一些自然的变化。最后，要记得专栏作家安·兰德斯（Ann Landers）关于公共演讲的建议："真诚，简短，坐好。"

> **自信地同你的观众建立联系**
>
> **利用你的沟通恐惧来提升你的表现**
>
> 回忆一下，大多数演讲者的紧张峰值出现在演讲之前。你可以利用这种焦虑来提升你的表现。怎样做？练习认知重建技巧，让自己对公共演讲的看法变得积极而非消极。要记住焦虑是你的身体在尝试给你更多的能量，来提升你的表现。不要专注于焦虑产生的症状，将它们当作大脑在提升你的智力水平的信号。要了解，一些恐惧能够增加大脑的灵敏度，帮助你呈现一场很棒的演讲。

我们曾讨论过，一场精心准备的演讲涉及诸多因素。请阅读下面的演讲范例：学生格雷斯·希尔登布兰德的演讲。[11] 图 2.2（第 38 页）总结了以观众为中心的演讲过程，以及后续章节中对每一步的深入分析。

演讲范例

灰姑娘

格雷斯·希尔登布兰德

据说《灰姑娘》有超过五百个版本，这使它成为世界上最受欢迎的童话故事之一。在美国，大多数儿童看过迪士尼出品的《灰姑娘》，而成人则要么熟悉这部电影，要么了解《灰姑娘》童话的其他版本。当我还是孩子的时候，我看过很多次迪士尼版本的《灰姑娘》。之后，在我上大学的时候，我报了一门德语课程，于是又学习了格林兄弟版本的《灰姑娘》。我惊讶地发现德国版本同迪士尼版本的《灰姑娘》差别很大。格林兄弟是两兄弟，雅各布·格林（Jacob Grimm）和威廉·格林（Wilhelm Grimm），在 19 世纪，他们把不同的童话故事编进了书中，其中一个童话故事就是《灰姑娘》。迪士尼确实改编了格林兄弟的版本，使之更加适合儿童观看。这两个版本的不同之处在于人物、皇家舞会场景，以及对暴力的使用。

演讲者已经分析过她的观众并且知道他们大多数来自美国。

演讲者的一般目的是让观众了解《灰姑娘》这一故事的两个最著名的版本。

在给出一个语言的信号，表明她要进入演讲的主体部分后，演讲者陈述了其中心思想。

首先，我想讨论一下在迪士尼版本和格林兄弟版本中，《灰姑娘》里的人物的不同之处。迪士尼对格林兄弟版本《灰姑娘》中的人物进行了添加和修改。例如，仙女教母的形象在格林兄弟版本的《灰姑娘》中是不存在的。给灰姑娘提供帮助的其实是一棵树，而且树上的小鸟能够给予灰姑娘任何她所需要的东西。例如，当灰姑娘准备去参加舞会时，她需要保证她已经做完了家务，并且她需要一条能穿去参加舞会的裙子。无论何时她请求帮助，那些住在树上的小鸟都会帮助她完成家务，而且还会给她一条能够穿去参加舞会的裙子。

这个故事有助于让观众保持兴趣并且还支持了演讲者的中心思想。

迪士尼版本进行的另一个改编是在《灰姑娘》中添加了新的动物形象。在格林兄弟版本的《灰姑娘》中，小鸟就是仙女教母的角色，但是迪士尼版本中不仅有小鸟，还有小狗、小猫、马儿以及老鼠，以使其对儿童更具有吸引力。来自《华盛顿邮报》的尼利·塔克（Neeley Tucker）表示大多数童话故事最初都不是写给孩子而是写给大人看的。所以之后大多数的童话故事都被改成了更适合孩子们的故事，《灰姑娘》的情况也一定是这样。

所以，我已经讨论了两个版本之间人物的差异，现在我想讨论皇家舞会场景的差异。在迪士尼版本的《灰姑娘》中，灰姑娘在皇家舞会上遇到了她的王子。但是在格林兄弟的版本中，其实是为了庆祝一个皇家节日，三天举行了三场不同的皇家舞会。在每场皇家舞会中，灰姑娘都同王子共舞，然后她在夜晚结束前逃跑，躲藏起来不被他发现，直到第三个晚上她才会失去她的舞鞋。根据沙伦·麦克尔梅尔（Sharron McElmeel）及其关于儿童文学的书中所言，这个场景中还有几处变化，其中之一是在格林兄弟的版本中，鞋子是黄金制作的，但是在迪士尼版本中，当然，成了水晶舞鞋；迪士尼还添加了午夜钟声，而在格林兄弟的版本中，灰姑娘并不需要在午夜钟声敲响之时返回，她只是想摆脱王子，这样他就不会知道她是一个女佣了，她只是企图隐藏自己的真实身份。另外，王子在第三个晚上故意在城堡的台阶上涂抹沥青，这样灰姑娘就会被困住，他就能弄到她的鞋子，之后就能弄清楚她是谁。

总结和预告，帮助观众理解演讲的组织结构。

我们已经讨论过两个版本的人物和皇家舞会场景的不同，现在我想讨论的是，同格林兄弟版本的《灰姑娘》相比，迪士尼的版本省略了一些暴力内容。

同迪士尼版本相比，格林兄弟版本的《灰姑娘》更加血腥。例如，当王子想要弄清楚谁是灰姑娘的时候，他让所有的女人试穿那只舞鞋，他来到了灰姑娘同父异母的姐妹这里，但她们的脚都太大了。实际上，第一个姐姐切掉了自己的脚趾，第二个姐姐则切掉了自己的脚后跟。这非常血腥，并且有些荒谬，因为王子似乎没有意识到这两个姐姐都不是灰姑娘。根据《格林伍德的民间故事和童话故事百科全书》（*Greenwood Encyclopedia of Folktales and Fairytales*），扮演仙女教母角色的小鸟告诉王子："嘿，血流得到处都是，这两个女人都不是灰姑娘。"王子这才意识到这两个人都不是灰姑娘。

这里演讲者引用了一句话，提到了她的支持材料的来源。

格林兄弟版本的另一个血腥片断是在故事结尾，灰姑娘的婚礼上。作为对邪恶的惩罚，小鸟居然啄掉了两个姐姐的双眼，她们都成了瞎子。正是因为格林童话版本中的血腥场面，才有了后来的这些变化。你可以想象，如果迪士尼与格林兄弟版本保持一致，那么观众群体就会改变。你要知道，它将不是面向儿童，而是面向成年人的故事。如果没有进行改动，《灰姑娘》也绝对不会成为我们童年回忆的重要部分。

演讲者直接对观众们讲话，以吸引他们的注意力并让他们参与到演讲中来。

总之，现在你应该更好地理解了迪士尼和格林兄弟版本的《灰姑娘》之间的区别，并且知道为什么迪士尼要对《灰姑娘》做出改编。具体地说，这些区别是，迪士尼添加并改变了一些人物形象，同时还改变了皇家舞会的场景，并且将格林兄弟版本中的暴力部分删除了。所以下一次你观看迪士尼或者其他任何版本的《灰姑娘》时，我希望你能想象一下，如果有血从姐姐们的眼睛和双脚流出，你对这一经典童话的看法将如何变化。

在结论中，演讲者总结了她的演讲要点。

演讲者以生动的想象和行动的建议作为结束。这两项都会帮助观众记住演讲的内容。

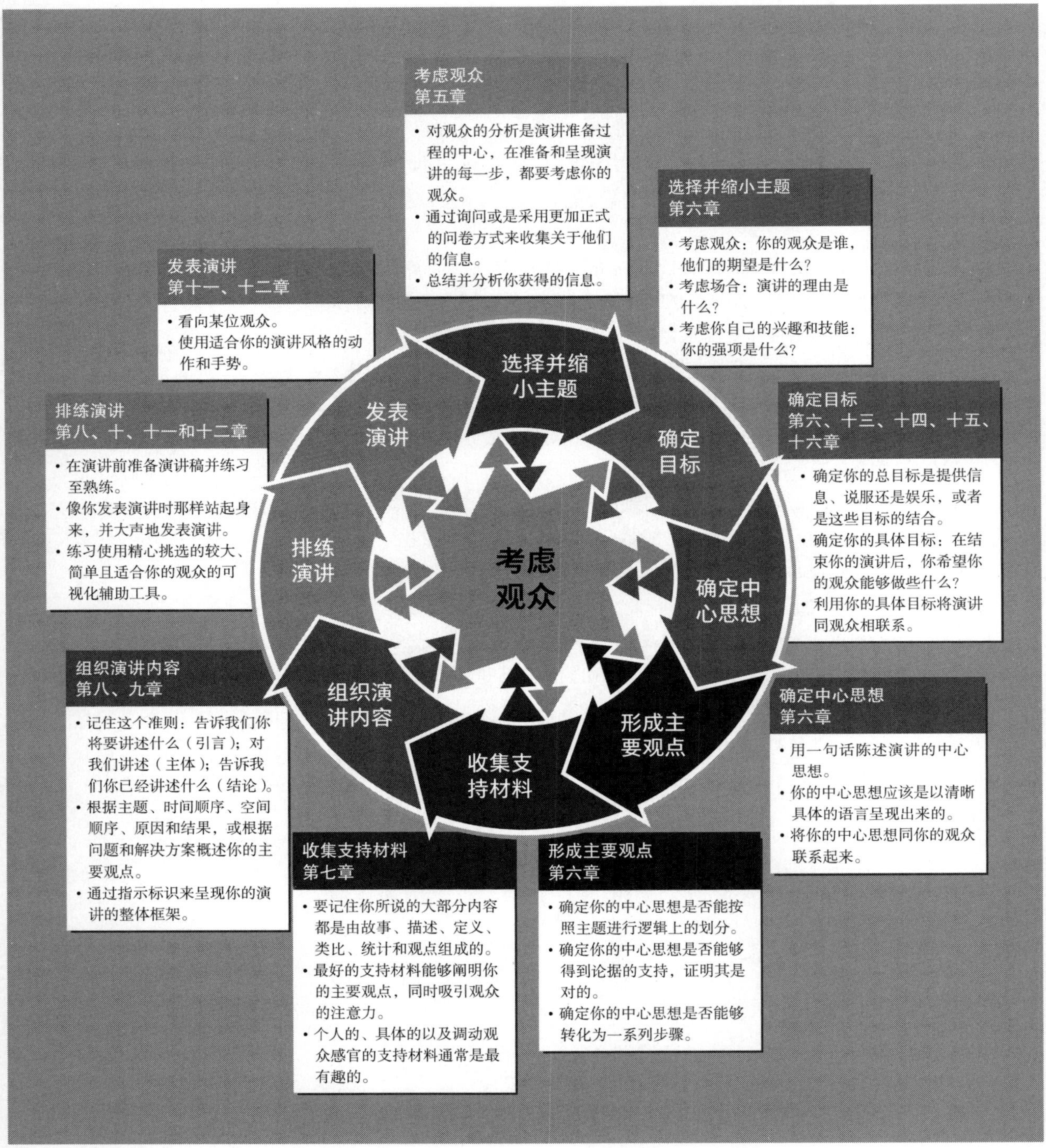

考虑观众
第五章

- 对观众的分析是演讲准备过程的中心，在准备和呈现演讲的每一步，都要考虑你的观众。
- 通过询问或是采用更加正式的问卷方式来收集关于他们的信息。
- 总结并分析你获得的信息。

选择并缩小主题
第六章

- 考虑观众：你的观众是谁，他们的期望是什么？
- 考虑场合：演讲的理由是什么？
- 考虑你自己的兴趣和技能：你的强项是什么？

确定目标
第六、十三、十四、十五、十六章

- 确定你的总目标是提供信息、说服还是娱乐，或者是这些目标的结合。
- 确定你的具体目标：在结束你的演讲后，你希望你的观众能够做些什么？
- 利用你的具体目标将演讲同观众相联系。

确定中心思想
第六章

- 用一句话陈述演讲的中心思想。
- 你的中心思想应该是以清晰具体的语言呈现出来的。
- 将你的中心思想同你的观众联系起来。

形成主要观点
第六章

- 确定你的中心思想是否能按照主题进行逻辑上的划分。
- 确定你的中心思想是否能够得到论据的支持，证明其是对的。
- 确定你的中心思想是否能够转化为一系列步骤。

收集支持材料
第七章

- 要记住你所说的大部分内容都是由故事、描述、定义、类比、统计和观点组成的。
- 最好的支持材料能够阐明你的主要观点，同时吸引观众的注意力。
- 个人的、具体的以及调动观众感官的支持材料通常是最有趣的。

组织演讲内容
第八、九章

- 记住这个准则：告诉我们你将要讲述什么（引言）；对我们讲述（主体）；告诉我们你已经讲述什么（结论）。
- 根据主题、时间顺序、空间顺序、原因和结果，或根据问题和解决方案概述你的主要观点。
- 通过指示标识来呈现你的演讲的整体框架。

排练演讲
第八、十、十一和十二章

- 在演讲前准备演讲稿并练习至熟练。
- 像你发表演讲时那样站起身来，并大声地发表演讲。
- 练习使用精心挑选的较大、简单且适合你的观众的可视化辅助工具。

发表演讲
第十一、十二章

- 看向某位观众。
- 使用适合你的演讲风格的动作和手势。

考虑观众

选择并缩小主题

确定目标

确定中心思想

形成主要观点

收集支持材料

组织演讲内容

排练演讲

发表演讲

图 2.2　公共演讲过程的概览

资料来源：Copyrighted by Pearson Education, Upper Saddle River, NJ

学习指导 回顾、应用及评估

2.1 考虑你的观众

在准备演讲的每一个步骤中以观众为中心都是非常重要的，解释一下这是为什么。

你的观众会影响你的主题选择以及发表演讲的方方面面。在第 23 页介绍的以观众为中心的公共演讲模型表明你应该在准备和发表演讲的每一个步骤中都考虑你的观众。

批判性思考

乔纳森刚刚接到首次演讲任务。当他开始准备演讲时，他应该将什么关键信息牢记于心？

评估你以观众为中心的演讲技能

你对你的观众，即公共演讲课的同学，有什么了解？仅仅基于观察或者听他们向全班介绍自己，你了解了什么？

2.2 选择并缩小你的主题

选择并缩小适合的演讲主题。

三个问题可以帮助你选择并缩小你的主题：观众是谁？我的兴趣、才能和经验是什么？在何种场合？这三个问题的答案能够帮助你选择并缩小演讲主题。

关键词

演讲主题……………………………………………25

伦理性思考

你的第一个任务是做一场关于发生在你身上的趣事的演讲。你决定谈论去年在火车旅行中遇到的快乐和麻烦。你的妹妹最近刚从国外旅行回来，并积累了不少有趣的故事。将她的经历作为发生在你身上的事情讲给大家是否合乎伦理？为什么？

评估你以观众为中心的演讲技能

仔细考虑你已经获知的关于观众——公共演讲课的同学的信息。有什么策略可以帮助你更好地了解你的观众，从而帮助你选择演讲主题？

2.3 确定你的目标

区分演讲的总目标和演讲的具体目标。

演讲目标有两类：你的总目标是演讲的全局目标（提供信息、说服、娱乐或者结合其中两个或三个目标）。将你的具体目标表述为一个简洁的句子，表明在演讲结束后你希望你的观众能够做到的事情。

关键词

总目标……………………………………………26

具体目标…………………………………………27

批判性思考

艾米的首次演讲是要向她的同学介绍自己。艾米的总目标是什么？

评估你以观众为中心的演讲技能

为有着相同主题（气候变化）却有着不同总目标（提供信息、说服、娱乐）的三个不同演讲写下可能的具体目标陈述。

2.4 确定中心思想

用一句话来描述演讲的中心思想。

中心思想是用一个句子确定你的演讲的本质，将它想象为在一台运行在第一层和第三层之间的电梯中进行的演讲。

关键词

中心思想…………………………………………27

批判性思考

芭芭拉计划搬到一个独立的老年人社区居住，并想告诉其他老年人在搬家时要采取的措施。写下芭芭拉的中心思想句。

评估你以观众为中心的演讲技能

在附录 B 的演讲中选择一个演讲。确定这个演讲的中心思想。将你的答案同班级其他人的答案进行比较。

2.5 形成主要观点

确定产生演讲主要观点的三个策略。

实际上，所有的演讲都能通过回答以下三个问题被组织起来：中心思想是否能按照主题进行逻辑上的划分？中心思想是否能够得到论据的支持，证明其是对的？中心思想是否能够转化为一系列步骤？

关键词

伦理性思考

你在《读者文摘》(*Reader's Digest*) 上读到一篇文章，它可以作为一场关于艾滋病潜在新疗法的演讲的基础。如果你告诉观众你的演讲是以这篇文章为基础，那么你改写这篇文章，使用其中大多数示例以及整体的提纲作为演讲基础，这是否合乎伦理？

评估你以观众为中心的演讲技能

你的中心思想是“在你的花园里用葡萄酿酒是一种简单而有趣的爱好”。从这一中心思想中产生主要观点的最好方法是进行逻辑划分、分析原因还是分解步骤？

2.6 收集支持材料

描述可以用来支持演讲观点的几种材料类型。

支持材料包括能够说明、扩大以及澄清你的演讲的事实、示例、定义、数据、类比、引用和故事。

伦理性思考

你的一个朋友去年参加了公共演讲的课程，并且仍然保留着很多关于校园犯罪的演讲图表、故事以及数据。你计划使用相同的主题进行一场演讲，那么使用这些你没有准备过的支持材料是否合乎伦理？

评估你以观众为中心的演讲技能

你发现了一个数据证明去年有 350 名美国现役军人死于自杀。相比仅仅在你的演讲中陈述这个数字，你如何对这一数据进行举例说明，能使它对你的观众产生更大的意义和影响？

2.7 组织你的演讲

形成一场在组织结构上划分为三个主要部分——引言、主体和结论——的演讲。

你的演讲包括三个部分，为你的主要观点提供综述的引言，呈现演讲关键点的演讲主体，以及总结了你所说的内容的结论。

关键词

批判性思考

萨拉正在准备在市议会上发言，介绍自己在居住社区周围组织的“友谊的食物”项目。应该遵循什么样的步骤来准备并发表一场有效的演讲？

评估你以观众为中心的演讲技能

下周你在听演讲或者课堂讲座时，确定演讲者（的演讲）是否有引言、主体和结论。写下在你倾听演讲或之后回忆这场演讲时，良好的演讲结构对你产生的影响。

2.8 排练你的演讲

确定成功排练演讲的策略。

以一种再现实际演讲体验的方式多次练习你的演讲，这将有助于提升你的自信，提高你发表有效演讲的能力。

批判性思考

阿曼达已经准备好了演讲提纲，现在她准备对自己的演讲进行排练。为确保良好的最终演出，给出阿曼达排练时能够用到的三个建议。

评估你以观众为中心的演讲技能

为你下次演讲彩排录制视频。观看这个视频，然后确定三项你做得不错的事情以及可以提升你的表现的三种方式。

2.9 发表你的演讲

描述有效发表演讲的核心要素。

有效的演讲发表的基本要素包括：同你的观众进行良好的眼神接触，多样的声音表达，可以被所有人听到的音量，以及演讲者看起来自然、适宜的手势和站姿。

伦理性思考

你的老师要求你即兴发表一场演讲，但是由于你非常紧张，你认为如果你能将你的演讲写下来并且逐字逐句将其背下来的话你会表现得更好。当你被要求发表一场即兴演讲时却呈现一场背诵式演讲是合乎伦理的吗？

评估你以观众为中心的演讲技能

在你向你的班级发表了首次演讲之后，写下一个简短的自我分析。辨别在你演讲的过程中，何时同观众的沟通特别有效。同样也要记录下演讲过程中，你感觉自己不能使观众保持兴趣的时刻。如果你对相同的观众再一次发表相同的演讲，你会做哪些相同的事情，以及哪些不同的事情？

3

合乎伦理地演讲

目标

学完本章后，你应该能做到以下两点：

3.1 列出合乎伦理的公共演讲的五项标准并进行解释。

3.2 解释伦理和可信度之间的关系。

演说家不仅要具有非凡的演说天才，而且要具有一切优良的品格。

——昆体良

2013 年初，Twitter 遵守法国法院的一项判决，删除了在法国出现的大量反犹太主义者的推文。几个月后，为了回应对包含暴力侵犯女性图像的网页的抵制，Facebook 撤下了违规网页并修订了其内容政策。

以公共集会、广播或电视为主要阵地的战线消失后，21 世纪言论道德与言论自由之间的平衡行为在社交媒体中变得最为明显。《MIT 技术评论》主编庞庭（Jason Pontin）对这个两难困境解释道：

> ……（社交媒体）创造的技术几乎触及每一个活着的人，人们对言论自由的独特理解，与关于何种表达合法及适当的不同见解产生了冲突。[1]

在运用法律保护**言论自由**的国家，人们在享受言论自由的权利的同时也必须承担伦理责任。

伦理——根据信仰、价值观以及道德，判断什么是正确的，什么是错误的——是我们在个人或职业生活中做出的许多决定的标准，也是对他人行为做出判断的标准。在测验中拒绝作弊的学生，不通过请病假来获得额外假期的员工，以及一个在为暴风雨引起的损失索赔时不虚报损失的房主，他们做出的所有决定都是以伦理为基础的。

每天我们都能在媒体上看到或听到伦理问题。医学专家对克隆、干细胞研究以及违禁药物检测等伦理问题的讨论日趋白热化。一些人被某些律师做的广告激怒，他们认为无意义诉讼的全面增加玷污了律师这一职业。在政治领域，有关社会项目改革、财政责任，以及联邦政府收集的手机数据的辩论，都围绕着伦理问题展开。

虽然你对这些问题肯定并不陌生，但是你可能很少考虑到公共演讲中的伦理问题。全美传播学会（National Communication Association）的传播道德信条强调了合乎伦理的传播的基本性质和深远影响：

> 无论是在同一种环境、文化、渠道和媒体之中，还是跨越不同的环境、文化、渠道和媒体，合乎伦理的传播对于有责任的思考、决策制定和人类友谊的发展来说都至关重要。除此之外，合乎伦理的传播通过培养人们的诚实、公平、责任、正直和对自己及他人的尊重，增加了人类的价值和尊严。[2]

关注伦理应该成为引导公共演讲过程中每一步骤的指南。当你决定你的演讲的目标，制作论证提纲，并且选择支持材料时，考虑你的观众以及你自己的信仰、价值观和道德准则。合乎伦理的公共演讲本质上就是以观众为中心的，总能顾及观众的需求和权利。

言论自由（free speech）
受法律保护的言论或语言行为。

伦理（ethics）
人们用以判断事物对错的信仰、价值观以及道德原则。

3.1 合乎伦理地演讲

列出合乎伦理的公共演讲的五项标准并进行解释。

随着言论自由界限的扩展，**言论合乎伦理**也越来越重要。虽然对于公共演讲者并没有明确的伦理信条，但公共演讲的教师和从业者普遍认为，一名合乎伦理的演讲者应该明确目标、肩负责任，使用合理的证据和推理，对差异性敏感且宽容，为人诚实，以及杜绝抄袭。在下面的讨论中，我们提供了一些遵循这些伦理准则的建议。

言论合乎伦理（**ethical speech**）负责任的、诚实的以及包容的言论。

目标明确、有责任感

对观众来说，公共演讲的目标应该非常明确。例如，如果你正尝试说服观众你的看法比其他人的都要正确，那应该在演讲的某个时刻这样说出来。若你将你的目标隐藏起来，你就侵犯了观众的权利。

除了要明确之外，一个合乎伦理的目标还应该具有社会责任感。一个有社会责任感的目标传达出的是一种尊重，并且能够为观众提供选择，而不负责任的、不合乎伦理的目标则是有损尊严的或是一种心理上的胁迫或压迫。阿道夫·希特勒的演讲煽动了德国人民的仇恨并且唆使他们进行大屠杀，这就是一种有损尊严以及带有胁迫的演讲。

如果你的总目标是提供信息或是说服观众，那可能是合乎伦理的；如果你的目标是贬损人格、胁迫或是操纵，那就是不合伦理的目标。但是律师和伦理学家在这一方面经常意见相左。如我们指出的那样，虽然美国国会和最高法院有时会对煽动暴乱、暴力以及骚乱的言论进行限制，但是也会保护发表“人们热爱的思想和人们厌恶的观点”的言论自由的权利。[3]

在最近关于人们对言论自由和仇恨言论的看法之间的关系的研究中，研究人员丹尼尔·唐斯（Daniel Downs）和格洛里亚·考恩（Gloria Cowan）发现，人们对

1 我们——所有的人——都是自由的，能够表达我们自己，去寻求、接受和传递信息和思想。	6 我们既不进行暴力威胁，也不接受暴力恐吓。
2 我们捍卫通过互联网和所有其他形式的交流，反对来自公共和私人权力的非法侵犯。	7 我们尊重信徒，但不一定尊重信仰的内容。
3 我们需要并创建开放的、多样化的媒体，这样我们才能做出明智的决定，并充分参与到政治生活中来。	8 我们都有权享受私人生活，但也应该接受符合公共利益的审查。
4 我们开诚布公、合乎礼仪地谈论各种各样的人类差异。	9 我们应该在不遏止正当辩论的情况下反对对我们声誉的诋毁。
5 我们在讨论和传播知识方面没有禁忌。	10 针对以国家安全、公共秩序、道德和知识产权保护等为理由而对言论自由和信息自由施加的所有限制，我们必须能够自由地提出质疑。

图 3.1 全球言论自由十大准则草案

注：这些原则是由蒂莫西·加顿·阿什（Timothy Garton Ash）领导的牛津大学研究项目的一部分，供人们探讨和辩论。

言论自由的重要性的看法同其对仇恨言论的危害的判断是有关联的。[4] 换句话说，认为言论自由更加重要的参与者会认为仇恨言论并不是那么有危害的。

使用合理的证据和推理

合乎伦理的演讲者使用分析和评估等批判性思维的技能，来表达论据以及得出结论；而不具有伦理意识的演讲者则提出错误的主张，并操纵人们面对证据和逻辑推理时的情感。

20 世纪 50 年代初，威斯康星州参议员约瑟夫 · 麦卡锡（Joseph McCarthy）指责共产主义渗透到了美国人生活的方方面面，从而引发了全国的恐慌。麦卡锡无法证实他的说法，却通过夸大和歪曲事实，成功地进行了政治迫害。一位合众社记者指出："这个人只是在兜圈子。一切都是通过推理或是间接听说，从来没有对一个具体事实的陈述。他所说的话中大部分都是没有意义的。"[5] 尽管今天我们认识到了麦卡锡的罪责，但在他的时代，他却拥有不可思议的力量。为了获得权力而诉诸虚假的主张，有时是很有诱惑力的，但这样做是不符合伦理的。

一些演讲者绕过了合理的证据和推理，以便让他们的结论更具煽动性。一位当代修辞学学者提供了这种简化推理的例子：

> 有两个人正在观察在大学课堂上发言的人，他们得出结论：
> - 在公共演讲方面女人不如男人。
> - 在大多数教授是男性的男女同校的大学里，女性在课堂上的发言比男性少。[6]

以并不充分的证据为基础的第一个结论，强化了性别歧视的刻板印象，并导致煽动性的、过度泛化的结论。第二个结论更为合理，也是更加合乎伦理的。

合乎伦理地使用证据和推理，最重要的要求是与观众分享所有可能帮助他们做出一个良好决策的信息，这其中也包括可能支持相反论点的信息。即使你要驳斥对立的证据和论点，你也要通过展现对立面的观点来实现你的伦理责任。而且，通过预测和反驳相反的证据，会使你自己的论据更有说服力。

对差异性敏感且宽容

为拍摄获得奥斯卡奖提名的纪录片《超码的我》(*Super Size Me*)，除了麦当劳不吃其他食物的该片电影制作人，曾为一场在费城郊区学校发表的带有语言侮辱的、政治不正确的演讲道歉。

此外，摩根 · 斯珀洛克（Morgan Spurlock）在哈特伯勒霍姆舍高中演讲时，还拿麦当劳的员工以及老师们抽大麻的事情开玩笑……

35 岁的斯珀洛克在接受电话采访时对《费城询问报》表示，自己“并没有考虑到观众”，应该改进措辞。[7]

如我们在第二章中提到的，以观众为中心要求你尽可能地了解他人的感受、需求、兴趣以及背景。斯珀洛克在他的演讲中就违背了这一伦理原则。

对差异的敏感——有时也被称为**相容性**——并不意味着演讲者必须为了他们的观众而放弃自己的信念。这实际意味着，演讲者应该表现出倾听对立观点以及学习不同信仰和价值观的意愿。这种意愿不仅传达一种尊重，也可以帮助演讲者选择主题、形成目标、设计策略来进一步激发观众兴趣。

在与俄罗斯圣彼得堡文化研究所的一位教授进行非正式的教育交流时，作者有机会访问了在圣彼得堡的教授和她的家人。在同这位教授才华横溢的女儿进行交谈时，我们询问了她完成大学学业后的计划。她略带惊奇并饶有兴趣地对我们微笑着回答道："美国人总是会计划几年后他们将要干什么。在俄罗斯，我们不会计划超过两到三周的事情。这里的生活太不确定了。"了解了俄罗斯人的生活之后，我们现在知道，以在未来获得利益的承诺激发俄罗斯观众的兴趣，是不可行的。

这一新的认识不仅帮助我们认识到，谈论直接的、能实现的回报是与我们的俄罗斯朋友进行交流更现实、更符合伦理的方法，而且它有更广泛的作用。德保罗大学传播学教授凯西·菲茨帕特里克（Kathy Fitzpatrick）指出：

我们在公共交往方面能否成功，取决于我们在谈吐时能否以赞同并欣赏观众的方式解读自己的信息。[8]

对差异比较敏感的演讲者也会避免一些可能带有偏见或者无礼的语言。虽然避免公开滥用语言看起来似乎很简单并且是一种常识，但是巧妙地避免歧视性语言并不容易。在第十章，我们会分析一些可能在无意间冒犯他人的具体言辞和词组，这些都是一个具有伦理意识的演讲者应该避免的。

为人诚实

1998 年 1 月，比尔·克林顿总统摇着手指声明“我没有和那个女人——莱温斯基（Lewinsky）小姐发生性关系”，这一严重违背道德的声明至今还会给他带来麻烦。很多美国人愿意原谅不恰当的关系，但是很少有人愿意原谅不诚实。

2003 年，美国总统乔治·W. 布什和他的工作人员告诉公众，伊拉克从非洲获得了核燃料，尽管几个月前的情报已经对这一说法提出了质疑。他和工作人员承认应该为此负责。

相容性
（**accommodation**）
对其他人的感受、需求、兴趣以及背景保持敏感。

自信地同你的观众建立联系

记住你看起来比你自己感觉的更加有自信

当你听别人进行演讲时，你会注意到，大多数演讲者并没有显得很紧张。他们并不是刻意地尝试隐藏自己的恐惧，只是不会像他们感受的那样表现得很紧张。当你发表你的演讲时，你可能感觉到一些恐惧焦虑，但是将这种感觉留给自己是合乎伦理的。除非你告诉你的观众你很紧张，否则他们是不太可能会注意到的。

2012 年，当美国驻联合国代表苏珊·赖斯向媒体和公众提供有关美国驻利比亚班加西领事馆遇袭事件的错误信息时，她就失去了接替希拉里·罗德姆·克林顿出任国务卿的机会。故意向观众提供虚假或误导性信息是违反道德的，并有可能造成严重后果。

有一种使用虚假信息的例外情况——对假设例证（指实际上从未发生过，但可能会发生的示例）的使用。很多演讲者会依赖这样的例证来说明或是有力证明他们的演讲。只要演讲者向观众清楚地表明，例证确实是假设的，例如，以一个短语如“设想一下……”开始，这样的使用就是合乎伦理的。

诚实还要求演讲者指明那些不属于自己的想法和信息。《美国心理学会出版手册》（*The Publication Manual of the American Psychological Association*）规定：“作者在展示他人的作品时，不能把该作品当成自己的，包括文字和观点。”[9] 展现其他人的文字和观点而没有指明来源的行为被称为抄袭。这种对道德的违背非常严重也非常普遍，因此值得我们另外进行单独的讨论。

杜绝抄袭

虽然在有些文化中，不注明借用的来源可能是尊重和谦卑的表现，是以观众为中心的尝试，但是在美国以及大多数文化中，使用他人的用词、句子结构和观点而没有注明来源，是一种严重违背伦理的行为。然而，即使是那些从未想过偷钱或偷东西的人，也可能会觉得**抄袭**——偷取别人的用词或观点——是事出有因的。一名学生的毕业典礼发言抄袭了作家芭芭拉·金索沃（Barbara Kingsolver）的演讲，他的解释是“期望产生令人惊叹的效果”。[10]

了解什么行为构成抄袭 即使你从未在毕业典礼发言这样的公共场合有过抄袭行为，但也许你还记得自己直接从网上或百科全书中抄了一份小学报告，或者在高中或大学时期，你甚至为了交作业而购买或“借用”了一篇论文。这些也是明显的抄袭。不那么明显的抄袭形式包括**拼合式写作**[11]——用你在某个来源找到的令人信服的短语来组合成一篇演讲，在引用中未注明来源或未提供足够的信息，或者过于依赖原始资料的词汇或者句子结构。

抄袭（plagiarizing） 将其他人的词语或观点当作自己的使用。

拼合式写作（patchwriting） 从其他来源获取令人信服的语句而没有标注原作者。

假设原始资料中写道：“根据历史数据，很明显，西海岸的大片地区早就应该发生大地震了。”如果你仅仅改变了其中一个或者两个词语，表达为“根据历史数据，很明显，西海岸的很多地区早就应该发生巨大的地震了”，这就是抄袭。更好的改述应该是，“对于西海岸的大部分地区来说，历史的趋势显示‘大地震’应该已经发生过了”。

了解抄袭可能带来的严重后果 根据某信息来源，75% 到 98% 的大学生承认曾作弊至少一次。[12] 一些网站宣称提供“非抄袭”的原创学期论文，具有讽刺意味的是，使用这样的论文正构成了抄袭行为！[13] 传播研究人员托德·霍尔姆（Todd Holm）报告说，他调查的一半以上的学生都承认曾在公共演讲课上作弊。[14]

无论抄袭之风如何日益盛行，大多数大学对抄袭的学生都会进行严厉处罚。抄袭者通常作业不合格，经常挂科，有时被留校察看，甚至还会被开除。被抓住的风险比你想象的要大得多。许多大学都订阅了基于网络的抄袭检测公司的程序，如 Turnitin；教授们也经常使用像 Grammarly 这样的免费检测网站。

几年前，本书作者之一曾听过一名学生关于早期癌症检测重要性的出色演讲。唯一的问题就是在接下来的课程中她听到了一模一样的演讲！在发现了那篇“演讲稿”实际上是几年前《读者文摘》上发表的一篇文章后，两名学生都很确定，他们找到了准不会出错的取得 A 的捷径。然而，他们搞砸了他们的任务，丢了分数，并且失去了本书作者的信任。在其他领域中，抄袭的后果甚至更为可怕，包括失去工作或者结束有前途的职业生涯。

做好自己的工作 最令人不能容忍的抄袭理由是没有做好自己的工作。例如，当你无所事事地在网上浏览关于演讲任务的观点时，你可能会发现，有一个网页的内容能够很容易地转变为一场演讲。无论使用这一材料是多么具有诱惑力，以及无论你有多确定没有观众看过这篇文章，都一定要抵制这种抄袭的冲动。不仅仅是因为被发现的风险很大，而且如果你不学习如何一步一步地形成演讲，你归根到底还是在欺骗自己。

另一种演讲者在准备演讲的过程中可能会尝试的捷径是请求其他人对演讲进行大量修改，以至于别人做的工作比自己做的工作还要多。这是抄袭的另一种形式，也是另一种因缺乏必备技能而欺骗自己的方式。

注明信息来源 我们劝你做好自己的工作，并不意味着你不应该对你的演讲进行调查研究并将你的发现同观众进行分享。实际上，一个具有伦理意识的演讲者有责任做这些事情。此外，对一些众所周知的信息你就不需要为他们注明来源了。例如，如果你说一个人必须被感染了 HIV 病毒才会患艾滋病，或者《凡尔赛和约》是 1919 年签署的，你就不需要注明来源。这些信息可以从大量参考渠道获取。然而，如果你决定在演讲中使用下面的材料，那么你必须指明其来源：

- 直接引用，即使只是简单的短语。
- 他人的意见、主张或者观点，即使你进行了改述而非逐字引用。
- 统计数据。
- 任何非原创的可视化材料，包括图表、表格和图片。

口头引用
（**oral citations**）
对参考资料的作者、题目以及出版年份信息的口头上的说明。

书面引用（**written citations**）
对参考资料的作者、题目以及出版年份信息的书面呈现，通常遵循规范格式。

为了注明资料来源，首先你必须练习仔细、系统地记笔记。使用引号，标明你复印、手抄，或从源文件中逐字复制粘贴来的词语或句子，确保记录下你引用的观点、数据或者可视化材料的作者、标题、出版商或网站、出版日期以及页码。其他关于系统地做笔记的建议会在第七章中提供。除了要仔细记录下你的引用的来源，你还必须知道如何通过口头和书面的方式向你的观众说明这些来源。

口头引用　也许你曾经见过，演讲者在说到“引用”的同时弯曲双手的食指和中指来表示引号。这是一种人为的、醒目的引用方式；**口头引用**可以使你的演讲更连贯。

例如，你可以使用以下口头引用的方法。口头引用时指出信息来源的出版日期和作者名字就足够了。在以下示例中，演讲者还提及信息来源的类型（网页）和资料的标题（“臭虫”）。请遵循你的老师对口头引用的详细要求，以便将引用的细节纳入其中。请注意，当你的演讲包含口头引用时，通过暂停来表示引用段落的开始和结尾。第十章的准备提纲示例给出了更多口头引用的例子。

书面引用　你也可以提供**书面引用**信息的来源。实际上，你的公共演讲老师可能会要求你连同演讲提纲或其他书面材料一起，提交一份参考文献目录。要求提交文献目录的老师通常会指定引用格式；如果他们没有指定，那你可以使用美国现代语言协会（Modern Language Association）或美国心理学协会（American Psychological Association）发布的样式指南作为规范指南，这两种引用规范都可以从网上或者印刷材料中获得。以下是使用现代语言协会格式，对口头引用范例中的参考资料进行书面化的例子：

“臭虫”，疾病控制和预防中心，2013 年 1 月 13 日。网站，2013 年 6 月 9 日。

要注意，这一引用中提供了两个日期：材料发布到网上的日期和研究人员访问的日期。如果你找不到资料发布到网上的时间，或者任何其他的信息，那就跳过这

口头引用的示例

在 2013 年的一个名为“臭虫”的网页上，疾病控制与预防中心概述了由臭虫引起的三个问题：“财产损失、费用和麻烦。”

- 提供了日期。
- 证明参考资料的类型。
- 给出题目。
- 提供作者或来源。
- 短暂的停顿来表示你要开始进行引用。
- 再次停顿表明你要结束引用。

一步骤。第七章将详细阐述如何引用信息以及准备参考文献。

也许现在你在想："那些'灰色地带'的信息怎么办，有时我并不确定我所展示的信息或观点是否都属于常识。"一个较好的规则是：当有疑问的时候，就注明参考来源。如果你标注了一些你不需要注明来源的信息，你的行为也不会构成抄袭，但是如果你不标注你应该注明的信息来源，你就可能会构成抄袭。

概述

合乎伦理的公共演讲者

- 目标明确、有责任感。
- 使用合理的证据和推理。
- 对差异性敏感且宽容。
- 为人诚实。
- 杜绝抄袭。

3.2 令人信服地演讲

解释伦理和可信度之间的关系。

可信度是演讲者值得人们相信的程度。一个可信的演讲者是观众眼中有能力、有知识、有活力以及值得信赖的人。这四点中的最后一点——值得信赖——在很大程度上取决于演讲者对伦理原则的一贯坚持。

你信任那些你认为具有伦理意识的人。实际上，古希腊演讲家亚里士多德使用**信誉证明**（ethos）——**伦理**（ethic）及**合乎伦理**（ethical）的词根——来指代演讲者的可信度。古罗马的公共演讲老师昆体良认为一个高效的公共演讲者也应该是一个具有高尚品德的人，"一个善于言谈的好人"。

我们在第五章中将更深入地分析可信度，并且讨论分析观众对你的态度；在第十章中，我们会讨论如何在演讲中建立你的可信度；在第十五章中，我们讨论可信度对于说服观众的作用。

可信度（**credibility**）观众对于演讲者的看法，认为其有能力、有知识、有活力且值得信赖。

从现在开始，请牢记，合乎伦理地演讲是让你的观众认为你是一个可信的演讲者的关键。

学习指导

回顾、应用及评估

3.1 合乎伦理地演讲

列出合乎伦理的公共演讲的五项标准并进行解释。

那些行使言论自由权利的演讲者也有责任运用伦理规范来调整自己的话语。大部分人都赞同，一个具有伦理意识的公共演讲者应该目标明确、有责任感，使用合理的证据和推理，对差异性敏感且宽容，为人诚实以及采取适当的措施来杜绝抄袭，使其合乎伦理。

相容性或对差异的敏感性会使演讲者展现出倾听对方观点，并接受不同信仰和价值观的意愿。一个对差异性非常敏感的演讲者会避免歧视性或冒犯性语言。

抄袭是最常见的违背言论伦理的行为之一。通常你可以通过理解什么是抄袭，做好你自己的工作以及（在口头上或书面上）注明你在演讲中使用的引语、观点、数据及可视化材料的来源，以避免构成抄袭。

关键词

伦理性思考

至少从富兰克林·德拉诺·罗斯福时代开始，演讲撰稿人就为许多美国总统撰写了非常精彩的演说词。如此使用演讲撰稿人所写的稿子是否合乎伦理？将由专业撰稿人所写的演讲中的经典语句归功于总统是否合乎伦理？

评估你以观众为中心的演讲技能

下面的片段出自沃尔多·W.布雷登（Waldo W. Braden）所写的《公共演说家：亚伯拉罕·林肯》：

> 林肯的第二次就职演说，有时也被称为林肯的"登山宝训"，是一篇干脆利落、结构紧凑的文章，没有在仪式的细节或肤浅的感情上浪费文字。这是当时最短的总统就职演说，相比于第一次演说的3700字，第二次就职演说只有700字长，需要5到7分钟完成。[15]

如果你要在演讲中使用下列句子，应该注明以下哪一句来自布雷登？

- "林肯的第二次就职演说，有时被称为林肯的'登山宝训'。"
- "因为他曾两次当选并宣誓就任总统，所以林肯准备并发表了两次就职演说。"
- "林肯的第二次就职演说只有700个字，并且只需要5到7分钟。"

3.2 令人信服地演讲

解释伦理和可信度之间的关系。

合乎伦理地演讲能让观众信任你。值得信赖是成为可信之人的重要因素。

关键词

伦理性思考

合乎伦理地使用证据和推理的一个重要要求是与观众分享所有可能帮助他们做出正确决定的信息，包括可能支持相反论点的信息。你认为一个分享这种信息的演讲者比没有这样做的演讲者更加可信还是不那么可信呢？

评估你以观众为中心的演讲技能

当你在听同学演讲时，尝试辨认出他们试图获得你信任的具体方式。

4

倾听演讲

目标

学完本章后，你应该能做到以下几点：

4.1 列出五个高效倾听的障碍并进行描述。

4.2 确定并使用成为一个更好的观众的策略。

4.3 确定并使用提高批判性倾听和批判性思维能力的策略。

4.4 使用标准来对演讲进行有效和适当的评估。

学会倾听，即便是那些攻击者，也会让你成功。

——普鲁塔克（Plutarch）

一位毕生致力于教学的心理学教授总是努力地准备有趣的教案，但他发现，在听讲过程中学生们总是面无表情，目光呆滞。[1] 为了弄清楚到底是什么让学生如此心不在焉，他在毫无预兆的情况下播放开枪音频，然后让他的学生记录下在听到枪声的瞬间他们的想法。以下是他的发现：

- 20% 正在进行色情或性幻想。
- 20% 正在回忆一些事情（他们并不确定他们在想的是什么事情）。
- 20% 正在发愁或者正在思考午饭吃什么。
- 8% 正在思考信仰。
- 20% 表示自己正在倾听。
- 12% 能够回忆起听到枪声时教授正在说的内容。

就像这位教授一样，你可能更希望有超过 12% 的观众能够回忆起你说了什么。了解观众如何倾听可以帮助你提高同观众建立联系的能力。如果你了解是什么吸引了观众的注意力，以及如何消除有效倾听的障碍，你就可以让你的信息像魔术贴一样贴在观众的脑海里，而不是像不粘锅涂料那样让信息从观众的脑海中溜走。

相当多的证据也表明，你可以提高自己的倾听技能。在听完讲座或是演讲后的 24 小时之内，你很有可能只记得大约 50% 的信息。48 小时之后，如果你能记得 25% 以上的信息，那你已经高于平均水平了。学习倾听可以帮助你提升听力技能，这样你就能从听到的演讲中获得更多的益处。

倾听是选择、关注、理解、记忆以及回应语言和非语言信息的复杂过程。理解倾听的这些组成要素不仅能够帮助你记住更多内容，并且还能帮助你成为一个更好的演讲者和倾听者。

- **选择**。**选择**一种声音是倾听的第一个阶段，就是从几个相互竞争的消息中选出一条消息。作为公共演讲者，你的工作就是形成一场能够激励你的观众专注于你的信息的演讲。
- **关注**。选择的后续就是关注。**关注**一场演讲就是要专注于它。大多数人在听别人说话时的平均注意力持续时间是 8 秒。[2] 作为公共演讲者的关键挑战之一就是抓住并维持住观众的注意力。你对支持材料的选择通常是获得和维持注意力的关键。
- **理解**。从本质上讲，传播就是**理解**的过程，或者是弄清我们的经验的意义所在并同他人分享的过程。[3] 当我们从自身经历中创造出意义的时候，我们就**理解**了一些事情。作为一个演讲者，你的工作是清晰地解释你的想法中和观众相关的术语和图像，并由此来帮助观众理解你的演讲。

倾听（listening）
接收者选择、关注、理解、记忆以及回应发送者信息的过程。

选择（select）
从相互竞争的信息中挑选出来一条信息。

关注（attend）
专注于传入的信息以进行进一步处理。

理解（understand）
为你所关注的信息赋予意义。

- **记忆**。倾听过程的下一个阶段就是**记忆**。**记忆**就是对观点和信息的回忆。每年你都会听到十亿多个单词，但是你能记得多少信息呢？这取决于你倾听的好坏程度。大部分听力专家相信，判断观众是否在听的主要方法就是确定他们记住了什么。（这也是学校要考试的原因，评估你到底从你听到的和读到的内容中记住了什么。）
- **回应**。倾听过程的最后一步是**回应**。当观众进行回应时，他们会用他们的行为对自己听到的内容做出反应。这就是为什么公共演讲者要为他们的演讲制定具体的行为目标。作为一名演讲者，你应该确认你希望你的观众在演讲结束后能够**做**些什么。比如你可能希望他们记住或重述你的主要观点，或者希望他们去为某人投票，购买一些东西或是参加一个课程。

研究证明，良好的倾听技巧能够提升你的生活质量和事业质量。[4] 在这一章中，我们讨论人们如何进行倾听，并且确定阻碍演讲者和观众有效倾听的障碍和陷阱。我们的目标不仅仅是帮助你记住演讲者所说的内容，我们还想帮助你成为一名更为别人着想，更有伦理意识以及更有判断力的观众。我们还提供了许多建议，帮助你提高分析和评估演讲的能力，当然也包括对你自己的演讲进行评估。

4.1　克服高效倾听的障碍

列出五个高效倾听的障碍并进行描述。

当观众没能按照演讲者的计划去选择、关注、理解、记忆或回应信息时，就会产生障碍。对于阻碍观众按照你希望的方式做出回应的潜在障碍，你了解得越多，就越能发掘维持他们兴趣的演讲信息。我们接下来将讨论这些障碍以及应对它们的方法。

信息过载

我们每天都花很多时间去倾听。这既是好消息也是坏消息。好消息是，由于我们倾听了很多，所以我们拥有成为一个高效观众的潜力。坏消息是我们常常会因为听到太多的信息而感到厌烦，因此并没有在倾听方面产生更好的效果。研究者发明了一种理论，名为**倾听工作记忆理论**，解释了为什么我们有时并不能很好地进行倾听。这个理论表明，当观众倾听的信息达到饱和状态时（当我们的工作记忆已经饱和时），就很难再集中注意力并记住我们听到的内容了。[5]

虽然这个理论呈现出的信息是，作为一名演讲者或者一名观众，你并没有办法解决这一问题，但是实际上观众和演讲者可以使用几种策略来克服工作记忆受到的限制。

作为演讲者能做的事情　你可以在演讲信息之外添加故事和示例等支持材料，

记忆（**remember**）对观点和信息的回忆。

回应（**respond**）使用行为上的变化对演讲的信息做出反应。

倾听工作记忆理论（**working memory theory of listening**）这个理论表明，当观众的短期工作记忆已经饱和的时候，他们很难再集中注意力并进行记忆。

防止观众走神，但要保证新的信息和支持材料之间的平衡。一场过于紧密的演讲（充满了事实、新的定义以及不成熟的观点），会使倾听变成一个冗长乏味的过程。另一方面，观众不想听到简单的提纲式的观点，他们希望听到附带例证的充实的观点。掌握好释放新观点和新信息的节奏。传播学专家弗兰克·E. X. 丹斯（Frank E. X. Dance）推荐 30/70 的比例：演讲的 30% 应该用来呈现新的观点和信息，在 70% 的时间里，则应该用生动的例子和有趣的故事来支持你的观点。[6]

作为一个演讲者，另一个解决信息过载问题的方式是重复重要信息。如果观众在你第一次提出这一观点时没有听到，也许他们会在你的结尾总结中再次听到这一观点。重复重要观点也可以被纳入扩充新信息的那 70% 的演讲内容。

作为观众能做的事情　如果你发现自己对倾听感到厌烦，不能专注听演讲，那么就要努力地集中精力。成为一个好观众的关键就在于意识到何时你不是一个好观众，并及时调整你的倾听方式。务必确保自己正在看着演讲者，身体坐直，并持续关注这场演讲，这么做可以帮助你重新振作起来，去专心倾听。

个人关注

周五下午，你坐在非洲历史课的课堂上。这是美好的一天，你一屁股坐上座位，打开你的课本并且准备在课上做笔记。当教授布置作业时，你开始考虑要怎么度过你的周末。当你对周末计划浮想联翩时，突然你听到教授说："对于周一的测试，你们应该都能掌握我刚刚复习过的原则。"什么原则？什么测试？你当时人在教室，你确实**听**了教授的课程，但是你不能确定他讲了什么。

当你成为观众中的一员时，你内心的想法是注意力最大的敌人。我们中的大多数人都更愿意倾听我们自己内心的演讲而非公共演讲者的演讲。当那个心理学教授播放枪击音频时，性、午饭、忧虑以及白日梦就是对大部分观众的干扰。

作为演讲者能做的事情　为了消减观众专注于自己的个人问题而非你的演讲的情况，有意识地通过使用临时的提醒性信息去维持观众的注意力，如"现在请注意，这将会影响到你的成绩（或者家庭，或者工作）"。在演讲时，保持良好的眼神交流，采用适当的音量、声音变化并且使用适当的手势进行强调，以此来有效地传达你的信息，这些也可以帮助观众进行倾听。

作为观众能做的事情　为了保持专注，你应该停止同与演讲内容无关的思绪进行精神上的对话。要警惕分散注意的想法、忧虑和梦想，这些都会争夺你的注意力。一旦你意识到自己分心了，请想办法把你的注意力转移到演讲者所说的内容上。

外界干扰

当你坐在课堂上，你注意到坐在你前面的人正在用他的平板电脑上网。在你身后的两个同学正在交流他们最爱的肥皂剧情节。你感觉到你的手机在口袋中震动，这意味着有人刚刚给你发了一条信息。窗外，你看到一个大学代表队的足球明星正冲进车内拔下忘在点火开关上的钥匙。当你的历史教授唠叨着猪湾入侵事件时，你发现自己根本无法专心听讲。当物理上的干扰同演讲者竞争注意力时，我们大部分人都无法专心听讲。而且，随着生活沉浸在科技中，仅仅是一条短信、一个电话或是一条推文就能成为下一个干扰。

作为演讲者能做的事情 为了将干扰最小化，要留意任何能够转移观众注意力的因素。例如，看一下这个房间的布置方式。椅子的安排方式是否能够让观众看清楚你和你可能会使用的辅助演示工具？黑板或是白板上是否有会分散注意力或是不相关的信息？尝试理解观众的感受，想象一下在你演讲的时候他们会看见什么。提前检查一下房间，坐到你的观众将要坐的位置上，观察一下可能分散注意力的东西。接下来就要减少或是消除这些分散注意力的事物（如关上窗户或拉下窗帘以限制视觉和听觉上的干扰，或者，如果你可以做到的话，关闭闪烁的荧光灯）。此外，你也可以巧妙地劝阻观众的窃窃私语。

作为观众能做的事情 当你倾听时，你也可以协助管理演讲和倾听环境，时刻留意干扰因素和潜在的干扰因素。若旁边的人不停地讲话，或者他是一个不断发送短信的粗鲁的手机使用者，如果必要的话，你可以移到另一个位置上。如果演讲者没能查看倾听的环境，可能需要你去拉上百叶窗、调高温度、关掉灯、关上门，或者去做任何为了减少干扰所需要做的事情。

偏见

一个坚定的民主党支持者在共和党州长发表广播演讲时，不断表示反对州长的提议。第二天，他惊讶地发现一篇新的社论赞扬了州长的演讲。你的朋友疑惑地问道："这些作者听到的演讲和我听到的演讲是一样的吗？"是的，他们听到的是相同的演讲，但是他们听的角度不同。当你对一场演讲带有偏见的时候，你理解它的能力就会有所下降。

对演讲带有偏见的另一种情况是，在你还没有听这场演讲之前你就已经判定这个主题对你几乎没有价值。我们中的大多数人之所以有时不能全心投入一场演讲，是因为我们在之前就已经判定这场演讲会使我们厌烦。

一方面，我们有时会依据演讲者的外表来做出一个草率的判断，然后我们就不听这个演讲者的演讲了，因为我们已经认为这个演讲者的观点是不重要或是不相关的了。女性演讲者经常抱怨，男性观众在听男性演讲时更专心；少数族裔可能会有类似感受。

另一方面，有些人太容易接受其他人说的话，仅仅是因为他们喜欢那个人的长相、声音或者穿着。例如，得克萨斯州人相信带有得克萨斯州口音的人一定是一个诚实的人。这种正面的偏见也会影响你准确接收信息的能力。

偏见（prejudice） 事先形成的关于某个人、某个地点、某件事或是某条信息的观点、态度以及观念。

作为演讲者能做的事情　为了防止你的观众以**偏见**为基础而做出草率的判断，在演讲的开始就尽你最大努力去吸引观众的注意力。一定要确保自己使用的示例、词语或是短语不会被误解。让你的信息与观众的兴趣、需求、希望以及愿望紧密相连。

在面对可能对你的演讲持批评态度或带有敌意的观众时，请使用翔实的论据和令人信服的证据，而非强烈的情感诉求。

作为观众能做的事情　产生偏见的一个重要问题是人们不知道自己会先入为主。还没有听一场演讲就已经对其持批判态度，还没有仔细检验演讲者提供的证据就迅速地判断一个演讲者是否值得信赖，这些都是你应该谨防的情况。将你的注意力放在演讲本身而非演讲者身上。

演讲速度和思考速度之间的差异

从事倾听研究和训练的先驱拉尔夫·尼科尔斯（Ralph Nichols）发现了一个关于倾听的问题，这个问题集中表现在处理所听到单词的方式上。[7] 大部分人的说话速度是一分钟 125 个单词。但是你却拥有 6 至 10 倍于此的倾听能力，大约一分钟能听 700 至 1200 个词！你处理单词的能力和演讲人说话的能力之间的差异，让你有时间对演讲者进行定期的忽略。最终，你停止倾听，额外的时间就能让你去做一些白日梦或是让你的思绪从这场演讲中慢慢远离。

尼科尔斯指出，演讲和思考之间的速度差异不应当变成倾听的负担。与其从演讲中慢慢远离，你可以通过不时地总结演讲者刚刚说过的话来增加倾听的有效性。

作为演讲者能做的事情　不要尝试加快你的演讲。即使你能够一分钟说 200 个词，你的观众可能还会希望你能用快四倍的速度演讲。相反，你应该构思一场结构良好的演讲。重复关键信息，不时小结，使用明确的过渡，进行良好的组织，

概述

高效倾听的障碍

障碍	观众的任务	演讲者的任务
信息过载	• 更加努力集中注意力。 • 确定关键点。	• 明确。 • 增加重复信息。 • 使用有趣的故事和支持材料。
个人关注	• 关注演讲而非你自己的想法。	• 使用维持注意力的策略，如用令人吃惊的信息、数据或者故事来“叫醒”观众。
外界干扰	• 自信能动地控制演讲环境。	• 调整门、窗帘、窗户或者其他布置。
偏见	• 关注演讲，而不是演讲者。	• 使用强有力的开场白，将重点放在观众的兴趣之上。
演讲速度和思考速度之间的差异	• 听演讲时，在心中总结演讲者提供的信息。	• 重复关键信息。 • 进行良好的组织。 • 使用维持注意力的策略。

以及明确你的中心思想，这样即便你的观众已经开了一会小差，也能再次跟上你的思路。

作为观众能做的事情 因为人们思考的速度要快于讲话的速度，你可以利用这个神奇的能力来保持自己对演讲内容的专注。以下是一种有用的技巧：有意识地在心中对演讲者所说的内容进行总结可以大幅度提升你对信息的记忆能力。演讲和思考之间速度的差异让你有时间在听演讲的同时进行一些总结。

4.2 如何成为更好的观众

确定并使用成为一个更好的观众的策略。

既然我们已经研究了高效倾听的障碍，并提出了一些克服这些障碍、成为一个更好的演讲者和更好的倾听者的策略，现在我们要提供一系列有助于提高倾听技巧的策略。确切地说，我们将帮助你用眼睛来聆听，以及成为一名细心的观众。最后，我们还会提出能够帮助更有技巧地进行倾听的具体行为。

倾听时眼耳并用

用你的眼睛去倾听，就是要觉察出演讲者未说出口的暗示。非语言暗示在沟通中扮演了非常重要的角色。一位专家估计，演讲中多达 93% 的情感内容都是通过非语言暗示来传达的。[8] 虽然这项数据不能适用于所有的情况，但是情感主要是通过非语言信息传达的。使用你的眼睛倾听，需要你准确地解释你看到的内容，并且同时要确保自己不会因为演讲者表达技巧很差而分心。

准确解释非语言信息 因为非语言信息极大地影响着你对演讲者的回应，所以准确地解释演讲者的非语言表达是非常重要的。演讲者的面部表情能够帮助你分辨其沟通时的情绪，演讲者的姿势和手势通常会强化表达特定情绪的强度。[9] 如果因为演讲者说话的声音太轻或者演讲者用了一种你不熟悉的方言讲话而导致你无法理解，那就坐得近一些，这样你就能看到演讲者的嘴。一个良好的视野能够提升你的注意力，并且提高你的理解力。

为了提高准确解释非语言信息的技巧，请考虑以下建议：

- **考虑到所处的环境** 在解读未说出口的信息时，不要仅仅关注于非语言信号，要考虑到你和演讲者所处的环境。
- **寻找提示集群** 不要只关注某一种行为，而是要寻找更多的非语言信号来提高你理解演讲者信息的准确性。
- **寻找那些能传达喜好、权力和反应能力的信号** 一个非语言信号（眼神接触、面部表情、身体方向）常常能够表现出一个人是否喜欢我们。通过人们的穿衣方式，他们和他人保持的距离，或者他们是放松的还是紧张的，我们可以判断出他们的权力大小和影响力程度。那些认为自己比周围人拥有更大权力的人通常更放松。或者，我们可以通过眼神交流、点头、面部表情和语气来观察对方是否对我们感兴趣或者是否关注我们。

适应演讲者的演讲风格 好的观众关注的是演讲者的信息，而非其演讲风格。要成为一个好观众，你必须要适应某些演讲者的独特风格。你可能不得不无视或忽视演讲者喜欢咕哝的习惯，单调的声音，或无法进行眼神交流。更困难的是，你甚至可能需要原谅演讲者在清晰度或一致性上的欠缺。与其在心里批评一个不优秀的演讲者，不如拥有一些同情心，更努力地将注意力集中在信息上。好的观众关注的是演讲，而非演讲者。

蹩脚的演讲者并不是影响倾听效果的唯一因素。你还需要防范口齿伶俐、十分圆滑的演讲者。一种吸引人的演讲风格并不一定意味着演讲者的信息是可信的。不要让一个能言善道的销售人员在你没有考虑清楚的情况下说服你购买某些东西。

> **概述**
>
> **倾听时眼耳并用**
>
> 准确解释非语言信息：
> - 考虑环境；
> - 寻找集群；
> - 寻找传达喜好的信号；
> - 让你的倾听方式适应演讲者的演讲风格。

用心倾听

用心的观众会在精神上专注于倾听的任务。两位倾听研究人员发现，好的观众会做以下的事情：[10]

- 将他们自己的想法放到一边
- 做到人在心在
- 努力有意识地用心倾听
- 投入时间去倾听，耐心地让演讲者表达观点
- 思想开明

糟糕的观众会做相反的事情，他们因为自己的想法而分散注意力，他们心不在焉，没有耐心以及不能很开放地对待他们所听到的东西。要成为一个用心的倾听者，你就要知道你在倾听别人讲话的时候自己在做什么。如何做到这一点？以下是帮助你成为一个用心观众的具体策略。

清楚自己是否在倾听 倾听可以归结为以下两种情况：你要么在倾听，要么在走神。你要么是在筛选信息或关注演讲，要么你就没有在精神上同你听到的内容建立联系。至关重要但也非常简单的一件事是在你听别人演讲时要**清楚**自己在状态还是开小差。当你倾听时，偶尔花一些时间来思考一下自己的想法。假设教授播放枪击音频的时候你正坐在教室中，在那一刻，你是在对这场演讲进行思考，还是已经心不在焉了？

研究发现，如果你意识到自己没有在倾听，你可以通过提醒自己倾听是非常重要的，从而增加你保持倾听的动力。[11] 偶尔同自己交谈一下来告诉自己你正在听的演讲对你很有帮助或很有益处。

监控你对信息的情绪反应　情绪的高涨会影响你理解信息的能力。如果你对一个演讲者使用的字词或短语感到愤怒，你的听力理解能力就会下降。由于文化背景、宗教信仰和政治观点的不同，观众可能会因为某些词而变得情绪化。对大多数观众来说，那些对他们的种族、国籍或信仰不利的词语，可能会引发强烈的情绪。对另一些观众来说，诅咒和下流的语言是惹人愤怒的。

尹平是一名亚裔美国人，他在大学辩论队中脱颖而出，成为冠军辩手。对方一位狡猾的辩手曾试图通过贬损亚裔美国人“接管国家”来干扰他。这种侮辱很可能引起尹平带有强烈情感的回应，但他还是保持了理智，驳斥了这一观点，并最终赢得这场辩论。当有人使用你认为很有冒犯性的字词或是短语时，重要的是克服你的反感情绪并继续听下去。不要让演讲者的语言封闭你的头脑。

当你听到一些让你反感的话语时，如何才能控制自己的情绪呢？第一，要意识到你的情绪状态正在影响你的理性思维。第二，利用“自我交谈”的技巧使自己平静下来。对你自己说：“我不会让这种愤怒妨碍倾听和理解。”你也可以专注于自己的呼吸，让自己平静下来。

成为一个自私的观众　虽然这听起来很怪异，但是成为一个自私的观众能够帮助你保持你的专注力。如果你发现你的注意力分散，问自己一些问题，比如“我能从中得到什么好处？”以及“我该如何利用这次演讲中的信息？”。当然，你会发现有些演讲比其他的演讲有更多有用信息，但是仍要注意出现在所有演讲中的可能性。努力寻找给你带来帮助的信息，并设法将这些信息与你自身的经历和需求挂钩。

概述

用心倾听

- 清楚自己是否在倾听。
- 监控并控制你的情绪反应。
- 成为一个自私的观众。

有技巧地倾听

除了留意非语言信息和成为用心的观众之外，好的观众会练习一些技巧，帮助他们集中注意力，记住他们听到的内容。他们明确自己的倾听目标，倾听主要观点，练习好的倾听方法，根据需要调整他们的倾听风格，并且成为积极的观众。

明确自己的倾听目标　如图 4.1 所示，你投入大量的交流时间去倾听。如果你是一名普通学生，你每天将会花费超过 80% 的时间参与到与交流相关的活动中。[12] 你经常在倾听，研究表明，你会花费一半以上的交流时间用于倾听。[13] 你的挑战是如何坚持下去保持专心倾听。

保持专注的一种方法是明确自己的倾听目标。至少存在四种主要的倾听目标：为了愉悦、为了感同身受、为了评估以及为了获取信息。知道你自己的倾听目标能够帮助你更有效地倾听。例如，如果你的倾听目标只是享受你听到的内容，那就不

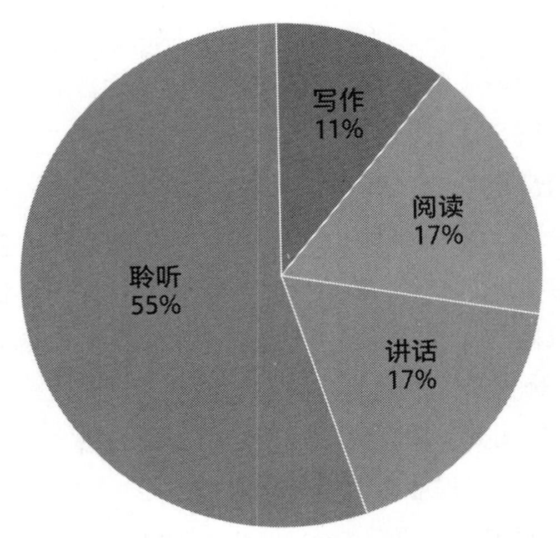

图 4.1 你经常进行倾听：一名普通学生花费近 11% 的交流时间来写作，17% 的时间来阅读，17% 的时间来说话，以及至少 55% 的时间来聆听

资料来源：Copyrighted by Pearson Education, Upper Saddle River, NJ

需要用记住所听内容的倾听方式。

- **为了愉悦而倾听** 有时你只是为了愉悦而倾听。你可能会看电视、听音乐、看电影或是和朋友闲聊。你不会在考试中碰到网络平台上的视频。你也不会被要求记住大卫·莱特曼（David Letterman）脱口秀中的每一个笑话。所以，当你出于娱乐的目的去倾听的时候，仅仅去享受你所听到的内容。然而，你可以观察到演讲者或演艺人员是如何获得并保持你的注意力，并让你对他们的信息产生兴趣的。
- **为了感同身受而倾听** 感同身受就是感受演讲者的感受。通常产生同感的倾听发生在朋友之间一对一的倾听环境之中。有时，在工作中，你也可能需要感同身受地去倾听你的客户、顾客或者合作伙伴的话语。感同身受的倾听需要这些关键步骤：

  - **停**：停下你正在做的事情，给予讲话者你全部的注意力
  - **看**：进行眼神接触并且注意表达情绪的非语言暗示
  - **听**：注意信息的具体内容和主要观点
  - **想**：想象如果你经历了演讲者所经历的事情后你会有什么样的感受
  - **查**：通过询问来理清你所听到的内容，以及通过总结对听到内容的想法来检查你对信息的理解

- **为了评估而倾听**　当你评估一份信息时，你是在对其内容做出判断。你感兴趣的是这个信息是否可信、是否真实或者是否有用。当你评估你听到的内容时，对你的挑战是，不要过于挑剔，以免错过演讲者正在表达的重要观点。当你为了评估而倾听时，相比出于其他目的的倾听，你必须更努力，因为你要兼顾两个棘手的任务：做出判断，同时还要理解和回忆听到的信息。你的偏见和判断就像噪声一样，会使你误解信息的真实含义。
- **为了获取信息而倾听**　从幼儿园开始，你就一直处于为了学习而倾听的环境之中。为了获取信息而倾听的关键在于听取信息的细节，并且确保你将细节同主要思想连接起来。正如我们将要在后面描述的，糟糕的观众要么只听事实和信息，要么只对最后的结论感兴趣。通过把注意力集中在事实和重要的观点之上，同时在脑海中总结听到的信息，可以极大地提高记住信息的能力。同时，记得把不熟悉的观点和概念同你熟悉的观点和概念进行比较。

倾听主要观点　在一项经典的研究中，拉尔夫·尼科尔斯询问了糟糕的观众和良好的观众他们各自的聆听策略是什么。[14] 糟糕的观众表示，他们倾听细节，如名称和日期。良好的观众说他们倾听的是主要观点和原理。只有在你能将它们同原理和概念联系起来的时候，这些事实才有用处。在演讲中，事实和示例主要都是用来支持主要观点的。尝试在心中总结有具体事实支持的主要观点。

2013 年 1 月 22 日，阳光充足的早上，巴拉克·奥巴马总统于华盛顿特区发表了他的第二次就职演说。如果你听过这场演讲，你就会知道奥巴马在两分钟内通过重复“我们人民……”这四个字充分阐明了自己的重要观点。一个优秀的观众会意识到这几个字揭示了演讲的核心思想——需要协同努力才能做好事情。

你如何辨别一场演讲中的主要观点？有条理、深谙演讲技巧的演讲者在演讲的前半部分就会预告自己的主要观点。如果没有这种预告，那就注意倾听演讲者列举主要观点：“我的第一个观点是，杰克逊县的历史突出体现在其多种建筑风格上。”过渡性的短语和演讲者演讲中的小结都是帮助你识别主要观点的另外一种线索。如果演讲者几乎没有提供明显的标示，那你可能需要自己去发现它们。在这种情况下，在心中对观点进行总结对你来说是最有用处的。成为一个自私的观众：将一场没有组织的演讲视为沙中含金的河流，并使用你自己头脑中的筛盘筛选出如同金块般的精华。

练习倾听　人们每天至少将 55% 的时间用来倾听，所以你可能会觉得奇怪，为什么我们要建议你练习倾听。原因是，倾听技巧并不能自动形成。只有在正确的指导下你才能学会游泳，仅仅通过跳入水中胡乱挥舞是不可能学会出色的游泳技能的。类似地，通过练习我们介绍的方法，你将学会倾听。研究者认为，糟糕的观众会对挑战退避三舍。例如，他们宁愿收听和观看情景喜剧，也不愿意去看纪录片或是其他教育性的节目。当你收听又劳神又费力的演讲、音乐或者节目时，你的倾听技巧就会提升。

倾听风格
（**listening styles**）
理解语言信息的方式。

了解自己的倾听风格 新的研究表明，并不是每个人都以相同的方式听取信息。至少存在四种**倾听风格**——理解语言信息的方式。倾听研究人员发现，大部分观众的倾听风格属于下列倾听风格之一：人际导向式、分析型、批判型或是任务导向式。[15] 了解你的倾听风格可以帮助你成为一个更好、更加灵活的观众。[16]

大约 40% 的观众使用一种主要的倾听风格，另外 40% 使用一种以上的倾听风格，大约 20% 的观众没有倾听风格偏好。当你阅读这四种倾听风格的描述时，判断一下自己到底属于哪一种观众。[17] 最好的观众灵活机动，能够根据场合和演讲者的不同来调整他们的倾听风格。[18]

- **人际导向式观众** 如果你在听别人表达感受或是情绪时感到惬意，那么你是**人际导向式观众**。你很有可能是一个具有同情心的人，你会和你正在倾听的对象寻求共同点。你很容易被悲惨的例证和奇闻所感动。你喜欢听有关个人和人际关系的故事。相比于其他类型的观众，人际导向式的观众在人际交往场合以及群体场合同他人进行交谈时，不会那么紧张。[19]
- **任务导向式观众** 以任务为导向的观众想要知道如何处理他们听到的信息。他们听取动词——表明他们在听完这些信息后要完成什么任务的行动词语。**任务导向式观众**希望人们一针见血地直达要点，并且喜欢听取需要采取的行动。对于任务导向式观众来说，一个没有指示的冗长的故事或冗余的个人示例，就不如行动呼吁那么令人满意。相较于其他类型的观众，任务导向式观众也更加多疑。他们更喜好得到证据来支持行动建议的合理性。
- **分析型观众** 分析型观众更喜好倾听交织着事实和细节的复杂信息。在得到一个具体结论之前，他们往往会保留判断。如果你因为没有充足的证据来支持结论而排斥一些信息，那么你是**分析型观众**。另外，分析型观众不喜欢没有重点的杂乱无章的故事，他们想要知道关键的事实是什么而不想听漫长的叙述。分析型观众能成为优秀的法官和律师，因为他们喜欢倾听辩论，能够听到正反双方观点的论据。[20]
- **批判型观众** 如果你会花时间在评判你所听到的信息之上，那么你是**批判型观众**。批判型观众乐于听取详细、复杂的信息，且能专注于所呈现信息的矛盾和不一致之处。批判型观众也可能会在综合推理和证据中发现错误，从而得出结论。

人际导向式观众
（**relational-oriented listener**）
在听别人表达感受或是情绪时感到惬意的人。

任务导向式观众
（**task-oriented listener**）
喜欢组织良好、简洁精确的信息的人。

分析型观众
（**analytical listener**）
喜欢有事实和细节支撑的信息的人。

批判型观众
（**critical listener**）
喜欢评判信息的人。

了解你自己的倾听类型能够帮助你更好地适应那些与自己风格不同的演讲者。例如，如果你是一个分析型观众，演讲者正在长篇大论地漫谈，你就必须告诉自己更加努力地将注意力集中在信息上。如果你是人际导向式观众，而你正在收听演讲的内容主要包括事实、原则和观点，那么只有理解信息不能吸引自己的原因，并努力集中注意力，你才能成为更好的观众。我们已经强调过成为一个以观众为中心的演讲者的重要性，但反之也是正确的：作为一个观众，如果你调整你的倾听风格并适应你所听到的演讲者的演讲风格，你就可以提高自己的注意力。正如我们在第三章指出的，无论你是演讲者还是观众，关键是合乎伦理地调整自己和适应对方，以此来加强双方沟通的质量。

概述

倾听风格

人际导向式观众	倾向于感受情绪，并在倾听他人的时候寻找共同感兴趣领域的观众。
任务导向式观众	专注于完成某件事的观众，他们喜欢高效、清晰和简短的信息，他们听取动词来决定需要采取什么样的行动。
分析型观众	更倾向于保留意见，倾听问题的各个方面，直到听到事实后才得出结论的观众。
批判型观众	可能会通过倾听事实和证据来支持关键观点和潜在逻辑的观众，他们还会留意错误、不一致和差异。

成为积极的观众　积极的倾听者会在听演讲时保持头脑警觉，并在心里重新分类、重新措辞，以及重复关键信息。因为你听取字词的速度比演讲者说出字词的速度更快，所以你的思想很容易分散。但是你可以使用额外的时间专注于理解演讲者所说的内容。

- **重新分类**　利用倾听的时间将没有组织或杂乱无章的想法进行重新分类。如果演讲者的语言杂乱无章，寻找方法将其观点重新整理成一种新的、更加富有逻辑的形式。例如，将想法按时间先后顺序再次分类：首先发生了什么？接着发生了什么？等等。如果演讲者没有将想法分块放入有逻辑的框架中，那就看看你是否能够找出一种结构来帮助你组织这些信息。当然，如果演讲者已经做了这些，那是最好的。但是，当演讲者没有将信息很好地组织起来时，如果你能够将一团杂乱的信息整理成为一个对你来说有意义的体系，那这会让你受益匪浅。例如，一个演讲者说："有三个重要的年份需要记住：1776、1492和1861。"你可以将其重新排序为：1492、1776、1861。
- **重新措辞**　在心里总结你想要记住的关键点或是关键信息。听取重要观点，然后用你自己的语言对其进行重新措辞。比起说话者的原话，你更容易记住你对信息的解读。如果可以，尝试用一句类似于汽车保险杠贴纸上那样的话总结演讲。关注演讲者在预告、过渡句、指示语和总结中给出的"信息手柄"，还可以提高自己倾听的积极性。一个美国演讲者说："如果我们不停止破坏性的国防预算超支，我们的国家很快就会发现自己陷入了更深的债务危机之中，且无法满足公民的许多需求。"你将其重新措辞为："我们应该减少国防开支，否则我们会有更多的问题。"
- **重复**　最后，在倾听时要做的不仅仅是重新进行措辞。还要定期**重复**你想要记住的关键点。每五分钟就回忆一下核心观点，并对你自己复述一遍。如果你按照这些步骤积极地进行倾听，你会发现自己很兴奋并且非常投入，即使

概述

积极地倾听

步骤	定义	例子
重新分类	重新组织杂乱或是没有条理的信息。	演讲者说："有三个重要的年份需要记住：1776、1492 和 1861。" 你将其重新排序为：1492、1776、1861。
重新措辞	重新措辞来简化演讲者的观点，而不是去尝试记忆原话。	演讲者说："如果我们不停止破坏性的国防预算超支，我们的国家很快就会发现自己陷入了更深的债务之中，且无法满足公民的许多需求。" 你将其重新措辞为："我们应该减少国防开支，否则我们会有更多的问题。"
重复	定期在心里复述你想要记住的关键点。	在演讲过程中每五分钟重复一次你的解读。

是听最无聊的演讲者进行演讲，也不会觉得疲倦和无聊。

合乎伦理地倾听

高效的倾听者不只能准确地理解演讲者的信息，也是具有伦理意识的观众。具有伦理意识的倾听者在倾听他人演讲时会诚实地传达他们的期望，提供有用的反馈以及对差异保持敏感和宽容，以此参与到沟通活动之中。公元前 4 世纪，亚里士多德告诫说："要提防那些阿谀奉承和妖言惑众之人。"当代修辞学家哈罗德·巴雷特（Harold Barrett）曾说过，观众是演讲者行为"必要的修正来源"。[21] 以下合乎伦理的倾听原则构成了巴雷特所说的"优秀观众的属性"。

表达你的预期和反馈　作为一名观众，你有权利，甚至是责任，带着对于演讲本身以及演讲者风格的预期进入某个沟通场合。知道自己想从沟通中得到什么信息和观点。期待一场连贯的、有条理的、适当的演讲。通过适当的语言和非语言反馈，将自己对演讲内容和演讲风格的目标和反应表达出来。例如，保持同演讲者的眼神交流。当你支持演讲者所说的某件事情时，赞许地点头。有证据表明，作为一名表示支持的观众（通过与演讲者进行眼神接触，表达赞同和专心倾听），你会帮助演讲者感到更加轻松而不那么紧张。[22] 但是，我们并不是建议你假装支持你的演讲者。如果你以一个极度困惑的表情来表示你没有听懂演讲者的要点，你可以帮助一个细心的、以观众为中心的演讲者对自己的观点进行重新措辞，以便使观众更好地理解。把你的头转向一边，并微微前倾表示你没有听清楚。如果在演讲之后有一个问答环节，你可以问一些你对演讲者的主题或观点仍然存在疑惑的问题。

对差异敏感且宽容　作为一个具有伦理意识的观众，请记住，你的演讲和倾听风格偏好可能和演讲者的不一样，但你们的差异并不意味着演讲者的偏好是错误的。例如，假设你参加了一场高中毕业典礼，演讲者是一位富有活力的非裔美国人部长，他使用了一种叫"回应式"的演讲方式，观众会定期对演讲者进行口头回应。如果你因为部长的演讲风格过于浮夸而对其演讲不予理睬，那你可能会错过一场精彩的内容。不同的文化下会有不同的演讲风格。

不同的文化下的行为准则有时会给合乎伦理地进行倾听带来复杂的挑战。民权领袖杰西·杰克逊（Jesse Jackson）被指控在一些演讲中没有诚实地袒露自己的背景和行为。他曾表示，自己离开伊利诺伊大学是因为足球队的种族歧视主义导致他被淘汰出首发四分卫，然而前队友坚称，他没有成为首发四分卫是因为他不是最强壮的球员。杰克逊还夸大了自己童年时期的贫困，事实上，他是在一个相当舒适的中产阶级家庭长大的。虽然许多人批评了这样夸张的表达方式，但至少有一位传播学研究员为杰克逊辩护，认为尽管他的“夸大的故事”不一定是严格客观意义上的“真相”，但这符合一个非裔美国人的口头传统，即关注“故事的符号意义”，在这个传统中演讲者通常为了突出例证的效果而故意夸大。[23] 当你考虑到演讲者和观众的文化期望和背景时，你就能更好地理解演讲所表达的内容。

概述

合乎伦理地倾听

- 表达你的期望和反馈。
- 对文化和个人差异敏感且包容。

要细心且有礼貌。在倾听和评估演讲者时要兼顾文化规范和观众预期。努力了解演讲者和其他观众的需求、目标和兴趣，这有助于你判断作为观众如何做出适当且合乎伦理的回应。

表 4.1 总结了所有我们讨论过的更好地进行倾听的技巧。

表 4.1 怎样提高你的倾听技能

	好的观众	糟糕的观众
倾听时眼耳并用	• 寻找非语言暗示来增强理解 • 适应演讲者的演讲风格	• 只关注字词 • 容易因为演讲风格而分心
用心倾听	• 知道自己是否在倾听 • 控制情绪 • 在心里询问：“我能从中得到什么好处？”	• 不知道自己处在倾听状态还是在开小差 • 倾听时很情绪化 • 没有试图将信息与个人信息联系起来
有技巧地倾听	• 明确倾听目标 • 倾听主要观点 • 寻找机会练习倾听技巧 • 了解自己的倾听风格并进行调整，以适应演讲者 • 通过对听到的内容进行重新分类、重新措辞以及重复来积极地倾听	• 在心中没有设定倾听目标 • 听取独立的事实 • 逃避听取困难的信息 • 不知道怎样利用自己的倾听风格 • 消极地倾听，不努力去同听到的信息建立联系
合乎伦理地倾听	• 明确地传达倾听期望 • 对差异敏感且宽容	• 不去适当地回应演讲者的信息 • 期望其他人拥有同自己相同的信仰、价值观以及文化期望

资料来源：Copyrighted by Pearson Education, Upper Saddle River, NJ

确定并使用提高批判性倾听和批判性思维能力的策略。

4.3 提高倾听及批判性思维能力

高效地倾听需要具备批判性的倾听能力。批判地倾听以及批判地思考都涉及我们在本书中反复讨论的各种技能。**批判地倾听**是一个评判你所听到信息的质量、适当性、价值或重要性的过程。与成为一个批判的倾听者相关的是成为一个批判的思考者。**批判地思考**是对出现在你看见、听见以及读到的内容中的结论进行判断的过程。批判的观众或是批判的思考者的目标是为做出选择而评判信息。无论是一位候选人在进行有说服力的拉票演讲，是广播电台播音员在赞扬一种新的减肥草药的功效，还是有人劝你投资一家新技术公司，你作为批判的观众的目标是评估信息的质量和其呈现出的结论的正确性。

我们要强调的是，成为一个批判的观众并不意味着仅仅关注演讲者所说的错误内容；我们并不是建议你听取一场演讲仅仅是为了在这场演讲结束后对演讲者及演讲本身表示不满。在倾听时，既要辨别演讲者的哪些结论是有效的，也要识别出哪些结论是不成立的。教育家约翰·杜威（John Dewey）对批判做出了一种经典的描述：

> 批判……不是寻找错误。它并不是指出罪恶并进行改正。它是对价值区别的判断。它讨论的是，何事更好，何事更糟糕……以及有意识地询问，为什么那个糟糕的事情会变得糟糕。[24]

批判地倾听（**critical listening**）对演讲者呈现的信息、观点以及论据的质量有所评判。

批判地思考（**critical thinking**）对出现在你看见、听见以及读到的内容中的结论进行判断。

事实（**facts**）通过直接观察并被证实的信息。

推论（**inference**）基于部分信息或尚未直接观察到的、评估得出的结论。

证据（**evidence**）演讲者用来支持结论的事实、示例、意见以及数据。

批判的观众如何做到所有的这些要求？考虑以下技能。

区分事实和推论

将事实从推论中分离出来的能力是批判地思考和批判地倾听技能的基础。**事实**是通过直接观察并被证实的信息。例如，人们直接观察到，水的沸点是 100 摄氏度，而磁北极的方向可以通过查看指南针来找到。**推论**是基于部分信息或尚未直接观察到的、评估得出的结论。你推断你最爱的运动队将会赢得冠军或是明天会下雨。你也可以进行推断，如果相较于民主党，有更多的共和党人当选了国会议员，下一任总统可能会是共和党人。但你只能在总统大选后才知道这是否是一个**事实**。事实具有确定性，而推论是一种可能性和意见——大多数公共演讲者提出的论证都属于后者。一个批判的观众知道，当一个政治家在竞选公职时声称“我的对手没有资格当选，这是事实”，这句话就**不**是一个事实，而是一种推论。

评估证据的质量

证据包括演讲者用来支持结论的事实、示例、意见以及数据。研究人员已经证明，动摇陪审团的关键因素是支持案件证据的质量和数量。[25] 没有可信的支持证据就同意演讲者的结论是非常不明智的。

逻辑（logic）
用来得出结论的一种正式的规则体系。

推理（resoning）
从证据中得出结论的过程。

当你尝试着去判断证据是否可信时，你应该留心听取什么内容？例如，当一个电台播音员说“事实上，这一草本减肥药能够帮助人们减肥”，作为观众你的工作就是判定这句话是否真实可信。它已经通过直接的观察而被证明是真实的吗？演讲者有义务提供证据来支持该声明。

有些演讲者会用示例来支持结论。但是如果示例并不具有代表性，或者只提供了一个或两个示例，或者人们所熟知的示例与演讲者所使用的示例并不相同，那么你就应该对结论产生质疑。

演讲者可能用来说服你的另外一种形式的证据是他人的意见，简单来说，就是从别处引用的评论。最好的意见来自可靠、可信的来源。什么使来源可信？可信的来源是一个具有资历、经验和技能，由此能够评论当前主题的人。当演讲者就某一话题引用专家意见时，要听一下引用的是哪位专家的意见。

第四种常用的证据，特别是在表示怀疑的观众中使用的，是统计数据。统计数据是一个总结了一系列例子而得出的数字。一些针对其他证据形式的疑问也同样适用于统计数据：统计数据是否可靠且公正？是最新、具有代表性和有效的吗？

在这里，我们向大家介绍了**倾听**良好证据的重要性。因为证据是公共演讲中非常重要的因素，所以我们在第七章中讨论支持材料的使用时会提供更多关于如何**使用**证据的信息，也会在第十五章中讨论如何使用证据去说服观众。

评估基本逻辑和推理

做一个高效的、批判的观众不仅要听取证据，而且要听取演讲者用以得出结论的整个逻辑或是论据结构。**逻辑**是一种正式的规则体系，用来得出结论。当演讲者提供适当的证据以得出一个有效、合理的结论时，那么这一演讲者就是逻辑性非常强的人。例如，安吉拉向观众介绍说，许多商店都出售纤巧胶囊，她试图说服她的观众相信纤巧胶囊是一种减肥草药，但这并不是可以得出结论的具有逻辑性的框架。仅仅因为纤巧胶囊很容易获得，并不能意味着它是有效且安全的。

推理是在论证的逻辑框架中从证据中得出结论的过程。我们是否可以合理地得出这样的结论：仅仅因为很多商店都出售纤巧胶囊，所以任何人都可以通过纤巧胶囊来减肥？这样的证据并不能支持这个结论。当一个演讲者试图改变你的行为时，要仔细地听他提出的论据的逻辑或是结构。

概述

提高倾听及批判性思维能力

区分事实和推论
- 这些事实真的是已经被证明发生或者存在的事实吗？
- 这个结论是不是一个基于部分信息或尚未观察到的证据而得出的推论？

评估证据
- 事实：这些事实来自可靠的来源吗？
- 示例：是否有足够的证据来证明这个观点？
- 意见：这些观点是否来自有学问的专家？
- 数据：数据的来源是否可信且公正？

评估结论的逻辑及推理
- 是否有可靠的证据支持这个结论？
- 是否有足够的证据支持这个结论？

演讲者是不是通过一两个具体的例子来说服你去做某件事？演讲者是否是基于“所有草药膳食补充剂都能帮助你减肥”的基本原则得出的结论？批判的观众会适当地审查用于得出结论的逻辑和推理。当我们在第十五章讨论推理谬误时，将详细阐述推理的类型，以及如何识别出演讲者在误用逻辑、推理和证据。

你可能会问，公共演讲课的首要目标不是提高自身的演讲技能吗？当然，你是对的。但是，除了成为一个更好的演讲者之外，对沟通原则和技能的研究应该能帮助你成为一个更好的信息**消费者**。了解信息是如何被创建的，有助于你成为一个批判的观众和思考者。研究人员发现，完成了任意一项沟通课程（辩论、论证或是公共演讲）的学生，其批判性思维能力可能会得到提升。本书后面的章节将继续探讨如何成为一个以观众为中心的公共演讲者，这会强化针对批判性倾听和批判性思维的技巧。

使用标准来对演讲进行有效和适当的评估。

4.4 分析和评估演讲

批判性思维和倾听技能不仅能帮助你评估他人的演讲，还能帮助你评估自己的演讲。当你评估某件事情时，实际上是对其价值和适当性进行判断。要判断某物的价值，使用相关标准非常重要。**修辞性批评**是使用一种方式或标准来评估信息的有效性和适当性的过程。

为了更好地理解修辞性批评的概念，了解**修辞术**和**批评**的含义就非常重要。**修辞术**这一术语既古典又现代。[26] 古希腊学者亚里士多德将修辞学定义为在任何特定情况下发现可用的说服手段的能力。[27] 另一位古希腊学者伊索克拉底（Isocrates）相信，有效的修辞术应该具备“应景适时、措辞得体、构思独特的特点”。[28] 近代的修辞学学者肯尼斯·伯克（Kenneth Burke）说，修辞术是一种“促使合作的象征手法”。[29] 总的来说，**修辞术**是使用符号来创造意义以实现目标的过程。作为一个公共演讲者，通过使用**符号**——单词、图片、非语言暗示——在你的观众的思想中创造出意义来实现一个目的（提供信息、说服观众、娱乐观众），那你就是一位修辞学家。要成为一名修辞性批评家，你就要评估演讲内容和演讲风格的有效性和适当性，并**阐明**或更好地理解信息。[30]

修辞性批评（rhetorical criticism） 使用一种方式或标准来评估消息的有效性和适当性的过程。

修辞术（rhetoric） 使用符号创造意义来实现目的。

符号（symbols） 能够创造意义的字词、图形及行为。

学习公共演讲的一个重要的目标就是能更好地从修辞学的角度评论你每天听到的信息。在我们关于如何分析和评估演讲的探讨中，我们将会提出评估信息的标准，然后提供与他人分享评估的具体策略。

理解演讲评估标准

什么因素能造就一场精彩的演讲？两千多年来，修辞学学者一直在争论这个问题。我们的目的不是要让你们了解几个世纪以来对这一问题的对话和辩论，而是提供实用的方法来让你对自己及他人的信息进行评估。

你的公共演讲老师可能会让你使用一种带有具体指标的评估表来评估自己的演讲。图 4.2 列出了可以用于评估任一演讲的关键问题。这些问题反映了我们在第二章中提出的以观众为中心的公共演讲的模型。

了解出色的演讲者应该怎么做的背后有两个根本目标：**任何演讲都应该是有效的和合乎伦理的**。全美传播学会的使命也反映了相同的两个目标——促进有效的

观众接受度

- □ 演讲者是否做出了努力适应观众的具体尝试？

选择并缩小主题

- □ 主题是否适用于观众、场合以及演讲者？
- □ 主题是否缩小到适合时间限制？

确定目标

- □ 总目标（提供信息、说服观众、娱乐观众）是否明确？
- □ 具体目标是否适用于观众？

确定中心思想

- □ 中心思想是否明确到可以用一句话来总结？

形成主要观点

- □ 演讲的引言部分是否明确了主要观点，在演讲的主体部分是否对主要观点进行了发展，在演讲的结论部分是否对主要观点进行了总结？

收集支持材料

- □ 演讲者是否使用了多样且有趣的支持材料？
- □ 演讲者是否使用了有效且合适的证据支持结论？
- □ 演讲者是否使用了可信的支持材料？

组织演讲

- □ 演讲是否用了清晰的引言来吸引注意力，是否预告了演讲内容并建立了演讲者的可信度？
- □ 演讲者是否以一种富有逻辑的方式组织了演讲的主体部分？
- □ 演讲者是否使用了过渡句、总结以及标示来使演讲的组织结构变得明确清晰？
- □ 演讲者是否在结论部分对主要观点进行了总结并给出了演讲的结束语？

排练演讲

- □ 演讲听起来是否经过了良好的排练？
- □ 演讲者是否看起来很熟悉演讲内容？

发表演讲

- □ 演讲者是否同观众进行了适当的眼神接触？
- □ 演讲者是否使用了适当的音量和音调变化？
- □ 演讲者是否使用了适当的体势和手势？
- □ 演讲者是否使用了易于看清且品质较高的演示辅助材料？
- □ 演讲者是否有效地操作演示辅助材料？

图 4.2　评估以观众为中心的演讲

资料来源：Copyrighted by Pearson Education, Upper Saddle River, NJ

和合乎伦理的沟通。这两个要求可以转化为评估你给出的演讲以及听到的演讲的一般标准。

信息应该有效 要使信息有效，演讲的内容应该能被观众理解并且应该实现它们预期的目标。[31] 公共演讲有时也被称作**公共沟通**。任何一种沟通努力的目标都是在发送者和接收者之间创建一种对信息的共识。**共同**（**common**）和**沟通**（**communication**）这两个词彼此相似。当观众不能理解演讲者的想法时，这场演讲就失败了。比说出某些事更加困难的事情是说出观众能够理解的事情。在本课程中，你将学习一系列的原则和策略来帮助你在你和观众之间建立一种共识。在考虑观众需求时，沟通的过程是最为重要的一点。当你倾听演讲的时候，判断信息好坏的一个基本的标准就是你是否理解了这个信息。

另一种评价信息有效性的方法是判断信息是否有助于达成预期的目标。使用这一标准来评估演讲，困难在于你可能并不知道演讲者的真实意图。你也许能够看出其**总目标**是要提供信息、说服观众还是娱乐观众，但**具体目标**是很难捉摸的，除非演讲者进行了明确的陈述。你所能做的唯一的事情就是做一名用心的观众。

信息应该合乎伦理 好的演讲者应该也是具有伦理意识的演讲者。伦理是帮助人们判断是非好坏的信仰、价值观以及道德准则。一个具有伦理意识的演讲者会讲述事实，指出引用观点和用词的出处，且杜绝抄袭。如果演讲者为了实现目标而使用了不合伦理的方法，那么即便观众清楚地理解了演讲内容，且达到了演讲者预期的效果，此时也只能说，信息是**有效**的，而不是**恰当**的。

你可能会和那些有着各种各样文化背景的观众进行交谈。无论他们的文化传统如何，你的观众都有着自己基本的伦理信条。正如我们在第三章中所指出的，虽然每种文化的伦理信条不尽相同，但许多文化都遵循着这样的原则，即通过考虑他人对演讲的期望，以在本质上实现以观众为中心的价值。一个具有伦理意识的公共演讲者不仅仅要关注演讲的目的，而且要对观众保持敏感并积极回应。

辨别和分析修辞策略

修辞策略是演讲者为了达到他们的演讲目标而采用的方法和技巧。回忆一下，修辞术是使用符号来实现目标的。符号可以是能够产生意义的文字、图像（一面旗帜、一个十字路口、一个六芒星），或是行为。无论你是在面试中使用它们来说服雇主，还是在一个意图劝说你购买某物的弹出式互联网广告中看到这些符号，你的周围都充满了各式各样具有告知和说服寓意的文字和图形。公共演讲者是使用这些符号实现他们的目标的修辞学者。

修辞策略
（**rhetorical strategies**）
演讲者用以实现其演讲目标的方式和技巧。

想要提高你的倾听技巧，并且更加深刻地体会信息对自身行为的影响，方法之一是分析演讲者使用的修辞策略。尤为重要的是，要意识到，一些演讲者可能会使用一些不合伦理的策略，比如滥用证据、过分依赖情感，或者捏造信息来欺骗或操纵你。

修辞学者罗伯特·罗兰（Robert Rowland）提供了一个简单但全面的框架来描述和分析修辞信息：注意信息的目标、组织，演讲者的角色，信息的整体基调，目标受众，以及说话者用来达到目的的技巧。[32] 不管是公开演讲课上的演讲者，还是发表国情咨文演讲的总统，无论是布道的教士，还是在学校董事会上发言的家长，每个演讲者都会使用各种策略来实现目标。你越能清楚地识别和分析演讲者的方法，你就能越有效地评估这些演讲信息和演讲者是否值得你的支持，那么你就会成为一个更加有辨别能力的修辞批评家。

给他人以反馈

随着倾听信息的技巧和识别修辞策略的技巧的不断提升，你可能会被要求评估他人的演讲，并向他们提供反馈。图 4.2 中的问题可以很好地帮助你评估他人的信息。你的老师也会为你提供一个演讲评估表，帮助你专注于公共演讲的基本要素。

当你受邀去评论同学的演讲时，如果你能记住以下的总原则，你就能给出更为有效的反馈。因为**批评**这个词的意思是“判断或讨论”，所以，你需要讨论它的优点并找出那些有待改进的方面。有效的批评源于对演讲者的兴趣，而并非源于寻找错误。

- **描述性的** 用一种中立的方式描述你所看到的演讲者正在做的事情。作为演讲者的镜子，帮助他们发现他们自己可能没意识到的手势和其他非语言信号。（如果你和演讲者在一起看一段演讲的录像，你可以指出这些行为。）不要只提供你自己的演讲喜好，要描述你所观察到的东西。

有效的例子 斯坦，我注意你大约有 50% 的时间在同你的观众进行直接的眼神交流。

效果不佳的例子 你不太会使用眼神交流。

- **明确的** 当你描述你看到的演讲者所做的事情时，请务必保证你的描述足够准确，让演讲者对你的感受有一个清晰的印象。说演讲者拥有“很糟糕的演讲风格”并不能给他们很多信息，这只是一个很普通的评论意见。尽可能地明确、周到。

有效的例子 道恩，你的演示文稿使用的配色吸引了我的注意力。

效果欠佳的例子 我喜欢你的视觉辅助工具。

- **积极的** 以积极的评述开始和结束你的反馈。从负面的评论开始进行反馈，会立即让演讲者处于守势，并且会制造很多内部噪音，导致他们停止倾听。以积极的评论开始和结束会使人不那么具有防御性。一些老师把这种方法称为三明治反馈法。首先，告诉演讲者他们哪些地方做得较好，这能够让演讲者知道你并不是想挑毛病的敌人；然后分享一两条能够帮助演讲者提升表现的建议；用另一个积极的评价，或者重申演讲中你最喜欢的部分来结束反馈。

有效的例子 加布，我认为你演讲开始时的统计数据非常有效地吸引了我的注意。而且在演讲的过程中，你也一直保持直接的目光接触。如果你能使用更多的指示语和过渡语句，那么你的整体组织模式将会更加清晰。或者你也可以用视觉辅助工具来总结要点。在结束时，你很好地总结了你的三个观点。而且你在结尾再次提到了开场的统计数据，这一点我也觉得非常不错。

效果欠佳的例子 你演讲的主体部分我并没有听明白。我不知道你的主要观点是什么，我也不知道你在何时从演讲的引言过渡到了演讲的主体。你的引言和结论都很好，但是演讲的组织条理性却很薄弱。

- **建设性的** 给演讲者提出改进建议或选择。列举一大堆你不喜欢的地方，却没有给出任何改进建议，这么做并没有太大的帮助。作为一名公开演讲课程的学生，你的评论应该反映出自己在演讲过程中不断增长的技巧和经验。

有效的例子 杰瑞，我认为你在演讲中提供了很好的统计数据和示例，说明你花了很多时间在图书馆研究你的主题。如果你能和观众分享这些信息来源，我认为这样可以增加你的信息的可信度。你的音色很好，而且你也在有意识地变换音调和语调，但有时你的演讲速度对我而言还是有些过快。慢一些的话能帮我听清楚你演讲中的一些细节。

效果欠佳的例子 你说得太快了。我不知道你引用的是谁的话。

- **敏感的** 通过使用第一人称句而非第二人称句来“承认”你的反馈。**第一人称句**是一种表达反馈的方式，这样你的评论就能清楚地反映你的个人观点。

“我发现，当你演讲到主体部分时我的注意力不容易集中”就是使用第一人称的例子。**第二人称句**是一种不那么灵活的表达方式，通过暗示对方做了错事来描述某人的行为。“在你的结论部分，你并没有做出很好的总结”就是使用第二人称句子的例子。给出相同观点的更好的表达方式是：“我不能确定我是否理解了你在结论中提到的重要观点。”下边是另一个例子：

> **自信地同你的观众建立联系**
>
> **寻找积极的观众支持**
>
> 观众希望你做得很好。有不少观众都能通过眼神交流、点头和愿意提供支持的面部表情来表达他们对你的观点的支持。在你进行演讲时，请注意寻找这些支持性的非语言信号。（但是不要忘了保持同所有观众的眼神接触。）从你的观众那里获得积极支持的信号将提醒你，观众希望你取得成功。

有效的例子 马克，我发现我被你的手势弄得思想不能集中，不能专注于你组织的有条理的信息。

效果欠佳的例子 你的手势并不适当且弄得人心烦意乱。

- **现实的** 提供可用的信息。告诉演讲者能够在之后的演讲中进行哪些方面的改进，而不是提及一些他们根本无法控制的事情。也许你曾听过这种建议：“永远不要试图教一只猪唱歌。这会浪费你的时间。这听起来并不优美，而且还会打扰到那只猪的生活。”说“你太矮了以至于在讲台上看不到你”，“你的发音不适合公共演讲”，或者“你看起来很紧张”，这些都不具有建设性。这样的评论只会激怒演讲者或使演讲者感到沮丧，因为他们指出的是演讲者不能做出太多改变的事情。请关注演讲者可以控制的行为。

有效的例子 塔卡，我认为你结尾处的引用很好地总结了你的重要观点，但它并没有产生令人振奋的效果。我将在课后与你分享哈利勒·纪伯伦的一句名言，这段话也能总结你的重要观点，并对你的信息做出积极的肯定。如果你再进行一次演讲，你可能会想试试。

效果欠佳的例子 你的声音不太适合公共演讲。

无论是在公共演讲课的课堂上，还是面对一个请你对其演讲做出评价的朋友，当你提供反馈时，请记住提供描述性的、具体的信息，以便帮助演讲者树立自信，提升技巧。

给自己以反馈

当你从你的老师、同学、家人以及朋友处收集反馈信息时，请记住**你**自己才是最为重要的评论者。公共演讲教学的目标是学习一些能让**你**自己成为最好的批评

概述

分析和评估演讲

使用以下标准来判断信息是否有效及合乎伦理：

- 观众能够理解
- 实现目标（提供信息、说服观众、娱乐观众）
- 适当、敏感以及响应观众

辨别和分析修辞策略：

- 演讲目标
- 演讲组织
- 演讲者的角色
- 演讲者的基调
- 演讲者的技巧
- 观众

提供以下反馈：

- 描述性的
- 明确的
- 积极的
- 建设性的
- 敏感的
- 现实的

者的原则和技能。当你在排练演讲时，用自我对话的方式来评估你作为演讲者所做出的选择。演讲结束后，花点时间反思一下演讲的优点和需要提升的演讲技能。作为一个以观众为中心的演讲者，你必须学会在演讲过程中发现变化并适时做出改变。例如，如果你发现你的观众对你正在分享的事实和统计数据不感兴趣，你可能会决定用几个故事来支持你的观点。我们鼓励你考虑以下原则，以提高你的自我批评技能。

寻找并加强你的技能和演讲能力　尝试着识别出你作为一名公共演讲者的优势和技能。请注意为了实现目标，怎样进行观众分析，组织、表达演讲更为有效。这种积极的思考可以巩固你在这门课中学到的许多技能。不要对自己的演讲技巧过于苛刻或进行过分的批评。

根据具体的演讲情景和观众群体来评估演讲的有效性　我们会在本书中提供很多有助于改进演讲技能的建议和方法。我们也强调，使用这些对策时应该根据具体观众进行具体分析。不要成为规则的奴隶。如果你正在给你指导的联赛球队打气，你可能就不需要设计一个引人注意的开场白。要灵活。公共演讲既是一种艺术也是一门科学。让自己根据具体的情形灵活地运用原理和实践。

确定一到两个可改进的地方　在每次演讲结束之后，找出自己做得好的地方，并给自己提出一两条改进建议。你很容易列出一大堆你需要做的事情让自己无法招架。与其尝试十几个目标，不如专注于两三个目标，或者甚至仅仅是你想要发展的一项关键技能。为了帮助你确定需要改进的技能，请参照我们在第二章中介绍的以观众为中心的公共演讲模式。

最后，这门课程的目标是教你如何倾听自己的评论，并成为塑造和完善自己演讲风格的专家。

学习指导　回顾、应用及评估

4.1　克服高效倾听的障碍

列出五个高效倾听的障碍并进行描述。

倾听是包括选择、关注、理解以及记忆在内的一个过程。阻碍人们高效倾听的障碍包括信息过载、个人关注、外部干扰、偏见以及演讲速度同思考速度之间的差异。

关键词

批判性思考

出于某种原因，阿尔贝托一听总统讲话就走神。是什么原因阻碍了阿尔贝托专心倾听？

伦理性思考

柯尔特计划参加一个慈善活动，一位国会议员候选人将在这个活动中发言。柯尔特决定带一本书在演讲过程中阅读，因为演讲者来自与柯尔特不同的政党。柯尔特这样做对演讲者是否公平？

评估你以观众为中心的演讲技能

观众的文化背景会影响他们听你演讲的方式。你能采取什么策略来调整你的信息，以使那些具有不同文化背景的观众更容易关注你的信息？

4.2　如何成为更好的观众

确定并使用成为一个更好的观众的策略。

通过练习倾听来克服高效倾听的障碍，并努力成为一名积极的倾听者。既要用你的耳朵也要用你的眼睛进行“倾听”，以此来准确地理解非语言信息，并适应演讲者的演讲方式。了解你自己的倾听风格。用心地倾听，控制自己对信息的情感反应，避免立即得出结论。确定你的倾听目标并倾听主要观点。重新分类、重新措辞或重复关键消息。做一个传达期望和反馈的具有伦理意识的观众。对你和演讲者之间的差异保持敏感及宽容。

关键词

批判性思考

一位教师在讲课时什么也不做，仅仅是用单调的声音阅读讲稿中的内容。在这种具有挑战性的情况下，你能采取什么策略来提高倾听效果？

伦理性思考

马戈在参加世界历史课程的前一学期买了一个同学的笔记，这些笔记使得马戈不用上课就能够通过考试。这种“倾听”行为是否合乎伦理？为什么符合或为什么不符合？

评估你以观众为中心的演讲技能

以下两个网站提供了许多经典的和当代的演讲，你可以登录并练习我们在这一章中所强调的倾听和分析技巧。使用图 4.2 中的问题来帮助你描述和分析你听到的内容。

- 历史上有名的演讲 www.history.com/speeches
- 美国修辞术 www.americanrhetoric.com

4.3　提高倾听及批判性思维能力

确定并使用提高批判性倾听和批判性思维能力的策略。

评估演讲者对作为证据的事实、示例、意见以及数据的使用。批判地倾听，以区分已被证明的事实与依据部分或尚未观察到的证据而得出的推论。检查演讲者用以得出结论的逻辑和推理。作为一个演讲者，当你面对可能对你的信息怀有敌意或对你进行批评的观众时，要使用可信的论据和证据，而不是依赖于情感诉求。

关键词

批判性思考

哈珀正在听一场演讲，演讲者试图说服观众们相信全球变暖不会发生，气候变化只是为了增加研究支出而发明出的概念。哈珀应该听取什么样的证据来支持或反对演讲者的结论？

评估你以观众为中心的演讲技能

在听同学演讲时练习区分事实和推论。倾听演讲时，制作两份清单，一份是你听到的事实的清单，一份是你听到的推论的清单。之后，记录这样区分事实和推论的理由。

4.4 分析和评估演讲

使用标准来对演讲进行有效和适当的评估。

一场有效的演讲应该能够被观众理解并且应该实现其目标。一场出色的演讲也应该是一场合乎伦理的演讲。要提供描述性的、明确的、积极的、有建设性的、敏感的及现实的反馈。在你给予演讲者的反馈中应该提供演讲者能够使用的信息和建议。使用反馈来了解你自己的演讲优势，评估具体演讲的有效性，以及发现有待提升的地方。

关键词

伦理性思考

贾妮思分配到了一项任务，即评估同学的演讲。虽然她认为同学演讲得不错，但她还是给了演讲者较低的分数，因为她强烈反对演讲者所说的内容。这样评估是否恰当？为什么是，或为什么不是？

评估你以观众为中心的演讲技能

为同学的演讲提供分析意见时，也要花些时间去评估一下自己的反馈。你的评价是否是描述性的、明确的、积极的、建设性的、敏感的以及现实的？这些标准中哪一个比较难实现？你怎样改进你的反馈？

5

分析观众

目标

学完本章后，你应该能做到以下几点：

5.1 描述正式和非正式地收集观众信息的方法。

5.2 解释如何分析观众的信息。

5.3 辨别并使用适应观众的策略。

5.4 在演讲之前，通过研究人口统计特征、心理特征和情景特征来对观众及演讲场合进行分析。

5.5 辨别在演讲过程中评估和适应观众反应的方法。

5.6 辨别演讲结束后评估观众反应的方法。

在演讲的三个要素——演讲者、主题和演讲针对的人——中，最后一项，即观众，决定了演讲的结局和目标。

——亚里士多德

查尔斯·威廉姆斯（Charles Williams）应邀给幼童军队员们讲述他在得克萨斯州做牛仔的经历。一切都进行得很好。男孩们正在学习如何打结，而威廉姆斯，一个退休的牧场主，可以告诉他们如何制作一个套索，以及如何打结和使用绳结。

他演讲的开场很顺利。他似乎正在适应年轻的观众。然而，不知出于何种原因，威廉姆斯认为男孩们可能也想学习如何消灭螺旋蝇——一种让人讨厌的、牛身上的寄生虫。在他讲述如何套牛的中途，他开始描述对雄性螺旋蝇进行绝育的技术。观众席上的家长们坐立不安。七八岁的孩子们对于什么是螺旋蝇，什么是绝育，或者雄性和雌性的螺旋蝇如何进行交配并没有什么概念。

情况越来越糟了。他的观众分析技能进一步恶化，因为威廉姆斯接下来谈到了如何对牛进行阉割。25 分钟后，他终于完成了这场关于螺旋蝇及阉割牛的演讲。家长松了一口气。幸运的是，男孩们并不理解这些。

威廉姆斯的失败是由于他未能对观众进行分析。他可能有一个清晰的目标，但他没有考虑过观众的背景和知识水平。对任何演讲来说，观众分析对于成功来说都是至关重要的。

在第一章中，我们确定了沟通中的关键元素：信息源、接收者、信息和渠道。四个元素都很重要，但是最重要的是接收者。在公共演讲中，接收者就是观众，而观众就是发表演讲的原因。我们还给出了一个模型，提供了准备及发表演讲全过程的概览；图 5.1 再次展示了这个模型。我们在第一章中强调，并在这里再次强调公共演讲是以观众为中心的活动这一概念。

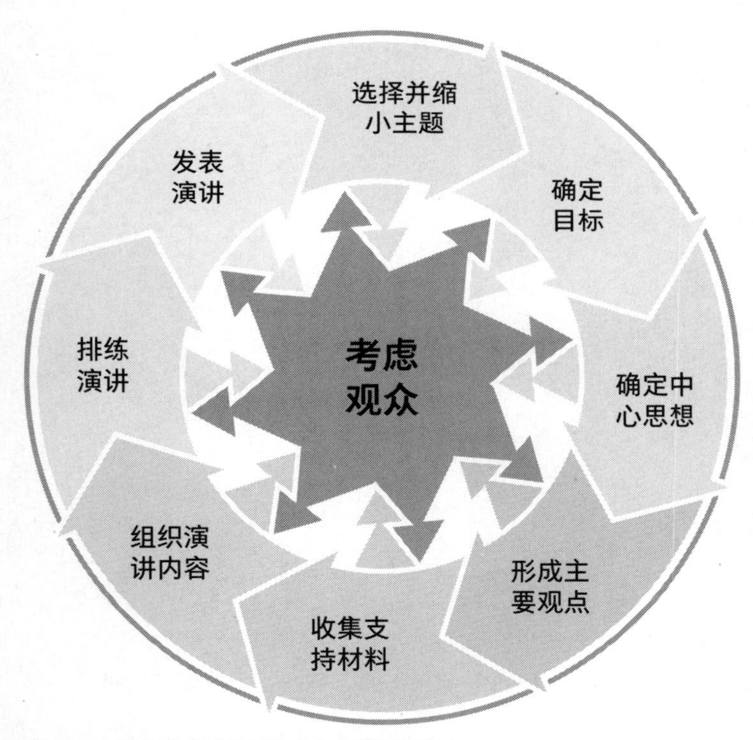

图 5.1　观众分析是演讲准备过程的核心

资料来源：Copyrighted by Pearson Education, Upper Saddle River, NJ

我们在这一章中所介绍的观众分析技巧，在演讲的每一个阶段都会对你有所帮助。在你选择主题、确定演讲目标、确定中心思想、形成主要观点、收集支持材料、组织演讲内容、排练和发表演讲时，你的观众意识都是非常重要的。想到你的观众时，不要以为他们是一些没有差别的人。相反，他们中的每个人都有独特的视角。作为一个以观众为中心的公共演讲者，你要尽可能多地了解这些人。凭借着你对他们的了解，可以得出观众的总体情况。如果你是在线演讲或是通过视频进行演讲，那你就不能看到你的观众，在这种情况下，你可以在准备和发表演讲的过程中，对你的观众进行想象。

如何成为一个以观众为中心的演讲者？遵循以下三个步骤：

- **第一步：收集关于观众的信息** 以收集观众信息作为开始。你可以通过观察你的观众或者询问他们一般性问题来收集信息。或者，你可以采取一种更正式的方式来调查关于他们的具体信息。
- **第二步：分析关于观众的信息** 在确定了观众的信息之后，你就可以分析这些信息——寻找典型来帮助你确定演讲内容和演讲风格。通过对观众信息进行分类和评估找到典型，并以此确定观众的心理特征以及你发表演讲的场合。
- **第三步：合乎伦理地适应你的观众** 在你收集和分析了观众信息后，使用这些信息合乎伦理地适应这些观众。

在本章中，我们将会探讨这三个步骤，并讨论在演讲之前、演讲期间及演讲之后对观众进行分析的过程。

5.1 收集关于观众的信息

描述正式和非正式地收集观众信息的方法。

作为一个以观众为中心的演讲者，在计划演讲之前，你应该尽可能多地了解你的观众。你可能会想："我该如何收集关于观众的信息呢？"你可以采取两种方法：非正式的和正式的。

非正式地收集信息 非正式地收集观众信息，最为简单的方法就是，在你演讲之前对观众进行观察并询问一些问题。非正式的观察在帮助你评估明显的人口统计学特征方面尤其重要。**人口统计学**是关于年龄、种族、性别、性取向、教育程度、意识形态或宗教观念等人口特征的统计信息。例如，你可以观察到你的观众中男性和女性的比例，你可以从他们的外表来推断他们的种族或文化特征以及大致的年龄。

举个例子，如果你打算在当地的家长教师联盟会上介绍你新开的科技类商店，你可以在演讲前去参加一次会议。你可以记下参加这次会议的男性家长和女性家长各占的比例以及他们的年龄。你还可以询问这些来参加会议的家长，家里的孩子是在上小学、初中还是高中。了解这些关键信息有助于你调整演讲，以满足观众的兴趣。

人口统计学（demographics） 观众的年龄、种族、性别、性取向、教育程度、意识形态或信仰等统计信息。

你也可以和那些对你的演讲的观众有所了解的人交谈。如果你受邀去向之前没有打过交道的人发表演讲，就向邀请你的人询问观众的信息：他们的平均年龄多大？他们的政治立场是什么？他们的宗教信仰是什么？他们对你的主题有什么看法？在你发表演讲之前，尽可能多地了解你的观众。

正式地收集信息 如果时间和资源允许的话，你可能会想要对你的观众进行更为正式的调查，而不是仅仅依赖于非正式观察和通过交谈得出的推断。调查可以让你收集人口统计学信息以及观众对你将要讨论的主题的看法，他们是否喜欢这一主题，他们认为这一主题是对还是错，或者认为你将要讨论的话题或问题是好是坏。正式地收集信息需要你制作详细的书面调查问卷。

如何开展正式的调查？首先，你要选定你尚未了解但你想要了解的关于观众的信息。让你的话题和演讲场合帮助你决定。在决定好想了解什么信息之后，你可以直接询问你的潜在观众，关于诸如年龄、性别、职业以及他们是何种专业组织中的成员等问题。图 5.2 展示了一个问卷示例。

你可以根据你的观众和主题来修改图 5.2 的问卷。如果你的主题是寻找出租公寓的最佳方法，并且你的演讲地点位于郊区，查明你的观众中有多少人拥有一套自己的房子，以及目前有多少人是住在公寓中。你可能还想问问他们是如何找到他们现在的公寓的，有多少人现在正在寻找一套公寓，还有多少人打算找一套公寓。这些问题的答案可以为你提供关于你的观众的有用信息，并且可以为你提供在演讲中使用的例子。

虽然了解观众的人口统计学信息是很有帮助的，但是你也应该意识到，这种基

人口统计学观众分析问卷

1. 姓名（选填）:________________
2. 性别：□男 □女
3. 职业:________________
4. 宗教信仰:________________
5. 婚姻状况：□已婚 □未婚 □离异
6. 高中以上的文化程度:________________
7. 专业:________________
8. 年收入:________________
9. 年龄:________________
10. 种族背景:________________
11. 国籍及祖籍:________________
12. 专业组织成员资格:________________

图 5.2 你可以使用这一问卷来收集关于你的观众的人口统计学信息

资料来源：Copyrighted by Pearson Education, Upper Saddle River, NJ

于人口统计学的推论也可能导致你做出错误的结论。例如，如果你的观众人群主要是 18 至 22 岁的年轻人，那么他们可能不会对退休计划感兴趣，这一推断似乎是合理的。但是除非你已经和他们谈过这个话题，否则你的推断可能是错误的。只要有可能，明确地向观众提出问题，了解他们的态度。

为了收集关于观众的态度、观念和价值观的有用信息，你可以提出两种类型的问题（见图 5.3）。**开放式问题**没有固定的答案，对选项没有任何限制。例如，问答题就是开放式的。当你想从观众中获得详细的信息时，就要使用开放式的问题。**封闭式问题**提供了选项以供选择。多项选择题、回答正确 / 错误，以及同意 / 不同意

开放式问题（**open-ended questions**）没有固定答案，对选项没有任何限制。

封闭式问题（**closed-ended questions**）提供了可供选择的选项的问题，如正确或错误，同意或不同意，或者是多项选择。

开放式问题

1. 对高中校内诊所分发避孕药一事你有什么看法？
2. 你对当前青少年的怀孕率有什么看法？
3. 如果你发现自己的女儿收到了校内诊所分发的避孕药，你会做什么？

封闭式问题

1. 你是否赞成校内诊所为高中生分发避孕药？
   □是　□否
2. 校内诊所应该向有需要的高中生提供避孕药。（圈出最能描述你感觉的陈述。）
   非常赞同　赞同　不确定　不同意　非常不同意
3. 在最能反映你对校内诊所和避孕药的感觉的陈述上打钩。
   □ 无论何时学生想要避孕药，她们都应该能够从校内诊所获取，父母无须知道。
   □ 无论何时学生想要避孕药，她们都应该能够从校内诊所获取，只要得到她们父母的同意。
   □ 我不确定学生是否应该从校内诊所获取避孕药。
   □ 学生不应该从校内诊所获取避孕药。
4. 将下列语句从最可取（1）到最不可取（5）进行排序。
   ____ 无论何时高中生想要避孕药，她们都应该能够从校内诊所获得，即使她们的父母不知道他们的女儿正在服用这种药物。
   ____ 无论何时高中生想要避孕药，她们都应该能够从校内诊所获得，但要得到她们父母的同意。
   ____ 无论何时高中生想要避孕药，即使父母不知道，她们也应该能够获得，但不是从校内诊所中获得。
   ____ 无论何时高中生想要避孕药，她们应该能够获得，但不是从校内诊所获得，并且一定要征得父母的同意。
   ____ 避孕药不应该提供给高中生。

图 5.3　开放式问题和封闭式问题的示例

资料来源：Copyrighted by Pearson Education, Upper Saddle River, NJ

的问题就是封闭式问题。

在你准备好了问题后，可以先在一小群人中进行测试，以确保这些问题是明确的，能够得到有意义的答案，这样做是非常明智的。假设你计划向观众发表一场有关校内诊所向高中生发放避孕药的演讲。图 5.3 列出了一些开放式问题和封闭式问题，可以从观众那里得到有用的信息。

此外，除了分发纸质调查问卷，你还可以选择通过科技手段将你的调查问卷分发给你的观众。你可以发送电子邮件、短信，或者邀请观众点击你设计的网页或是社交媒体主页，以获得观众的人口统计学信息，并分析他们的态度和意见。

概述

收集信息以使你的演讲适应你的观众

非正式地收集人口统计学信息。
正式调查人口统计学信息及态度：
- 开放式问题
- 封闭式问题

合乎伦理地调整你的信息：
- 主题
- 目标
- 内容
- 演讲方式

解释如何分析观众的信息。

5.2 分析关于观众的信息

观众分析是查询将要听取你演讲的观众的信息的过程。这种分析可以帮助你调整你的信息，让你的观众按照你的意愿做出回应。你每天在和别人交谈或参加小组对话时都在分析你的观众。例如，我们大多数人不会故意对家人或朋友发表攻击性言论。更确切地说，我们分析我们的观众（通常很快），然后将信息调整到与我们进行谈话的人相适应。公开演讲涉及同样的过程。

准确地说，当你分析你收集到的观众信息时，你在寻找什么？问自己以下问题：

- 观众之间的相似程度如何？
- 观众之间的差异程度如何？
- 以观众的相似点及不同点为基础，我怎么能够同观众建立共识？

寻找观众的相似点

了解你的一些观众的共同之处可以为你制造与他们产生共鸣的信息。例如，如果你的观众年龄相仿，在选择他们能够理解的示例和例证时你就有了依据。

当你寻找相似点时，考虑以下问题：观众有什么共同的种族和文化特征吗？它们都来自同一个地理区域吗？他们上（或上过）同一所学校或大学吗？他们有相似的教育水平吗？他们都喜欢同样的东西吗？回答这些问题将有助于你确定自己的想法，并能更好地将你的信息与观众联系起来。

寻找观众的差异

观众分析
（audience analysis）
调查听演讲的观众的信息的过程。

除了关注观众之间的相同之处外，你还应该注意你的观众之间的不同之处。演讲课上的观众的背景不可能完全一样。随着大多数学院和大学的发展，学生的文化背景、种族和信仰差异也在迅速扩大。你还要注意年龄和性别以及他们对你的演讲主题的看法上的差异。

共识（**common ground**）演讲者和观众之间价值观、信仰或行为的相同之处。

关系（**relationship**）你同他人持续的联系。

适应观众（**audience adaptation**）合乎伦理地运用你分析观众时收集到的信息，以帮助你的观众清楚地理解你的信息，并达到你的演讲目标的过程。

同你的观众建立共识

在了解了你的观众有什么共同之处，他们在人口统计学信息（如年龄或教育水平）以及他们可能对你或你的演讲主题的看法和信念方面有什么不同时，你就可寻求与观众建立共识。与你的观众建立**共识**就是要识别出你和你的观众之间的相似之处。观众对你和你的演讲目标越为认同，他们就越可能做出积极的回应。请记住，尽管每个观众都是独一无二的，有自己的特点和偏好，但当你分析你的观众时，你是在寻找他们总的相似点或不同之处。有时，你唯一可以找到的共同点就是你和你的观众都认为你正在处理的问题是一个严重的问题，但你们可能对最佳解决方案有不同的看法。例如，如果你演讲的对象是一群坚决反对为了给教师涨工资而提高税收的人，而你又是支持提高税收的，那么你可以通过指出，你和你的观众都重视教育，并希望在课堂上能够拥有高质量的教师，从而建立共识。

概述

分析你的观众的信息

寻找：

- 观众的相似点
- 观众的差异
- 同观众的共识

当你第一次遇见某人时，你可能会花时间去确定你们都认识的人或者你们都曾去过的地方，这样你就可以开始建立一段关系了。一段**关系**是你与另一个人持续的联系。公共演讲者力求通过同观众建立共识而与之建立一种关系。利用你的观众分析中的信息来建立与观众的关系，在你和你的观众之间搭建桥梁。

5.3 适应你的观众

辨别并使用适应观众的策略。

适应观众是通过合乎伦理地运用分析观众时收集到的信息，来帮助你的观众清楚地理解你的信息，并达到你的演讲目标的过程。适应就是修改你的信息让它更加清晰明了，并增加你合乎伦理地实现目标的可能性。当你适应你的观众时，你的目标不仅仅是安抚他们，而且要确保你的观众仍然在听取你的信息。你不希望自己的观众在理解你的想法之前就过早地否定了你的观点。如果你分析你的观众，却没有使用这些信息来准备你的演讲内容，那么你收集的信息就没有什么价值了。运用你的技巧来了解你的观众，并适应他们，可以帮助你赢得观众的注意力，使他们更容易接受你的想法。

这里有一个例子，说明如何分析和适应其他人的工作：设想你住在公寓大楼里，没有房东的同意，你就不能养宠物。你看到一只可爱的小可卡犬，你想买它。事实上，你已经给他起名为马丁了。然而，在你把马丁带回家之前，你不仅需要征得房东的同意，还需要你室友的支持。

当你试图说服你的房东时，你会说："我总是按时交房租，从来不会造成问题。如果我可以在公寓中养狗，我还将额外支付300美元的保证金。"你对你的室友所说的会是："不用担心我出城时需要你来照顾马丁。我的朋友克里斯也住在这座公寓大楼中，她已经答应我了，如果我出城的话，会替我照顾马丁。"你面对不同观众都有着相同的目标——劝其同意你在公寓里养狗——但是你根据你的观众的利益和关注点定制了你的信息并调整了你对每个观众的请求。你适应了你的观众。

当你在公共场合演讲时，你应该遵循同样的过程。这个原则简单而有力：一个有效的公众演说者是以观众为中心的。表5.1中的关键问题可以帮助你确定有效的适应观众的方法。

以观众为中心并不意味着你应该只告诉你的观众他们想听到的东西，或是你仅仅为了取悦你的观众或达到你的交流目标而捏造的信息。如果你通过放弃自己的价值观和真实的感觉来迎合你的观众，那么你将成为一个没有伦理意识的演讲者，而不是一个以观众为中心的演讲者。美国前总统杜鲁门曾经说过："我想知道，如果当年摩西在埃及进行民意调查，那么他是否还会领导犹太人走出埃及？"[1] 以观众为中心的演讲者可以合乎伦理地调整他们的主题、目的、中心思想、主要观点、支持材料、结构甚至是演讲方式，从而鼓励观众倾听他们的想法。一个具有伦理意识的演讲者不会为了得到他想要的东西而编造信息。我们的目标是让观众从演讲的情

表5.1 以观众为中心的适应观众的方法

考虑你的观众
- 我要对谁进行演讲？
- 什么主题最适合我的观众？

考虑你的演讲目标
- 我的总目标（提供信息、说服观众或娱乐观众）是什么？
- 我的具体目标（我想让观众做的事）是什么？

考虑你的演讲内容
- 我要同我的观众分享什么类型的信息？
- 我怎样将这些信息呈现给他们？
- 我怎样才能获得并维持他们的注意力？
- 什么类型的示例能够起到最好的效果？
- 组织信息最有效的方式是什么？

关注你的演讲方式
- 观众的语言差异以及其期望是什么？
- 我的观众期待什么样的演讲方式？

资料来源：Copyrighted by Pearson Education, Upper Saddle River, NJ

境中走出来后，即便他们没有被说服，至少也要感觉很舒适，而不会感到被冒犯或充满敌意。

在我们对如何成为以观众为中心的演讲者的概述中，我们指出了收集信息，分析这些信息以建立共识，然后利用这些信息合乎伦理地适应你的观众的重要性。现在我们要更详细地讨论这些想法。你需要在以下三个阶段收集和分析信息，并使用信息以适应观众：在演讲之前、演讲过程中，以及在演讲之后。

5.4　在演讲前分析你的观众

在演讲之前，通过研究人口统计特征、心理特征和情景特征来对观众及演讲场合进行分析。

了解观众的背景和态度可以帮助你选择演讲主题、明确演讲目标、制作演讲提纲，以及开展几乎所有其他与演讲相关的活动。你可以收集和分析三种主要类型的信息：

- 人口统计学信息
- 心理学信息
- 情景的信息

观众的人口统计学分析

正如我们前面所提到的，**人口统计学**信息是关于年龄、性别、性取向、种族和文化、成员身份以及社会经济地位等观众特征的统计数据。通过观察他们（比如年龄），可以推断出一些观众的特征，但并不是所有的人口统计学特征（如性取向、文化背景和成员身份）都很容易通过观察观众来确定。如果你是在线或通过视频来呈现你的演讲，你是无法看到你的观众的，那么一定要做一些演讲前的分析，确保你对观众的人口统计学特征做出准确的推断。现在，让我们来关注一下如何分析人口统计学信息，或者进行**观众的人口统计学分析**，这可以帮助你更好地理解和适应你的观众。

年龄　虽然你必须谨慎地对待仅从一种因素归纳出的某个结论，但年龄这样的信息会显示出你在演讲时应该使用什么类型的示例、幽默、例证和其他类型的支持材料。在公共演讲课上，许多学生可能都是在十几岁或二十出头的年龄，一些可能年纪更大些。例如，年轻的学生可能知道最近受欢迎的嘻哈歌手或音乐家，但年龄较大的人可能不熟悉李尔·韦恩（Lil Wayne）、维兹·卡利法（Wiz Khalifa）、达克（Darke）或妮琪·米娜（Nicki Minaj）。如果你要发表一场关于音乐的演讲，并且你想让班级中的所有人都知道你在说什么，你就得解释一下表演者是谁或是描述一下他们的风格。

观众的人口统计学分析（demographic audience analysis） 研究观众的人口统计学信息，以便形成清晰有效的信息。

几个世纪以来，成年人一直在哀叹，年轻一代似乎不认同老一辈人的价值观。

据记载，古希腊哲学家苏格拉底在两千多年前曾抱怨："现在的孩子们都爱奢华，他们表现出对长辈的不尊重，喜欢闲聊而非运动……他们与父母产生矛盾，在同伴面前喋喋不休，吞吃餐桌上的美味，交叉双腿，并且欺压他们的老师。"[2] 两名研究过代际差异的研究人员发现，不同代际的人的确有着不同的价值观，对工作、职责和某些价值观有着不同的意见。表 5.2 总结了四代人——成熟世代、婴儿潮世代、X 世代和千禧世代——的价值观和代际特征。[3]

这些代际差异与公共演讲有什么关系？亚里士多德指出，一个好的演讲者知道如何去适应不同年龄层次的观众。你作为一个演讲者的可信度（你的观众对你的评价的肯定程度）取决于你对观众的价值观和预期的敏感度。当然，我们在这里总结的粗略的概括，还不够全面，并不适用于所有人，但关注不同的世代差异会如何影响观众对你的信息的解读是非常明智的。

性别 在演讲的开头，乔西首先感谢占大多数的女性观众从百忙之中抽出时间来倾听他关于个人理财的演讲。这并不是一种糟糕的开场方式。然而，他接着谈到，她们最重要的工作是抚养孩子、保持家庭清洁和做饭。乔西认为自己是在向

表 5.2 代际特征总结

世代名称	出生年份	典型的价值观和特征
成熟世代	1925—1942	• 责任 • 牺牲 • 正义感 • 工作努力 • 工作迅速
婴儿潮世代	1943—1960	• 个人价值的实现以及乐观主义 • 为事业打拼 • 立即购买 / 延期付款 • 每个人的权利 • 有效地工作
X 世代	1961—1981	• 生活在不确定性中 • 重在平衡 • 活在当下 • 每一份工作都是一份合同 • 为不确定做好准备
千禧世代	1982—2002	• 与父母亲近 • 感觉"很特别" • 目标导向 • 具有团队精神的 • 专注于成就

资料来源：Copyrighted by Pearson Education, Upper Saddle River, NJ

观众致意，但他没有考虑到，如今大多数女性都是在家庭之外进行工作。于是许多观众都觉得受到了侮辱，停止继续倾听。

在考虑你的观众时，要问的一个关键问题是："我的观众的性别角色和性别认同是什么？"**社会性别（gender）**是一种文化建构以及一种基于心理的认为自己是女性或男性的自我认知。一个人的性别角色识别，处于在男性化与女性化之间流动的连续统一体中，能从他人或个人的人格和生活经历中习得，并被社会所强化；基因也在性别角色识别方面起着重要作用。

社会性别（gender）
一种文化建构以及一种基于心理的认为自己是女性或男性的自我认知。

生理性别（sex）
一个人作为男性或是女性的生理状态，就像其生理结构和生殖系统所反映的那样。

试着确保你的讲话反映了你对观众的观点和性别认同的多样性和敏感性。不管这些组合是什么，你都不想做出基于性别刻板印象的判断，就像乔西所做的那样。

仅仅知道你的观众的性别——男性和女性的数量——并不能呈现关于观众的所有信息。在乔西的观众中，很多男性都是在照顾孩子方面扮演重要角色的人。一个人的**生理性别（sex）**是由生理决定的，与他们的生理结构和生殖系统所反映的一样；一个人要么是男性，要么是女性。根据观众的生理性别特征来得出结论，可能会导致你对观众的适应不那么恰当。

以观众为中心的演讲者要对性别问题及相关态度保持敏感。性别并不仅仅是非此即彼的。以观众为中心的演讲者的目标是增进理解，而不是制造干扰来分散观众的注意力。因为某人是女同性恋者、男同性恋者、双性恋者、跨性别者、对性别存疑的人、双性人或无性人（LGBTQIA 群体）而对其进行嘲笑，这类故事、例证和玩笑可能会降低你在 LGBTQIA 群体及蔑视偏见的观众心中的可信度。

避免带有性别歧视的语言或言论。人们会根据自己的性别对一种性别歧视的观点或偏见做出反应。记住，是你的观众，而不是你，来判定一句评论是否带有性别歧视。花点时间让自己了解哪些词、短语或观点可能会冒犯观众或给观众造成心理干扰。仔细想想那些你认为理所当然的单词和短语的含义。例如，许多人仍在使用**"小姐"**（ladies）和**"妇女"**（matrons）这些词，而不去考虑美国文化中这些词的内涵。对于笑话要特别警惕，许多笑话在那些认为自己来自性少数群体的人听来是贬义的。在你的故事和示例中也要避免刻板的印象。

另外，让你的语言和你的信息尽可能地具有包容性。如果你面对的观众中有男性也有女性（如同大多数情况下的观众一样），请确保你的演讲与所有观众而不是一种性别的观众相关。例如，如果你决定讨论乳腺癌，你可以指出，男性也可能成为乳腺癌的受害者，女性受害者的丈夫、父亲和兄弟的生活也会受到这种疾病的影响。

最后，要慎重对待男性观众和女性观众可能会对你的信息产生不同反应的假设。早期的社会科学研究发现，一些证据表明，女性比男性更容易被说服。[4] 多年来，教科书和传播学教师都向学生们展示了这一结论。然而，最近的一项研究发

文化（culture）
是一种由一群人共享的、通过经验获得的一个知识体系，包括知识、行为、态度、信念、价值观和规范。

族群（ethnicity）
一个人的文化背景，包括民族、宗教、语言和祖先遗产等因素，这些因素是由一群有着共同地理起源的人共同分享的。

种族（race）
一个人的生物承袭。

种族优越感（ethnocentrism）
一种想当然的假定，认为自己的文化模式比别的文化模式更为优越。

现，男性和女性对有说服力的信息的敏感性并没有太大的不同。[5]

此外，尽管一些研究表明，女性比男性更情绪化、更有同情心，但也有证据表明，男性也同样敏感。[6]很明显，在语言使用和非语言行为方面，存在学术性的性和性别差异，但我们同样要提醒读者，根据观众的性别进行预测的时候一定要避免以偏概全。

人们并不是根据你的意图，而是根据你的行为和语言来评估你的可信度。有时我们因对词语微妙的误用而无意中冒犯了某些人。例如，在美国，男同性恋者和女同性恋者通常更倾向于被称为“gay”或“lesbian”，而不是“homosexual”。另外，将政治、思想或宗教观点不同于异性恋者的人认定为不同类别的人是不合适的。密切关注你对语言的选择，对例证和幽默的使用，这样你就不会同观众疏远。[7]

文化、族群和种族　**文化**是一种由一群人共享的、通过经验获得的一个知识体系，包括知识、行为、态度、信念、价值观和规范。**族群**是一个人文化背景的一部分，而文化背景包括民族、宗教、语言和祖先遗产等因素，这些因素是由一群有着共同地理起源的人共同分享的。一个人的**种族**是其生物承袭，例如高加索人和拉丁裔美国人。然而，一位遗传学家得出的结论是，在任何一个种族**内**的遗传多样性要比两个种族**之间**的遗传多样性丰富得多，[8]而不同的种族的人们之间并不存在明显的遗传差异。因此，在试图描述一群人的过程中，相比于**族群**这个词来说，**种族**这个词就不那么准确了，就像我们所提到的，族群的划分依据的是生物遗传或基因因素之外的更多的因素。你的观众的文化、族群或种族背景会影响他们对你的信息的理解。一个有效的演说者可以适应不同的文化、族群和种族的观众。

无论你处理何种公开演讲情景，请避免种族优越的心态。**种族优越感**是一种想当然的假定——认为自己的文化模式比别的文化模式更为优越。以观众为中心的演讲者能够敏锐地捕捉到文化的差异，并且会避免说出任何贬低观众文化背景的话语。

并非班级里有国际学生才能实现观众的文化多样性。祖祖辈辈在美国生活的人有着各种各样的种族和文化传统。来自芝加哥的波兰裔家庭、得克萨斯州的德裔家庭或布鲁克林的海地裔家庭的学生都可能是美国土生土长的本土公民，他们都有不同于你的文化传统。高效的公共演讲者会尽可能多地了解观众的文化价值和知识，以便能够知道传递信息的最佳方式。

研究人员将文化价值的差异划分为几类。[9]我们在表 5.3 中总结了 10 个类别的差异，并在下面进行讨论。理解这些价值分类可以提供线索，帮助你在不同的观

自信地同你的观众建立联系

尽可能多地了解你的观众

通过了解观众的兴趣、态度、信仰以及他们的人口统计学信息，你就能更好地为你的观众定制信息。你定制的信息同观众联系得越紧密，你就越能自信地与他们建立联系。因为你已经（依据观众信息）制定了你的演讲信息，所以观众们会想要听到这些，并且你会直接讲出他们的兴趣和需求。同样，通过关注你的观众而非关注你对于演讲的焦虑，会增强你的自信。由于你没有纠结于自己的焦虑，你将会专注于传达以观众为中心的信息。

众面前演讲时调整信息。

- **个人主义文化和集体主义文化**　一些文化更重视个人成就，而另一些则更看重团队或集体成就。那些重视个人成就的国家，有澳大利亚、英国、美国、加拿大、比利时和丹麦。相比之下，日本、泰国、哥伦比亚和委内瑞拉等国则更重视集体主义文化。

  *如何适应来自个人主义和集体主义文化的观众。*来自个人主义文化的观众，比如美国的大多数人，对鼓励个人成就和认可个人成就的呼吁有积极的评价和积极的回应。来自个人主义文化的人们将会大声疾呼捍卫个人权利。

  来自集体主义文化的观众，如许多在亚洲文化中长大的人，可能更倾向于重视群体或团队的认可。他们可能不喜欢因个人成就而显得格外突出。团体对于那些来自集体主义文化的人来说非常重要。他们想被其他人以一种积极的方式看待，能否被视为有价值的人对他们来说非常重要。当你对一个明显的集体主义观众进行演讲时，可能你想要强调的是对争端达成共识或团体协议的方面，使用涉及团体的例子，在你的建议或者呼吁中合乎伦理地强调分享努力和成就的重要性。
- **高语境文化和低语境文化**　**高语境**和**低语境**文化涉及的是未说出的或非语言信息的重要性。在高语境文化中，人们对诸如语气、手势、面部表情、动作和其他非语言方面的交流等语境因素非常重视。来自低语境传统的人更强调文字本身，周围的情景对于信息的意义会产生相对较小的影响。阿拉伯文化是一种高度语境化的文化，亚洲和南欧的文化也是如此。更重视文字本身的低语境文化的国家包括瑞士、德国、美国和澳大利亚。

  *如何适应来自高语境和低语境文化的观众。*来自低语境文化的观众会需要并期待从你的演讲中获得更多详细和明确的信息。微妙和间接的信息则可能不太有效。

  当试图解释你的意思时，来自高语境文化的人会特别注意你的演讲和交流环境。这些人对那些吹嘘自己成就的演讲者不会那么感兴趣，这样的观众将会期待并重视间接的建立可信度的方式。来自高语境文化的观众也会期待一种不那么引人注目和活跃的演讲方式。
- **对不确定性的容忍和对确定性的需求**　有些文化比其他文化更乐意接受模棱两可和不确定性。而有些文化的人们更喜欢敲定细节，并因此制定出非常具体的规则和制度。来自不同文化背景的人对不确定性更宽容，当所有的细节都不清楚时，他们不会感到不安。对确定性有高度需求的国家包括俄罗斯、日本、法国和哥斯达黎加。对不确定性有更高容忍度的国家有英国和印度尼西亚。

*如何适应来自能容忍不确定性或是需要确定性的文化背景的观众。*如果你是在对那些需要确定性的人进行演讲，那么当你呈现你的信息时，要确保你提供了具体的细节，他们也会想要知道他们能采取什么行动。如果你在你的介绍中提供清晰而明确的信息预览，那么那些重视确定性的人将会做出很好的反应。他们似乎也更喜欢清晰的、有逻辑性的和循序渐进的组织模式。

那些来自乐意接受不确定性的文化的人对于信息的明确性并没有强烈的要求。此外，与想要避免不确定性的观众相比，他们通常可能不太需要特定的指令来解决问题。讲述一个故事，但不明确地指出故事的意义，这可能是与那些对不确定性有着高度宽容的观众进行交流的一种有效的方法。

- **高权力文化和低权力文化** 权力是影响或控制他人的能力。有些文化更喜欢明确界定的职权和职责体系，这种文化被称为高权力的文化。低权力文化的人更喜欢模糊的职权体系和不太正式的职务头衔。奥地利、以色列、丹麦、挪威、瑞士和英国通常都有公平的权力分配方式。更看重权力方面的文化则包括菲律宾、墨西哥、委内瑞拉、印度、巴西和法国。

*如何适应高权力文化和低权力文化的观众。*来自高权力文化的人更有可能认为领导阶层的人——包括演讲者——是可信的。他们也会更乐于接受那些能够识别或承认社会阶层差异的提议或解决方案。

那些来自低权力文化的人往往更倾向于共享领导地位和治理方法。在与低权力文化的人交谈时，你可能需要强调以民主合作或在某个问题上达成共识的方法来解决问题。

- **长期导向和短期导向** 一些文化认为，实现某些目标可能需要很长时间。例如，来自亚洲文化的人，以及来自巴西等南美文化的人，相比于来自短期导向文化背景的人，往往更看重耐心、坚持和推迟享乐。短期导向通常是西方文化（如加拿大和美国）的典型特征，具有这种取向的人非常在意时间并善于进行时间管理。短期导向的文化也重视对问题的快速反应。

*如何适应来自长期导向和短期导向文化的观众。*当你和那些对时间有长远定位的人讲话时，你应该强调，争议和问题不仅会影响到现在，也会影响未来，尤其会影响未来的人。并不是说具有长期定位的人不重视效率和有效性，他们只是简单地认为事情不会总是很快发生。

对时间有短期定位的人会想要了解能够解决问题的即时行动步骤。同时，他们还是结果导向的，并且期望个人或团体的努力会产生一个特定的积极结果。在可能的情况下，提供统计数据或其他能够证明结果的证据。

组织关系 有人说，我们每个人都是某一帮派的成员，只是一些团体比其他团体更加容易受到社会上的认可。我们是社会动物，我们聚集在一起以获得一种身份，完成我们所支持的项目，并获得乐趣。因此，假设你的许多观众属于某团体、俱乐部或组织，这是合乎情理的。一种收集特定群体信息的方法是，看看该团体或组织是否有网站或社交媒体账号。了解某一群体的历史、目的、价值观和成就可以帮助你更好地定制观众感兴趣的信息。

表 5.3　描述和适应文化差异

文化价值观	文化特征	如何适应文化特征
个人主义文化	个人成就比集体成就更重要。	• 强调个人成绩和认可的重要性。 • 确定观众如何从你的想法或建议中获益。
集体主义文化	集体或团体的成绩比个人成就更重要。	• 强调团队价值的重要性。 • 帮助观众保持尊严并且使其被以一种积极的方式看待。
高语境文化	信息的语境，包括非语言暗示、声调、姿势和面部表情，通常比文字本身更受重视。	• 不要吹嘘你的具体成就。 • 使用一种更微妙、更不引人瞩目的演讲风格。
低语境文化	信息中的文字本身比周围的语境更加受重视。	• 一定要明确你的想法和建议。 • 尽管传达提示非常重要，但观众会期望你的信息清晰。
对不确定性的容忍	人们可以接受模棱两可的东西，并且即使他们不知道所有的细节，他们也不会被困扰。	• 在你的演讲中提出一个具体的解决方案并不是那么重要。 • 演讲的目的不需要清楚地说明。
对确定性的需求	人们想要的是细节，且不喜欢模棱两可。	• 为你的演讲提供一个明确的概述。 • 为你的演讲创建一个逻辑清晰的组织模式。
高权力文化	强调地位和权力的差异；岗位和指挥系统界定明确。	• 请记住，观众认为领导者的地位是强大而可信的。 • 制定承认人与人之间差异的信息。
低权力文化	地位和权力之间的差异获得较少的重视；人人争取平等，而非提高领导地位。	• 对共享领导地位和治理方法展开讨论。 • 邀请他人一起制定解决方案。
长期导向	时间充裕，完成目标可能需要相当长的时间。	• 呼吁观众坚持、保持耐心以及推迟享乐。 • 强调想法和建议将会如何造福后代。
短期导向	时间是重要的资源。	• 指明你讨论的想法和建议会对观众产生的直接影响。 • 指明行为将如何对实现结果产生直接影响。

资料来源：Copyright by Pearson Education, Upper Saddle River, NJ

- **宗教团体** 当涉及宗教信仰或观众的价值观时，你需要非常谨慎地对待自己的演讲内容和表达方式。提醒自己，一定会有观众不赞同你的信仰，而且态度和宗教信仰一样强烈。如果你不想冒犯你的观众，你要在计划和发表演讲时深思熟虑，并保持敏感。
- **政治团体** 你的观众在政治上是否很活跃？了解你的观众是否活跃于一些政治团体，有助于你发表关于政治的话题。环保组织成员也可能从生态学的角度对政治议题和政党候选人怀有某种强烈的情绪。
- **工作团体** 大多数专门职业都有自己的专业组织或协会。如果你正在和专业人士进行交谈，就必须留意他们是否属于某些专业组织（可能是好几个），以及了解这些组织是否采取了可能会影响到观众对某一特定问题的观点的正式立场。工作组织也可能有首字母缩略名称，了解这些也可能会有益处。例如，你的传播学老师可能是国家交流协会（NCA）的成员，其中许多人属于NCA 的具体部门，如教学发展部门（IDD）。
- **社会团体** 一些团体的存在是为了让人们能够聚在一起活动。读书俱乐部、电影俱乐部、自行车俱乐部、烹饪组织、舞蹈团和保龄球队，都是为了让有同样兴趣的人们一起享受一项活动。了解你的观众是否属于这类群体，可能会帮助你调整你的话题，或者，如果你参与了类似的小组，那么你就可以更好地同他们建立共识。
- **服务团体** 许多人积极参与以社区服务为主要任务的群体。如果你正在与狮子会（Lions Club）或同济会（Kiwanis Club）等服务团体（的成员）交谈，你可以自然而然地推断，你的观众看重社区服务，并对如何将社区建设得更加美好这样的主题感兴趣。

社会经济地位 **社会经济地位**指的是一个人在收入、职业和教育水平等因素上的重要性和影响力。在欧洲、亚洲和世界的其他地方，几百年来承认地位差异的传统仍然存在于今天。在美国和加拿大等国家，地位差异往往更为微妙。对观众成员的收入、职业和教育水平的总体估计，在你定制与观众相联系的信息时可能会有所帮助。

社会经济地位（socioeconomic status） 一个人在收入、职业和教育水平等因素上的重要性和影响力。

- **收入** 作为一个演讲者，对你的观众的收入水平有一个大致的概念，这是很有价值的。例如，如果你知道大多数的观众都在努力应付每周的开支，那么谈论如何通过高端旅行来了解欧洲的文化财富就是不明智的。但是，谈论如何通过成为导游在欧洲旅行中获得报酬则可能会引起相当大的兴趣。
- **职业** 了解人们谋生的职业可以为你提供观众的信息并帮助你调整演讲方式。如果你对老师们发表演说，那么同对律师、部长或汽车组装线工人演讲相比，你需要使用不同的示例和例证。许多在校大学生目前的工作并不是他们渴望毕业后从事的工作。了解他们未来的职业规划可以帮助你调整你的主题及支持材料，从而适应观众的职业目标。

- **教育**　大约 30% 的美国成年人获得了学士学位。略多于 10% 的人获得了硕士学位。[10] 你的观众的教育背景是社会经济地位的另一个组成部分，可以帮助你规划你的信息。例如，你很清楚公共演讲课上的同学之所以重视教育，是因为他们想努力——常常做出巨大的牺牲——来提高自己的教育水平。了解你的观众的教育背景可以帮助你决定选择的词汇、语言风格，以及使用的示例和例证。

适应多元化的观众　最新的美国国情调查数据证实了你早已根据自己的生活经历得出的一个道理：我们都生活在一个多元化的时代。例如：

- 世界范围内三分之二的移民去了美国。[11]
- 据估计，超过 4000 万的美国居民的第一语言是非英语的其他语言，其中包括 1800 万母语是西班牙语的人。[12]
- 七分之一的婚姻发生在不同民族或不同种族之间。[13]
- 如果目前的趋势不变，到 2050 年，美国白人人口的比例将从目前的 79% 下降到 53%；亚裔的比例将从 1.6% 上升到 16%；拉丁裔美国人的比例将从目前的 7.5% 上升至 25%；而非裔美国人的比例将在目前 12% 的基础上略微上升。[14]
- 美国在过去的 10 年里，非裔美国人、印第安人、亚裔、太平洋岛民和拉丁裔人口的总和比非拉丁裔白人的增长速度快了 13 倍。[15]

事实上，美国的每一个州都经历了境外出生居民的急剧增长。如果像过去的 25 年那样继续发展下去，在你的有生之年，文化和族群的多样性将会继续增加。美国人口普查预计，在未来大约 30 年的时间里，美国将成为“少数族裔”国家，没有一个族群的人口会占绝大多数。[16] 这种移民的流动意味着社会各个方面的多样性都会增加，包括你在商务会议、校董会会议或是在大学课堂中所面对的观众的多样性。

然而，观众的多样性所涉及的因素不仅仅包含种族和文化差异。我们认为，考虑观众的关键在于分析观众全方位的多样性，而不只是文化差异。在探讨观众的人口统计学和心理特征时，我们考虑的每个主题都有助于分析观众的多样性。多样性只是意味着差异，观众成员是多样的。一个公开演讲者面临的问题和挑战是：“我如何合乎伦理地去适应具有不同背景和经验的观众？”我们提供了几项一般策略。

目标观众（target audience）
你最想要影响的观众群体。

你需要明确自己要关注哪一种目标观众，接着有意识地运用多种方法适应他们，寻求共识，使用强有力的视觉辅助工具来展示自己的重要观点。

- **关注目标观众** **目标观众**是在你的观众中，你最想要对其发表演讲或产生影响的特定部分的观众。毫无疑问，你也曾被熟练的宣传人员当作过目标，只不过你没有意识到这些信息是为你量身定制的。例如，大多数高校花费大量的时间和金钱鼓励学生申请入学。在高中时期，你可能就会在邮箱中收到招生简章，但不是每个美国的学生都会收到同一所大学的宣传小册子。学院和大学根据你的考试成绩、你的兴趣、你的住所地，以及你在学校赞助的活动或课外活动中的参与情况而将你作为目标受众。同样，作为公共演讲者，你也要仔细考虑最想让哪一些观众理解或信服自己的演讲内容。

  当你有意识地专注于目标观众时，你所面临的挑战是不要失去或疏远你的其他观众，而是在试着打动某一类观众的同时还要想着所有的观众。例如，萨沙试图说服他的观众把钱投入到股票市场上去，而不要仅仅依靠美国的社会保障制度，他很明智地决定把重点放在年轻的观众上，那些接近退休年龄的人已经做出了重大的投资决定；尽管他把重点放在了观众中的年轻成员上，但萨沙没有忘记那些年长的观众，他建议年长的观众鼓励他们的孩子或孙子考虑他的建议。虽然他专注于目标观众，但他也没有忽略其他的观众。
- **根据不同的观众使用不同的策略** 另一种方法是，无论你是单独或结合使用关注目标观众的策略，你都应该针对不同的观众采取不同的策略。基于你收集观众信息所做出的努力，你应该知道哪些观众将会出席你的演讲，从而使用不同的方法吸引不同的观众。例如，回顾以下策略：

  - 使用多种支持材料，包括图解、示例、数据以及评价。在第七章中会学习到更多关于支持材料的知识。
  - 牢记故事的力量。很多文化背景下的人们都喜欢听精彩的故事。来自亚洲的一些人更喜欢通过故事或寓言而非事实和数据来表达某个观点或支持某个观点。
  - 如果你对文化偏好非常不确定，结合使用逻辑支持（数据、事实、具体的例子）和情感支持（故事和例证）。
  - 你可以用 PowerPoint 或 Prezi 向观众展示一个简短的提纲，来概述你的重要观点。如果你和你的观众之间存在语言障碍，让观众在一边听演讲的同时一边看文字内容，这样可以提高他们的理解力。如果翻译人员正在翻译你的信息，提纲也可以帮助你确保翻译人员准确地传达你的信息。

- **确定共同价值观** 人们一直在争论，是否存在普遍的人类价值观。一些学者强烈主张，普遍人类价值观真的存在。传播学研究人员大卫·卡莱（David Kale）认为，所有的人都会认同个人提高自己的尊严和价值的努力，虽然不同的文化对此有不同的表达方式。[17]第二个共同的价值观是追求一个和平的世界。在这种追求的背后，是对均衡、平衡和稳定的根本愿望。尽管可能有一小部分人的行为并不支持和平的普世价值，但在大多数文化中盛行的人类价值观最终还是支持和平的。

文化人类学家专门从事对全人类共同行为的研究。文化人类学家唐纳德·布朗（Donald Brown）整理了数百个关于信仰、情感或行为的“外观”共性的清单。[18]根据布朗的清单，所有文化中的人都：

- 拥有死亡观。
- 拥有童年时期对陌生人的恐惧。
- 拥有根据性别进行的分工。
- 经历过特定的情感和感受，如嫉妒、疼痛、猜忌、羞愧以及自豪。
- 使用面部表情表达情感。
- 拥有礼仪规矩。
- 经历过感同身受。
- 重视某种程度的合作。
- 经历冲突并寻求处理和解决矛盾。

当然，不是所有的文化都有着相同的死亡观或者以相同的方式进行分工，但是在所有的文化中人们都会处理这些问题。

跨文化交流学者拉里·萨莫瓦尔（Larry Samovar）和理查德·波特（Richard Porter）提出了所有文化的人们都具有一些共性。他们认为，所有的人都寻求身体上的愉悦，以及情感和心理上的愉悦和肯定，并寻求避免个人伤害。[19]虽然每种文化对愉悦和痛苦由什么构成有不同的定义，但采用这种普遍的推断通常有助于解读人类的行为。人们也意识到他们作为生物的生命将会终结，在某种程度上，我们每个人都独立于其他所有人，我们每个人都做出选择，每个人都在寻求赋予生命意义。这些相似点为制定具有普遍意义的共同信息提供了一些基础。

确定共同的文化议题和相似点可以帮助你和你的观众建立共识，这是我们在本章前面介绍的一个目标。如果你们之间对你所谈论的议题的看法有着天壤之别，找出一个与你的话题相关的更大的共同价值（如和平、成功或是家庭的重要性）可以帮助你找到一个至少能让你的观众愿意倾听你的想法的立足点。

- **依赖于超越语言差异的视觉材料** 图片和其他图像可以传达普遍的信息——尤其是情感的信息。即便语言不通，但大多数观众，无论文化和语言，都能理解痛苦、快乐、悲伤和幸福的有形表达。一幅母亲抱着她虚弱、营养不良的垂死的孩子的照片，没有详细的语言解释，却传达了饥荒的肆虐。你的观众的文化体验越丰富，使用视觉材料来表达你的想法就越有效。

概述

适应不同的观众

- 关注目标观众，但也不要失去或疏远其他观众。
- 使用多样的能够反映逻辑和情感支持平衡的支持材料。
- 讲述故事。
- 使用可视化辅助工具，包括图像和重要观点提纲。
- 诉诸如和平、成功以及家庭这样的共同价值。

观众心理特征分析

人口统计学信息可以让你对观众做出有效的推断，并预测其可能的反应。**观众心理特征分析**则探讨了观众对某个话题、某一目的和某个演讲者的态度，同时探究可能影响这些态度的潜在信念和价值观。了解你的观众对你的主题和目的的感受，可能会提供一些具体的线索，来帮助你预测他们对你的演讲的反应。

对一个演讲者来说，区分**态度**、**观念**和**价值观**是很重要的。观众的态度、观念和价值观可能会极大地影响演讲者对主题和具体目标的选择，还会影响演讲准备和发表有关的决定。

态度反映的是一个人的好恶。你喜欢健康食品吗？你是赞成还是反对死刑？电影应该审查吗？你对枪支管制有什么看法？你对这些形形色色的问题的回答反映了你的态度。

观念是你相信的真理或谬误。如果你认为太阳每天从东方升起，那么你就有一种基于你的认知的关于太阳的观念。

价值观是关于好坏、对错的一种持久的概念。价值观比态度或信念更根深蒂固，因此价值观更能抵抗变革。价值观会支持态度和信念。例如，你喜欢健康食品，因为你相信天然产品是有益健康的，你**重视**健康；你反对死刑，因为你认为杀人是错误的，你**重视**人的生命。和信仰一样，一个对观众的价值观有一定理解的演讲者，能够更好地让自己的演讲适应他们。

观众心理特征分析（**psychological audience analysis**）为了能够产生一场清晰而有效的演讲，而仔细观察关于观众的态度、观念、价值观以及其他心理上的信息。

态度（**attitude**）个人的好恶。

观念（**belief**）个人对于真理或谬误的观点。

价值观（**value**）对于好坏、对错的持久的概念。

分析人们对演讲主题的态度 了解观众对演讲主题的感受是很有用处的。他们对此是感兴趣还是很冷淡？他们对演讲主题已经了解了多少？如果这个话题是有争议的，他们是赞成还是反对？尽早知道这些问题的答案，可以让你相应地调整你的信息。例如，如果你打算谈论增加税收来改善本州的教育，你或许需要知道你的观众对税收和教育的看法。

当你分析你的观众时，根据感兴趣/不感兴趣，赞成/不赞成，自愿/非自愿这三种维度将观众划分为三种类型是很有帮助的。这些特征会在表 5.4 中得到总结。

表 5.4　调整你的信息以适应不同类型的观众

观众类型	举例	如何做到以观众为中心
感兴趣的	参加州长主持的，关于增加安全保障，减少恐怖主义威胁的讲话的市长们。	在演讲的一开始就感谢观众的关注，利用他们对你及你的话题的兴趣来获取并维持他们的注意力。
不感兴趣的	参加关于退休福利讲座的初中生们。	告诉你的观众为什么他们应该对你的信息感兴趣，这是非常重要的。在你的演讲中提醒你的观众演讲信息是如何与他们的生活联系起来的。
赞成的	为聆听信仰的重要性而聚集在一起的信徒们。	利用观众的兴趣让他们更接近你的演讲目标，在你的演讲中，你可能会更明确地告诉他们你希望他们做什么。
不赞成的	参加由校长主持的，解释为什么明年会增加 15% 的学费和其他费用的演讲的学生们。	在你所期望完成的事情上要现实一些，承认观众反对的观点，考虑用事实来反驳他们的误解。
自愿的	家长们在孩子们的学校听新校长演讲。	预测观众为什么会来听你的演讲，并谈论他们想要你解决的问题。
被动的	在公共演讲班级的学生。	找出可能会成为你的观众的人，并利用这些情况来调整你的信息。

资料来源：Copyrighted by Pearson Education, Upper Saddle River, NJ

一步一步地规划你的演讲

考虑你的观众

中国有句谚语：千里之行，始于足下。准备和发表演讲似乎是一段令人畏惧的旅程，但我们相信，如果你一步一步地走下去，并把注意力集中在观众身上，你会完成一场精心设计、发挥良好的演讲。

为了帮助你了解以观众为中心的公共演讲过程是如何一步步展开的，我们将阐述一个学生成功准备并发表演讲的各个步骤。得克萨斯州立大学的本科生布里安娜发表了题为“获取渠道不充足：要求同大学协商在校内出售事后避孕药”的演讲，第八章将对此进行概述。[20] 在那之前，我们将会介绍布里安娜准备演讲的过程。

早在选择她的演讲主题之前，布里安娜就已经开始研究她的观众了。当意识到她的观众是同龄学生时，她知道她必须找到一个能使他们产生兴趣并且与他们相关的话题。她知道她可以用相当高级的词汇来讨论复杂的问题。

在接下来的章节中，**一步一步地规划你的演讲**将为你的演讲提供一个窗口，你可以清楚地看到布里安娜如何一步步地完成以观众为中心的公共演讲。

对**感兴趣**的观众来说，你的任务就是在整个演讲过程中让他们不失去兴趣。如果你的观众对你没有兴趣，你需要找到方法来吸引他们。在第十四章，我们将描述通过解决与他们的需求和兴趣相关的问题来激励观众的方法。考虑到以视觉为导向的文化，我们可以使用视觉辅助工具来吸引原本无动于衷的观众的注意力。

在开始讲话之前，你还需要衡量一下观众对你和你的信息有多赞成或多不赞成。当然，有些观众是中立的、冷漠的，或者只是对你准备的信息了解不多。当我们在第十五章讨论说服性演讲时，我们会提供一些对待赞成、中立和不赞成的观众的明确建议。但即使你的目标只是提供信息，知道观众是否会对你或你的消息做出积极或消极的反应，这也是很有用的。举例来说，如果你要向一群朋克的“死忠粉”进行演讲，那么，就古典音乐进行一次有益的讨论将是相当具有挑战性的。你可以展示古典音乐和朋克之间的联系，以激发他们的兴趣。

演讲班同学作为观众　你可能会认为，公共演讲班的同学并不是典型的观众，因为他们是**被动**的观众，而不是**自愿**的观众。被动观众是因为外部原因（比如参加课程的要求）而听你演讲。因为班级成员必须出现才能获得学分，所以你不必担心他们会在你的演讲中站起来离开。然而，你的课堂演讲仍然是真实的演讲。你的班级成员当然也是有喜好、厌恶、信仰和价值观的真实的人。

你在课堂上演讲时也应该与观众沟通，这样他们就会忘记他们是被迫成为观众的。如果你给了他们新鲜的、有用的信息，触动了他们的情感，或者能说服他们改变观点或行为并支持你的立场，那他们会愿意倾听你的演讲。

毫无疑问，你还会对其他被动观众发表其他演讲。工作中或专业会议上的观众通常是被要求参加讲座，以此获得继续教育学分，这也是他们的工作职责。与其他类型的观众一样，你的目标是吸引观众。你应该让你的演讲和为自愿的观众设计的演讲一样有趣和有效。你仍然有义务去满足你的观众的需要和兴趣，并让他们参与到你的演讲中来。

分析人们对你的态度　观众对你的态度影响着他们对你的演讲的反应。不管他们对演讲主题或演讲目标持何种看法，如果你的观众认为你是可信的，他们将更有可能对你的观点感兴趣，并且支持你的观点。

你的可信度是影响你的观众态度的主要因素之一。如果你在开始讨论主题之前就树立了自己的可信度，你的观众就更容易相信你所说的话，并且认为你是博学的、风趣的、充满活力的人。

例如，一名高中健康老师请一名前吸毒者向同学们讲述可卡因成瘾的危险，因为老师意识到演讲者的经历让他变得可信，而且他提供的关于可卡因危害性的信息比老师的讲座更有说服力。

观众对演讲者的积极态度可以让他们克服对演讲主题或演讲目标的消极或冷淡态度。如果你的分析表明，你的观众不承认你是演讲主题领域的权威，那么你就需要在演讲中建立你的可信度。如果你对自己的演讲主题有过亲身经历，一定要让观众知道，这样你的可信度会迅速建立起来。我们将在第九章和第十五章提供更多的策略来提高你的可信度。

观众的情景特征分析（**situational audience analysis**）为了能够产生清晰且有效的信息而对演讲的时间、地点、观众规模以及演讲场景的分析。

观众的情景特征分析

到目前为止，我们一直把关注的重点集中在将要成为你的观众的人身上，并以此作为以观众为中心的演讲者的主要关注点。你还需要考虑一下你的演讲环境。**观众的情景特征分析**包括你演讲的时间和地点，观众的规模和演讲场合。虽然它们严格来说并不属于观众的特征，但它们对观众的反应有很大的影响。

时间 你可能无法控制你会在何时发表演讲，但是在设计和发表演讲的时候，一个有技巧的公共演讲者会考虑当前的情况以及观众对演讲时长的期望。如果你面对的是在周三晚上赶来参加乐队俱乐部会议的一群筋疲力尽的父母，那么你可以确定，他们更喜欢一个直接的、即时的演讲，而不是一场长篇大论式的演讲。如果还有其他演讲者同场发言，那么第一个演讲或最后一个演讲可以给你带来一些小优势，因为人们往往会记得最开始或最后的演讲。早晨，人们可能不是很清醒；午饭后可能会有点昏昏欲睡；接近傍晚，当他们累了的时候，可能你要有意识地去运用一种更有活力的演讲方式来吸引观众的注意力。

注意时间限制。如果你的观众希望你能说 20 分钟，最好是在 20 分钟就结束或者更早一点结束，大多数北美观众都不喜欢演讲超时。在你的公共演讲课上，会有时间上的限制，你可能会想，课堂之外是否也存在这种严格的时间限制。答案是肯定的。无论是商业演讲还是对市议会或学校董事会的演讲，时间限制通常都是被严格执行的。

观众规模 观众的规模直接影响演讲风格和观众对演讲方式的预期。一般来说，观众人数越多，他们所希望的演讲风格越正式。如果观众在 10 人以内，你可以通过回答观众的问题来展现一种对话的风格。如果你的观众很少，以至于你完全可以和他们坐在桌子旁，他们可能希望你坐着演讲。许多商业“演讲”都是围绕会议桌进行的。

相比于 10 人或更少的观众群体，有 20 至 30 人（许多演讲班级的人数）的小组将期望一种更加正式的形式。你的演讲风格仍然可以是对话式的，但是你的演讲应该是结构适当和组织良好的；同与朋友或同事一对一的交谈相比，你的演讲中应该包含更多夸张的手势。

坐满演讲厅的观众也会欣赏一种直接的对话式风格，但是你的手势幅度要增大，你也应该用足够响亮的声音来说话，这样最后一排的人才能听到你的声音。你可能需要用麦克风来放大你的声音。

地点 在自己的演讲课上演讲，你的优势在于知道房间的样子，但是在一个新

概述

观众分析的要素

人口统计学特征
- 年龄
- 性别
- 文化、族群或种族背景
- 团体成员身份
- 社会经济地位

心理学特征
- 态度
- 信仰
- 价值观

情景特征
- 时间
- 观众规模
- 地点
- 场合

的演讲情境中，你可能没有这样的优势。如果有可能的话，请前往演讲的地点，检查一下物理环境，明确观众离讲台有多远等情况。诸如室温和照明这样的物理条件会影响你的表现、观众的反应以及演讲整体成功与否。

房间布置和装饰可能会影响观众的反应。注意房间的布置和风格。如果演讲环境不太理想，你可能需要加倍努力才能吸引观众的注意力。虽然你很可能无法对演讲环境做出重大改变，但最终演讲环境的好坏还是取决于你自己。椅子的摆放，视听材料的摆放，以及窗帘的开合都应该在你的控制范围内。

场合　了解观众的另一个重要途径是思考他们来听演讲的原因。是什么场合让这些观众聚在一起？参加葬礼的人的心态，显然与那些在宴会后要求你说几句话的人不同。了解场合可以帮助你预测观众的人口统计学特征和观众的心理状态。

如果你在年度或月度会议上发表演讲，你的优势在于可以向以前参加过这种会议的人打听到场的一般是哪些人。最好的信息来源可能是邀请你发言的人或者是参加过类似活动的人。了解自己何时会在节目上发言，或者演讲前后是否有餐食供应，都将帮助你衡量观众对你的预期。

提前做准备，以免演讲环境和相关条件在最后一刻使你措手不及。表 5.5 提供了在准备演讲时应该问自己的一些基本问题，以及适应演讲环境的一些建议。一个准备充分的演讲者不仅能够适应观众，还能够很好地适应演讲环境。

还要记住，当你抵达演讲场所后，你可以改变前一个演讲者的房间布置。例如，在岳宏之前的演讲者想确保观众能够自由地提问，所以椅子被安排成半圆形，调亮了灯光。但是，岳宏的演讲更正式，他还准备了一个简短的幻灯片，所以当前面的演讲结束后，岳宏重新摆放了桌椅并调暗了会议室的灯光。

表 5.5　分析并适应演讲环境

回答问题	调整策略
时间	
我在一天中的什么时间进行演讲？	如果你的观众可能很疲劳或是不那么清醒，那么你要考虑增加演讲活力。
我排在第几个演讲？	观众更有可能对那些最先发言或最后发言的人印象深刻。如果你的发言顺序排在中间，你需要在演讲中充满活力，在演讲中不断重复，以强化观众的记忆。

续表

回答问题	调整策略
时间	
演讲限制在多长时间内?	大多数观众都不喜欢那些超出时间限制的人。除非你的演讲引人入胜，否则不要说得比观众预期的久。
规模	
观众会有多少人?	较小规模的观众通常期望一种更像对话、不太正式的演讲方式，较大规模的观众通常期望一场更加正式的演讲。
观众是不是多到需要一个麦克风呢?	在你上台演讲之前确保你了解麦克风的使用方法。
地点	
房间是怎样布置的?	如果你想要一种不太正式的演讲氛围，考虑将椅子围成一圈。在一个大房间中，如果需要的话，考虑邀请坐在房间后排的观众移动到更前面的地方。
房间的照明怎么样?	如果观众处于黑暗之中，那么区分其非语言反应将会非常困难。如果你需要使用演示辅助工具，确保房间的照明容易调整，以便你的观众能够看清图片，而你依然能够看见观众。
房间的外边存在噪声或者干扰吗?	在演讲开始之前，考虑一些策略来降低外部噪声，例如关闭门、窗，调整百叶窗，或是礼貌地要求邻近房间的人注意音量。
场合	
什么场合让观众聚集在一起?	确保你了解观众期望的是什么，并且努力去实现这些期望。
这场演讲是年度会议或是月度会议吗? 这些观众之前是否听过类似的演讲?	学习其他的演讲者是如何适应观众的。向成功的演讲者请教，明确哪些问题或主题可能冒犯你的观众。

资料来源：Copyrighted by Pearson Education, Upper Saddle River, NJ

5.5 在演讲时适应观众

辨别在演讲过程中评估和适应观众反应的方法。

到目前为止，我们已经重点关注了如何在演讲之前尽可能多地发掘观众信息。演讲前的分析有助于对公共演讲过程的每一步进行分析：选择一个主题、确定一个具体的目标、收集支持材料、确定主要观点、组织演讲，以及计划演讲风格。演讲的每一部分都依赖于你对观众的理解。但是观众的分析和适应工作在你完成演讲构思之后并没有结束，它们还将继续进行直到你发表完演讲。

一般来说，除非演讲中包含问答或讨论的环节，否则公共演讲者不会与观众进行交流。演讲一旦进行，演讲者就必须依靠来自观众的非语言暗示来判断人们对这一信息的反应。

辨别观众的非语言暗示

有一次，在印度演讲时，马克·吐温因隔在他和观众之间的帷幕而无法和观众进行眼神交流。马克·吐温的女儿克拉拉（Clara）回忆了这段经历：

> 父亲的第一次演讲是面对遵守“深闺制度”的观众；换句话说，这些女人都坐在帘子后面，她们可以偷看马克·吐温而不会被其发现……这对于可怜的幽默作家来说，无疑是一个致命的打击，他甚至没有机会去一睹那些缄默观众的真实容颜。[21]

马克·吐温在演讲时无法了解自己的演讲效果如何。如果你在演讲时无法观察观众，也会经历相同的不利境遇。

许多公共演讲的初学者发现，自己不仅有责任将排练好的演讲呈现给大家，而且还要在现场对演讲进行改变或修正。我们向你保证，有了经验之后，你可以提高自己对观众的临场适应能力，就像一个爵士乐团的音乐家能够在合奏时和其他音乐家协调一致。但这需要练习。虽然你不可能读懂观众的想法，但你可以分析和适应观众传递出来的暗示，以增强信息的有效性。培养这种技能的第一步是留意非语言暗示，判断出观众是在全神贯注地倾听还是已经感到厌烦。学会“阅读”观众之后，你还需要拓展沟通行为，帮助自己更好地同观众建立联系。

眼神接触　也许判断你的观众是否对你的演讲感兴趣的最好方法是注意他们与你的眼神接触。接触得越多，他们在听你的演讲的可能性就越大。如果你发现他们不停地看手机、查看邮件、发短信、看节目（或者更糟糕的是闭上眼睛），你可以合理地猜测他们对你所说的内容失去了兴趣。

面部表情　另一个透露观众是否喜欢你的演讲的线索是面部表情。专心的观众不仅能进行直接的眼神交流，而且他们的面部表情也非常专注。注意冰冷的、毫无反应的脸，我们把这种表情称为“观众麻木”表情。经典的“观众麻木”表情包括略微倾斜的头部，模糊、冰冷的微笑，通常还有一只手托住下巴。虽然这个表情可能表现出的是一种兴趣，但更多的时候，这意味着这个人在做白日梦或者思考其他的事情而非你演讲的主题。

动作　专心的观众不会有太多的动作。走神一开始表现为摆弄手指，之后可能会升级为转动铅笔、抖动双腿、活动手臂。座椅扭动、双脚乱动和全身的活动通常都表明，观众对你的演讲内容失去了兴趣。

非语言回应　有兴趣的观众在受到鼓励或邀请时，会进行语言或非语言的回应。当你要求举手示意，观众们不好意思地看着对方，最后举起一两根手指时，你可以合理地推断出他们缺乏兴趣和热情。掌声和点头是感兴趣和支持的信号。

语言回应 观众不仅会以非语言形式表示同意，而且还会以语言表达他们的兴趣。观众可能会大声说出或以一种相对安静的方式表达相同或不同意见。一个敏感的公共演讲者要持续倾听这些语言上的支持或不同意见。

概述

阅读观众的暗示

识别并对观众的非语言暗示做出回应，如他们对你的演讲感到厌烦、不理解或是不同意：

- 缺少眼神接触
- “观众麻木”表情
- 身体坐立不安
- 发送或收取邮件或短信
- 对幽默或演讲者的邀请没有回应
- 同其他观众讲话

回应非语言暗示

关注你的观众并识别其非语言暗示的价值在于你可以适当地回应他们。如果你的观众看起来很感兴趣、表示支持以及非常专注，那么说明演讲前的分析引导你在演讲准备和发表上做出了正确的选择。

然而，当你的观众变得注意力不集中时，你可能需要在传达信息时做出一些改变。如果你认为观众正在偏离自己的想法或者不同意你的观点，或者如果你怀疑他们不理解你所说的话，那么一些自发的调整可能会有所帮助。在你的演讲中进行临场的改变需要经验和技巧。考虑一下来自经验丰富的公共演说家的建议，以适应在表 5.6 中列出的观众情况。[22]

记住，仅仅注意到你的观众的特征和态度是不够的。你还必须通过调整你的演讲来**回应**你收集到的信息，以维持他们的兴趣和注意力。此外，你有责任确保你的观众理解你的信息。如果你发现自己的演讲方法没有奏效，那就改变它，并注意观众的反应是否也会发生改变。如果所有的方式都失败了，你可能需要放弃与观众之

表 5.6 回应非语言暗示

如果你的观众看起来并不专心或是感到厌烦……	• 讲一个故事。 • 使用可以与观众联系起来的例子。 • 使用亲身经历。 • 告诉观众为什么他们应该对你的信息感兴趣。 • 删去一些抽象的事实和数据。 • 使用适度的幽默。如果观众对你的幽默没有反应，使用更多的故事或个人实例。 • 考虑直接提观众的名字或提与他们有关的事情。 • 通过询问一些问题或请他们分享实例来要求观众参与其中。 • 寻求直接的回应，如举手表决，来了解他们是否同意你的观点。 • 加快演讲的速度。 • 增加你讲话时的活力。 • 为达到戏剧效果暂停一下，同时进行眼神接触，以获得关注。

续表

如果你的观众看起来很困惑或是不理解你的观点……	• 对信息进行多次重复。 • 尝试用其他的方式表达你的信息。 • 使用更加具体的例子来解释你的观点。 • 如果你说话速度很快，那么慢下来。 • 使用过渡句或总结句向你的观众阐明信息的结构。 • 询问观众他们是否理解了你的信息。 • 在观众中寻求反馈，帮助你发现哪里尚不明确。 • 要求观众中的一员总结一下你的关键点。
如果你的观众看起来不同意你的观点……	• 提供额外的数据和证据来支持你的观点。 • 辨别出你同观众拥有一致意见的议题。 • 向观众证明你的可信度、资质或是背景。 • 更多依赖事实而非趣闻逸事来呈现你的实例。 • 如果方便的话，在黑板、白板或是活动挂图上写下事实和数据。 • 如果你缺少需要的答案和数据，告诉观众你将会通过信件、电话、邮件或是社交媒体（并确保你会和他们联系）来提供更多的信息。

资料来源：Copyrighted by Pearson Education, Upper Saddle River, NJ

间的正式的演讲者-观众的关系，并开放你的话题让大家畅所欲言。在你的演讲课上，老师可能会要求你继续讲下去，直到你按要求完成作业为止。然而，对于其他观众来说，你可能要考虑切换到更具互动性的问答环节，以确保你们之间的清晰沟通。后面的章节将讨论支持材料、演讲内容的组织和演讲方式，并将探讨在演讲过程中调整演讲风格的其他技巧。

为你的观众定制信息的策略

很多人都很重视特意为他们准备的东西。你可能购买过按照自己要求的规格配置的电脑。在餐馆里，你点的食物是根据你的口味准备的。观众也更喜欢那些只适合他们的信息，他们不喜欢听到千篇一律的信息。作为一个演讲者，你可能已经努力地调整你的信息以适应你的观众，但是你的观众不会因此而给予你信任，除非你让他们知道你已经这么做了。有什么方法可以向你的观众传达你的信息是专门为他们设计的？下面是几点建议：

- **适当地使用观众的姓名**　考虑在你的演讲中使用观众的名字来把具体的信息与个人联系起来。显然，你不想因为在一个让观众觉得不舒服的例子中使用他们的姓名而让其难堪，但是你可以选择性地提到观众中你所认识的人。在总统的国情咨文演讲中，这已经成为一种标准的话术，总统可以在他的演讲中提坐在阳台上的某个人的姓名。此时，那个人变成了一个活生生的视觉辅助工具，让人们把注意力集中到某个观点或要点之上。如果你不确定你是否应该提某人的姓名，那么就在演讲之前去征求同意。

- **提及城镇、城市或者社区**　明确提及你演讲的地点。如果你正对大学的观众演讲，将你的信息和例证与你所在的学校联系起来。许多政客使用这一话术：他们吹捧自己能力的演说其实是千篇一律的，区别只是在演讲的开头部分提及自己演讲所在的具体城市或社区而已。
- **提及演讲日当天发生的重大历史事件**　要想了解历史上的某一天发生了什么，一个简单的方法就是上网搜索“历史上的今天”。例如，在本段写成的日期，尤利乌斯·恺撒于公元前 44 年被刺杀，这一天也被称为“恺撒大帝日”——莎士比亚著名戏剧中恺撒被人提醒要当心的日子。如果你要在这一天进行演讲，而且你的目的是鼓励你的观众注意你所讨论的议题或主题时，那么提及“恺撒大帝日”就是非常合适的。

  许多报纸都会保存当地历史事件的记录，列出 10 年、25 年或 50 年以前发生的事情。联系与你的演讲时间以及地理区域密切相关的历史事件，这可以直观地告诉观众你对这个特定的演讲进行了思考。
- **提及最近的新闻事件**　经常阅读当地报纸，看看有没有可以和演讲的中心思想联系起来的新闻故事。或者，你可以借用大学报纸上的某则新闻提要或者是出现在大学网站上的某个最新报道。如果报纸上的标题和你的演讲内容有关联，可以在提及这个新闻提要时拿出报纸，当然这并不是为了使观众能够看到那则提要，而是为了强调你的信息的即时性。
- **提及一个团体或组织**　如果你的观众是某一团体的成员，那就一定要对这个群体进行明确且积极的称赞。但是，要诚实，不要说一些虚假的赞美，观众可以察觉出虚伪的奉承。对该团体的真诚赞美，特别是如果你可以将团体的目标与你的演讲的目标联系起来，你的演讲将会获得赞赏。
- **将信息直接与你的观众联系起来**　想办法把事实、统计数据和示例与你的观众联系起来。举例来说，如果你知道，有 40% 的女性可能会经历性别歧视，那你可以这样解释统计数据：“我听说，有 40% 的女性可能经历过性别歧视。这意味着在座的 20 位女性中，有 8 位可能受到歧视。”或者，如果你住在一个有 5 万人口的城市，你可以引用这个数据告诉大家，在美国的高速公路上，每年有 5 万人成为酒后驾车的受害者，然后指出这个数字相当于杀死了观众所在城市的每一个男人、女人和孩子。在你酝酿你的演讲时，记得将抽象的统计数据和示例与你的观众联系起来。

辨别演讲结束后评估观众反应的方法。

5.6 在演讲后分析你的观众

在你发表演讲之后，你对观众的分析工作仍未结束。评估观众对你的信息做出的积极或消极反应是非常重要的。为什么？因为这种评估能够对你准备你的下一次演讲有所帮助。无论你是否还会再次面对同样的观众，演讲后的分析都能够帮助你修正你的技巧。从这一分析中你可以了解到你的例子是否清晰以及你的信息是否被你的观众所接受。让我们看一下评估观众对演讲的反应时，可以用到哪些具体方法。

非语言回应

最为明显的非语言回应就是鼓掌。观众仅仅是礼貌性地鼓掌，还是热烈地鼓掌表明愉快和接受？回应性的面部表情，如微笑以及点头是表明这场演讲被很好地接受的另外的非语言迹象。

但是也要意识到，来自不同的文化的观众对演讲的回应会有不同的方式。例如，日本的观众可能会表现得比较克制。一些东欧的观众可能不会和你保持眼神交流，他们在听演讲的时候可能会低头看着地板。在某些情况下，非裔美国观众可能会在你演讲时热情地表达他们的赞成或反对意见。[23]

在演讲结束时，非语言回应可能会传达一些观众的总体感觉，但是它们并不能帮助你确定哪些策略是最有效的。在演讲之后，也要考虑观众对你和其他人都说了些什么。

语言回应

关于你的演讲，观众可能会对你说些什么呢？一般的评论，比如“我喜欢你的演讲”和“精彩的演讲”，这很鼓舞士气——鼓舞士气也是很重要的——但是没有太多分析上的帮助。具体的评论可以指出你成功和失败的地方。如果你有机会，向观众询问他们对演讲的总体评价，以及对你特别想知道的某些方面的具体评价。

调查回应

你已经知道了在演讲前进行观众调查的意义。演讲结束后你还需要进行观众调查，这样你才能评价自己的目标完成得如何。你可以使用我们之前讨论过的相同的调查技术。制定调查问卷，帮助你确定观众对你和你的演讲的总体评价，以及对你的想法和支持材料的具体评价。专业人士和政府官员经常进行这样的调查。当你试图说服观众时，演讲后的调查尤其有用。比较演讲前和演讲后的观众态度可以让你对自己的工作的有效性有一个清晰的认

概述

演讲后分析观众的方式

- 鼓掌的质量、音量以及其他的非语言回应。
- 具体的语言性回应的内容和语调。
- 正式的调查或者事后测验的回应。
- 行为回应：他们按照你的意愿行事了吗？

识。大多数政治竞选活动的预算中有相当大的部分花在评价选民对候选人的接受程度上。政客们想知道他们的演讲中的哪些部分是可以被接受的，这样他们就可以在未来使用这些信息。

如果你的目标是向你的观众传授一些新的想法，那么你可以通过一个测试来评估你是否清楚地表达了你的想法。事实上，课堂考试是检验你的老师是否清楚地展示了信息的考试。

行为回应

如果你演讲的目的是说服你的观众去做一些事情，你就会想知道他们最终是否会按照你的意愿行事。如果你想让他们在即将到来的选举中投票，你可能会调查你的观众，看看有多少人投了票。如果你想为某个特定的事业或组织争取支持，你可以要求他们在你的演讲后签署一份请愿书。签名的数量将是衡量你的演讲是否成功的一个清晰的标准。一些宗教人士会通过他们所获得的捐款金额来判断他们是否成功履行职责。观众的行动是判断你的演讲成功与否的最佳指标。

学习指导 回顾、应用及评估

5.1 收集关于观众的信息

描述正式和非正式地收集观众信息的方法。

你可以通过非正式地观察观众的人口统计学特征来收集他们的信息。正式的调查，无论是开放式的还是封闭式的问题，都可以让你更加了解关于他们的观点的具体信息。

关键词

人口统计学……81
开放式问题……83
封闭式问题……83

伦理性思考

特尼莎想要说服她的观众，支持禁止在城市公园内饮酒的政策。她的调查结果显示，85% 的观众希望继续现行的允许在城市公园内饮酒的政策。她是否应该改变自己的目标以适应观众的态度？

评估你以观众为中心的演讲技能

菲尔·欧文斯正在竞选学校董事会的一个席位。他同意就自己的观点向商会发表演讲，但他想知道观众对一些问题的看法。他如何收集这些信息？

5.2 分析关于观众的信息

解释如何分析观众的信息。

观众分析包括研究你收集到的信息并找出：（1）观众之间的相似点；（2）观众之间的差异；（3）同观众建立一种关系或者达成共识的方式。

关键词

观众分析……84
共识……85
关系……85

伦理性思考

大多数政客是否过分重视政治民意调查的结果，并以此为基础形成政治问题上的立场？解释你的看法。

评估你以观众为中心的演讲技能

布兰登想说服他的房主改变土地分区规则，这样他和他的公司就可以在他们的安静、可居住的社区附近建造一栋新的公寓大楼。布兰登应该使用什么策略来与他的观众建立共识？

5.3 适应你的观众

辨别并使用适应观众的策略。

具有伦理意识的演讲者会通过对观众的分析来调整信息，这样观众就会倾听他们的演讲。他们首先考虑观众，然后调整演讲目标、演讲内容以及演讲方式，以此来同观众建立联系。

关键词

适应观众……85

伦理性思考

在第 86 页上，作者引用了杜鲁门总统的话语：“我想知道，如果当年摩西在埃及进行民意调查，那么他是否还会领导犹太人走出埃及？”杜鲁门总统的引语对一个具有伦理意识、以观众为中心的演说者来说有什么含意呢？

评估你以观众为中心的演讲技能

根据你已经发表的一场研究回答第 86 页表格中提出的问题。描述你对观众的了解是如何影响你在设计演讲时所做的选择的。

5.4 在演讲前分析你的观众

在演讲之前，通过研究人口统计特征、心理特征和情景特征来对观众及演讲场合进行分析。

在你演讲前，你可以完成三种类型的分析——人口统计学特征、心理特征以及情景特征分析，以评估观众的多样性。观众的心理特征分析帮助你判断观众的兴趣、态度、信仰以及价值观，而观众的情景特征分析则包括查看你演讲的时间、地点、观众的规模以及演讲场合。

适应多样化观众的策略包括：（1）关注某一类目标

观众；（2）使用多样的策略；（3）确定共同价值观；（4）依赖超越语言差异的视觉材料。

关键词

伦理性思考

玛丽亚坚信，她所在州的合法饮酒年龄应该提高到22岁。然而，当对她的同学进行调查时，她发现绝大多数人认为饮酒年龄应该降至18岁。玛丽亚应该改变她的演讲主题和演讲目的，以避免面对反对她的观众吗？为什么应该或为什么不应该？

丹知道，如果他以“你们中的大多数人对性别歧视语言太过敏感了”开始他的演讲，那么观众中的大部分女性会感到震惊，而且很可能会被冒犯。但这就是丹的真实感受。他是否应该改变自己的语言来取悦观众？请解释一下。

评估你以观众为中心的演讲技能

鲁伊斯博士认为，来听她谈论节育的应该是处于生育年龄的女性。然而，在准备完她的演讲稿之后，她发现她所要面对的女性都比她预想的要年长至少20岁。如果可能的话，她应该做出什么改变？

5.5 在演讲时适应观众

辨别在演讲过程中评估和适应观众反应的方法。

在演讲过程中，你应该向观众寻求反馈。观众的眼神接触、面部表情、动作以及一般的语言或非语言的回应都会为你提供暗示，来证明你演讲的效果。观众的非语言反应也可能表明你需要改变或调整你的信息，来维持观众的兴趣或实现你的演讲目标。

伦理性思考

卡勒意识到，在提到开车发短信的危险时，他的观众并没有做出积极回应。他回想到，他在网上阅读了一篇文章，其中的统计数据有助于支持他的观点，但他无法记住准确的统计数据或文章的来源。如果卡勒知道这些数字不太准确，但还是使用了这一统计数据的近似版本来说服他的观众，这是合乎伦理的吗？

评估你以观众为中心的演讲技能

如果在演讲的过程中，你意识到你没有抓住观众的注意力，你将如何调整你的信息？

5.6 在演讲后分析你的观众

辨别演讲结束后评估观众反应的方法。

在演讲结束后评估观众的反应。非语言暗示及语言暗示会再一次帮助你判断你的演讲技能。演讲成功与否的最佳指标是你的观众是否能够听从你的建议，或者记住你告诉他们的内容。

批判性思考

艾德琳的演讲目标是说服观众支持给所有住在社区里的宠物做节育手术。她请求他们采取三项行动：访问她的网站并签署一份请愿书，给市议会成员写信，并说服他们的邻居支持她的提议。艾德琳如何评估她是否实现了演讲目标？

评估你以观众为中心的演讲技能

在你下一次演讲结束之后，根据第108—109页上的评估技巧，描述你在何种程度上完成了你的演讲目标。

6

规划演讲

目标

学完本章后，你应该能做到以下几点：

6.1 选择一个对观众、场合、时限和自己来说都合适的演讲主题，并缩小范围。

6.2 为演讲写下以观众为中心的具体目标。

6.3 在一个完整的陈述句中，用直接的、特定的语言陈述以观众为中心的中心思想。

6.4 运用从中心思想中形成主要观点的三种方法。

在所有事情开始之前，应该努力地做准备。

——西塞罗

埃德·加西亚把书桌上的书和文件整理得整整齐齐，甚至还码成了几摞。他削尖了铅笔，把它们齐刷刷地排成一排。他甚至掸掉了台式电脑上的灰尘，清洁了电脑显示器的屏幕。埃德想不出别的办法来推迟写他的演讲稿了。他打开了一份新的文字处理文档，慎重地在第一页的顶端的中间位置敲入了“信息性演讲”这几个字，然后无精打采地坐在椅子上，闷闷不乐地盯着令人压抑的空白处。最后，他在“信息性演讲”的基础上输入了“大学足球”。又暂停了很长一段时间，犹豫着，他开始了他的第一句话：“今天我想和你谈谈大学足球。”重读他的前十二个字，埃德觉得听起来很像白痴。他删除这个句子，然后再试一次。这一次，屏幕看起来比以前更空白了。他写了又删，写了又删，半小时后，埃德筋疲力尽，却仍然被一个空白的屏幕嘲笑着，他狂躁不安——这个演讲稿**必须**在早上 9 点前准备好。

从一个空白的屏幕或一张纸到一个演讲提纲，可能是你作为一个公共演讲者要跨越的最大障碍。然而，幸运的是，这项任务你可以通过学习来理顺步骤。如果你以前在演讲写作上就像埃德·加西亚一样，你要鼓起勇气。就像你学会阅读、驾驶汽车或注册你的大学课程一样，你也可以学会如何为演讲做准备。

准备演讲的步骤是：

- 选择并缩小你的主题。
- 确定你的目标。
- 确定你的中心思想。
- 形成你的主要观点。

在第四步结束的时候，你将会制订出一个演讲计划，并准备好了进一步发展和完善你的主要观点。对于大多数简短的课堂演讲（10 分钟以内）来说，在选择主题和发表演讲之间你至少应该留出一个星期的时间。一周能给你足够的时间来规划和研究你的演讲。许多习惯性的拖延者，比如埃德·加西亚，如果能够勉为其难地决定提前一周开始一项任务，那么他们会惊讶地发现，相比于把工作推迟到演讲之前的晚上再进行，提前准备演讲的过程会容易得多。

正如我们在第五章中看到的，以观众为中心的演讲者在整个演讲准备过程中考虑了观众的需求、兴趣和期望，这些需求、兴趣和期望会因人而异。当你从主题选择转到演讲规划的时候，请记住，你正在为你的观众准备信息。始终把观众作为你的中心。

选择一个对观众、场合、时限和自己来说都合适的演讲主题，并缩小范围。

6.1 选择并缩小你的主题

你的第一个任务，如图 6.1 所示，是选择一个话题。然后你需要缩小这个话题以适应时间限制。有时，由于主题已经选定或被限定，你可以跳过其中一个甚至是几个步骤。例如，得知你在去年夏天曾游览过英国的湖区，你的英国文学老师要求你在全班学习华兹华斯和柯勒律治的诗歌作品之前，谈谈那个地区的湖光山色。或者，得知你是本地毒品问题专责小组的主席，“狮子会”请你在周会上介绍你所在团体的工作。在这两种情况下，你的主题和演讲范围都已经明确了。

在其他时候，主题的选择可能完全由你说了算。在公共演讲课上，老师可以规定时间和演讲的类型（信息性、说服性或是娱乐性），但允许你选择主题。在这种情况下，你应该意识到，演讲的成功与否可能取决于你的决定。但你如何选择合适的、有趣的话题呢？

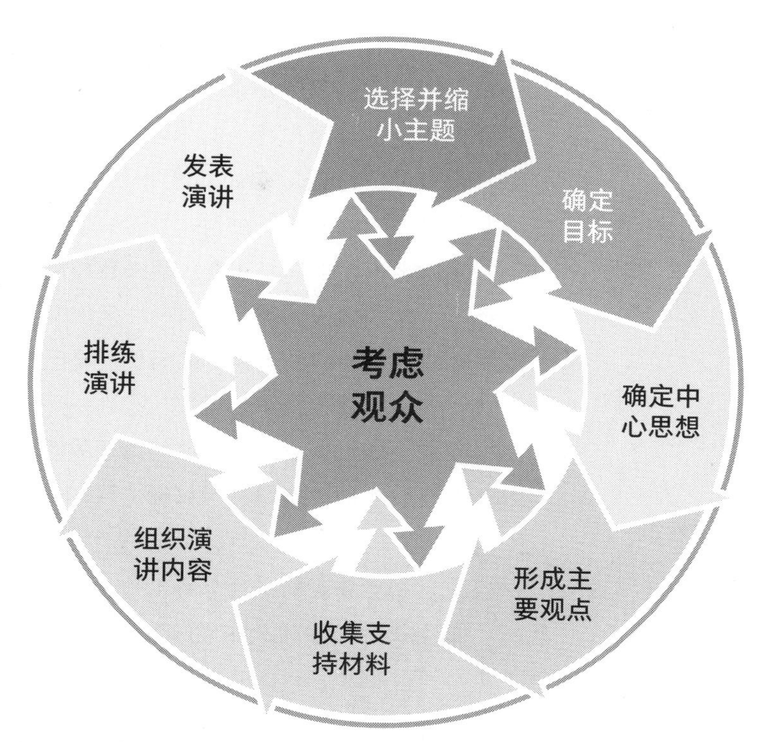

图 6.1　选择和缩小演讲主题及确定演讲的总目标和具体目标是演讲的先期任务

资料来源：Copyrighted by Pearson Education, Upper Saddle River, NJ

选择主题的原则

2012 年 5 月，美国有线电视新闻网（CNN）和《时代》（*Time*）周刊的记者法里德・扎卡利亚（Fareed Zakaria）在不到两周的时间内就向哈佛大学的毕业生以及杜克大学的毕业生发表了近乎相同的演讲。两场演讲他都以自己错过毕业典礼这件小事开场，并且，扎卡利亚在两场演讲中使用了类似的甚至完全相同的语言和内容。之后，一名传播顾问指出，在几天内，一位发言人在两场毕业典礼上发表同一篇演讲是不常见的：

> 其中一个原因是谷歌，因为你可以直接输入他在一所学校演讲的文本，然后——天啊！——找到他在另一所学校的演讲。[1]

考虑观众　比在搜索结果中重复出现更重要的是，扎卡利亚未能使每场演讲都适合特定的观众。在第五章，我们探讨了了解观众信息的原因和方法。当你在寻找潜在的演讲主题时，应该问问自己“这些观众有什么共同的兴趣和需求？”以及“他们为什么会让我讲话？”这些重要的问题。请记住每个观众的兴趣和预期。例如，一位大学校长受邀到一个公民组织进行演讲，应该谈论一些新的大学项目或最近取得的成就；一名在小学的家长教师联盟会上演讲的警察应该解决观众对儿童安全的担忧。与法里德·扎卡利亚的演讲相反，自闭症活动家和动物行为学家坦普·葛兰汀（Temple Grandin）指出，当她受邀在毕业典礼上发表演讲时，她会把收集“校园、地方和当地人民”的信息作为重点，并据此调整她的演讲。[2]

演讲者不仅要选择与观众的**兴趣**和**预期**相关的话题，还要考虑到观众已有的关于这一主题的**知识**。例如，与一群残疾学生讨论建立校内残障人士服务办公室的需求就不是一个很好的主题，因为他们早已经知道这种需求。这次演讲不会给他们提供任何新的信息。

最后，演讲者应该选择那些**重要**的话题，这些话题对他们的观众和他们自己都很重要。学生演讲者罗杰·弗林杰将在公共演讲课上演讲这件事解释为：

> 学费是我们通过努力工作挣得的，因此我们应该精打细算。而精打细算意味着……我们不应该浪费那些必须听我们演讲的同学的时间。[3]

几年前，传播学学者和当时的全美传播学会会长布鲁斯·格伦贝克提醒一群传播学教师，学生想听的是“重要的演讲，告诉……人们如何应对那些引起分歧的问题……”[4] 下面的表 6.1 提供了适用于特定观众的兴趣、预期、知识和顾虑的主题示例。

表 6.1　以观众为中心的主题示例

观众	主题
退休人员	处方药福利
公民组织	残奥会
教会成员	创办一家社区粮食银行
一年级学生	万一发生火灾，应该怎么处理
教师	建立孩子们的自尊心
大学兄弟会	校园服务机会

资料来源：Copyrighted by Pearson Education, Upper Saddle River, NJ

考虑场合　1877 年 12 月，马克·吐温受邀成为美国诗人约翰·格林里夫·惠蒂埃（John Greenleaf Whittier）的七十岁生日庆祝会的餐后演讲嘉宾之一。[5] 嘉宾名单包括亨利·沃兹沃斯·朗费罗（Henry Wadsworth Longfellow）、拉尔夫·沃尔多·爱默生（Ralph Waldo Emerson）和奥利弗·温德尔·霍姆斯（Oliver Wendell Holmes）。

当轮到吐温发言时，他以幽默地取笑朗费罗、爱默生和霍姆斯开始演讲，把他们说成那些在内华达喝得醉醺醺的、正在玩扑克的游客。习惯了观众的笑声和掌声的吐温对沉默感到惊讶。

哪里出了问题？马克·吐温的主题是否引起了观众的**兴趣**？是的。他们**希望**听见有人讨论贵宾吗？是的。吐温能**增加**他们对主题的**认识**吗？可能吧。他的主题**适合**这个场合吗？当然不！

虽然餐后演讲风格通常都以诙谐幽默为主，但吐温对嘉宾的不恭显然不适合生日庆祝会的气氛。即使他考虑过他的观众，他也没有充分考虑到这个场合的要求。吐温不恭的言谈在当时引起了相当强烈的不满，据说后来他为此难堪了好几年。要想成功，主题必须适合观众和场合。

考虑自身　你和你的朋友谈论什么？你可能会讨论学校、共同的朋友、政治或社会问题、爱好或休闲活动，或者其他任何你感兴趣和对你有重要意义的话题。和大多数人一样，在谈论自己最确信、与个人事务有关的主题时你变得活泼、兴奋。

最好的公共演讲主题也是那些反映你自身经历或你特别感兴趣的主题。你住在哪里？你去哪里旅行了？介绍你的家人或者你的祖先。你曾经是否做过兼职？描述你在大学中的第一天。你最喜欢的课程是什么？你的兴趣或爱好是什么？你最喜欢的运动是什么？什么社会问题最让你担忧？以下是由这些问题产生的主题清单：

- 蓝调音乐
- “美国佬，滚回家”：在法国的美国游客
- 为什么很多减肥方式都无效
- 在麦当劳的柜台后边
- 我的大学第一天
- 虽然远离家乡却一直和家人联系紧密
- 参与政治活动

相比于选择你所熟悉的话题，另一种方式是选择你想要了解的话题。你的兴趣会激发你的研究并推动演讲。

选择主题的策略

所有成功的主题都会考虑到观众、场合以及演讲者，但是仅仅考虑这些准则并不能自动生成一个好的主题。迟早我们会发现，无论是学期第一次演讲，非常重要的期末演讲或是从学校毕业后很久的演讲活动中，自己已经无法想出优秀的演讲主题了。对于公共演讲者来说，没有什么比这更令人沮丧的了！在这种情况下，你可能需要用到以下策略中的一种。

> **自信地同你的观众建立联系**
>
> **选择一个有趣的主题**
>
> 你对自己所选择的主题越有自信，你在对观众进行演讲时也会更有自信。你对主题的兴趣和热情可以取代你对他人演讲时的焦虑。不要总是关注你的恐惧，你应该更加自然地向你的观众表达你的兴趣，而观众也会因为你的兴趣而发现你的主题的有趣之处。选择一个有趣的主题将帮助你更加自信地演讲。

头脑风暴 作为广泛应用于商业、广告、写作和科学等多个领域的解决问题的技巧，**头脑风暴**经常被用来为演讲寻找主题。[6] 为了想出可供选择的主题，你可以拿一张纸和一支铅笔或钢笔，或者在计算机上打开一份新文档。设定一个最长时间限制，比如 3 至 5 分钟。写下想到的第一个主题，不要评估这个主题，而是继续写下第二个想法——脑海中出现的任一想法。第一个话题可能会让你联想到第二个主题，这种“捎带”的想法是完全没问题的，在计时结束之前，你都可以继续无拘无束地想下去。在这个阶段，想什么都可以。你的目标是数量——在规定的时间内尽可能多地产生想法。

> **头脑风暴**（**brainstorming**）具有创造性的问题解决技巧，用于激发多种想法。

以下列出的 20 个可用的主题来自大约 3 分钟的头脑风暴：

- 音乐
- 雷鬼乐
- 鲍勃·马利
- 录音技术
- 怀旧音乐
- 巴迪·霍利
- 甲壳虫乐队
- 约翰·列侬
- 另类音乐
- iTunes
- 对音乐的审查
- 电影主题
- 20 世纪 50 年代奥斯卡获奖影片
- 伟大的史诗电影
- 《泰坦尼克号》（电影）
- 打捞泰坦尼克号（船）
- 寻宝游戏
- 基韦斯特，佛罗里达州
- 厄内斯特·海明威
- 多趾猫

如果你的头脑风暴产生了不少很好的主题，那就更好了。在课堂笔记本中留出一两页用来记录主题想法，并列出最终没有选择的主题。在你进行下一次任务时，你可以重新考虑它们。

> **概述**
>
> **如何通过头脑风暴来获得一个主题**
>
> - 以空白的一页纸或电脑屏幕开始。
> - 为头脑风暴设置时间限制。
> - 开始写下尽可能多的可以作为演讲主题的想法。
> - 不要停下来评估你的主题，仅仅将它们写下来。
> - 让一个想法带出另一个想法——进行自由联想；借助你自己的想法。
> - 一直写下去直到时间结束。

倾听和阅读 很多时候你看到、听到或者阅读到的东西能够触发关于演讲的想法。晚间新闻或你最喜爱的在线新闻网站的故事可能会提供一种主题。以下这些主题是最近在阅读一份日报上的热点问题时想到的：

- 网络间谍
- 房地产市场复苏
- 洪水保险费用上涨

- 墨西哥毒品战争
- 龙卷风的最佳预警时间

除了在新闻故事中发掘主题之外，你还可以在新闻节目《20/20》、《日界线》（*Dateline*）甚至日间访谈节目的有趣片段中找到主题。有可能一家媒体报道的话题另一媒体也报道过，你可以对该话题进行更广泛的研究。例如，奥兹博士对家中角落的研究也许能与《时代》周刊关于过度使用抗菌清洁产品的危险的文章相互参照。

你也可以在其他课程中发现演讲主题。关于经济或政治科学的课程演讲可能会引起你的兴趣或为你的下一次演讲提供很好的主题。这门课程的老师还可能指出关于这一科目额外的参考资料。

有时，甚至你同你的朋友随意讨论的问题都有可能发展为一个演讲主题。你可能和你的同学讨论关于宿舍管理、停车位不足或者是你对注册及指导教师的不满这类校园问题。校园范围内的问题会同在你的演讲课中的学生观众产生关联，例如如何找到一个好的暑期工作以及住在校园内外的利弊。

就像你在头脑风暴中记下可能的话题一样，记得写下你从好友的讯息、媒体报道、课堂讲座或非正式会谈中获得的主题想法。如果你仅仅依靠记忆，一个今天闪现的好话题到明天可能只是令人沮丧的空白。

浏览网页目录　到目前为止，你可能已经拥有可供选择的主题清单。但如果你想尽一切办法都没有产生让自己满意的主题的话，可以尝试一下以下策略。

进入分类网站，随机选择一个分类。点击它，并浏览跳出的子分类。点击其中的一个子分类。继续查看子分类，直到你看到能够激发你兴趣的主题——或者直到你点击最小的分类，在这种情况下，你就返回目录主页再试一遍。

通过随机浏览网站，可以得到以下从一般到具体的分类：

- 社会和文化
- 环境和自然
- 生态旅游
- 生态志愿者

这一搜索过程只用了几分钟（你也一样，只要你能抵制住上网的诱惑）便产生了至少一种可用的主题：成为一名生态志愿者。这一策略的另一个优点是，在你检索主题的过程中你已经开始准备你的初步参考文献目录了。

概述

选择一个主题

策略	原则
头脑风暴	考虑观众
倾听和阅读	考虑场合
浏览网页目录	考虑自己

缩小主题

在头脑风暴、阅读报纸、浏览网页以及同朋友交谈之后，你想到了一个主题。对有些学生来说，最困难的任务在这时已经结束了。但其他人可能很快就会经历额外的挫折感，因为他们的主题过于宽泛，以至于发现自己被淹没在大量繁杂的信息中找不到头绪。你怎样才能在 3 到 5 分钟的演讲中谈及如“电视”这样宽泛的主题的所有方面呢？即使你讲话同拍卖商一样快，那也要花好几天时间来囊括所有方面。

解决办法就是缩小你的主题，使它能满足你的任务所设置的时间限制。挑战在于**如何**去做。如果你有一个宽泛的、难以处理的主题，你首先可以尝试分类。类似于网页中的类别，在列表顶部写下你的一般主题，并将列表中的后续词汇作为更特定或更具体的主题。梅根使用分类来帮助她缩小她的一般主题：音乐。她在一张纸的顶部写上“音乐”，之后构建一个分类层次结构：

- 音乐
- 民谣
- 爱尔兰民谣
- 爱尔兰民谣在美国的流行

很快，梅根发现她的主题还是太宽泛。她没办法在不超过五分钟的演讲中涉及爱尔兰民谣在美国的流行这一主题的方方面面，所以她选择了音乐的一种形式——舞曲，并决定探讨在《大河之舞》中出现的爱尔兰踢踏舞曲。

要小心，不要将主题缩小过多，以至于你无法为 3 分钟的演讲找到足够的信息。但是如果你这样做了，你可以返回上一个步骤。在我们举的例子中，梅根可以退回到前一个更大的主题：爱尔兰民谣在美国的流行。

一步一步地规划你的演讲

选择并缩小你的主题

在网上看到一则关于大学校园的新闻报道后，布里安娜开始考虑自己的演讲计划。这则新闻说的是一所大学里安装了一台自动售货机，以分发紧急避孕药。对她来说，这可能会成为她即将到来的说服性演讲的一个很好的主题——她的学生观众将会发现相关和有趣的话题，而且她可以从多个健康和法律角度进行讨论。这个话题似乎也适合 8 至 10 分钟的时间限制。

6.2　确定你的目标

为演讲写下以观众为中心的具体目标。

现在你已经选择并缩小了你的主题，接下来你需要在目标方面做出决定（图6.1中的第二个步骤）。如果你不知道你想让你的演讲实现何种目标，那你的观众就更不清楚了。问问自己："对观众来说，什么信息是最为重要的？我希望观众做出怎样的回应？"在这一阶段明确你的目标将保证一场更加有趣的演讲以及更加成功的结果。

总目标

任何演讲的**总目标**都不外乎提供信息、说服观众或者娱乐观众。你在班中进行的演讲一般要么是信息性演讲，要么是说服性演讲。完全理解每种类型演讲的构成是非常重要的，这样你才不至于弄混它们并导致任务的失败。你肯定不想在为某人提供信息时，却发表一场优秀的说服性演讲！虽然第十三章到第十六章会对这三种总目标进行详细的探讨，但我们在此也要总结一下，这样你可以了解每种目标的基本原则。

信息性演讲　信息性演讲者就是一名老师。信息性演讲者给予观众信息。他们对某一事物、人、地点、概念、过程或是功能进行定义、描述或者解释。在以下关于厌食症的信息性演讲片段中，一名学生为她的观众描述了这一病症：

> 厌食症是一种进食障碍，每200名美国女性之中就有一人受其困扰。这是一种自我诱导的饥饿，被这种饥饿消耗的受害者看起来就像受过纳粹集中营的摧残。
>
> 谁会患上厌食症？95%的受害者都是12到18岁之间的女性。男性很少受到这一疾病的折磨。厌食症患者通常被认为是"优秀"或"模范"学生，他们不曾因为其他问题而引起父母不必要的担心或伤心。厌食症可能是这些女孩的一种极度渴望他人关注的表现。[7]

你在大学中听到的演讲通常都是信息性的。大学校长每年发表的"校情咨文"演讲是信息性的，威廉斯堡殖民地的导游介绍也一样。这些演讲者都在尝试着增加观众的知识。虽然他们偶尔会在演讲中使用幽默的表达，但他们主要的目标并不是娱乐观众。虽然他们会在谈论这一主题时激发观众的兴趣，但他们的主要目标也不是进行说服。第十三章提供了准备信息性演讲的具体策略。

总目标
（**general purpose**）
发表演讲的宽泛动机：提供信息、说服观众或者娱乐观众。

说服性演讲　说服性演讲者可能会提供信息，但他们使用这些信息来尝试改变或增强观众的信念并通常会敦促观众采取某些行动。例如，布莱恩提供了一些令人信服的数据来帮助说服他的观众采取一些行动来预防并缓解慢性病痛：

> 美国有一亿人，将近总人口的三分之一，"患有"由意外事故、日常焦虑等各种原因导致的慢性疼痛。[8]

概述

演讲的总目标

提供信息
通过对一件事、人、地点、概念、过程或功能进行定义、描述或解释来同观众分享信息。

说服观众
改变或强化观众的态度、观念、价值观或行为。

娱乐观众
通过让观众放松、微笑或大笑来帮助观众度过愉快的时光。

在你们的高中集会上演讲的"反醉驾母亲协会"（MADD）代表力劝你不要酒后驾驶，并鼓励你帮助其他人也意识到酒后驾车的危险；协会主席试图说服你们加入协会；在上一次选举中美国总统候选人出现在电视上，请求你投票。所有这些演讲者都给了你信息，以此尝试获取你的信任或让你采取一些行动。第十四章和十五章将重点探讨说服性演讲。

娱乐性演讲 娱乐性演讲者尝试让观众放松、微笑，还可能想让他们开怀大笑，总之是让他们玩得开心。短篇小说作家加里森·凯勒（Garrison Keillor）作为编剧，虚构了美国明尼苏达州的乌比冈湖小镇居民的故事，目的是娱乐观众。喜剧演员路易·C. K. 以自己独特的幽默风格让观众开怀大笑。如第十六章所描述的，许多餐后演讲者以娱乐宴会主人为目的。如同说服性演讲者，娱乐性演讲者也可能为他们的观众提供信息，但是提供知识并不是他们的主要目标。他们的目标是至少能让一个人发笑，最好是捧腹大笑。

你必须尽早决定演讲的总目标是三种类型中的哪一种。这一决定可让你的整个演讲准备过程不偏离正确的轨道。你组织、支持和发表演讲的方式，在一定程度上取决于你的总目标。

具体目标

现在你已经有了一个主题，并且你已经大体知道你的演讲是应该提供信息、说服观众还是娱乐观众，是时候决定演讲的**具体目标**了。与可以由老师指定的总目标不同，你必须自己决定演讲的具体目标，因为它直接取决于你选择的主题。

为了达到你的演讲的具体目的，你要周密地思考，自己到底希望观众在演讲结束后**做**些什么。这种目标或目的被称为**行为目标**，因为你明确地指出了你希望观众有什么行为。

具体目标
（**specific purpose**）
对于在演讲的结尾观众能够做些什么的陈述。

行为目标
（**behavior objective**）
按照预期的观众行为表达具体目标。

针对一场关于电视喜剧如何反映现代家庭生活的信息性演讲，你可能会写道："在我的演讲结束时，观众将能够解释喜剧是如何刻画当代美国家庭生活的。"针对一场使用了视觉辅助工具来解释做法的演讲，其具体目标陈述可以是："在我的演讲结束时，观众将能够使用风水的原理来选择墙的颜色。"一场说服性演讲的具体目标的陈述可能是："在我的演讲结束时，观众将能够解释为什么在美国应该禁止驾车时收发短信。"娱乐性演讲同样有具体目标。单人喜剧表演可能有一个简单的具体目标："在我的演讲结束时，观众将大笑并鼓掌。"相比于单人喜剧表演，餐后演讲者的娱乐性演讲有更多信息价值，他们可能会说："在我的演讲结束时，观众将能够列出记者的四种特征。"

系统地阐释具体目标　注意在之前的段落中，几乎所有的具体目标陈述都以相同的11个字开始："在我的演讲结束时，观众将……"之后是一个动词，它指出了观众在演讲结束时应该执行或能够执行的可观察、可衡量的动作。使用如**列出**、**解释**、**描述**或者**写出**这样的动词。不要使用**知道**、**理解**或者**相信**这类动词——你只要让你的观众以某种可量化的方式展示能力的提高即可发现他们知道、理解或是相信了多少。

关于目标的陈述并不是告诉大家，你，**演讲者**，将要做什么。说"在我的演讲中，我将讨论关于学习古典舞蹈的益处"，这强调了你作为演讲者的角色。这种演讲的目标是以你为中心而非以观众为中心的。目标陈述提供了对演讲的指引而不是对你的主题的重述。但是如果说"在我的演讲结束时，观众将能够列出学习古典舞蹈的三种益处"，这就将观众以及他们的行为放在你考虑的中心位置。后一种表述方式提供了切实的目标，它可以指导你的演讲准备过程，并且通过这一目标陈述你还可以评估演讲成功与否。

以下指导原则将帮助你准备你的目标陈述。

- **使用涉及可观察或可测量的行为的词语**

  不可观察的　在我的演讲结束时，观众将对密苏里州汉尼拔有一些了解。

  可观察的　在我的演讲结束时，观众将能够列出在密苏里州湖畔的汉尼拔小镇上的五个景点。

- **将具体目标限定在一个单独的想法中**　如果你的目标陈述包含一个以上的想法，你将很难在演讲中涵盖所有想法，并且，你的演讲会有在衔接处破裂的风险。你的演讲可能会缺少想法的一致性以及表达的连贯性。

  两个想法　在我的演讲结束时，观众将能够用BASIC语言写出一个简单的电脑程序，并且会玩电子游戏《生化奇兵3：无限》。

  一个想法　在我的演讲结束时，观众将能够用BASIC语言写出一个简单的电脑程序。

- **确保具体目标反映了你的观众的兴趣、期望以及知识水平**　确保你的具体目标是非常重要的。在这一章的前半部分我们探讨了如何根据一些标准选择演讲主题。当你描述具体目标时，再一次考虑它们。

行动目标陈述能够提醒你公共演讲的目标是赢得观众的回应。除此之外，使用具体目标来指导你的演讲规划能帮助你在整个演讲准备过程中以观众为中心。

一步一步地规划你的演讲

决定你的目标

由于布里安娜的任务是发表一场说服性演讲，她知道她的总目标是说服观众。她将要尝试改变或者强化观众对提供避孕药及相关信息的态度以及观念，也许还会让他们采取一定的行动。

布里安娜知道她的具体目标应该以“在我的演讲结束时，观众将……”开始，所以她草草写下：

在我的演讲结束时，观众将赞成提供关于避孕药的咨询服务。

当布里安娜打好具体目标的草稿时，她发现了其中的问题。她怎样判定观众是否“同意”她的论证呢？她将具体目标改为：

在我的演讲结束时，观众将解释为什么应该提供有关如何获取避孕药的咨询服务。

这个版本的目标更加可测量，但是“解释”似乎更适合信息性演讲而非说服性演讲。她希望她的观众以行动证明赞同。也许更好的说服性目标陈述应该是：

在我的演讲结束时，观众将签署一份请愿书，请食品药品监督管理局要求大学在提供避孕药的同时也提供相应的咨询服务。

布里安娜对第三个版本很满意。它反映了说服的总目标，还包含了可观察的行为目标。她准备迈出下一步了。

概述

演讲的具体目标

你的具体目标应该……

- 使用涉及可观察或可测量行为的词语。
- 限定在一个想法之内。
- 反应观众的需求、兴趣、期望以及知识水平。

使用具体的目标　在准备和发表演讲的过程中，你所做的所有的事情都应该为你的具体目标服务。具体目标可以帮助你评估你为演讲收集到的信息。例如，你可能会发现，虽然某个有趣的数据同你的主题比较相关，但是对你实现具体目标并没有帮助。在这种情况下，你就不应该使用这一数据。相反，要寻找能直接推动目标的材料。

一旦你决定了具体目标，立刻在一张便条上写下来。这样你就可以在准备演讲的过程中随时参考。

在一个完整的陈述句中，用直接的、特定的语言陈述以观众为中心的中心思想。

6.3　确定中心思想

在明确了自己的具体目标之后，你就可以确定你的**中心思想**了，这就是图 6.2 中标记出来的下一个步骤。确定中心思想（有时被称为**论点**）是用一句话说明这场演讲是关于什么的。写中心思想时，可以利用你的目标陈述。但是，正如表 6.2 中所总结的一样，中心思想同目标陈述在关注点和应用上都有所不同。目标陈述关注的是观众的行为；中心思想关注的则是演讲的内容。目标陈述会在准备演讲的过程中指导你的决定和你的选择；中心思想会成为最终演讲的一部分。

专业演讲教练朱迪斯·汉弗莱（Judith Humphrey）解释了中心思想的重要性：

> 在写演讲稿之前问一下你自己……“我的要点是什么？”要能够在一句话中清晰阐述这一信息。你所说的其他任何话都是为了支持那个论点。[9]

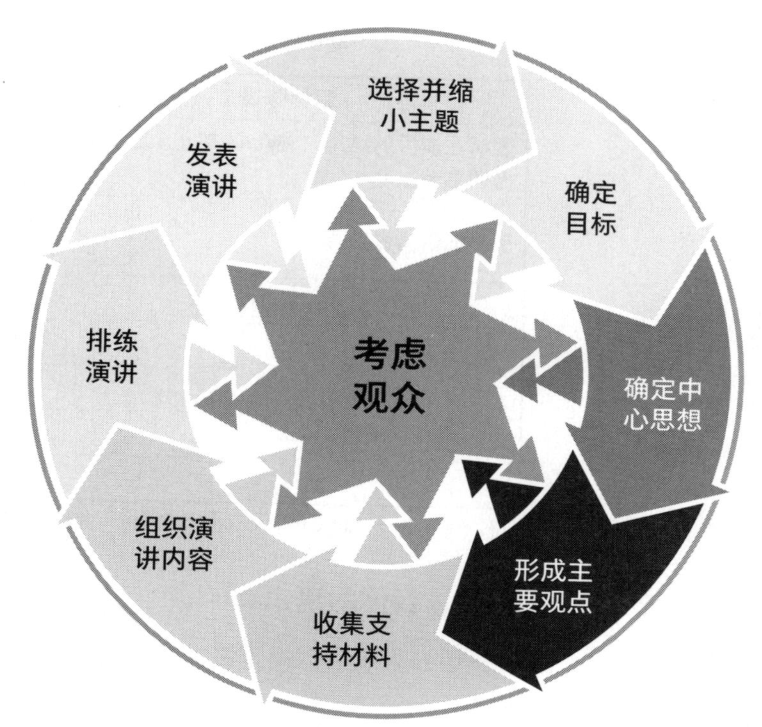

图 6.2　你的中心思想是对演讲的一句话总结，之后通过寻找逻辑、分析原因或分解步骤来形成主要观点，以此支持你的中心思想

资料来源：Copyrighted by Pearson Education, Upper Saddle River, NJ

以下原则能够帮助你用语言表达你的中心思想。

完整的陈述句

中心思想应该是一句完整的**陈述句**，不是一个短语或从句，不是一个问题，而是一个语法完整的句子。

短语	汽车保养
问题	定期保养汽车是否重要？
完整的陈述句	定期保养你的汽车可以保证它可靠地运行。

中心思想
（central idea）
一句话说明这场演讲是关于什么的。

陈述句（declarative sentence）
语法完整的句子，而非从句、短语或是问题。

短语“汽车保养”实际上是一个主题，而不是中心思想。因为它没有对汽车保养做出任何阐述。“定期保养汽车是否重要？”这一问题相比短语更加完整，但是没有揭示演讲者将支持的是肯定的一方还是否定的一方。在表述你的中心思想时，你应该准备好用一个完整的陈述句总结你关于主题的立场。

表 6.2　目标陈述与中心思想

目标陈述	中心思想
表明在演讲的结尾，观众应该知道或者能够做的事情	用一句话总结演讲
引导演讲者做选择	体现在整个演讲准备过程中，包含于演讲和选择中
	中心思想应该……
	是一个完整的陈述句
	使用直接、具体的语言
	包含单一的想法
	是以观众为中心的想法

资料来源：Copyrighted by Pearson Education, Upper Saddle River, NJ

直接、具体的语言

中心思想应该用直接、具体的语言进行陈述，而非用修饰语及模糊笼统的词语。

修饰性语言　我的观点是，学校禁止学生使用手机威胁到了学生的权利。

直接的语言　学校禁止学生使用手机威胁到了学生的权利。

模糊的语言　2012 年的飓风影响到了美国的东北部。

具体的语言　2012 年 10 月，飓风“桑迪”袭击了美国东北部海岸，造成数百人死亡，数十亿美元财产损失，并迫使纽约证券交易所关闭了两天。

单一的想法

中心思想应该是单一的想法。

一步一步地规划你的演讲

确定你的中心思想

布里安娜阅读了本章内容之后了解了她的中心思想应该是一个以观众为中心的完整的陈述句。她也知道，有时还可以从具体目标陈述中提取中心思想。她写道：

食品药品监督管理局应该要求大学在提供获取避孕药的措施的同时提供咨询服务。

两个想法 木材生意和有毒废物倾倒造成的森林砍伐是当今美国主要的环境问题。

单一想法 有毒废物倾倒是当今美国主要的环境问题。

有一个以上的中心思想和在目标陈述中有一个以上的想法一样，只会导致演讲的混乱及一致性的缺失。

以观众为中心的想法

中心思想应该反映出对观众的考虑。在选择和缩小主题以及整理你的目标陈述时，你会考虑你的观众。同样，在陈述中心思想时也该考虑观众的需求、兴趣、期望以及知识水平。如果不考虑你的观众，那么你就会陷入一种风险，即甚至尚未开始规划演讲就已经对观众失去吸引力。比如，在下面的中心思想中，只有第二种适合主要由大三学生和大四学生组成的观众。

不适合 一年级大学生随时可以获得各种来源的奖学金。

适合 虽然你们可能会把奖学金当作一种一年级新生的资金来源，但有些奖学金只能由完成大学一年级学业的学生获取。

6.4 形成并预告主要观点

运用从中心思想中形成主要观点的三种方法。

选择好主题以后，在规划演讲的过程中遇到的最大的绊脚石可能就是制订演讲计划了。尝试着决定怎样将你的中心思想划分为两个、三个，或者四个**主要观点**——可以帮助你扩展中心思想的详细要点——可能会让你咬烂笔头，抓耳挠腮，之后仍然以开始时同样的一张白纸结束思考。如果你采取下列策略，这个任务将会更容易一些。

形成你的主要观点

在一张白纸或空白的电脑屏幕的顶部写出中心思想，然后问自己以下三个问题：

- 中心思想是否能进行**逻辑性划分**？（由如“三种类型”或“四种方法”这样的短语表示）
- 你是否能想到一些**理由**来证明中心思想是成立的？
- 你是否能按**步骤**或按时间顺序来支持自己的中心思想？

主要观点
（**main ideas**）
扩展中心思想的详细要点。

你的肯定回答应该不止一个。根据你的答案，把自己想到的逻辑划分、理由或是步骤写下来。让我们看看，在以下几个中心思想陈述中，这种方法是如何起作用的。

寻找逻辑划分 假设你的中心思想是“文科教育给学生带来两种形式的好处”。现在你转向那三个问题。但对于这一个例子，你都不需要往下看第二个问题。中心思想是否拥有逻辑性的划分？短语“两种形式”表明了确实存在逻辑上的划分。你可以按照逻辑将你的演讲划分为使学生受益的两种形式：

- 文化鉴赏
- 关怀人类

在这一部分，经过简短的头脑风暴环节之后，你可以想出文科教育能给学生带来哪些更具体的好处的示例。在这一阶段，你不需要考虑主要观点应该按照什么方式进行排列，是罗马数字、并行格式，或者是主次。我们将在第八章中讨论这些内容以及其他提纲式样。你现在目标只是形成主要观点。而且，不要仅仅因为你将它们写下来了，你就认为你想出来的这些观点就是固定不变的了。它们可以——而且很可能会——改变。毕竟，这只是**初步**计划。在你实际发表演讲之前，它还会经历许多次修改。例如，你可能有四个要点，但是在大多数课堂演讲允许的短时间范围内，四个要点的信息可能显得过多。由于删除它们比创造它们更加容易，所以现在请列出所有的想法。

确定理由 假设你的中心思想是“装饰家具引发的火灾危及生命”。[10] 询问自己这一想法是否能按逻辑进行划分，对你并没有什么帮助。没有短语支持逻辑划分——没有“方式”“方法”“类型”或者“办法”出现在该表述中。但是，在围绕这个主题做了一些初步的阅读之后，你可能会想到能够证明中心思想成立的一些**理由**。在得出以下三个答案之后问自己“为什么？”：

- 减少香烟引起的火灾的规定已经使家具制造商产生了一种虚假的安全感。
- 政府官员拒绝强迫家具行业重新审视其标准。
- 消费者在很大程度上忽视了这种风险。

注意，这些主要想法都是以完整的句子进行表达的，而前一个例子中的主要想法则是以短语的形式。在这一阶段，这些都没问题。重要的是将你的想法落实到纸上，你可以在之后重写或整理它们。

跟随具体步骤 “美国国家航天和宇航局的航天飞机计划既取得过巨大的成就

也经历过悲惨的失败。”你郁闷地盯着自己昨天经过深思熟虑确定的中心思想发愁。现在该怎么办？你非常了解这一主题了，你的航空航天科学教授已经在本学期进行了深入讲解。但是，你如何组织所有信息？你再一次使用问自己三个问题的方法。

中心思想能进行逻辑性划分吗？你充满希望地浏览这句话，但是你找不到任何表明逻辑划分的关键短语。你能想到证明这个中心思想成立的理由吗？你再次阅读这一中心思想，并询问“为什么？”，回答这一问题可能确实需要制订一份演讲计划，在演讲中你可以讨论成功和失败的原因。但是你的目标陈述是，“在我的演讲结束时，观众将能够追溯航天飞机的历史”。给出航天飞机项目成功和失败的原因

一步一步地规划你的演讲

形成你的主要想法

有了中心思想后，布里安娜知道，接下来她需要形成她的主要观点。她问自己这三个问题：

- 我的中心思想是否能进行逻辑性划分？
- 我是否能想到一些理由来证明中心思想成立？
- 我是否能以一系列步骤或按时间顺序来支持自己的中心思想？

布里安娜的中心思想似乎不符合逻辑性划分，但是她肯定可以想出其中心思想成立的理由。她草草写下中心思想，并且在其后写下：

食品药品监督管理局应该要求大学在提供获取避孕药的措施的同时提供咨询服务。因为……

她很快写上：

1. 获取紧急避孕药的便利使其在大学生中间的用量增加。
2. 获取便利，却没有必要的咨询服务，这导致许多大学生只能猜测怎样使用这种避孕药，或不知道怎样有效地使用它。

布里安娜有了两个可用的主要观点——很好的开始。但是她回头看了一下她的具体目标陈述，并想起，她还希望她的观众采取行动来解决这一问题。所以她添加了第三个主要想法：

3. 为了解决这两个问题，观众应该在递交给食品药品监督管理局的请愿书上签字，请求他们在所有大学校园中都为购买非处方避孕药提供咨询服务。

现在，布里安娜已经有了支持其中心思想以及实现其具体目标的主要观点了。

概述

形成主要观点

询问你的中心思想是否……

- 能在**逻辑**上进行划分
- 有很多**原因**表明这是真的
- 可以用一系列**步骤**来支持

对你的目标没有什么直接的帮助。所以你问出了第三个问题。

你能够用一系列步骤支持你的中心思想吗？通过回答第三个问题，你几乎可以针对任何历史话题或需要按时间顺序阐述的主题（例如，解释做法的演讲主题）形成主要观点。因此，你将你的主要观点锁定在航天飞机重要飞行事件年表上：[11]

- 1981 年 4 月：航天飞机试飞。
- 1986 年 1 月："挑战者"号航天飞机在发射时解体。
- 1990 年 4 月：哈勃太空望远镜部署完毕。
- 1999 年 5—6 月："发现者"号航天飞机同国际空间站对接。
- 2003 年 2 月："哥伦比亚"号航天飞机回航降落时坠毁。
- 2011 年 7 月："亚特兰蒂斯"号航天飞机完成谢幕之旅。

你知道，自己在晚些时候可以再添加、删除或重新组织这些观点，但是你现在起了个头。

注意，在最后一个例子中，在你形成主要观点时参考了你的目标陈述。如果这些主要观点并没有帮助你实现目标，那你就需要重新思考你的演讲。你可能最终会改变你的目标或你的主要观点，但是无论你做什么，你都需要让它们互相配合。记住，在这一阶段做出改变比在你做了研究并制作了详细的提纲之后改变要容易得多。

预告你的主要观点

主要观点一旦形成，你就可以在中心思想的基础上添加对这些主要观点的预告，以此形成演讲的**蓝图**。你想在演讲中以什么样的顺序对主要想法进行讨论，就以同样的顺序对它们进行预告。在第八章中我们将讨论怎样组织你的演讲。

有些演讲者，如妮可，会将中心思想和预告整合为一个句子：

> 废弃的电脑给垃圾掩埋场造成严重的破坏，因为它们含有有害物质，而且要花很长时间才能腐烂。[12]

在这一示例中，妮可从中心思想开始："废弃的电脑给垃圾掩埋场造成严重的破坏。"询问自己"为什么？"得出的两个原因就变成了她的两个主要观点："它们含有有害物质"以及"它们要花很长时间才能腐烂"。将这些原因同她的中心思想结合起来就产生了一个蓝图。

蓝图（blueprint）
演讲的中心思想加上对主要观点的预告。

其他的演讲者，如帕特里克在与水力压裂和开采石油有关的演讲中，用几句话阐明了演讲的蓝图：

> 为了理解压裂带来的根本性威胁，我们必须首先了解这一过程中每一步的危险。其次，揭露保护它的腐败的立法。最后，支持简单的解决方案，以拯救美国人的生命。[13]

帕特里克也从中心思想开始：压裂带来的是根本性的威胁。就像妮可一样，他为中心思想确立理由，在本示例中，就是“为了理解压裂带来的根本性威胁，我们必须首先了解”以及“揭露保护它的腐败的立法”。他在准备演讲时就决定仅提及“有一个简单的解决方案可以拯救美国人的生命”。考虑到一句话可能会显得冗长，帕特里克决定用三个简短的句子来勾勒他的蓝图。

同时，回到电脑上……

我们似乎有一段时间没有提到埃德·加西亚了，在本章开头，他在努力地写一篇关于大学足球的演讲。尽管他拖延了，但如果按照我们讨论过的步骤去做，他仍然可以规划出一次成功的信息性演讲。

埃德已经选好他的主题。他的观众很可能对他的主题感兴趣，因为他是一支代表队的猛将，观众可能期望他谈论一些关于大学足球的事情。他自己对这一主题也非常有兴趣，而且对这一主题很了解。这满足一个成功的主题所需要的所有条件。

但是“大学足球”对于一场 3 到 5 分钟的演讲来说过于宽泛。埃德需要将主题缩小至可处理的规模。他上网浏览网站分类，点击“文娱与体育”，之后点击“运动”。在他就要选择“学院和大学”这一选项时，另一个分类吸引了他的眼球：医学。运动医学。嗯……埃德曾受伤过几次，他认为自己有资格谈论这一话题。埃德不需要继续往下看了。他有了自己的主题：大学足球运动中的损伤。

他已经缩小了主题，现在埃德需要一个目标陈述。他断定，观众可能知道运动员是如何受伤的，但是他们可能不知道这些损伤是如何得到治疗的。他在电脑上输入，“观众将能够解释在大学足球运动员身上出现的三种最为常见的损伤是如何得到治疗的”。

几分钟后，埃德从目标中得出他的中心思想：“运动医学专家为大学足球运动员遭受的三种最常见的损伤制订了专门的治疗方案。”

现在，生成主要观点也变得相当简单。因为他的中心思想提及三种类型的损伤，他可以围绕这三个观点（逻辑性划分）来做他的演讲计划。围绕中心思想，埃德列出了三种损伤：

- 擦伤
- 骨折
- 韧带和软骨损伤

现在埃德有了一个计划，正顺利地规划一场 3 到 5 分钟的信息性演讲。

学习指导 回顾、应用及评估

6.1 选择并缩小你的主题

选择一个对观众、场合、时限和自己来说都合适的演讲主题，并缩小范围。

作为一个演讲者，你可能被要求谈论一个具体的主题，或者只知道时间和场合限制等宽泛的要求。注意到边界条件有助于你选择恰当的演讲主题。请务必记得观众的兴趣、期望以及知识水平。选择重要的主题。考虑到场合的特殊要求。确保考虑到了自己的兴趣、能力以及经验。如果你仍然不能确定主题，头脑风暴策略，如查询媒体信息或浏览网页分类，可能会给你关于主题的想法。在选择了一个宽泛的主题领域后，缩小这一主题，以适应时间限制。

关键词

伦理性思考

有演讲者准备了一场关于股票的演讲，并且在不同的场合向不同的观众发表这篇演讲。这一做法是否合乎伦理？解释一下你的答案。

批判性思考

一位州长候选人会参观你的公共演讲班级，并就为什么国家应该增加公共交通拨款这一主题进行30分钟的讨论。根据本章所提出的原则，对候选人选择的主题进行分析。

评估你以观众为中心的演讲技能

翻回到第116页上的表6.1。为左侧列出的每一类型的观众提出至少一个以观众为中心的主题。

6.2 确定你的目标

为演讲写下以观众为中心的具体目标。

在选择好主题后，首先要确定你的总目标，之后是你的具体目标。你的演讲的目标不外乎提供信息、说服观众或是娱乐观众。你的具体目标应该说明你的观众在演讲结束后应该做些什么。在你的具体目标陈述中指定目标行为，为你在规划演讲时评测观点和支持材料提供一个衡量标准。

关键词

伦理性思考

在第三章中，我们将合乎伦理的演讲定义为向观众提供选择的演讲。具体目标陈述是否排除了观众的选择权呢？

批判性思考

考虑一下以下具体目标陈述。根据本章中出现的标准对每一个具体目标陈述进行分析。重写这些句子来改正问题。

- 在我的演讲结束时，观众将对墨西哥犬吻蝠科了解更多。
- 我将解释亚洲和西方文化之间非语言沟通的差别。
- 在我的演讲结束时，观众将能够列出利用节水技术在院子中进行种植的理由。
- 描述我将洞穴探索作为一种爱好的原因。

评估你以观众为中心的演讲技能

在你为你的下一次演讲准备具体目标时，问自己这一关键问题："我怎样才能够观察或评估观众的反应？"

6.3 确定中心思想

在一个完整的陈述句中，用直接的、特定的语言陈述以观众为中心的中心思想。

具体目标陈述表明了演讲者希望达成的事情，这讲述了演讲者希望观众能够做些什么。与此相反，你的中心思想要总结你作为演讲者将要说些什么。中心思想应该是一个单一的思想，并以一个完整的陈述句进行说明。直接且具体，不要使用修饰性词语。

关键词

批判性思考

以下是玛丽莲为其说服性演讲选择的主题、总目标以及具体目标。

- 主题：美国摇摇欲坠的道路和桥梁
- 总目标：说服观众
- 具体目标：在演讲的结尾，观众将能够列出并解释美国应该对道路和桥梁进行投资的三个原因。

为玛丽莲的演讲写出合适的中心思想。

6.4 形成并预告主要观点

运用从中心思想中形成主要观点的三种方法。

中心思想确定好后，利用它来形成你的主要观点。确定主要观点是否：（1）可进行逻辑性划分；（2）可以得到几个原因的支持；（3）可以通过一系列步骤被描述出来。这些内容会变成演讲的蓝图或者计划。你将在你的引言中预告它们，并在你的结论中总结它们。

关键词

批判性思考

你已经为玛丽莲关于美国摇摇欲坠的道路和桥梁的说服性演讲写出了中心思想（见上文）。现在使用你的中心思想来为这一演讲生成主要观点，解释你是如何从中心思想中得出主要想法的。

评估你以观众为中心的演讲技能

核对一下你在之前的批判性思考环节中，针对玛丽莲的具体目标陈述所起草的主要观点。如果所有的主要观点都不能促成她所希望的在演讲结束时观众会做的事情，那么就应该对演讲的目的或者主要观点做出适当的修正。

7

收集并使用支持材料

目标

学完本章后，你应该能做到以下几点：

7.1 列出演讲支持材料的五种潜在的来源。

7.2 阐明系统性研究的五种策略。

7.3 列出并描述六类支持材料。

7.4 列出并解释用于评判演讲支持材料的六个标准。

学习，比较，收集事实！……永远要有勇气对自己说——我是个一无所知的人。

——伊凡·彼得罗维奇·巴甫洛夫（Ivan Petrovich Pavlov）

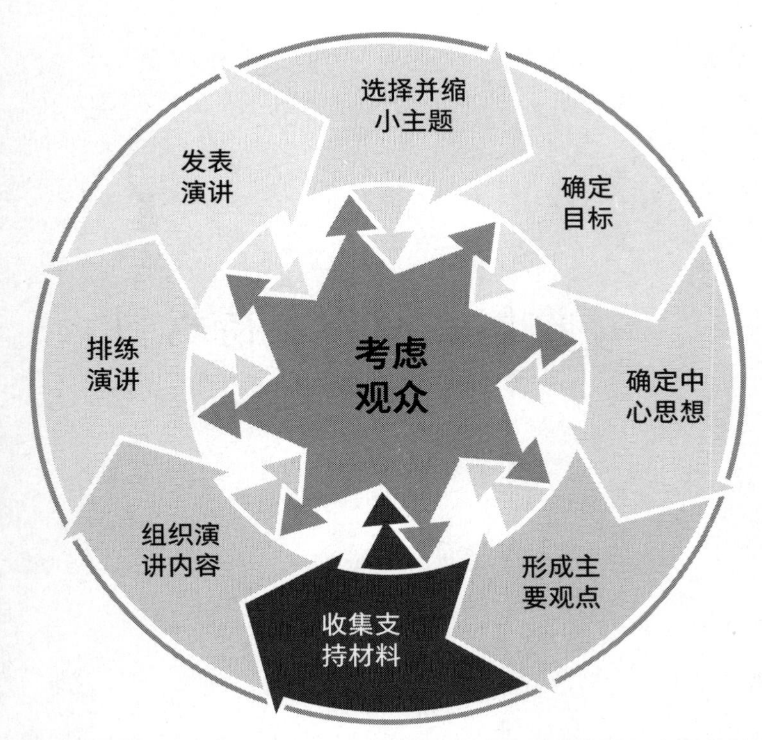

图 7.1　寻找、识别和有效使用支持材料是演讲准备过程中至关重要的活动

资料来源：Copyrighted by Pearson Education, Upper Saddle River, NJ

做苹果派是你的专长。你的家人和朋友津津有味地品尝着你制作的薄薄的酥皮、香喷喷的馅料和酥脆的粉粒。幸运的是，你不仅有永不失败的食谱和技巧，而且也知道在哪里可以找到最好的配料。菲特的果园里有着镇上最诱人的用来做派的苹果。对于酥皮，你只使用在麦耶斯专业食材市场买到的顶级起酥油。苹果派上铺的粉粒需要用细的全麦面粉和新鲜黄油，这些可以在周二庭院广场的农贸市场上买到。

如同你做苹果派时需要知道该从哪里找到专业的原料一样，创造一场成功的演讲也需要了解演说者通常使用的支持材料的来源、研究策略以及类型。本章将介绍在图 7.1 中突出显示的演讲步骤：收集支持材料。

列出演讲支持材料的五种潜在的来源。

7.1　支持材料的来源

演讲的支持材料有各种来源，包括个人知识和经验、互联网、在线数据库、传统图书馆的收藏以及采访。

个人的知识和经验

因为你可能会围绕你特别感兴趣的话题发表演讲，所以你会发现**你自己**就是最好的来源。你的演讲可能是关于你擅长的技能或活动，例如喂养热带鱼、画镂空画或是集邮。或者你可以谈论你的亲身经历，比如买一辆二手车，加入一个服务性组织，或者帮助一个年长的亲戚。的确，大多数经过精心准备的演讲都包含一些来自外部的客观材料，但是从你自己的知识和经验中也可以提取出有效的例证、解释、定义或者其他类型的支持。作为以观众为中心的演讲者，你也应该意识到，个人的知识往往能增加你在观众中的可信度。当他们意识到你对某个话题有第一手的资料时，他们会给予你更多的尊重。

互联网

当面临一项研究任务时，大多数人会首先求助于互联网。了解互联网的主要信息传递系统**万维网**、访问它的工具以及网上的一些可用信息类型都可以帮助你更有效地搜索支持材料。

查找网络资源 毫无疑问，你曾使用网络上的资料。如果你觉得通过搜索引擎产生的网页数量实在太多了，更专业的**垂直搜索引擎**可以帮助你缩小搜索范围。例如，文献索引和招聘信息索引。

另一个可以帮助你缩小搜索范围的策略是**布尔搜索**，你可以用引号或括号将字连接起来，以便检索出带有固定词语而不是随机出现这些字的网站。布尔搜索还允许你在单词和短语之间插入“AND”或“+”，以表示你希望看到同时包含这两个词语的结果。同样，你也可以从搜索中排除某些词语或短语。限定日期，以便看到在指定时间范围内发布的文档。在某种情况下，这些相对简单的策略可以帮助你将点击列表中的数百万个网站减少到适当的数量。

探索互联网资源 当你登录你搜索到的网站时，你会发现，从试图向你推销东西的网站，到政府机构和新闻机构的官方网站，各式各样，应有尽有。关于网站类型的一个线索是由网址的最后三个字母（例如 .com 或 .org）指示的**域名**。

虽然网站可以以多种不同的方式进行分类，但大多数网站都属于以下九类。[1]

- **商业**：这类网站的作用是出售商品或者服务，域名一般是 .com。
- **国家代码**：除美国之外的国家的网站网址都会包含一个国家代码；例如，英国的是 .uk，加拿大的是 .ca。
- **教育**：这类网站提供的是关于教育实体机构的信息，域名是 .edu。
- **娱乐**：网址的结尾是 .com，表示其可能是娱乐网站。
- **政府**：这类网站的作用是提供来自政府代理机构、政府办公室以及政府部门的信息，域名通常是 .gov。
- **军队**：关于军队或来自军队的信息通常展示在网址结尾为 .mil 的网站上。
- **新闻**：提供时事信息的网站，域名通常是 .com。
- **组织**：这类网站的作用是主张一个团体的观点，域名通常是 .org。
- **个人**：关于个人或者来自个人的信息可能出现在各种类型的网站上。

评估互联网资源 尽管网络是建立在言论自由的基础上的，但是在网络上发布的内容缺乏法律、金融或编辑方面的限制，这对研究人员来说既是一种逻辑上的挑战，也是一种伦理上的挑战。

当你开始浏览检索到的网站时，你需要根据一致的标准对其进行评估。表 7.1

万维网（**World Wide Web**）
互联网的主要信息传递系统。

垂直搜索引擎（**vertical search engine**）
在特定领域检索万维网的信息的网站。

布尔搜索（**Boolean search**）
一种先进的网络搜索技术，允许用户通过添加各种要求来缩小主题或对关键词进行搜索。

域名（**domain**）
网站的类型，由网址的最后三个字母表示。

概述

在互联网上找到支持材料

- 使用搜索引擎去寻找相关的网站。
- 根据以下六个标准评估网站：责任性、准确性、客观性、及时性、可用性和多样性。

中的六个标准可以作为评估标准。[2] 前四个标准可以作为评估任何资源的指导原则，无论是一个网站，一篇印刷文档，甚至是你在某个采访中获得的信息。

在美国，没有**维基百科**，讨论互联网资源评估就是不完整的。**维基百科**总是搜索出现的第一个结果。**维基百科**是很有用的，特别是对于当前事件和新技术的一般信息，这些信息可能

表 7.1　评估互联网资源的六个标准

标准	应用标准	得出结论
责任性：谁对这一网站负责？	• 负责网站的个人或组织的名称是否在网站标题或其网址中清楚体现。 • 查看该网站是否有数字签名。 • 通过访问链接或搜索作者的名字来确定作者的专业性和权威性。 • 如果该网站没有数字签名，则搜索赞助者的名称，或考察域名，确定其信誉。	• 如果你不能确认或核实作者与赞助者的身份，那么你要谨慎使用这个网站。
准确性：这些信息正确吗？	• 评估作者或赞助者是否可靠、权威。 • 评估网站内容的严谨程度。 • 对网站上的信息进行进一步的研究。	• 如果作者或赞助者是可靠的权威，那么信息更有可能是准确的。 • 网站相对来说应该没有书写错误。 • 你可以通过查询其他资源来验证或者反驳网站信息。
客观性：网站内容是否存在偏见？	• 考虑作者和该网站赞助者的利益、哲学或政治偏见以及资金支持的来源。 • 网站是否包含可能影响其内容的广告？	• 网站的作者或赞助者越客观，他们的信息就越可靠。
及时性：网站的内容是最新的吗？	• 查看网站底部的声明，关于网站何时发布以及何时进行了最后更新。 • 如果在网站上找不到日期，请单击页面信息，（从浏览窗口顶部的视图菜单中）查找“最后修改”日期。 • 在搜索引擎中输入网站的标题，由此产生的信息应该包括一个日期。	• 一般来说，当你关注事实性数据时，数据越新越好。
可用性：网站的布局和设计是否便于使用？	• 该网站加载速度相对快吗？ • 访问网站上的信息需要付费吗？	• 在图表、费用与实际效用之间做好平衡。

续表

标准	应用标准	得出结论
多样性：网站是否具有包容性？	• 语言和图表是否反映出尊重性别、种族、民族方面的差异？ • 互动论坛上是否有不同的观点？ • 该网站残障人士友好吗（例如，是否提供大号字体或视频选项）？	• 网站应该没有偏见，容许不同的观点，以及易于残障人士访问。

资料来源：Copyrighted by Pearson Education, Upper Saddle River, NJ

在未来数年都不会有印刷版。但是用户需要记住的是，不管专业知识如何，任何人都可以扩充任何条目的内容，这些限制了**维基百科**的可靠性和学术使用的适宜性。

在本章后面，我们还将提供更多标准，帮助你从电子和纸质资源中选择支持材料。

在线数据库

在线数据库提供各种书目信息、摘要和全文，包括期刊、报纸、政府文件甚至书籍。像网站一样，在线数据库可以通过联网计算机来进行访问。然而，与网站不同的是，大多数数据库的客户仅限于订阅这些数据库的图书馆。

查找和搜索数据库　要使用图书馆订阅的数据库，可能首先需要访问图书馆的主页并使用你的用户名和密码进行登录，然后找到可用的数据库名称，通常根据类型、主题以及字母的顺序列出。

搜索数据库则相对简单。点开每个数据库后一般都会有一个搜索框，可以在其中输入相关信息，如关键词和数据范围。大多数数据库还允许进行布尔搜索和其他类型的高级搜索。

在某些情况下，从查询多个数据库的搜索引擎上，你一次可以搜索到一个以上的数据库。例如，ProQuest公司提供报纸、刑事司法期刊、博士论文和教育期刊的数据库，以及广受欢迎的ABI/INFORM全球商业和金融出版物数据库。

探索数据库资源　许多一开始只提供计算机化索引的在线数据库现在也提供完整文本资源。你所在大学的图书馆可能会订阅以下几个或全部的主流全文数据库：

- **ABI/INFORM全球商业和金融出版物数据库（ABI/INFORM Global）**。这一数据库提供1971年至今的许多商业和贸易出版物的全文文本。
- **学术期刊集成数据库（Academic Search Complete）**。这一主流数据库提供从1865年到现在的许多文章的全文文本，涵盖了各种各样的主题。
- **JSTOR**。这是一个多学科期刊文章的全文数据库，包括到目前为止出版的

在线数据库
（online databases）
可提供摘要、全文及书籍数据访问的订阅电子资源。

每一期刊物。

- **学术大全数据库（LexisNexis Academic）**。这个数据库专注于商业和法律，提供来自报纸、杂志、期刊、时事通讯和新闻通讯社的许多文章。所包含的日期范围很广。
- **报纸资源数据库（Newspaper Source）**。这个数据库提供来自 40 多家美国和国际报纸的文章，来自哥伦比亚广播公司、美国有线电视新闻网络、美国有线电视新闻网络国际频道、福克斯新闻、美国国家公共电台等的 330 多种电视和广播新闻报道。这一数据库还提供 330 多种美国地方报纸的全文文本。

传统图书馆馆藏

尽管互联网和数据库资源发展迅速，传统的图书馆和电子馆藏仍然是内容丰富的支持材料的来源。

查找传统的图书馆馆藏 花一些时间熟悉图书馆的服务和布局，以便知道如何访问和查找图书及参考资料。许多百科全书、词典、指南、地图册、历书、年鉴、语录集和传记字典现在都可以在线获得。但是，如果你无法在线找到特定参考资源，则可以使用图书馆的卡片目录查找纸质版本。在进入图书馆之前，你可以在自己的计算机上访问大多数图书馆的计算机化卡片目录。如图 7.2 中所示，目录将提

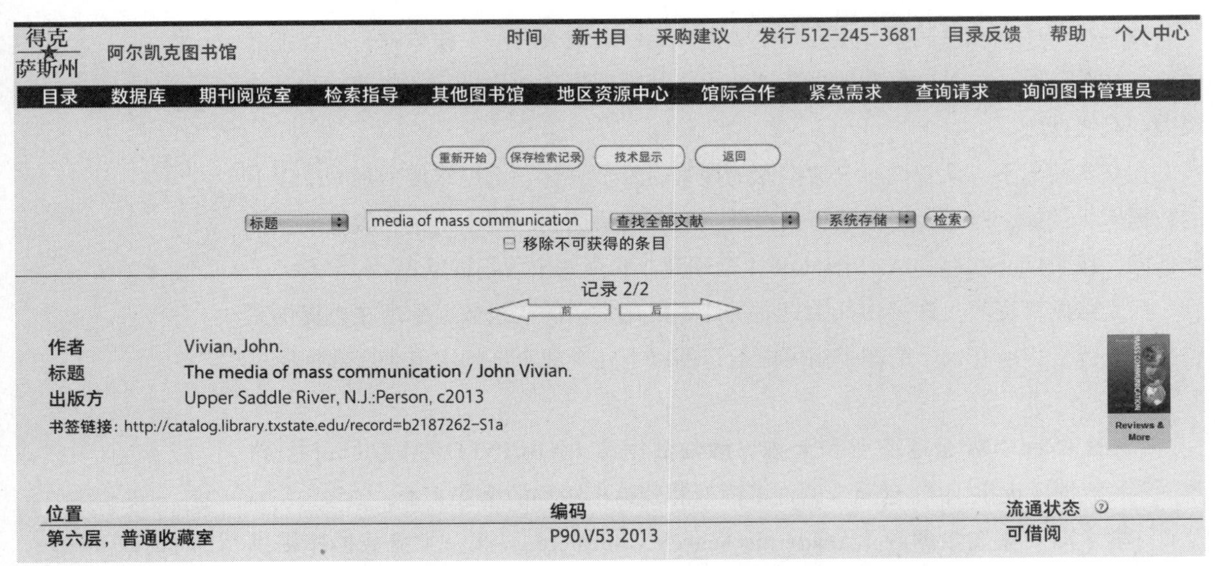

图 7.2 一本书的计算机化卡片条目。无论使用标题、作者还是主题检索著作，屏幕上都会显示相同的条目

资料来源：Source: Courtesy of Albert B. Alkek Library, Texas State University, San Marcos

供每本书的**图书馆编目号码**，你需要号码才能找到该书。

探索传统的图书馆馆藏　一旦你有了图书馆编目号码，你就可以进入图书馆获取你想要的东西了。在迫于最后期限的压力进行研究之前，熟悉图书馆的布局是个好主意。

书架（stacks）
图书馆中书籍的收纳处。

- **图书**　图书馆用来收纳书的**书架**按图书编目号码排列，这些号码被记录在卡片目录中。许多图书馆会提供一个位置指南或地图，引导你按编目号码去目标书籍所在楼层或板块。

  不要等到最后一刻才为准备演讲到图书馆进行研究。越来越多的图书馆开始在馆外存放一些图书，这意味着你不得不填写一张申请表，并需要等待一段时间才能领取一本书。

- **参考文献**　在一个图书馆的卡片目录中，纸质参考资源的编目号码都带有前缀 ref，这表明它们被放置在图书馆的参考文献区域。纸质版的参考文献通常只用于内部研究，不能被带出图书馆。

  负责参考文献的图书馆员是信息科学领域的专家。他们往往会建议你查询有可能被你忽略的纸质或电子文献。如果你打算使用参考文献区域，请在白天工作时间访问图书馆。在白天的工作时间而非夜晚或周末，全职负责参考文献的图书馆员更有可能在现场为你提供帮助。

采访

如果你的演讲主题中有一些重要问题，你不知道答案，但你想到某个人或许知道，可以采访那个人，以获得相关的支持材料。例如，如果你想讨论在城市某个区域修建新监狱的利弊，那你可以采访一名惩教署的官员、一名市政府的代表，以及该地区的一名居民。如果你想解释为什么阿尔·戈尔（Al Gore）虽然赢得了普选，却还是在 2000 年的总统选举中失利，那你也可以咨询你的政治学教授或者美国历史教授。

在你决定有必要进行一次采访之前，要确保你的问题是不能通过上网或阅读报纸、书籍得到答案的。如果你确定，只有通过采访才可以得到你所需要的材料，那么你应该提前做好准备。

概述

在图书馆可获得的支持材料

图书馆资源包括……

- 图书
- 期刊
- 报纸
- 参考文献

准备一场采访

- **确定目的**　准备采访的第一步是确立一个目标。例如，你需要了解什么？你是否需要一些无法从其他渠道获得的确凿事实？你需要受访者对你的主题给出专家建议吗？

自信地同你的观众建立联系

尽早准备

为你的演讲收集可靠的支持材料需要花费时间，所以给自己留出大量时间来收集示例、故事、数据、观点、语录以及其他支持材料是不错的想法。早些开始准备演讲，你还会有额外收获：研究表明，相较于拖到最后一刻才开始，尽早为演讲做准备能够让你在公开演讲时不那么焦虑。[3] 也就是说，尽早准备能够让你有足够的时间找到支持材料，并且有助于你管理好自己的焦虑情绪。

还是对纸质文献中的信息给出一种解释？

- **为采访制订计划** 一旦你有了采访的特定目的，并且决定了你需要与谁进行交谈，那么你需要安排一次会面。给对方打电话或发电子邮件，简短地自我介绍并解释致电原因，请求约见。如果时间允许，大多数人都会因他们的权威和知识被认可而感到高兴，并乐意接受一场严肃的学生采访。

  如果你考虑用音频或视频记录采访过程，请向受访者说明情况。如果受访者没有给予许可，那你就要准备在没有电子手段帮助的情况下收集信息。

- **设计问题** 在采访之前，要尽可能多地熟悉你的问题和你将要采访的人。准备的问题要充分利用受访者对主题的具体知识。只有当你已经对你的主题非常熟悉时，才能做到这一点。

  考虑如何将两种基本类型的采访问题——封闭式问题和开放式问题——结合起来也是有帮助的。开放式问题经常出现在封闭式问题之后：当被采访者用简单的“是”或者“不是”回答某一封闭式问题后，你通常要紧跟着问道：“问什么？”

进行采访

- **各就各位……** 采访时穿着得体。在大多数采访中，保守、正式的着装表明你认真对待采访，尊重受访者在领域内的权威。

  准备用纸、钢笔或铅笔做笔记。即使你打算录制采访过程，在采访的某个时刻你也可能需要关掉录音设备，因此你需要准备好替代方案。墨菲定律可能会使你的录音设备失效。无论发生什么意外，要确保采访可以继续进行。

- **预备……** 提前到达采访的地点。做好准备，如有必要，耐心等待。

  一旦你与将要接受采访的人坐定，就要说出你的目的。如果你熟悉并欣赏被采访者的著作，那么不要犹豫，说出来。真诚的恭维可以为交流带来积极的气氛。如果你决定使用录音设备，就把它摆放好。在被采访者看到之后，你可以把它挪到对方视线之外，但不要一开始就试图把录音设备藏起来，这样的伎俩是不合乎伦理的。如果你要做笔记，拿出你的纸和笔。现在你已经准备好提问了。

- **开始！** 在进行采访时，使用你准备好的问题，但不必过于拘泥。如果被采访人提到了一个你没有想到的有趣的角度，不要害怕，继续探讨这一观点。仔细倾听对方的答案。电视记者查尔斯·奥斯古德（Charles Osgood）建议采访者们：

> 不要只听字面的意思，而是要听取内涵。如果你这样做，你会学到一些东西，下一个问题就会从你刚刚学到的东西中产生。[4]

最后，请对方对你不理解的任何想法进行解释。

采访时间不要超过你约定的时间。受访者可能非常忙碌，并且出于礼貌从百忙之中抽出时间来见你。准时结束采访是一种礼貌行为。对受访者所做的贡献表示感谢，然后离开。

跟进采访 采访结束后，请仔细阅读你的笔记，并修改其中难以辨认或不清楚的部分。如果你录下了采访过程，把采访日期和被采访人的姓名记录下来。

7.2 研究策略

阐明系统性研究的五种策略。

你接入了互联网。你知道了图书馆提供的各种材料和服务，以及如何使用它们。简而言之，你已经可以开始研究如何演讲了。但是，除非你按部就班地走到了这一步，否则你可能会为了寻找一些记得看过却忘了做记号、写下来或打印出来的信息而重复好几个步骤，浪费大量的时间和精力。

有条不紊的研究策略会让你的工作更加容易、更有效率。你需要制定一份初步的文献目录，查找潜在的资源，评估潜在资源的有用性，做笔记，并确定可能用到的视觉辅助工具。

制定初步的文献目录

制定**初步的文献目录**，或者列出可能用到的资源，这应该是你的第一个研究目标。你可能会发现更多的资源，比你在演讲中实际参考或提到的要多；在这个阶段，文献目录仅仅是一种显示可能性的清单。比如，对一场 10 分钟的演讲来说，在初步的文献目录中你应该列出多少资源？一个合理的数字可能是 10 或 12。如果你准备的数量大于这个数字，你可能会感到不知所措；如果你所列的文献较之更少，那你可能会发现信息太少。

你需要用一个方法来记录你的资源。网页浏览器允许你添加书签以供将来参考和访问，书签可以作为你的初步文献目录的一部分。如果你正在搜索在线目录或数据库，你可以打印出你发现并记录的参考资料。这些文件可以是你的初步文献目录的第二部分。

初步的文献目录（**preliminary bibliography**）演讲中可能被用到的资源的清单。

查找资料

你应该能毫不费力地从网络和在线数据库中获取文本资源。对于初步文献目录中其他无法在线获取的项目，你需要自己去线下查找。参见本章前面有关传统图书馆馆藏的讨论。

评估资料的有用性

在开始仔细阅读和记录之前，评估你的资料的潜在有用性是非常有意义的。批判性地思考你所发现的各种资源是否能够帮助你实现目标，以及它们对观众有效的程度。浏览书籍目录，快速翻阅文本，记录图表或其他可能用作视觉辅助材料的视觉材料。快速浏览一两个关键的章节，快速浏览文章和网站。

做笔记

当你查找并判断了资料的可用性之后，你就可以开始仔细阅读并做笔记了。

- 从你认为最可用的资料开始阅读，记录下可能对你的演讲有所帮助的例子、数据、观点或者其他的支持材料。依据材料来源，你可以复印、裁剪、粘贴或是将它们存入电脑的文件夹中，或将它们打印出来。
- 如果你从某一资料中逐字抄写了一个短语、一个句子或者一个自然段，要确保给它们加上引号，因为之后你可能会需要知道它是直接引用还是进行了改述。（当然，这些信息可以通过查阅打印或复印的资料得到明确的判断。）
- 记录支持材料的来源。在第三章中，我们探讨了合乎伦理地注明所有观点和信息的来源的重要性。如果你在记笔记时一贯坚持记录来源，就可以避免无意识抄袭。

一步一步地规划你的演讲

收集支持材料

有了目标陈述、中心思想和主要观点，布里安娜开始研究关于紧急避孕的问题和信息。

为了寻找符合责任性、准确性、及时性、可用性和多样性标准的资料，布里安娜从疾病控制和预防中心的网站开始查找。她搜索到一些有用的信息，将该网站存为“书签”。

她接下来在大学图书馆的一般研究数据库中寻找。报纸和学术搜索结果都提供了一些资料，医学数据库联机医学文献分析和检索系统（Medline）也是如此。

有了这些资料，布里安娜开始阅读并做笔记。她小心准确地逐字抄录材料，并给笔记加上引号。

确定可能用到的演示辅助工具

除了文字材料之外，你还可以找到表格、图形、照片或其他可能有价值的视觉材料。

你可能会认为你能记住那些视觉材料的来源，但许多演讲者都有这样的经历，他们记得在为演讲做笔记时在某个地方看到过“完美的”演示辅助材料，后来再去检索，结果却令人失望。即使你现在还不确定你是否会在演讲中使用这些辅助材料，也可以保存、复印或打印一些有价值的潜在材料，就像你记录文件那样记录下这些信息的来源。那么，当你考虑是否使用和在哪里使用这些演示辅助工具时，就能随时找到它们。在第十二章中，我们将讨论辅助材料的类型并提供使用指导。

概述

研究策略

- 形成初步的文献目录。
- 查找资料。
- 评估资料的有用性。
- 记笔记。
- 确定可能的演示辅助材料。

7.3 支持材料的类型

列出并描述六类支持材料。

发现了合适的资料，形成了一份关于这些资料的初步文献目录，并对它们进行了阅读，评估了其有用性，做了笔记并且确定了可用的演示辅助材料，这意味着你已经准备好发挥这些信息的最大优势。你需要从观众的视角看待你的演讲，并判断在哪里加以解释能够帮助他们理解你的观点，在哪里使用数据能使他们确信问题的重要性，以及在哪里使用例证能够激起他们的情感共鸣。接下来我们将要讨论这些以及其他类型的支持材料，并且展示有效地使用它们的操作指南。

例证

小说家迈克尔·坎宁安（Michael Cunningham）经常在挤满人的房间里朗读。他以这种方式解释了现场阅读的吸引力：

> 这其实就是讲故事……你们都聚集在篝火旁——“我将向你们讲述这些人，以及在他们身边发生的故事”。[5]

坎宁安是对的。故事或逸事，即**例证**，总是通过影响观众的情绪来保证它们的趣味性。“故事让你抛开理智，进入自己的内心”，一位专业的演讲教练是这样解释例证的普遍吸引力的。[6]

例证（illustration） 为演讲者正在讨论的想法、议题或问题提供示例的故事或者逸事。

让我们一起更加仔细地分析三个类型的例证，并研究如何使用它们。

简要的例证 一个**简要的例证**通常不会超过两句话。时任美国国务卿的希拉里·克林顿在联合国发表讲话时提供了三个简要的例证，来说明妇女的贡献：

简要的例证（brief illustration） 没有详细说明的示例，通常用一两句话概括。

在南非，棚户区的妇女经过共同努力，在开普敦郊外用自己的力量一砖一瓦地建造了一处住宅区。今天，她们的社区已经发展成为超过 5 万个低收入家庭的归属，而其中大部分家庭都由女性支撑。

在利比里亚，一群教会妇女组织了一场祈祷运动，以阻止该国残酷的内战。这场运动发展到有成千上万妇女参与，她们敦促双方进行谈判，达成和平协议。随后，在这些妇女的帮助下，埃伦·约翰逊·瑟利夫（Ellen Johnson Sirleaf）当选总统，她是第一个领导非洲国家的女性总统。

在美国，一名年轻女子创办了一个网站，在这个网站上，任何人都可以帮助世界另一端的小公司取得成功。今天，她创立的机构基瓦（Kiva）已经向发展中国家的企业家提供了超过 1.2 亿美元的小额贷款，其中 80% 的创业者都是女性。[7]

为什么要使用多个简短的例证？有时，一连串简短的例证要比单一的简要例证或更详细的例证更有影响力。另外，观众会把单个例证看作例外，两个或更多的例证则强烈地暗示了一种趋势或常态。

长例证　不同于简要的例证，一个**长例证**提供了更充实、详尽的内容，更类似于一个故事。这种例证要比简要的例证更加生动，且包含情节——即开头、冲突、高潮以及结论。

澳大利亚前总理陆克文（Kevin Rudd）讲过这样一个令人感动的故事——20 世纪 50 年代，一对英国姐妹因“儿童移民项目”（Child Migrants Program）被强行送到澳大利亚：

朱迪记得她们刚被带到家里的那一天，她的妹妹罗宾从大门跑了出去。

他们后来找到了她，并把她拖了回去。

罗宾和朱迪记得，她们一直在等待，等待某个人来接走她们，但没有人，没有人来过。

她们回想起被皮带和竹子抽打的日子。

她们说她们长大的地方完全没有爱。[8]

长例证
（**extended illustration**）
详细的示例。

假定的例证
（**hypothetical illustration**）
一个可能发生但是没有实际发生的示例。

使用一个长例证比举一个简单的例证要花费更多的时间，但是更长的故事更具有戏剧性，更有情感上的吸引力。正如我们将在第九章讨论的，长例证可以作为演讲的引言。第十三章将介绍在信息性演讲中使用长例证。

假定的例证　**假定的例证**描述了一个实际上并没有发生的情况或事件。当然，这是一种**可能**发生的情况。看似合理的假设使你的观众可以想象自己或另一个人处于某一特定情况下。以下假定的例证出自一场关于手机技术如何改变发展中国家通信的演讲：

> 想象一下，非洲的某个人第一次使用电子邮件，这将如何提高其与他人联系的效率和能力？[9]

请注意这个例证中的**想象**这个词。使用假定例证的目的并不是欺骗观众，让他们相信一个虚假的故事。正如第三章所描述的，从一开始，具有伦理意识的人就会让他们的观众意识到这是一种假设。

有效地使用例证　几乎所有例证都能引人注目，起到支持陈述的作用。下面的建议可以帮助你在演讲中更有效地使用例证。

- **要确保你的例证同其应该支持的想法或观点直接相关**
- **选择呈现出一种趋势的例证**　将一两个孤立的例证作为典型使用是非常不合伦理的。如果你的例证属于极少见的情况，那你有责任向观众如实说明。
- **让你的例证生动且具体**　几年前，一位演讲教授惊奇地发现，他的一个学生亲历了不幸的意大利轮船"安德里亚·多里亚"号的最后一次航行。在学期初，他就强烈要求这个年轻人把他的经历放入关于人类如何应对危险的信息性演讲中。这位教授以为会有一场极具戏剧性的演讲，但令他惊讶的是，学生的叙述却是这样的："巨大的噪声响起，然后警报声突然响起，我们都乘上了救生艇，船沉没了。"[10] 根本没有一点戏剧性描述！如果你选择讲述一个凄美的故事，那就得给它足够的细节，让它在观众的脑海中栩栩如生。
- **使用观众可以识别的例证**　最好的例证就是那些观众可以想象的经历。其他引人关注的故事，比如"安德里亚·多里亚"号的沉没，应该描述得更加扣人心弦，才能体现出这个大事件的惊心动魄，使每个人立即产生兴趣并给予关注。
- **记住，最好的例证是自己的经历**　当演讲者谈论自己的个人经历时会产生说服力和可信性。在学生演讲者图奈特的关于戒毒的演讲即将结束时，她凭借以下事实从观众那里获得了更多的尊重：

> 布鲁斯·卡利斯今年50岁了，但是他仍旧在和他的毒瘾做斗争。当你们坐在这里听这件事情的时候，我却正在经历它。布鲁斯·卡利斯是我的爸爸，并且在我的一生中，我目睹了错误的体制摧毁了他。[11]

如果你有与你演讲的主题相关的个人经历，一定要向观众描述出来。

描述和解释

最常用的支持材料的形式可能是描述和解释。**描述**提供一些细节，让观众可以在脑海中对演讲者所谈论的内容勾勒出一幅画面。**解释**是一种声明，它阐明了某事是如何完成的，或者为什么以它现在的形式或者以过去的形式存在。

描述

> 要为了眼睛，为了鼻子，为了所有的感官而写。换句话说，尽可能地生动。[12]

来自专业的演讲撰稿人的这一建议表明，有效地描述创造的形象使人物、地点和事件在观众面前鲜活了起来。第十三章给出了关于如何构建精彩生动的口头描述的说明。

描述可以用于简要例证、长例证、假定例证，也可以单独使用。英国前首相戴维·卡梅伦这样形象地描述了第二次世界大战：

> 在这场战争中，欧洲城市的街道上到处都是废墟。伦敦的天空夜复一夜被火焰照亮。[13]

解释方式　学生演讲者亚历山大在关于锂电池的危害的演讲中解释了吞下电池的儿童是如何受到伤害的：

> 当与充满液体的组织（如儿童食道或胃）接触时，电池会发生化学反应，导致严重烧伤、内出血等更大的问题……[14]

讨论或演示任何一种过程的演讲者，至少在一定程度上要解释一下这些过程是如何发生的。

解释原因　对原因进行解释是指对某个政策、原理或事件给出原因或结果。国际留学协会的主席和创始人解释了全球意识之所以重要的原因：

> 为什么全球意识这么重要？……每6秒钟就有一名儿童死于饥饿。我认为我们都需要意识到这一点……并且我们需要为此贡献自己的力量。[15]

有效地使用描述和解释　当演讲的大部分内容包含冗长而含糊的解释时，观众

描述（describe）
对于某事件精彩生动的口头描述。

解释（explaination）
关于事情如何完成或者其以现在或过去的形式存在的解释。

就要打瞌睡了。下面的建议可以帮助你在演讲中有效地使用描述和解释。

- **使你的描述和解释保持简短**　太多的细节可能会让你的观众认为你说的是“那些我**永远**不想知道的事情”。
- **尽可能使用具体和准确的语言**　生动和具体的语言能够帮助你吸引观众的注意力，同时也有助于在观众的脑海中描绘出你想要传递的形象。第十章提供了更多让你的语言表达更加具体的建议。
- **避免过多的描述和解释**　如果你使用其他类型的辅助材料（如简要的示例或统计数据）来替换解释和说明，则可以更有效地吸引观众的注意力。

定义

定义在演讲中有两种合理的用法。首先，演讲者应该能够定义在他的演讲中出现的任何一个专业术语。这样的定义通常是通过**分类**来实现的，词典里使用的就是这种定义。或者，演讲者可以通过在特定的实例中应用它来定义一个术语，即所谓的**操作性定义**。

分类性定义　**分类性定义**是把一个术语放在它所属的一般类目、小组或词族中，同时又将其与该类的其他术语区分开来。学生演讲者帕特里克将“**水力压裂**”这个术语定义为一种钻井技术（一般类目），可以开采大量天然气，代价是破坏了我们最宝贵的资源：我们的饮用水（与其他钻探技术的区别）。[16]

操作性定义　有时，观众可能熟悉某个词或短语，但作为一个演讲者，你仍然需要用一种具体的方式来阐明它。在这种情况下，你可能要提供一种**操作性定义**，解释某事的原理。

在关于维生素 D 缺乏症的演讲中，学生演讲者妮可从操作层面为观众定义了**佝偻病**：

> 佝偻病会导致骨骼脆弱，引发畸形，如腿和脊椎的弯曲，造成持续的，有时甚至是终生的疼痛。[17]

妮可和帕特里克在前述的例子中都说明了定义的来源。

有效地使用定义　以下的建议能够帮助你在演讲中更加有效地使用定义。

- **只有在需要的时候才使用定义**　新手往往过于频繁地使用定义作为简单的介绍或用来消耗时间。除非你使用的是一个相对模糊的，或者有多个定义的术语，否则就不要提供定义。
- **确保你的定义是可理解的**　给观众的定义要容易被理解。否则你就是在浪费你自己的时间，而且可能会失去你的观众。

定义（definition）
关于术语的含义或是怎样将其应用到具体例子中的陈述。

分类性定义（definition by classification）
“字典定义”，将某一术语置于其所属的一般类目中，并且将其与同类目中的其他术语区分开来。

操作性定义（operational defination）
关于某事物的原理的一种陈述。

- **一定要确定你的定义和你使用的术语在整个演讲过程中都是一致的** 即使看似简单的单词，如果没有清晰地定义，使用时前后不一致的话，也会造成混淆。例如，罗伊的演讲是阐述滥用非处方止痛药的潜在危害的，一开始，他将**药物**定义为非处方止痛药。几分钟后，他说的**药物**变成了可卡因，这会使他的观众感到困惑。一旦他定义了一个术语，他就应该在整个演讲过程中只在这种语境下使用它。

类比

类比是一种比较。就像定义一样，它能增加理解；与定义不同的是，它处理的是新的和旧的，未知的和已知的，或任何其他的想法或事物之间的关系和比较。通过展示这些事情与他们已经知道的事情的相似性，类比可以帮助你的观众理解不熟悉的观点、事物以及形势。

类比有两种类型。**横向类比**所比较的是有实际的相似之处的两种事物（如两种运动、两个城市、两个事件）。**比喻性类比**可能以明喻或是暗喻的形式出现。

横向类比 当学生演讲者詹姆斯提倡将昆虫作为食物时，他将昆虫与海洋甲壳类动物进行了比较：

> 甲壳类动物实际上就是海洋中的昆虫：它们都是节肢动物。但甲壳类动物会以垃圾为食，而昆虫则以纯天然蔬菜为食。[18]

詹姆斯的比较是一个**横向类比**，比较的是两个类似的事物。如果观众所处文化背景或所属的群体和你或你的演讲内容来源不一样，演讲时使用和他们的文化或群体相关的事物进行横向类比，可以帮助他们理解那些不太熟悉的地方、事物以及你所讨论的情境。那些想要影响公共政策的人，经常使用横向类比。例如，限制贸易的支持者认为，日本通过严格控制进口保持了贸易平衡，所以美国也应如此。政策同用来比较的情况之间越相似，政策制定者说服观众的概率就越大。

比喻性类比 诺贝尔奖评委会前主席亚格兰（Thorbjørn Jagland）在代表欧盟接受2012年诺贝尔和平奖的演讲中描述了意大利锡耶纳市政厅的两幅画作：

> 《好政府的寓言》描绘了一个充满活力的中世纪城镇，墙上的大门是敞开的，鼓励人们从硕果累累的土地上带回收获。但洛伦泽蒂画了另一幅画，《坏政府的寓言》，画中的锡耶纳处于混乱之中，被封闭和瘟疫蹂躏，被一场争夺权力的斗争摧毁。[19]

横向类比可以将第一次世界大战前的欧洲同21世纪的欧洲进行比较。亚格兰

类比（analogy） 一种比较。

横向类比（literal analogy） 在两个相似事物之间进行的比较。

比喻性类比（figurative analogy） 两个本质上不同，却拥有一些共同特征的事物之间的比较。

则通过将这些作品与当今对和谐与冲突的选择进行比较，完成了他的**比喻性类比**：

这两幅画意在提醒我们，是否要生活在井然有序的环境中，这取决于我们自己。

因为它不依赖事实或统计数据，而是依赖富有想象力的见解，所以比喻性类比并不被认为是确凿的证据。然而，由于这种类比富有想象力且带有趣味，所以能吸引观众的注意力。百事公司首席执行官卢英德（Indra Nooyi）在题为“短期需求与长期责任”的演讲中，用了以下比喻性类比：

就像印度史诗中的人物罗摩衍那那样，资本主义有能力在不同时代、不同国家呈现出不同的形式。[20]

有效地使用类比 这些建议能够帮助你更加有效地使用横向类比和比喻性类比。

- **在横向类比中要确保你所比较的两个事物非常相似** 被比较的两者越相似，这个类比越有可能站得住脚。
- **在比喻性类比中要确保两个主体之间的核心相似点显而易见** 当你使用比喻性类比时，关键是要弄清楚这个类比是以何种相似性作为基础的。如果你没有弄清楚，到头来你的观众会不清楚你到底在说什么。

统计数据

我们中的许多人都对数字，或**统计数据**感到敬畏。也许在广告方面，我们对统计数据的敬畏是最为明显的（也是最常被利用的）。如果接受调查的四名医生中有三名推荐 Pain Away 牌阿司匹林，那这种药一定是最好的。如果 Sudsy Soap 牌的肥皂纯度是 99.9%（不管那意味着什么），它肯定会对我们的肤色有所帮助。如果在口味测试中，十个人中有九个人喜欢 Sloppy 的番茄酱，那我们一定会为这个周末的烧烤采购这种番茄酱。统计数据怎么会是错的呢？

统计数据的真相在一定程度上介于对数字的无条件信任和一种扭曲的意见——“存在三种谎言：谎言、该死的谎言和统计数据”——之间。

将统计数据作为支持材料 统计数据可以表示为数字或百分比。威瑞森的首席执行官伊万·塞登伯格（Ivan Seidenberg）在一次通信会议的演讲中，在同一个句子中同时使用了一个数字和一个百分比：

统计数据
（statistics）
总结事实和样本的数字资料。

利用智能电网和移动技术来管理电力，到 2020 年将创造 28 万个新的就业机会，并将碳排放量减少 20% 以上。[21]

有效地使用统计数据 以下指导可以帮助你有效且正确地分析并使用统计数据。

- **使用可靠的来源** 有人说过，数字不会说谎，但说谎者则可以使用数字！事实上，几乎所有想要的结论都可以通过制造统计数字来得到支持。你的目标是引用**权威**和**公正**的消息。
- **使用权威的来源** 最权威的来源是**第一手资料**——数据的原始收集者和解释者。如果你在报纸或杂志文章中发现了一个有趣的统计数据，那么仔细看看其来源。试着找到这个数据的原始报告。不要假定**二手资料**的数字是准确而公正的。尽可能多地参考原始资料。
- **使用公正的来源** 除了权威性，消息的来源应该尽可能公正。我们通常会将适用范围扩展到政府研究和各种独立的统计资料，这些数据被默认为更加公正。因为大多数情况下他们是没有特殊利益可图的，所以他们的统计数据被认为比那些来自美国烟草协会、劳联-产联（AFL-CIO）或微软等机构的统计数据偏差更小。这三家机构都涉及一些特殊利益，它们收集的数据更有可能反映出它们的偏见。

  当你评估你的资料来源时，试着找出统计资料的收集方式。例如，如果统计数据依赖于样本，那么样本是如何被抽取的呢？在周四下午对 20 名在布鲁克林注册的选民进行电话调查，这并不是充分的纽约市选民样本。这一样本的规模太小，在地理位置上也很有局限。此外，该调查还将没有电话的人，以及调查进行时可能不在家的人排除在外。样本规模和调查方法的差异很大，但大多数合法的民意调查都涉及 500 到 2000 人的样本，这些样本是从较大的人群中随机抽取的。当然，找到统计方法可能比发现统计数据的来源更加困难，但是如果你能找到它，这些信息将帮助你分析统计数据的价值。
- **准确地解释统计数据** 人们往往被统计数字所左右，这些统计数据听起来不错，但实际上却被错误地计算或曲解了。例如，一位演讲者可能会说，自 1950 年以来，在美国被枪杀的儿童人数每年增加一倍，《该死的谎言和统计数字：从媒体、政治家和激进分子中整理出来的数字》的作者乔尔·贝斯特（Joel Best）指出，实际上做个数学运算就能很快证明这个统计数字是多么不准确。如果在 1950 年有一个孩子被打死，那么 1951 年是两个，1952 年是四个，那么现在每年被枪杀儿童的人数将远远超过美国的总人口数，甚至整个地球的人数。[22]

无论是在自己的演讲中使用统计数据，还是使用各种文章、书籍和演讲中的统计数据，都要不断提醒自己统计数据的实际含义。

第一手资料
（primary source）
来自原始收集者和阐释者的信息或数据。

二手资料
（secondary source）
来自个人、组织或出版物报道的，或其他实体收集的信息或数据。

- **让你的统计数据可理解且难以忘记**　你可以通过几种方式让你的数据更加容易被理解以及更加难忘：

第一，你可以通过从策略上选择你所呈现的视角来**戏剧化**地展示一个统计数据。最近一本关于统计学的流行书籍的作者提出了一个例子，说明了统计数据是如何引起媒体的注意的：

> 研究人员发现，有一种基因变异……出现在10%的人群中，这个遗传变异可以**保护**他们不受高血压的影响。尽管这个发现发表在顶级科学杂志上，但几乎没有关于此发现的新闻报道，直到一位知情的新闻官员重新写了一篇新闻稿，称已经发现了一种基因变异……**增加**了90%的人患高血压的风险。[23]

第二，你可以"**压缩**"你的统计数据，或者用更有意义或更容易理解的单位表达它。学生演讲者丹尼尔通过以下方式"压缩"了消费者债务而使其更加容易理解：

> ……我们积累了超过3.2万亿美元的无担保消费债务。据估计美国有2.37亿成年人，那么每个美国成年人平均有13500美元的债务。[24]

第三，你也可以通过"**激增**"统计数据来使人们更加难忘。"激增"统计数据是通过添加或乘以相关数字创建的，例如单位成本乘以单位数。因为它更大，所以"激增"的统计数字似乎比原来的数字更能引起关注。美国退休人员协会（AARP）的首席执行官使用这一策略来强调将每年医疗保健支出增长率降低1.5个百分点的影响：

> ……将医疗保健支出增长率降低1.5个百分点，到2020年，将使中产阶级家庭实际收入增加2600美元；到2030年增加10000美元；到2040年增加24300美元。这对人们来说是真正的救济。[25]

第四，你可以将你的数据同另一个可以提高其影响的数据进行比较。学生演讲者安迪将专家建议的水中含氟量同金钱进行了比较：

> 疾病控制和预防中心建议，水中含氟量应介于百万分之0.7和百万分之1.7之间……百万分之一是什么概念？它就像10000美元

中的 1 美分。[26]

- **取整数**　200 万要比 2223147 更容易被人掌握和记住。百分比被四舍五入之后也更容易被记住，而且在将百分比表示成分数时，大多数人更容易记忆。
- **使用视觉辅助工具来呈现你的统计数据**　大多数观众在一次演讲中都很难记住一连串的数字。但是如果数字显示在观众面前的一个表格或图表中，他们就可以更容易地掌握统计数据。图 7.3 说明了，演讲者如何来制作一份统计数据，来解释美国私人医疗保险在不同年龄组的分布情况。使用这样的表格时，你仍然需要解释数字的意思，但是你不必背诵它们。我们会在第十二章讨论视觉辅助工具。

意见

在演讲中有三种类型的**意见**可以作为支持材料使用：权威专家的证言，非专业的亲历者的证言，以及文学作品中的典故。

专家证言　在提供了美国人每年消费的雪茄数量的统计数据后，德娜又提供了国家癌症研究所顾问的**专家证言**，强调了吸烟对于吸烟者和二手烟受害者的危害：

> 美国国家癌症研究所的顾问詹姆斯·瑞佩斯（James Repace）表示："如果你不得不吸入二手烟，那么雪茄的烟比香烟的烟更加糟糕。"[27]

一个公认的权威人士的证言可以给你的论点增加分量。或者，如果你的题目要

美国按年龄划分的
没有医疗保险的就业人口比例

年龄	没有保险的比例
15—18 岁	11%
19—25 岁	31%
26—44 岁	21%
45—64 岁	13%
65 岁及以上	11%

图 7.3　统计数据表格示例

资料来源：Data from U. S. Census Bureau, "Health Insurance Coverage Type by Age, Sex, and Labor Force Status: 2010." www.census.gov/prod/2013pubs/p70–134.pdf

意见（opinions）
表达个人的态度、观念以及价值观的陈述。

专家证言（expert testimony）
在一个学科领域中的权威人士提供的观点。

求你做出预测（这种预测只能通过统计或示例得到很少的支持），那么专家的权威陈述可能是最令人信服的论据。

非专业证言　你在看晚间新闻。新闻播音员报道了在科罗拉多州持续肆虐的森林大火，并解释了这场火灾发生的原因。他们提供的统计数据显示，有几千英亩[①]的土地被烧毁，数百所房屋被毁。他们描述了火灾现场的高温和烟雾，他们询问专家——一个经验丰富的消防战士，让他来预测火灾很快被控制住的可能性。但这个报道最让人心酸的时刻，是对一个刚刚回到自己家的女人的采访，她在灰烬中发现了自己的家。她是一个普通人，她不是消防队员，也不是森林火灾方面的专家，但她是亲身经历这场悲剧的人。

就像例证一样，**非专业证言**可以激发观众的情绪。尽管他们的证言不像专家证言那样具有权威性和公正性，但其证言往往更令人难忘。

文学典故　另一个让人印象深刻的方法是在你的演讲中加入**文学典故**。克莱斯勒公司首席执行官塞尔吉奥·马尔乔内（Sergio Marchionne）在谈到汽车行业赖以生存的重要变化时，引用了哲学家弗里德里希·尼采的话：

> 哲学家弗里德里希·尼采曾经说过："真正使人们对痛苦倍加愤怒的不是对痛苦的感觉，而是对痛苦的无感……"一场不会造成持久的、根本性的变化的危机，实际上是没有任何意义的。[28]

要注意，对尼采话语的引用很简短。对观众来说，简短的、直指要害的典故通常比更长的、更散漫的典故影响更大。正如莎士比亚所说："简洁是智慧的灵魂。"（《哈姆雷特》第二幕）

文学典故具有更容易获得的额外优势。你可以在网上和大多数图书馆的参考文献区域发现很多典故词典。这些汇编按主题的字母顺序排列，易于使用。

有效地使用意见　以下是在演讲中有效地使用意见的建议：

- **要确定你所提及的权威人士都是你当前讨论的问题方面的专家**　当有知名运动员代言诸如手电筒电池、早餐麦片和汽车等商品时，广告商就会忽视这一建议。运动员可能确实是运动鞋、网球球拍或秒表的专家，但他们没有任何具体的资格来谈论他们代言的大多数产品。
- **识别资料的来源**　如果一个学生在得克萨斯大学引用哈里·兰索姆人文研究中心主任的话，只介绍这个人的名字叫作汤姆·斯泰利（Tom Staley），其他都没有提及，那么很少有观众会认出这个名字，更不用说承认他的权威了。

非专业证言
（**lay testimony**）
亲历者的非专家观点或描述。

文学典故
（**literary quotation**）
以一种令人难忘且充满诗意的方式说话的作者发表的观点或是描述。

① 1英亩约合0.4公顷。

> **概述**
>
> **支持材料的类型**
>
> 例证　相关的故事。
> 解释　讲清楚怎么做事情或是事物为什么以现在或过去的形式存在的陈述。
> 描述　生动精彩的口头描述。
> 定义　对词语或是概念的简洁解释。
> 类比　两个事物之间的比较。
> 统计数据　对数据和示例进行总结的数字。
> 意见　来自其他人的证言或是典故。

在第三章中，我们讨论了口头说明你的消息来源的重要性。在这样做的过程中，你可以提供所引用资料的权威性信息。请注意以下示例中的学生演讲者如何使用各种短语和句子结构，来帮助他们流利地为观众说明其来源：

……2012年9月29日，《纽约时报》有史以来第一次发出预告说，如今的孩子的寿命预计会比他们的父母的寿命更短……[29]

……正如科罗拉多大学的海伦·诺顿（Helen Norton）教授2011年2月16日在平等就业机会委员会的新闻稿中解释的那样，失业歧视的基本原理是雇主认为失业者不是好员工，认为他们的工作技能没有达到标准。

- **引用公正的权威**　正如最可靠的统计资料来源应该是公正的，最可靠的意见来源也应该是公正的。通用汽车的董事长可能会提供专家意见，认为雪佛兰科鲁兹是当今市场上最好的紧凑型轿车。他的专业知识毋庸置疑，但他的偏见是显而易见的，这使他在这个问题上的观点不可信。更好的来源是对关于小型车可靠性的消费者报告和维修记录的分析。
- **引用具有代表性的意见**　除非该领域的大多数专家都持有同一见解，否则其价值是有限的。引用这种观点只会让你的结论容易被反驳。
- **准确地引用信息**　如果你引用或改写了专家或外行人的话，请确保你的引语或释义是准确的，并且符合其出处的原始语境。
- **有节制地使用文学典故**　确保你有引用文学典故的正当理由，在演讲中最多只使用一两次典故。

列出并解释用于评判演讲支持材料的六个标准。

7.4　最佳支持材料

在本章中，我们讨论了评估网页信息的六个标准：责任性、准确性、客观性、及时性、可用性以及多样性。我们还提出了有效使用六种支持材料的准则。但是，即使在应用了这些标准和指导原则之后，比起可用于简短演讲的支持材料，你准备的支持材料数量还是很多。那么你如何决定使用哪些和删除哪些支持材料？以下考虑可以帮助你做出最后的裁减。

- **数量级**　数量越大越好。数目越大，你的统计数据越有说服力。有越多的专家支持你的观点，你的专家证言越能吸引观众的注意力。

- **接近度**　最好的支持材料是与你的观众最相关，或者与主题最接近的材料。如果你能证明一个事件会对观众产生怎样的影响，那么这个例证就能比一个不太相关的事件更有效。
- **具体性**　如果你需要讨论抽象的想法，用具体的示例和明确的统计数据来解释这个想法。
- **多样性**　例证、意见、定义以及统计数据的混合会比使用任意一种类型的支持材料来得更加有趣，更加有说服力。
- **幽默**　在示例或意见中，观众通常会喜欢幽默表达。只有当你的观众不太可能理解幽默，或者你的演讲主题是一个阴沉而严肃的话题时，幽默才是不恰当的。
- **适用性**　是否使用某一确定的支持材料，最终取决于这个材料是否适合你、你的演讲、演讲场合以及（我们在本书中一直强调的）你的观众。例如，相比于当地扶轮社的午宴谈话，你可能会在对科学家团体进行的演讲中使用更多的统计数据。

学习指导 回顾、应用及评估

7.1 支持材料的来源

列出演讲支持材料的五种潜在的来源。

支持材料的五种来源是个人的知识和经验、互联网、在线数据库、传统图书馆馆藏以及采访。

你可以从你自己的知识和经验中为你的演讲总结出一些支持材料。

互联网资源通过网络搜索进行访问，但是你必须要评估谁对你找到的资源负责，以及这些资源是否准确、客观、及时、可使用以及有多样性。

图书馆订阅的在线数据库可以通过联网计算机进行访问，可以获取各种资源（包括期刊、报纸、政府文件、书籍）的标题、摘要和全文。

传统图书馆馆藏包括图书以及其他类型的参考文献。

进行一场采访时，做笔记或用视频、音频记录这次采访。

关键词

伦理性思考

有时候，电子及纸质的索引和数据库只有图书和文章的摘要而没有全文。如果你只阅读了某个来源的摘要，在你的初步文献目录中列入这一资料来源是否合乎伦理?

批判性思考

请解释，你将如何使用五种主要的支持材料来准备一场关于如何购买一台新电脑的信息性演讲。

7.2 研究策略

阐明系统性研究的五种策略。

系统性的研究过程包括以下策略：制定初步文献目录、查找资源、评估资源有用性、做笔记以及确定可能用到的演示辅助工具。

关键词

伦理性思考

你忘了为你最好的信息来源记录完整信息，这是你在数据库上发现的一篇期刊文章。在发表演讲之前审阅你的演讲提纲时，你发现了自己的遗漏，而现在你没有办法去查阅这些信息。你怎么能以一种合乎伦理的方式来解决你的问题呢?

7.3 支持材料的类型

列出并描述六类支持材料。

你可以从很多类型的支持材料中进行选择，包括例证、描述和解释、定义、类比、统计数据以及意见。多种支持材料的混合，会比任意一种类型的支持材料更加有趣，也更加有说服力。

关键词

文学典故……155

伦理性思考

如果你找不到演讲所需要的支持材料，那么自己虚构支持材料是合乎伦理的吗？解释一下你的答案。

评估你以观众为中心的演讲技能

回顾使用每种支持材料的指导原则。有哪些合乎伦理的关于有效使用支持材料的指导原则？解释一下你的选择。

7.4 最佳支持材料

列出并解释用于评判演讲支持材料的六个标准。

在你已经收集了多种支持材料后，从观众的角度来评估你的演讲，并确定在哪里进行解释能够帮助观众理解你的观点，在哪里插入统计数据能够说明问题的重要性，以及在哪里进行说明能够激发他们的情感。数量级、接近性、具体性、多样性、幽默以及适用性这六个标准，可以帮助你选择对你的演讲最为有效的支持材料。

评估你以观众为中心的演讲技能

最好的支持材料是与你的观众最为相关的材料，或者“离家最近”的东西。将这一标准运用于为下一次演讲收集到的支持材料当中，并确定其中哪个或哪些项目最有可能是最有效的支持材料。

8

组织并概述你的演讲

目标

学完本章后，你应该能做到以下几点：

8.1 列出并描述主要观点的五种组织方式。

8.2 解释一下如何将支持材料融入演讲之中。

8.3 使用语言及非语言标识为观众构思一场演讲。

8.4 为演讲制作准备提纲及演讲笔记。

思路清晰，行动方能井然有序。

——阿尔弗雷德·诺思·怀特海（Alfred North Whitehead）

玛丽亚走进讲堂，感觉非常兴奋。毕竟，安德森博士是一位诺贝尔文学奖得主。他将在校园里教学至少一年。多么好的机会！玛丽亚在第四排中间坐下，在那里她能清楚地看到讲台。她打开刚刚为本次系列讲座购买的笔记本，拿出她随身携带的三支笔中的一支，焦急地等待安德森博士的出现。她并没有等待太久。安德森博士走上舞台时获得了雷鸣般的掌声。玛丽亚意识到观众有一种强烈的期待感。笔准备好了，她等待着他的第一句话。

五分钟之后，玛丽亚仍然拿着她的笔。他的开场非常缓慢。十分钟之后，她将自己的笔放下，并决定集中注意力去听就行了。二十分钟后，她还是不知道安德森博士尝试证明的论点是什么。等到讲座结束的时候，玛丽亚已经几乎昏昏欲睡了。她将自己的笔和笔记本（只有第一页上有一些懒散的涂鸦）收拾起来，非常失望，并答应自己放弃本系列余下的演讲。

安德森博士并不是一个有活力的演讲者。对于那些积极性很高，想要成为作家的年轻人或崇拜者而言，他们本可以原谅他这个缺点。他们之所以无法原谅是因为他们发现他的讲座不过是毫无意义的闲扯，他的发言中无法找到任何方向感或思维模式。安德森博士的失败就在于没有理顺自己的思路。

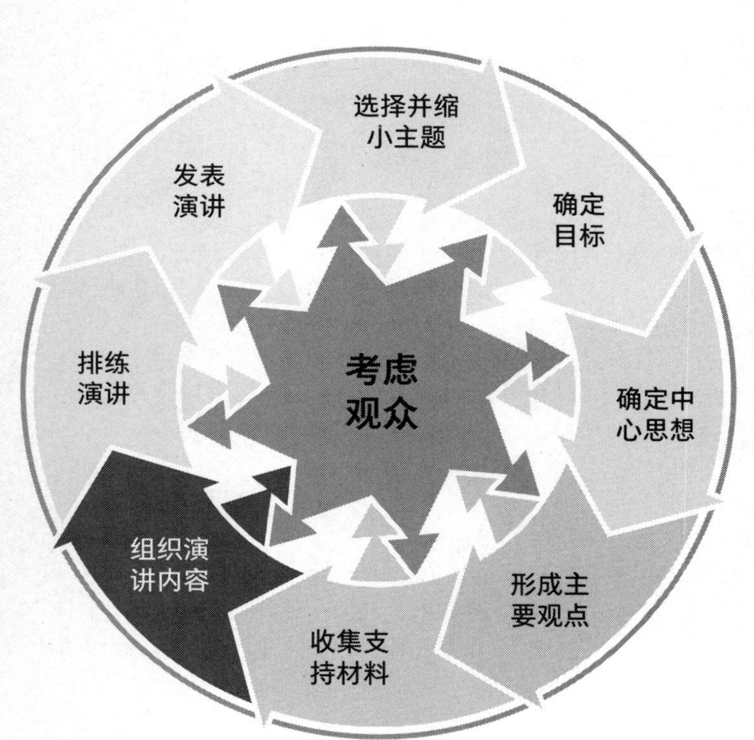

图 8.1　组织你的演讲，帮助你的观众记住你的重要观点并让你的演讲条理清楚，结构清晰

资料来源：Copyrighted by Pearson Education, Upper Saddle River, NJ

以上描述的情节确实发生过。安德森博士（并非真实姓名）让一些非常期待他的讲座的人失望了。他因无法组织自己的想法而使他的演讲没有效果。或许你也经历过相同的事情，某位老师在本领域拥有专业知识但却不能很好地组织自己的想法并进行高效的讲授。无论演讲者有多博学，他们都必须按照逻辑模式来组织自己的想法，以确保观众能够遵循、理解和记住他所说的内容。如图 8.1 所示，以观众为中心的沟通模式强调，演讲是为观众组织的，如何组织内容很大程度上基于对观众的分析。

在这本书的前七章里，你学会了如何根据观众的需要、兴趣和期望来规划和研究演讲。规划和研究过程让你经历了五个阶段的演讲准备过程：

- 选择并缩小主题
- 确定目标
- 确定中心思想
- 形成主要观点
- 收集支持材料

自信地同你的观众建立联系

组织你的信息

花时间去规划一场条理清晰的演讲可以增强你的信心。相较于一个条理清晰的演讲思路，一堆没有逻辑结构的观点和信息让人很难记忆和呈现。研究人员发现，信息越没有条理，演讲时你就会感觉越焦虑。[1]一场在逻辑上有条理的演讲可以使你对你所呈现的内容更加自信。

正如图 8.1 中的模型中的箭头所示，你可能已经**按顺序**完成了前五个阶段，有时你会根据对观众的考虑返回到前面的阶段，做出部分的变更和修改。现在，拥有了以观众为中心的规划和研究成果，是时候进行以观众为中心的公共演讲过程中的下一个阶段了：

- 组织你的演讲

在本章中，我们将探讨演讲主要观点的常规组织模式。然后，我们将解释如何将支持材料整合到演讲之中。我们将讨论主题的预览、转换和总结。最后，我们将探讨和说明演讲纲要的两种类型：准备提纲和演讲笔记。第九章中探讨了演讲准备过程中组织演讲这一步骤的最后组成部分：引言和结论。

8.1　组织你的主要观点

列出并描述主要观点的五种组织方式。

在第六章中，我们讨论了通过判断中心思想是否有逻辑分类，能否得到几个理由的支持和能否通过具体的步骤来阐述，来形成你的演讲的初步计划。这些分类、原因或步骤成为你演讲内容的主要观点，也是图 8.1 中突出标示的组织任务的基础。

现在，你已经准备好了确定讨论主要观点的顺序，首先要讨论哪一点，其次要讨论哪一点，等等。如下页表 8.1 中所概述的那样，你可以从五种组织模式中进行选择：（1）主题模式；（2）时间顺序模式；（3）空间转换模式；（4）因果关系模式；（5）问题–解决方案模式。或者你可以结合其中的几种模式同时使用。问题–解决方案模式的另一个版本是“激励序列法”，因为它几乎只用于说服性的演讲中，所以会在第十五章中详细讨论激励序列。

主题模式

如果你的中心思想有类别的划分，那么你就可以按照主题组织你的演讲内容。在诸如选择山地自行车时要考虑的因素、不孕症治疗的类型，以及业余无线电

表 8.1　组织你的主要观点

模式	描述
主题	根据首位性、近因性或复杂性进行组织
时间顺序	通过时间或顺序进行组织
空间转换	以位置或方向为基础进行组织
因果关系	关注一个情景及其原因，或一个情景及其后果的组织形式
问题-解决方案	关注一个问题及其解决方案或是关注一个解决方案及其对应的问题的组织形式

资料来源：Copyrighted by Pearson Education, Upper Saddle River, NJ

许可证的等级等，这类演讲都属于**主题模式**。

主题的各个部分常常具有相同的重要性，无论你先谈论哪一个，再谈论哪一个，最后谈论哪一个，都是可以的。你可以根据个人喜好简单地安排你的主要观点。在其他时候，你可以根据以下三个原则之一组织你的主要观点：首位性、近因性或复杂性。

首位性　**首位性**的原则建议你在自己的演讲中**首先**讨论最重要的，或者最有说服力的观点。如果你的观众不熟悉你的演讲主题，或者反对你的中心思想，那么你的演讲的开始部分可能是最重要的部分。

当你的观众信息不足时，你首先应该带领他们熟悉主题，并对讨论中不熟悉的术语进行定义。你在演讲之初说的话会影响你的观众对你演讲的其他部分的理解。如果你的观众可能对你的中心思想持不赞成的态度，那么把你最重要或最令人信服的观点放在第一位，这样可以减少你在演讲结束之前就失去或疏远你的观众的可能性。另外，你的最为有力的观点可能会影响观众的态度，使他们更容易接受你的中心思想。

意识到干细胞的研究具有争议性，以下例子中的演讲者根据首位性原则对演讲中的三个主要观点进行排序，首先提出了最有说服力的论证。

目标陈述　在演讲结束后，我的观众能够说出干细胞研究的作用。

中心思想　干细胞研究的三个重要作用。

主要观点
I. 在最基本的层面上，理解干细胞可以帮助我们更好地理解人类发展的过程。
II. 干细胞研究能够简化我们开发和测试药物的方式。
III. 干细胞研究可以产生细胞和组织，用于“细胞治疗”。[2]

近因性　根据**近因性**原则，观众对**最后**听见的那个观点记得最清楚。如果你的观众对你的主题和中心思想至少有一定的了解和好感，那么你可以根据近因性来组

主题模式（topical organization）
根据首位性、近因性、复杂性或演讲者的自身偏好来安排中心思想。

首位性（primacy）
按照从最重要到最不重要的顺序组织观点。

近因性（recency）
按照从最不重要到最重要的顺序对观点进行排列的方法。

织你的主要观点。

复杂性（**complexity**）按照从简单到相对复杂的顺序对观点进行排列的方法。

时间顺序模式（**chronological organization**）通过时间顺序组织观点。

例如，如果你的演讲针对的是大学生的各种居住方式，并且你希望你的同学们考虑住在家里，因为这样可以节省开支，那么你很可能会把这种可行的居住方式作为第四种，也就是最后一种方式进行讨论。你的演讲可能有以下结构：

目标陈述 我的演讲结束后，观众能够探讨大学生四种居住方式的利弊。

中心思想 大学生至少有四种可选择的居住方式。

主要观点 I. 在宿舍居住。

II. 租住一个公寓。

III. 加入大学兄弟会或姐妹会。

IV. 住在家中。

复杂性 还有一种可能会影响主要观点的表达顺序的情形。如果你的主要观点是由简单到复杂的，那么可以按照**复杂性**的原则，即从简单到比较复杂的顺序排列它们。例如，如果你要向你的读者解释如何编制一份家庭健康档案，你可能会从最容易获取的资源开始，然后处理更加困难的信息。

目标陈述 在我的演讲结束后，观众能够编制一份家庭健康档案。

中心思想 编制一份家庭健康档案可以借助三种来源的支持。

主要观点 I. 年长的亲戚。

II. 过去的医院记录和死亡证明。

III. 国家卫生注册局。[3]

小学低年级到更高年级的老师按照从简单到复杂的顺序来组织他们的教学和课程。幼儿园的孩子们在学习书写一个小写字母 a 之前，就被教导先画一个圆圈。一个年轻的钢琴学生在演奏贝多芬的曲子之前，要先练习音阶。大学新生在尝试写一篇主要的研究论文之前，要先练习写 500 字的文章。你已经按照从简单到复杂的顺序学会了大部分的技能。

概述

首位性、近因性、复杂性

- 首位性——首先是最重要的观点。
- 近因性——最后是最重要的观点。
- 复杂性——首先是最简单的观点，最后是最复杂的观点。

时间顺序模式

如果你认为你的中心思想可以通过多个步骤得到最优解释，那么你可以按照时间顺序组织这些步骤。**时间顺序模式**是按时间顺序组织观点，也就是说，你的步骤是根据每一步发生或应该发生的时间来排序的。关于历史和解释做法的演讲是按照时间顺序进行组织的两种常见演讲。

美国妇女解放运动的历史，导致理查德·尼克松总统辞职的一系列事件，或者现代奥运会的发展，这些都是以历史为主题的演讲。你可以选择从最早到最近（按时间顺序）或从最近的事件回到过去（按时间倒序）的顺序来组织你的主要观点。你选择的进程取决于你的个人偏好以及你是否要对序列的开始或结尾进行强调。正如我们前面所看到的那样，根据近因性原则，观众更倾向于记住他们最后听到的东西。

在以下关于苹果平板电脑的开发的演讲中，演讲者及时向前推进，使他的最后一个观点在发言结束时仍存留在观众的脑海中。

目标陈述　在演讲结束后，观众能够简单描绘出平板电脑研发过程中的主要事件。

中心思想　凭借早期设备的技术和市场方面的成功，苹果平板电脑很快就成为畅销产品。

主要观点

I. 1993 年：苹果公司销售掌上电脑（Newton MessagePad）。

II. 2001 年：生产 iPod。

III. 2007 年：iPhone 初次亮相。

IV. 2010 年：iPad 亮相。[4]

解释做法的演讲也可能遵循从开始到结束、从第一步到最后一步的一系列顺序或一系列步骤来进行阐述。解释如何清理坏掉的紧凑型节能灯（CFL）的演讲可能会按照下列方式进行组织：

目标陈述　在演讲结束后，观众能够列出清理损坏的紧凑型节能灯所需要的步骤。

中心思想　清理损坏的紧凑型节能灯需要四个步骤。

主要观点

I. 空调关闭后，让房间中的空气流通 15 分钟。

II. 用一次性手套或硬纸板收集所有灯泡碎片。

III. 用湿纸巾或胶带擦去残留的碎片。

IV. 将碎片和清理材料置于密封容器中。[5]

在另一种按时间顺序进行组织的演讲中，演讲者讨论了 YouTube 的发展，并且想要强调这个受欢迎的视频平台并不耀眼的起源。于是，她按照时间倒序组织了她的演讲：

目标陈述　在演讲结束后，观众能够描述出 YouTube 是如何从不起眼的小网站迅速崛起至今的。

中心思想 受欢迎的视频平台 YouTube 从不起眼的小网站迅速崛起至今。

主要观点 I. 2012 年 1 月：YouTube 每天拥有超过 40 亿的访客。

II. 2006 年 11 月：YouTube 被谷歌收购。

III. 2005 年 12 月：YouTube 平台向公众发布。

IV. 2005 年 2 月：YouTube 在加利福尼亚州门洛帕克的一个车库内成立。[6]

是按照时间顺序还是按照时间倒序组织演讲内容，取决于演讲者想要强调一系列时间的哪一头。这两种组织体系共同的特点在于，谈论日期和时间时是按照顺序进行的，而非随机进行。

空间转换模式
（**spatial organization**）
依据位置或是方向来组织观点。

因果关系模式
（**cause-and-effect organization**）
关注某个现状及其原因或是关注某个现状及其后果的组织结构。

空间转换模式

当你说"当你进入到一个房间时，桌子在你的右边，安乐椅在你的左边，厨房在你的正前方"，你就是在使用**空间转换模式**：依据位置或是方向来安排观点（通常是中心思想所包含的常见类别）。无论你是向上还是向下，向东还是向西，向前还是向后进行，都没有关系，只要你的过程遵循一种逻辑。如果你忽上忽下忽前忽后，就会把观众搞糊涂，使他们无法在脑海里建立清晰的画面。

关于美国国立美洲印第安人博物馆、罗伯特·路易斯·史蒂文森（Robert Louis Stevenson）的旅行以及原子结构等不同主题的演讲，都可以按空间顺序进行组织。以下是这些主题中的第一个主题的提纲示例：

目标陈述 在演讲结束后，观众能够列出并描述在华盛顿特区的美国国立美洲印第安人博物馆内再现的四个居住地。

中心思想 华盛顿特区的美国国立美洲印第安人博物馆再现了四个传统的美洲印第安人的居住地。

主要观点 I. 山地阔叶林。

II. 低地淡水湿地。

III. 东部牧场。

IV. 传统农田。[7]

这个提纲的结构就是按照在博物馆内参观时的空间转换模式组织的。

因果关系模式

如果你的中心思想可以通过讨论步骤或理由来呈现，那么你可以考虑使用**因果关系模式**组织你的主要观点。一场展示因果关系的演讲，首先说明某个现状，接着探讨这个现状会导致什么结果（原因-结果）；或者演讲先呈现出一种情况然后寻找其原因（结果-原因）。如近因性原则表达的那样，因果模式强调的是结果；结果-原因模式强调了原因。

在下面的例子中，冯达根据因果关系来组织她的演讲，将原因（成人文盲现象）作为她的第一个主要观点，将其后果（贫穷和社会成本）作为她的第二个和第三个主要观点来进行讨论：

目标陈述 在演讲结束后，观众能够辨别成人文盲现象的两种后果。

中心思想 成人文盲现象会影响到每一个人。

主要观点 I.（原因）：成人文盲如今已经遍及美国。

II.（后果）：成人文盲常生活在贫穷之中。

III.（后果）：成人文盲增加社会成本。[8]

与此相反，约瑟夫是根据结果-原因模式来组织其关于营利性大学的演讲，他将结果（营利性大学招收不合格的学生）作为他的第一个主要观点，原因（招聘人员的误导和虚假广告）作为他的第二个和第三个主要观点：

目标陈述 在演讲结束后，观众能够说明营利性大学是如何招收不合格的学生的。

中心思想 营利性大学使用两种不道德的策略来招收不合格的学生。

主要观点 I.（后果）：营利性大学招收不合格的学生，这些学生在更传统的大学环境中苦苦挣扎，有些甚至没有高中毕业证或同等学力证书。

II.（原因）：招生人员在招收学生时撒谎或编造课程。

III.（原因）：虚假的网络广告和电视广告误导了更多的学生。[9]

在第一个主要观点中呈现了原因或者结果之后，你可以使用近因性、首位性或者复杂性原则来确定自己之后将要讨论的其他主要观点的顺序。

问题-解决方案模式

问题-解决方案模式（problem-solution organization） 关注问题及其多种解决方案，或者关注一个解决方案以及这一解决方案能够解决的问题的组织结构模式。

如果你想讨论的是一个问题为什么会存在或是它的后果是什么，那你可能会按照因果结构来组织你的演讲，就如在之前的部分讨论的一样。但是，如果你想要强调如何才能最好地解决这个问题，那你可能会使用**问题-解决方案模式**。因为这种结构适合于说服性演讲，所以问题-解决方案模式还会在第十五章中继续讨论。

正如因果关系型组织结构一样，问题-解决方案型组织结构也可以以任一的顺序进行讨论。如果你对已经相当了解问题但不确定如何解决问题的观众进行演讲，你可能首先会讨论这一问题，之后再讨论解决方案。1968 年 4 月 4 日，罗伯特·肯尼迪（Robert Kennedy）在马丁·路德·金遇刺后，利用问题-解决方案模式来安慰并鼓舞了一群人。肯尼迪是如何做到的？演讲撰稿人辛西娅·斯塔克斯（Cynthia Starks）对此进行了解释：

> （肯尼迪）以敏感和同情的态度将金去世的消息（这一令人震惊的“问题”）告诉了他们。他赞扬金致力于发扬“人类的爱与公正”，并说：“他为此付出了沉重的代价。”
>
> 然后，他提出了一个解决方案——抛开暴力，拥抱彼此的爱和理解。[10]

斯塔克斯最后提供了证据来证明肯尼迪的问题-解决方案模式演讲的有效性：

> 金去世后，许多美国城市都发生了纵火事件，但罗伯特·肯尼迪演讲的城市印第安纳波利斯没有发生火灾。

如果你的观众了解已经实施的行动或计划，但不知道实施的具体原因，那么你可以选择问题-解决方案模式来组织演讲。在下面的案例中，演讲者了解到，她的观众已经知道他们所在社区新开展的商界-学校合作计划，但是他们可能并不清楚实施这一计划的原因：

目标陈述 在演讲结束后，观众能够解释商界-学校合作计划如何解决如今公立学校所面临的两个主要的问题。

中心思想 商界-学校合作计划有助于解决至少两个当今公立学校所面临的主要问题。

主要观点
I.（解决方案）：在商界与学校的合作中，当地企业为公立学校提供志愿者、财政支持和实物捐助。
II.（问题）：许多公立学校再也负担不起特殊课程和美术课程的费用。
III.（问题）：许多公立学校没有资源，不能为增加教材和工作机会提供资金。

请注意，在以上两个例子中，主要观点都是中心思想的几个部分。

承认演讲结构中的文化差异

尽管前面讨论的五种模式是美国演讲者在组织和处理信息时所采用的典型模式，但并非对于所有文化的人都适用。[11] 事实上，每一种文化的成员都有一定的思维和组织模式，这些模式被认为适用于不同的场合和观众。总的来说，相比于来自闪米特、亚洲、罗曼或俄罗斯文化的演讲者，美国演讲者往往属于直线型思维，表达更为直接。闪米特人通过转移话题来支持他们的主要观点，这在美国演讲者看来是一种“跑题”。亚洲人可能只是通过迂回的例证和寓言来暗示一个主要的观点，例如，中国的观众可能会通过分析演讲者分享的几个故事的主题和信息来确定其主要的观点。与许多美国人不同的是，中国的演讲者可能永远不会公开他们的主要观点。而在罗曼和俄罗斯文化中，讲故事的人往往会从一个基本的原则开始，逐步通过事实和例证论述主要观点。图 8.2 中的模型说明了这些因文化而相异的组织模式。

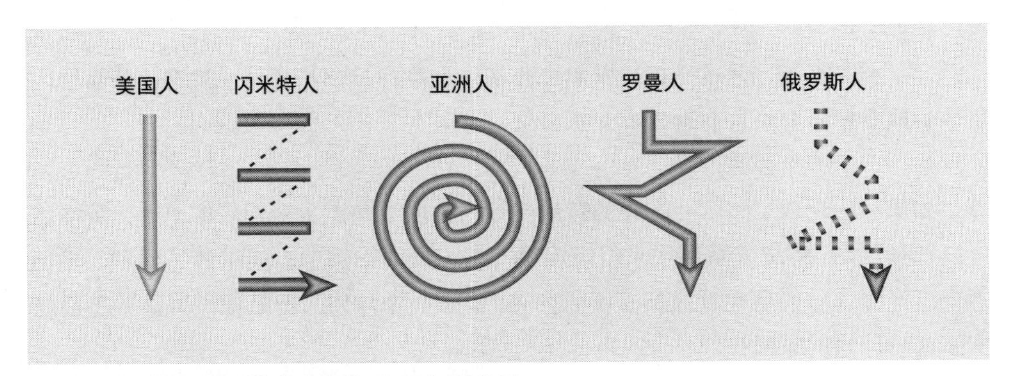

图 8.2　演讲的组织模式会因文化而有所差异

资料来源：Lieberman, *Public Speaking in the Multicultural Environment*, “Organizational patterns by culture” ©1997. Reproduced by permission of Pearson Education, Inc

一步一步地规划你的演讲

组织你的演讲

当布里安娜开始组织关于紧急避孕的演讲时，她认为自己的三个主要观点代表了与紧急避孕相关的两个**问题**，以及对这些问题的**解决方案**：要求大学健康服务中心为寻求紧急避孕药的女性提供建议。布里安娜很容易就确定，问题–解决方案型组织策略对她的演讲来说是理想的选择。

接下来，她要思考一个更困难的选择。她应该先讨论两个问题中的哪一个？布里安娜应用近因性原则来帮助她做出决定。在介绍她提出的解决方案之前，她将讨论她最希望强调的问题——学生们对信息的需求。在她的结论中，布里安娜计划让观众们采取一种具体的措施来支持解决方案。

当然，这些是非常宽泛的概括。但是作为一名认识到文化差异的观众，你可以更好地欣赏和理解一个来自不同文化的演讲者的演讲结构，他们可能并不是没有组织结构，只是使用了不同于本章介绍的组织策略。

8.2　整合你的支持材料

解释一下如何将支持材料融入演讲之中。

在组织好主要观点之后，你就可以为每个观点组织支持材料了。你可能知道目前有一个例证、两个数据以及一个意见来支持你的第二个主要观点。那么要以什么样的顺序呈现它们呢？

你有时可以使用五种标准组织模式中的一种来安排你的支持材料。例如，例证可以按照时间顺序来进行组织。在下面的例子中，演讲者按照时间顺序对几个前沿技术进行了简要的说明：

> ……奇迹总是接踵而来——从20世纪50年代每个家庭中都有的电视机，到20世纪60年代第一颗通信卫星的发射，20世纪70年代有线电视的发展，20世纪80年代的个人电脑，20世纪90年代的互联网，以及21世纪社交媒体的兴起。[12]

然而，在其他的一些时候，五种模式可能都不适用于你的支持材料。在这些情况下，你可能需要运用更适合你的支持材料的组织策略。这些策略包括：（1）首位性或近因性；（2）具体性；（3）复杂性；（4）从“软”到“硬”的证据。

首位性或近因性　我们已经讨论了如何根据首位性原则和近因性原则判断材料应该放在演讲的开头还是放在演讲的结尾。这些模式经常被用来组织支持材料，因此，我们在这里再次提到它们。

假设你有几个统计数据来支持一个主要观点。所有的这些都是相关且重要的，但其中有一个尤其引人注目。美国癌症协会首席执行官约翰·塞弗林（John Seffrin）以国际烟草广告的图像为例进行了展示及描述：

> 建立品牌忠诚度的努力应该尽早开始。这里有一个来自非洲的案例——一个年轻人戴着一顶有着某卷烟品牌标志的帽子……
>
> 瞧瞧这个无辜的孩子，他身上穿着带有巨大的万宝路标志的衬衫……
>
> 请注意，这则广告是如何将吸烟和美国人的价值观联系在一起的，而这些价值观——富有、精致和优雅——对第三世界的孩子具有吸引力。它也展示了非裔美国人生活在美国梦中。如果你是非洲的一个穷孩子，这

概述

整合你的支持材料

策略	描述
首位性	最重要的材料放在首位。
近因性	最重要的材料放在末位。
具体性	从具体的信息到一般性概述或者从一般性概述到具体的信息。
复杂性	从简单的材料到较为复杂的材料。
软性到硬性	从意见或假定的例证到事实或统计数据。

个形象可能会震撼你的心灵。

最后这个广告中的场景来自罗马尼亚布加勒斯特，这也是我最喜欢的例子。当柏林墙倒塌时，烟草业率先抢占东欧市场。在这里你可以看到在街灯上蚀刻的骆驼标志。在我看来，这是公共部门与私营企业合作损害公民利益的最令人不安的例子之一。[13]

很明显塞弗林将近因性原则应用于他的例子中，因为他把最后一个广告确定为“我最喜欢的例子”和“最令人不安的例子之一”。首位性或近因性原则也可以应用于统计数据、观点或者任何支持材料的组合当中。

具体性　有时，你的支持材料中既包含非常具体的例子，也包含对某一情况的普遍看法。你可以先提供你的具体信息，然后以你的一般陈述作为结尾；或者先进行一般性的概述，然后用具体的证据支持它。

具体性的另一种用途，正如第七章所讨论的那样，可以用于“压缩”或“激增”统计数据。“压缩”是将统计数据从一般数据变为特定数据。“激增”是使它们在另一个方向上移动，即从特定到一般。安娜塔西亚在关于替代监禁的办法的演讲中使用了两种策略。她从广泛的统计数据开始，通过“压缩”使之更加具体化。然后，她通过“激增”相关的统计数据使演讲回到了一般陈述：

……有超过240万美国人在监狱服刑。这意味着每142名居民中就有一人目前正身处狱中，这约占美国总人口的2.3%。虽然这个数字看起来比较合理，但是当你统计的是有多少人在他们生命的某一时刻曾身处监狱之中时，这个数字就会上升到美国总人数的25%。[14]

复杂性　我们已经探讨过通过从简单到复杂的原则来组织主题。同样的组织方法也可以帮助你决定如何对你的支持材料进行排序。在许多情况下，从易于理解的材料开始，并逐步发展到更复杂的材料，这是比较合理的。在妮可关于太阳辐射的演讲中，她的支持材料中包括对太阳风暴的两种影响的解释。她首先提出了一种更简单的解释——电力中断和无线电广播的中断，然后继续进行对宇宙辐射的更复杂的解释：

太阳表面每11年发生一次风暴。当太阳活动达到高潮时，这些风暴以使电力系统停电和广播系统中断的方式让地球上的人们知道它们的存在。这些风暴导致太阳抛出带电离子，这些离子与带电粒子结合，从外层空间进入地球大气层中。这被统称为宇宙辐射。[15]

软性证据（soft evidence） 主要以意见或是推论为基础的支持材料；包括假定的例证、描述、解释、定义、类比以及意见。

硬性证据（hard evidence） 实际事例以及统计数据。

指示标识（signposts） 关于演讲者观点之间的关系的线索。

预告（preview） 对将要发生的事情的陈述。

初始预告（initial previews） 在演讲的引言部分关于演讲的主要观点的陈述。

从软性证据到硬性证据 支持材料也可以按照从“软性”到“硬性”的顺序进行排列。**软性证据**立足于意见或是推论。假定的例证、描述、解释、定义、类比以及意见通常被认为是软性的。**硬性证据**包括实际事例以及统计数据。

组织由软性到硬性的支持材料以近因性原则为主：最后的陈述会被记得最牢。注意贝斯在关于“沙滩上沙坑的危险性”的演讲中是怎样从例证转到专家证言（两者都是软性证据），再到一个统计数据（硬性证据）的：

例证（软性证据）	在 2012 年 8 月 24 日的《基督科学箴言报》的网页上登载了一篇文章，报道了一名韩国交流生在南加州海滩沙坑里窒息而死的事件，而这个沙坑是他与加州大学的同学以及工作人员一起挖的。
专家证言（软性证据）	物理学博士父子布拉德·马隆和巴里·马隆解释说，不稳定的沙坑壁会突然坍塌，沙坑全无踪迹，遇难者的位置也无从确认。
统计数据（硬性证据）	在 1997 年到 2007 年的十年间，有 52 个记录在案的事故发生在为娱乐而挖的干沙坑中。[16]

演讲者按照从软性到硬性的顺序对支持材料进行了组织安排。

8.3 为观众构思一场演讲：指示标识

使用语言及非语言标识为观众构思一场演讲。

你有一个逻辑上有序且已经相当完整的演讲计划。但是，当你的观众试图理清你的思路时，他们仍可能感到非常困惑甚至恼火。因此，你的下一个任务就是设计**指示标识**——为观众的倾听提供结构上的暗示。指示标识包括预告、过渡句和摘要。

预告

在第十章中，我们将要讨论写作风格和演讲风格之间的不同之处。其中非常明显的不同之处在于公共演讲的重复性更高。以观众为中心的演讲者需要记住，观众不能够像读者一样回头去回顾错过的观点。**预告**能够“告知观众你将要告诉他们什么内容”，为一个重要的观点建立起观众的预期。正如过渡句一样，预告也有助于提高演讲的连贯性。

初始预告 **初始预告**是对于演讲的主要观点的陈述。正如在第六章我们所讨论的那样，作为演讲的**蓝图**，它通常被按排在引言结尾之前或在引言的结尾与中心思想一起提出。

在谈到美国专利制度问题时，罗伯特在引言结尾作出以下预告：

> 虽然在原则上，专利是一个很好的想法，但实际上它变成了一场灾难。首先，我将带你了解一下我们国家的专利制度。然后，我将为你们讲述它给我们、我们的经济以及我们的未来带来的浩劫。最后，我们将在潜在的解决方案中探索希望……[17]

罗伯特清晰地预告了他的主要观点，并且按照他将在演讲的主体部分进行讨论的顺序对其主要观点进行了介绍。

内部预告 除了在演讲的开头部分使用预告，演讲者还会在演讲的不同阶段使用它们。**内部预告**介绍和概述了随着演讲的进展而将要发展出的观点。有时演讲者会以他们所计划的回答问题的形式来提出内部预告。请注意一下，以下这个关于酒店安全的演讲是如何通过提问来提出内部预告的：

> ……问题依然存在，作为潜在的旅行者和潜在的受害者，我们能做些什么来保护自己？[18]

如同预告某个观点有助于观众记住这个观点，回答问题也有助于将答案深深根植在他们的脑海之中。

过渡

过渡是演讲者结束了对一个观点的讨论，即将提出下一个观点时的语言或非语言信号。

语言过渡 演讲者有时可以通过重复前面的语句中的关键词，或者使用一个指向之前的关键词或观点的同义词或代词来进行**语言过渡**。从一个句子流畅地转向下一个句子时，经常使用这种过渡类型。（此处的句子本身就是一个示例：“这种过渡类型”即指本段开头的句子。）

其他的语言过渡是表现观点之间的关系的词或短语。请注意以下示例中用黑体表示的过渡性短语：

- **除了**过渡**之外**，预告和小结也被认为是一种指示标识。
- 塑料包装**不仅**消耗我们稀缺的资源，**而且**还会污染这些稀缺资源。
- **换句话说**，随着女性角色发生改变，她们**也**为此做出了贡献。

内部预告（**internal preview**）在演讲的正文中，介绍和概述将随着演讲的进展而发展出的观点。

过渡（**transition**）演讲者结束了对一个观点的讨论后转而进入下一个观点时的语言或非语言信号。

语言过渡（**verbal transition**）表明两个观点之间关系的字词或短语。

- **总的来说**，范妮·布莱斯（Fanny Brice）是齐格菲尔德的《富丽秀》中最为知名的明星。
- **因此**，我建议您签署申请志愿书。

简单的列举（**第一**、**第二**、**第三**）也可以强调观点之间的关系并且提供一种过渡。

有时候，使用预示演讲结束的词语作为过渡标识反而会适得其反，弊大于利。“**最后**”和“**总之**”会让观众有一种可以不继续倾听的感觉，并且观众通常也确实会这样做。如果演讲的时间太长，或者演讲并不成功，观众们听到这类词之后甚至可能会大声地表达他们的释然。有些策略可以帮助你更好地进入结论，其中包括重复某个关键词或短语，使用指向先前某个观点的同义词或代词，提出一个最后的总结，或者再次提及演讲的引言部分。我们将在本章的后一部分讨论最后的总结。最后两个策略也会在第九章中进行讨论。

如表 8.2 所总结的那样，关键词或概念的重复、过渡词或短语以及列举都提供了从一个观点到下一个观点的语言过渡。

表 8.2 语言过渡

策略	示例
重复一个关键词或短语，或者使用指向某个关键词的同义词或代词	“**这些问题**不能够再继续下去了。”
使用过渡性词语或短语	“**除了**我所提到的事实，我们还需要考虑另一个问题。”
列举	“**第二**，据报告，事故发生的次数迅速增加。”

资料来源：Copyrighted by Pearson Education, Upper Saddle River, NJ

在为既定的实例找到流畅的过渡之前，你可能需要尝试多种方法。如果这些替代方案都没有效果，那么可以考虑非语言过渡。

非语言过渡　非语言过渡会以几种不同的形式出现，有时单独使用，有时则会和语言过渡结合起来。面部表情的改变、暂停、语速或音高的改变，或是一个动作，都可以作为一种过渡。

例如，一位演讲者在谈论心肺复苏的价值时，讲述了一个人在聚会上心脏病发作的故事。没人知道该怎么进行施救，于是这个人最终死亡了。演讲者从他的笔记中抬起头，停顿了一下，同时保持与观众的目光接触。他的下一句话是“比尔·乔根死亡，真正的悲剧是它本不应该发生”。他的停顿，以及随后的话语，表明他的演讲进入了主体部分。

非语言过渡（nonverbal transition） 表明演讲者从一个观点向另一个观点转移的面部表情、声音提示，或身体上的动作。

就像这个演讲者一样，大多数优秀的演讲者在从一个观点转移到另一个观点时，都会结合使用语言过渡和非语言过渡。你会在第十一章读到更多关于非语言沟通的内容。

小结

就像预告一样，一个**小结**，或是对说过的话语的重述，是对演讲者观点的再次展示，有助于确保观众能够理解并记住它们。许多演讲者都会使用两种类型的小结：最终总结和内部小结。

最终总结 **最终总结**是最后一次重申演讲的主要观点。它会在演讲结束之前使用，并且还承担着从演讲主体过渡到结论的责任。

以一场关于美国海关服务的演讲的最终总结为例：

> 今天，我们主要关注的是美国海关总署的失败之处。我们已经问了几个重要的问题，比如“为什么海关工作这么难做?”以及“我们能做些什么来补救这种情况呢?”。当一个严重问题的起因未知时，这种两难局面的延续是可以理解的。然而，美国海关总署失败的原因众所周知：缺乏人员。鉴于这一事实以及我们也认识到了海关对美国利益至关重要，再不扭转这种局势将是非常愚蠢的。[19]

演讲的最后总结明确了重要观点。我们还会在第九章更加详细地讨论最终总结的使用。

内部小结 **内部小结**存在于演讲的主体部分，重申到此为止讨论过的观点。

苏珊在演讲中就教师短缺问题作出以下总结：

> 让我们一起回顾一下。第一，我们正在努力实施教育改革；第二，我们处在入学人数急剧增加的第一年；第三，更少的高质量学生选择教育职业；第四，许多优秀的教师想要脱离教学行业；第五，大批教师将很快退休。[20]

小结（summary）
对说过的话语的重述。

最终总结（final summary）
对演讲的主要观点的重述，一般安排在演讲结论前后。

内部小结（internal summary）
存在于演讲的主体中，重申到此为止产生的观点。

内部小结通常与内部预告结合在一起，形成主要想法和观点之间的过渡，说明演讲中刚刚讨论的内容以及接下来将要讨论的内容：

> 许多人不了解自己的维生素D摄入不足，也不了解维生素D在他们的生活中的重要性。可是，维生素D缺乏是一个可以很容易解决的问题！解决方案是双重的，可以从普遍层面和个人层面入手。[21]
>
> 所以现在我们已经意识到细菌性脑膜炎的严重程度，以及大学生应该

受到关注的独特原因，我们将分析必须对这种疾病采取哪些措施。[22]

似乎每个人都在说应该对阿斯巴甜做些什么，应该重新进行测试。那么现在它已经出现在市场上了，为了能够让它被进一步调查，我们应该做些什么呢？[23]

概述

指示标识的类型

初始预告
内部预告
语言过渡
非语言过渡
最终总结
内部小结

演示辅助工具

过渡、预告以及小结是将演讲内容“粘”在一起的黏合剂。这些指示标识能够帮助你表达连贯的想法，同时还会帮助你的观众记住这些想法。然而不幸的是，我们不能保证你的每个观众都能够注意到这些指示标识。在第一章中，我们曾探讨过影响演讲进程的噪音概念。你的观众很可能因内在或者外在的噪音而分心，这样，即便是你精心设计的语言标识，他们也很可能无法听见或处理。

一种可以增加观众参与度的方法是准备和使用演示辅助工具。例如，当你在引言部分对你的主要观点进行预告时，你可以在幻灯片上展示提纲或项目编号，然后在结论部分总结它们时再次进行展示。有些演讲者更喜欢给每个主要观点制作一张幻灯片，演讲者移动到下一张幻灯片时，两种观点之间的过渡就会被强调。在第十二章中，我们将讨论使用这种演示辅助工具的指导准则。特别是当你的演讲很长或组织结构很复杂时，如果你为你的指示标识提供了视觉上的支持，就可以帮助你的观众记住演讲的组织结构。

8.4　概述你的演讲

为演讲制作准备提纲及演讲笔记。

虽然很少有演讲稿是以段落形式来书写的，但大多数演讲者都会制作**准备提纲**，记录相当详细的中心思想、主要观点和支持材料。根据你的老师的具体要求，这个提纲中也可能包括你的具体目的（这在第六章中已经讨论过），你的引言和结论（这将在第九章中讨论），你的参考资料（这在第三章中已经讨论过）。一位首席执行官指出：

准备提纲（preparation outline） 包括中心思想、主要观点以及支持材料的关于演讲的详细提纲，这其中也可能会包含具体目标、引言、结论以及参考资料。

> 除非你坐下来，写下你的想法，并把它们按照一个令人信服的顺序进行排列，否则你就无法发表一篇令人信服的演说。也许有些人已经掌握了这门艺术，但是我看到的大多是明显未经过深思熟虑的演讲。[24]

演讲笔记（speaking notes） 发表演讲时使用的简短的提纲。

你最终将把详细的准备提纲提炼成**演讲笔记**，这是一种较短的提纲，你在发表演讲时将使用它。让我们看一下这两种类型的提纲的具体特征。

制作准备提纲

要开始制作准备提纲，你可能需要尝试**制图**或分类归并的技术。在一张纸上写下所有主要观点、子观点以及演讲的支持材料，然后使用几何形状和箭头来表示它们之间的逻辑关系，如图 8.3 所示。

全美互惠保险公司的演讲稿撰写人查尔斯·帕内尔（Charles Parnell）描述了另一种制作提纲的技巧：

> 我经常在电脑上写下一些观点，然后在必要的时候移动它们，建立一种连贯的模式。然后当我想到某个细节时，我就将细节填入其中。
>
> 也就是说，你可以从任何一点开始拟提纲，最终都能写出完整的演讲稿，就好像你可以从任意一块拼图开始，最终都能把所有拼图拼合在一起一样。[25]

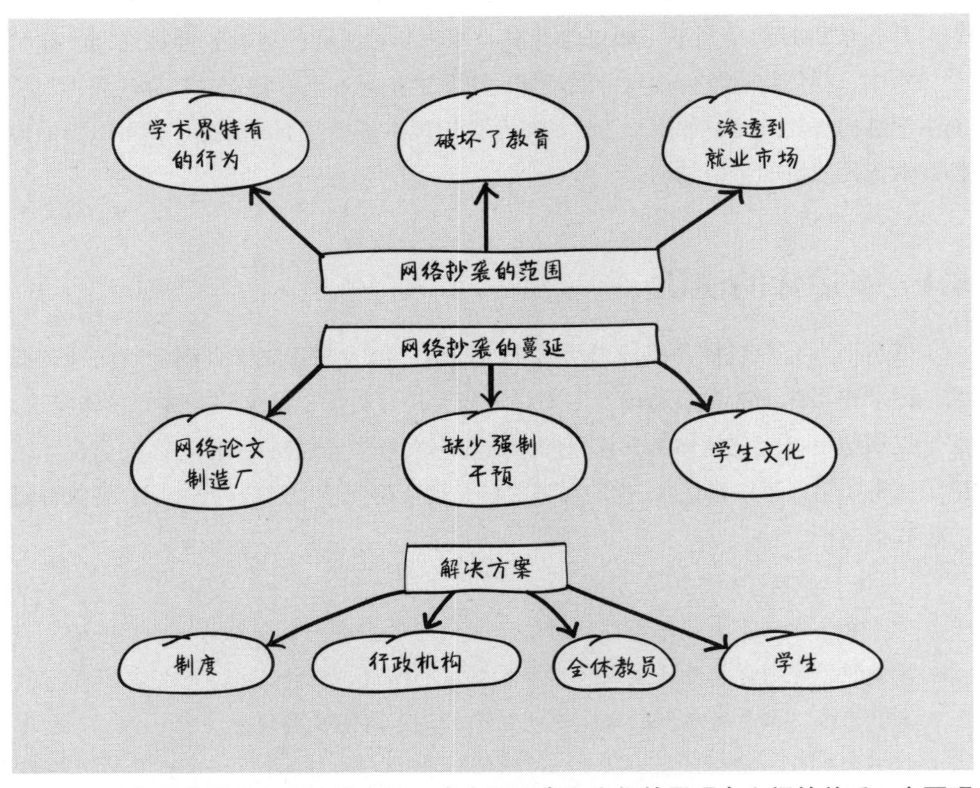

图 8.3 这张示意图显示了演讲者的三个主要观点和它们的子观点之间的关系；主要观点由矩形边框表示，子观点则由椭圆边框表示；支持材料可以用另一个形状来表示，并连接到适当的子观点上

资料来源：Copyrighted by Pearson Education, Upper Saddle River, NJ

制图（mapping）
使用几何形状来表示所有主要观点、子观点以及演讲的支持材料是如何同中心思想或其他思想相联系的。

标准的提纲格式（**standard outline form**）
编号标题和用字母标注的标题同子标题之间是按等级排列的，以表示演讲的各个部分之间的关系。

无论你用什么技巧来制作你的提纲，最终目标都是制订一个计划，帮助你评估演讲的一致性和连贯性：评估演讲稿的各个部分是否搭配协调，行文是否流畅。以下的建议将帮助你完成你的准备提纲。但是，请记住，不同的老师对提纲内容和提纲格式可能有不同要求。一定要理解并遵循老师的指导方针。

用完整的句子书写你的准备提纲，就像你在演讲时要用到的句子一样。除非你写出完整的句子，否则你将很难判断语言是否连贯。此外，完整的句子在你早期的排练中也会有所帮助。如果你写了一些含糊的短语，你可能不记得它们是什么意思。

使用标准格式。虽然在你开始构思时，并不是必须要使用标准的提纲格式，但是在你的演讲中，**标准的提纲格式**可以让你对各种主要观点、子观点和支持材料之间的确切关系一目了然。它是评估你的演讲的一个重要工具，同样也是许多公共演讲课程的一个要求。一个要求制作演讲提纲的老师一般也会要求采用标准的提纲格式。要制作一份正确的提纲，请遵循这里给出的要求以及在下页图 8.4 中总结的说明。

使用标准的提纲编号。要有逻辑并易于掌握，提纲编号应遵循下列顺序：

I. 第一个主要观点
  A. I 的第一个子观点
  B. I 的第二个子观点
    1. B 的第一个子观点
    2. B 的第二个子观点
      a. 2 的第一个子观点
      b. 2 的第二个子观点
II. 第二个主要观点

虽然在大多数演讲提纲中，你不太可能在小写字母（a、b 等）之后还有细分的观点，但如果有的话，接下来是加括号的数字和加括号的小写字母。

如果有的话，对于每一观点至少要细分为两个子观点。从逻辑上来讲，你不能只把任何东西分割成一个部分。例如，如果你只有一份支持材料，那就将它纳入它所支持的子观点或主要思想中。如果你只有一个子观点，那就要把它合并到上面的主要思想中。虽然你的子观点的个数没有严格的限制，但如果超过了 5 个，那么你可能需要把其中一些放入另一个观点中。如果你划分的观点不超过 5 个，观众会更容易记住。

对主要思想、观点、要点、支持材料进行适当缩进。用罗马数字表示的主要观点都写在最左边。注意对齐罗马数字之后的点号，以使主要观点的第一个字对齐。

正确的提纲格式

规则	示例
1. 使用标准的提纲数字和字母。	I. A. 1. a. （1） （a）
2. 如果有的话，每个主要观点下要有至少两个子观点。	I. A. B.
3. 正确地缩进主要想法、子观点和支持材料。	I. 第一个主要想法 A. I 的第一个子观点 1. A 的第一个子观点 2. A 的第二个子观点 B. I 的第二个子观点 II. 第二个主要想法

图 8.4　当你书写你的准备提纲时，请将这个总结作为一个提示工具，提醒自己要使用正确的提纲格式

资料来源：Copyrighted by Pearson Education, Upper Saddle River, NJ

I. 第一个主要观点
II. 第二个主要观点
III. 第三个主要观点

子观点或支持材料前的字母或是数字要在上方观点的第一个**字**的正下方。

I. 第一个主要观点
　A. I 的第一个子观点

如果主要观点或是子观点占据了不止一行，那么第二行就从前面一行的第一个**字**的位置开始。

I. 每场演讲都有三个部分
　A. 在我们的讨论中以及在实际发表演讲的过程中的第一部分，都是引言
　　部分。

同样的缩进规则适用于提纲的所有级别。注意，如果你正在使用一个文字处理程序，你可能会发现关闭自动格式功能来设置你的提纲会更容易一些。相比于你自己制定格式，这个程序的自动“帮助”功能非但没有提供帮助，反而可能会更令人沮丧；它可能会使你在你的提纲中犯的错误比你自己设定的还要多。

在准备提纲的顶部写下并标示出你的具体目标。除非你的老师指导你去这么做，否则不要把具体的目标放到提纲之中。相反，给它贴上标签，并把它置于提纲的顶部。你的具体目的可以作为衡量每一个主要观点和支持材料相关性的标准。演讲中的每一部分都应该为你的目标做出贡献。

在你的提纲中添加蓝图、关键标识，以及引言和结论。将引言放在具体目的之后，引言之后是蓝图，将结束语置于演讲正文提纲的后面，其后紧跟着指示标识。按照老师的指导方针，把这些元素合并到你的编号系统中。

你完成了准备提纲之后，就可以用它来分析和修改演讲。下面的问题可以帮助你完成这个至关重要的任务。

- **提纲列出的演讲是否符合你的目标？**如果不符合，你需要修改具体目标，或者改变演讲本身的方向和内容。
- **中心思想下的主要观点是按照逻辑（主题分类、原因或是步骤）展开的吗？**如果不是，就修改中心思想或主要观点。就像第一个问题一样，这个问题与演讲的统一性有关，对于确保演讲的整体一致性至关重要。
- **这些指示标识能够保证每个观点都能顺畅地过渡到下一个观点吗？**如果不能，改变或者添加预告、小结或是过渡。如果没有足够的指示标识，演讲就会缺乏连贯性。
- **每个子观点是否能够为上一级观点提供支持？**如果不能，就移动或者删除这一子观点。
- **你的提纲格式是正确的吗？**可快速参考图 8.4 以及本页右下角的概述。

在第 183—185 页提供了一份学生演讲者布里安娜为一场十分钟的说服性演讲制作的提纲模板；我们从第五章开始就关注着其演讲准备过程。[26] 在这个示例中，目标、引言、蓝图、指示标识和结语同演讲正文中的编号列表是分离的。

因为布里安娜在研究过程中的制定初步文献目录这一阶段（见第七章）保留了良好的记录，所以她可以很容易地按照老师的要求引用她的参考文献。如第三章所述，两种最常见的参考文献引用格式是由现代语言协会和美国心理学协会开发的。现代语言协会的格式通常用于人文学科，

概述

当你编写准备提纲时，要确保：
- 使用完整的句子。
- 使用标准的提纲格式和编号方式。
- 包含你的具体目标。
- 包含你的完整的引言和结论。
- 包含蓝图和关键指示标识。

美国心理学协会的格式则常用于自然科学和社会科学。请咨询你的老师，确定要使用哪种格式。

准备你的演讲笔记

当你排练演讲时，你会发现自己越来越少使用到准备提纲。演讲的结构和内容都会在你脑海中形成。这时，你可以准备一个简短的提纲作为你的演讲笔记。

你的演讲笔记不应该过于详细，这样你才不会照着提纲念给观众听，而是对着观众进行演讲，但这个提纲也应该提供清晰的格式，以确保你可以按照准备提纲中的计划进行演示。美国航空航天局将“哥伦比亚”号航天飞机的失事归因于一份指出机翼可能损伤的概要，认为这份概要“里面塞满了嵌套的要点和不规则的短表格，从中几乎不可能理清头绪”。[27]

图 8.5（第 185 页）展示了布里安娜做的关于紧急避孕药的演讲笔记。下面是一些准备演讲笔记的特别建议。

选择做笔记的方式 演讲笔记可以是高科技的也可以是低科技的。你可以在笔记本电脑或平板电脑上制作你的提纲（也许可以用某些应用程序来制作演讲笔记），或者你可以选择使用传统的笔记卡。即使你计划使用电子笔记，你也可能想要在便携卡片上做一个提纲备份，以防电子设备发生故障。便携卡片不会像纸那样沙沙作响，而且小到可以用一只手握住。只在卡片的一面书写内容，并用数字标注便携卡片，以防它们在演讲之前或演讲中乱了顺序。无论你选择何种技术，要确保你的文字足够大，以便于阅读。

使用标准的提纲格式 当你低头看你的演讲笔记时，标准的提纲格式会帮助你找到准确的位置。例如，你会知道，你的第二个主要观点是由“II”来表示的。另外，合理组织你的提纲，确保你的引言、每个主要观点以及结论都非常清晰。

简要写出引言和结论 即使你的老师不要求你把引言和结论写进准备提纲中，你也要将其简短版本列入你的演讲笔记中。如果将你的第一句和最后一句话都完整地写下来，在你发表演讲时可能会觉得更加舒适。

准备提纲示例

目标

在演讲结束后，观众将采取措施以确保高校在提供避孕药的同时提供相应的咨询服务。

将对目标的陈述置于提纲的顶端可以帮助演讲者将其牢记于心，但也要遵循你的老师对准备提纲的形式的要求。

引言

宾夕法尼亚州的西盆斯贝格大学的学生可以在他们的学生健康中心处获取紧急避孕药，而无须与中心的任何工作人员进行任何接触，只要利用操作简单的自动售货机就够了。2012 年《时代》周刊解释说，宾夕法尼亚州的西盆斯贝格大学是一所允许使用“计划 B”的机构，在这个计划中无须咨询即可获得紧急避孕药。虽然这个计划允许学生在性健康方面获得解放和独立，但这样做的代价非常高。2013 年疾病预防控制中心表示，服用避孕药的人中，有四分之一的人年龄在 20—24 岁之间，这意味着许多大学生都在购买和使用药物。由于这个问题具有相当的严重性，而且因为我关心我以及我的同龄人的健康，所以我们必须考虑如何获得紧急避孕药这一问题，并讨论它对我们自身健康的影响。

布里安娜用一个例子作为其演讲的开场来吸引观众的注意力。其他有效地吸引观众注意力的方式将在第九章中进行讨论。

中心思想

美国食品药品监督管理局应该规定：在大学校园内直接购买避孕药的同时都必须经过咨询。

预告

当我们进行关于获取避孕药以及它对健康的影响的讨论时，我们会看到每个学生都应该得到获取许可以及相应的使用信息。

布里安娜将其中心思想和预告都写了出来并给它们贴上了标签，这些都构成了她演讲的蓝图。同样，请遵循你的老师的要求，明确哪些内容应该包括其中，以及如何标记你的提纲的各个组成部分。

主体提纲

I. 首先，先考虑同这个问题有关的几个问题。
  A. 第一个问题就是避孕药可以快速获得。
    1. 根据 2013 年疾病预防控制中心的数据，避孕药的购买量有所提升，特别是在 20—24 岁的女性之中。
    2. 2013 年西盆斯贝格大学的网站上发出声明称，为了满足学生对避孕药快速获取的需求，在未来超过三年的时间中，学校会提供出售“计划 B”药品的自动贩卖机。
    3. 2013 年 1 月，《波士顿环球报》记者在走访了西盆斯贝格大学后报道，食品药品监督管理局得出结论，虽然这种交易不是严格意义上的“直接交易”，但是自动贩卖机应当被保留。

这篇演讲的第一个重点，探讨了与紧急避孕有关的问题，由罗马数字 I 表示。两个具体问题由 A 和 B 表示。

子观点 1、2 和 3 为 A 提供了支持材料。布里安娜计划对这些子观点的支持材料进行口头引用。

B. 无须咨询就能轻易获得药品，这需要付出沉重的代价：许多学生都在猜测自己该如何使用避孕药，或者根本就不知道如何有效地使用这一药物。沃尔特·塞维博士和克里斯博士在2012年的《克利夫兰医学杂志》上解释说，对紧急避孕药的误解是由避孕药易于获得造成的。

1. 一种误解是避孕药相当于一种流产药物。

2. 第二个误解是72小时最佳时期是一种建议而非一种要求。

指示标识：由于学生们的误解，以及他们没有机会提出或解决这些问题，他们处于黑暗之中。幸运的是，我们可以共同制定一个解决方案，来保护我们彼此的健康。

这个指示总结了在B中所阐述的问题及其影响，同时也是一个解决方案的预告。

II. 解决办法是，食品药品监督管理局要求，所有大学校园在提供避孕药直接购买服务的同时提供相应的咨询服务。这一点非常重要，有以下几个原因。

A. 首先，西盆斯贝格大学的学生们将不再错过他们作为消费者所应获得的重要信息。

B. 此外，由于食品药品监督管理局在2013年1月决定，自动售货机是购买紧急避孕药的一种可接受的手段，许多其他学校可能会决定采用这一策略。这些学生也应该得到必要的信息。

C. 最后，这个解决方案考虑到了重要的关于性健康的沟通及谈话的渠道，其中还包括“计划B”是一种**紧急**避孕措施，不应该取代其他形式的避孕措施。

结论

总之，很容易看出“计划B”的易获得性以及其风险。食品药品监督管理局要求对这些药物的直接购买进行咨询，这是必须的。感谢我们在西盆斯贝格大学的朋友，我们可能永远不会再以同样的方式去评价自动售货机——但重要的是要明白，方便有时是需要付出代价的。重要的是我们要保持自己和校园的安全。请与我一起签署请愿书，确保我们的安全和健康是放在首位的，因为给学生一种“需要全力以赴地争取”的健康是不够安全的。

在她的结论中，布里安娜首先总结了她的主要观点，之后重申了她的中心思想，最后她鼓励她的观众实施具体的行为。

参考资料

美国妇产科医师学会（2012年11月）。委员会意见：获得紧急避孕药。检索自：http://www.acog.org/Resources_And_Publications

美联社（2013年1月25日）。《美国食品药品监督管理局不会监管宾夕法尼亚州的节育机器》。检索自：http://www.boston.com/news/nation/2013/01/25/fad-wont-regulate-birth-control-machine/As16xuqSxiCm6GOYGN1YTK/story.html

遵循老师的要求，布里安娜在她的准备提纲中列入了一份参考资料的清单，遵循的是美国心理学协会的格式。

疾病控制和预防中心（2013 年 2 月）。《在 15—44 岁的妇女中使用紧急避孕药》，美国，2006—2010。检索自：http://www.cdc.gov/nchs/databriefs/db112.htm

Kahlenborn，C.& Severs, W.《避孕药》。《克利夫兰医学杂志》，80（3），185。西盆斯贝格大学，埃特尔医疗中心。检索自：http://www.ship/edu/Health_center/

Springer, K（2012 年 2 月 8 日）。《宾夕法尼亚州的大学在自动贩卖机上出售紧急避孕药》，《时代》。检索自：http://www.newsfeed.time.com/2012/02/08/pemmsulvania-college-sells-morning-after-pills-in-vending-machine/

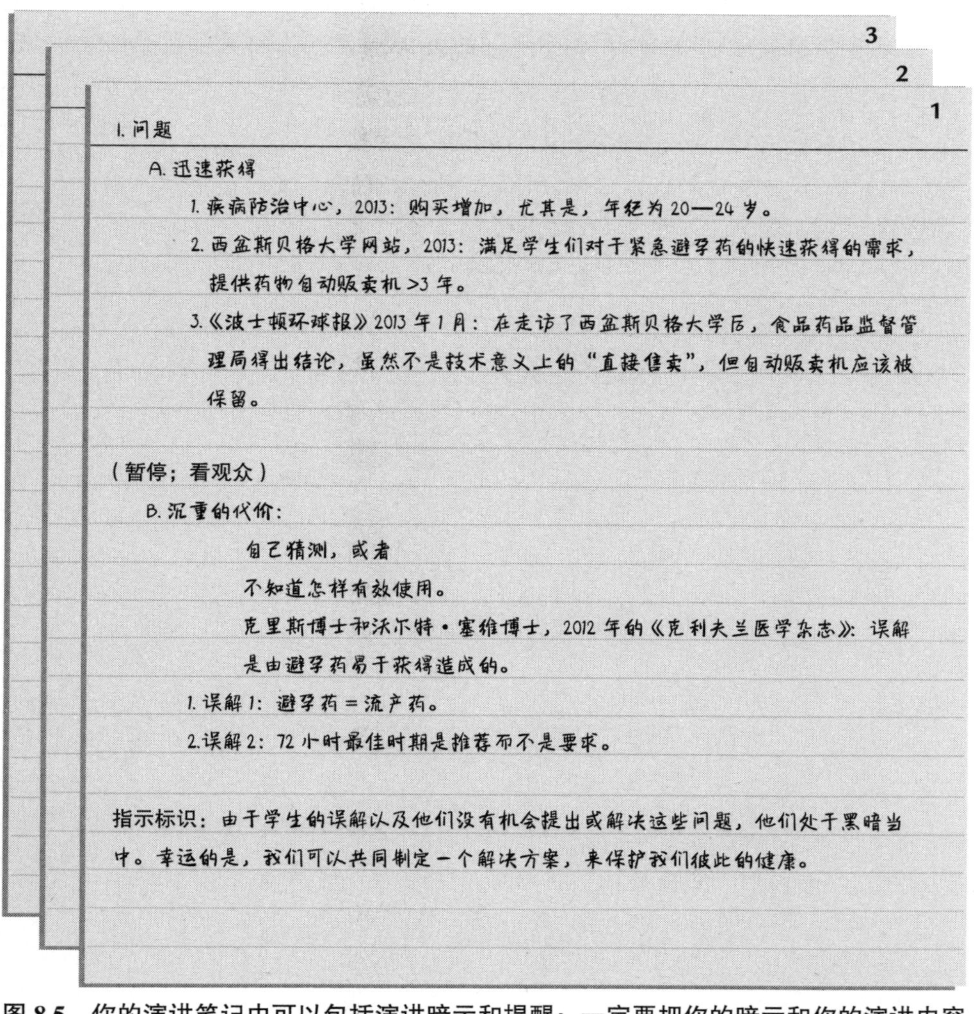

图 8.5　你的演讲笔记中可以包括演讲暗示和提醒；一定要把你的暗示和你的演讲内容区分开来；一个好的方法是用不同颜色的墨水或字体来书写发言暗示

资料来源：Copyrighted by Pearson Education, Upper Saddle River, NJ

概述

演讲提纲的两种类型

目标	
准备提纲	允许演讲者评估演讲的完整性、一致性、流畅性和整体有效性。可以作为第一个彩排提纲。
演讲笔记	包含支持材料、指示标识以及发言暗示。

将你的中心思想列入其中，但是不要列入你的目标陈述 确保将你的中心思想列入其中。但是由于你在你的演讲过程中不会真正说明目标，所以不要将其放到你的演讲笔记中。

将支持材料和指示标识列入其中 把所有的统计资料和直接引语及其来源都写出来。把你的关键指示标识写下来——比如你的初始预告，以确保当你从一个想法转移到另一个想法时，你不会感到尴尬。

列入发言暗示 在你的演讲卡片上写下诸如“大声”“暂停”或“走两步”的提示，这将会提醒你去传达你已经计划好的非语言信息。用不同的颜色或字体写下你的发言暗示，这样你就不会把它们和你的演讲内容相混淆了。美国前总统杰拉尔德·福特（Gerald Ford）在一次演讲中不小心读出了发言暗示“朝右侧摄像机看”。很明显，区分不同的演讲内容将有助于避免此类错误。

学习指导　回顾、应用及评估

8.1 组织你的主要观点

列出并描述主要观点的五种组织方式。

以合理的方式组织演讲的主要观点，将帮助观众跟随、理解和记住这些观点。对北美的观众来说，最常见的五种模式包括：主题型、时间顺序型、空间转换型、因果关系型和问题-解决方案型。这些模式有时是结合在一起的。其他组织模式也可能在不同的文化中受到青睐。首位性原则、近因性原则和复杂性原则也可以帮助你决定第一个、下一个和最后一个讨论的主要观点。

关键词

主题模式……164
首位性……164
近因性……164
复杂性……165
时间顺序模式……165
空间转换模式……167
因果关系模式……167
问题-解决方案模式……168

批判性思考

确定最可能适用于以下演讲的主要观点的组织结构模式。如果这个模式是主题型，你认为演讲者是否也应该考虑首位性、近因性或是复杂性？如果是这样的话，那么确定要考虑哪一个原则。

1. **目标陈述**　在演讲结束后，观众将能够解释关于恐龙时代的三种理论。

   中心思想　关于恐龙时代到底发生了什么，至少有三种不同的理论。

   主要观点　I. 一个巨大的行星撞击了地球。
   II. 气候发生了变化。
   III. 大气中的氧气水平逐渐发生了变化。

2. **目标陈述**　在演讲结束后，观众将能够描述出新大学多用途体育中心的布局和特点。

   中心思想　新大学多用途体育中心将为学生的活动提供服务。

   主要观点　I. 南翼将会有一个符合奥运会标准的游泳池。
   II. 这座建筑的中心将是一个大剧场。
   III. 北翼将包括手球和室内网球设施，以及举重和有氧训练房间。

评估你以观众为中心的演讲技能

如果你的话题是有争议的，你知道或猜想到你的观众会对你的想法持怀疑态度，你应该把你最重要或令人信服的想法放在哪里，以求达到最大的效果？解释一下你的答案。

8.2 整合你的支持材料

解释一下如何将支持材料融入演讲之中。

你的主要观点已经组织好了，那你的下一个任务就是把你的支持材料整合到演讲中。你可以根据五种常见模式中的一种来组织支持的材料，或者根据诸如首位性、近因性、具体性、复杂性或从软性到硬性证据等策略来进行组织。

关键词

软性证据……173
硬性证据……173

伦理性思考

在本章中，首位性原则和近因性原则几次被提及。如果一个统计数据提供了大量的证据来证明某一问题的严重性，那么演讲者是否应该把这个统计数据保留到最后，或者演讲者是否应该立即向观众展示这个问题有多严重呢？换句话说，在首位性和近因性之间是否有伦理上的区别？讨论你的答案。

批判性思考

当你在听一场现场演讲或是演讲录音时，记下笔记，然后用标准的提纲格式组织你的笔记，以反映演讲者对主要观点和支持材料的组织方式。试着确定说话人的组织策略、制定该策略的原因及其有效性。

8.3 为观众构思一场演讲：指示标识

使用语言及非语言标识为观众构思一场演讲。

各种各样的指示标识可以帮助你向观众传达你的组织结构。指示标识包括语言过渡和非语言过渡、预告和小结。

关键词

评估你以观众为中心的演讲技能

确定三种策略并对其进行解释，帮助你的观众记住演讲的主要观点。

8.4 概述你的演讲

为演讲制作准备提纲及演讲笔记。

准备提纲包括你精心组织的主要观点、子观点和支持材料，它还可能包括你的具体目标、引言、蓝图、内部预告和小结、过渡和结论。用完整的句子和标准的提纲格式书写这些要素。如果有必要的话，用准备提纲练习你的演讲，并用它帮助你修改演讲。

在你用准备提纲排练了几次之后，你就可以去准备演讲笔记了。虽然不像准备提纲那么详细，但演讲笔记通常包括支持性材料、指示标识和发言暗示。

关键词

伦理性思考

如果演讲者已经准备了一个详细的准备提纲，那么他（她）是否有理由宣称其演讲是即兴的？请解释你的答案。

批判性思考

杰夫匆匆地从笔记本上撕下一张纸并潦草地记了一些笔记，计划用这一笔记发表他的演讲。你能给他什么建议来准备更好的演讲笔记？

评估你以观众为中心的演讲技能

不同的老师对提纲内容和格式有不同的期望，一定要理解并遵循老师的指导方针。

9

引入并总结你的演讲

目标

学完本章后，你应该能做到以下几点：

9.1 解释演讲引言的功能。

9.2 列出并讨论引入演讲的方法。

9.3 解释演讲结语的功能。

9.4 列出并讨论结束演讲的方法。

一般人考虑的是曾经说过什么话，高水平的人考虑的则是他将要说什么话。

——佚名

和所有科目的老师一样，当谈到学生的作业时，公共演讲课的老师也会感到很气恼。在一项研究中，由公共演讲教师认定的不能忍受的事情中，有超过 25% 与引言和结论有关，包括以下几点：

- 以“好的，呃……”为开场开始一场演讲。
- 在演讲的开始为没有准备道歉或找借口。
- 以“大家好，我的演讲是关于……”为演讲的开场。
- 以“谢谢大家”为演讲的结尾。
- 以“还有什么问题吗？”为演讲的结尾。

并不是所有的公共演讲课的老师都认为以上这些是不能忍受甚至应该避免的事情。但是，它们出现在这里的事实表明，你需要考虑其他的选择。毕竟，你的引言和结语会为你的观众提供对你和你的演讲非常重要的第一印象和最终印象。

和许多演讲者一样，你可能也认为准备演讲的第一个任务就是构思你的引言。事实上，引言却通常是演讲规划的最后一步。引言的一个主要目的是提供对你的演讲的概述。如果你不知道你的演讲是如何进行的，那你怎么能够完成呢？

对于演讲的主体的组织应该先于构思引言和结语。在第八章中，我们讨论了组织演讲主体的策略，使用预告、过渡和小结来帮助观众理解你的演讲，以及开发一个准备提纲和演讲笔记。在本章中，我们将通过讲解引言和结语来完成对演讲组织结构的讨论。

自信地同你的观众建立联系

熟悉你的引言和结论

当你刚刚开始你的演讲时，你可能会感觉最为紧张。但是如果你有经过精心准备和排练的引言，那你将能够非常自信地开始演讲。花费足够的时间来排练你的开场白，这样在你同你的观众进行眼神交流的时候也能很好地呈现它；而熟悉自己的结束语可以让你在结束演讲时找到安全感。一个经过仔细推敲和精心准备的引言和结语能够帮助你泰然自若地开始和结束演讲。

解释演讲引言的功能。

9.1 引言的目标

遇到一个人后的几秒钟之内，你会形成一种通常会持续很长时间的第一印象。同样，在演讲开始的几秒钟内，你也会对演讲者及其演讲形成第一印象。引言可能会说服你仔细聆听，因为这是一个可靠的演讲者呈现的一场经过精心准备的演讲；它也可能会传达出演讲者的准备不足，让你认为这场演讲不值得花时间倾听。在十分钟的演讲中，引言可能不会超过一分半钟。考虑到每场演讲引言的重要性以及它们一般都很简短，说需要精心策划可能还算是轻描淡写。

作为一名演讲者，你的任务是确保你的引言能说服观众听你的演讲。表 9.1 总结并说明了一个优秀的引言必须具有的五个重要的功能：

- 吸引观众的注意力。
- 给观众一个倾听的理由。
- 引入主题。
- 建立你的可信性。
- 预告你的主要观点。[1]

让我们在细节上逐一分析这五个功能。

表 9.1　引言的目标

目标	方法
吸引观众的注意力。	使用例证、令人吃惊的事实或数据、引文、幽默、问题，联系历史上的或最近的事件，联系自我，联系场合，联系之前的演讲。
给观众一个倾听的理由。	告诉观众这个主题是如何直接地对他们产生影响的。
引入主题。	向你的观众展示你的中心思想。
建立你的可信性。	展示自己的资格，告诉观众你对你的演讲主题的投入。
预告你的主要观点。	告诉你的观众你将要告诉他们什么内容。

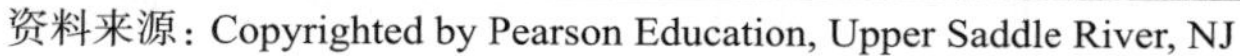
资料来源：Copyrighted by Pearson Education, Upper Saddle River, NJ

吸引观众的注意力

引言的一个关键目标是为你的演讲赢得观众的好感。因为观众会迅速形成他们对演讲的第一印象，所以如果引言不能抓住他们的注意力，并给观众一个好的印象，那么演讲的剩余部分就是在浪费时间。如果一个演讲者走上讲台，低沉地说道“今天我要和你们讨论的是关于……”，那他可能因为这些无聊的词语而已经失去了大部分观众。获得观众的注意力的具体方法将会在本章的后面继续讨论。

我们之所以强调**好感**的重要性是有充分理由的。通过疏远观众或使他们感到厌恶也可能会获得他们的注意力，这样他们对你将要说的内容会感到恼怒而非感兴趣。例如，一名学生在发表反对堕胎的演讲时，首先展示了一个描述流产手术过程的图形。她引起了观众的注意，但让他们感到很不舒服，以至于他们几乎无法集中注意力关注演讲的其他部分。

另一名学生进行了一场关于献血的重要性的演讲。他没有说一句话，就先狠狠地割破了自己的手腕，这让全场观众目瞪口呆。当血喷射出来的时候，观众们尖声叫喊，甚至有一名观众还晕厥了。血是真的血，但不是他的血。演讲者在一个血库工作，他使用了血库中的血。他在自己的两个胳膊下放置了一个装置，从中可以抽出血，这样就如同是从他的手腕中流出的血一样。他当然抓住了观众的吸引力！但

是他们不会听见他的演讲说的是什么，因为看到这样一场表演的震惊和厌恶让他们不可能听得进去，他没有赢得观众的好感。

我们这两个故事的寓意是：无论如何，你的演讲引言都应该具有创意，但同时也要用常识来决定怎样获取好感。疏远他们比让他们厌烦更糟糕。

给观众一个倾听的理由

即便你已经抓住了观众的注意力，你还是需要给他们一些要继续听完演讲的理由。一个缺乏积极性的观众很快就会无视你的演讲。你可以向你的观众展示你的主题是如何对其产生直接影响的，从而帮助他们建立倾听的积极性。

在第七章中我们展示了几个用以确定你的支持材料的有效性的标准。在这些确定你的支持材料的有效性的几个标准中有一个标准是**接近性**，即信息对观众的直接影响程度。就如接近性对于支持材料来说很重要一样，它对于演讲引言来说也非常重要。“这件事关系到我”是很有力的倾听理由。注意劳伦是如何让她的观众切身感受到佛罗里达州番茄田中令人讨厌的劳动环境的：

> 如果你在去年曾吃过来自快餐店、杂货店或是食品服务业的番茄，那么你就一定吃过被奴隶的手摘下的番茄。（她向观众展示了两个番茄。）你能分辨出是哪一个吗？现在我知道，我在演讲的开始有机会在这里向观众展示的，是公平市场和奴隶制度之间的不同。[2]

希娜也是用了接近性来激励她的观众去同情那些遭受毒霉菌感染的人：

> 头痛、疲劳、眩晕和记忆障碍，在座的每一位似乎都曾经有过这样的小毛病，对吧？你为了考试而熬夜看书了。第二天，你会感到疲劳、头晕，无法记住答案。[3]

如何或**何时**展示接近性并不那么重要。但像劳伦和希娜一样，你**需要**在某种程度上体现出你的演讲主题对观众个人很重要。

引入主题

也许引言最为明显的目标是引入演讲的主题。在你开始你的演讲的几秒钟内，你的观众应该要了解你将要讨论的是什么内容。不要被笑话和例证冲昏了头脑而忘了最根本的目的。需要等到演讲过半才能理解你说的是什么，没有什么会比这更令观众恼火了！为了确保你的引言确实介绍了你的演讲主题，最好的方法是在引言中陈述中心思想。例如，在介绍自己关于老年人需求的演讲时，下面这位演讲者迅速说明了自己的主题和中心思想：

> 如果你们认为我要说的话只有一点可取，那么我希望你能够在接下来的几分钟内了解到，老龄人口的爆炸性增长所带来的健康问题、财务问题，需要通过一个有意识的、经过深思熟虑的、易于协同的计划来解决。[4]

建立可信性

可信的演讲者是经过观众判断的可信赖的权威，以及有能力的演讲者。可信的演讲者同时还应该是一些观众认为自己可以信任的人。当你开始你的演讲时，你应该留心观众对你的态度。问你自己："他们为什么要听我的演讲？我的背景和主题有什么关系？我个人是否对我将要讨论的问题深信不疑？"

19 世纪的废奴主义者弗雷德里克·道格拉斯是一位伟大的演说家。根据传记作者查尔斯·W. 切斯纳特（Charles W. Chesnutt）的记录，道格拉斯的观众认为：

> ……过去的历史赋予了他最高的权利去描述和谴责奴隶制的罪孽，并为种族的权利而斗争。[5]

同样，当教皇出国旅行时，信徒们会长途跋涉，冒着严寒或酷暑站好几个小时，与他一起望弥撒。但我们大多数人在演讲时却不能想当然认为自己具有这种可信度。如果你能在演讲的早期就建立起你的可信性，这将有助于激励你的观众去倾听。

在引言中建立可信性的一个方法是精心准备以及自信出场。当你进行眼神交流的同时还能流畅地进行演讲，这就会传达出一种自信的感觉。如果你看起来很自信，你的观众也会对你很有信心。

建立可信性的第二种方式是向观众讲述和主题有关的个人经历。许多观众会带着尊敬倾听你的演讲，而非认为你很自负。Twitter 的首席执行官迪克·科斯特洛（Dick Costolo）以帮助毕业生拍摄照片为开场，开始了他在密歇根大学 2013 年毕业典礼上的演讲，之后当他要把照片发到 Twitter 上时，他告诉学生们：

> 我是一个专家，所以只需要一秒钟。[6]

预告主要观点

引言的最后一个目标就是预告演讲的主要观点。通过第八章，你已经了解到，初始预告陈述一般出现在引言快结束时，包含在中心思想的陈述中或直接跟随其后。预告陈述让你的观众预先了解演讲的主要观点，这反过来也会有助于他们在演讲结束后仍能记得这些想法。

正如我们在第八章中提到的那样，初始预告陈述是一种组织结构上的策略，被称为**指示标识**。就如同沿着高速公路安置的指示牌一样，它会告诉你接下来将要发生的事情，演讲中指示标识通过列举你想要呈现的想法和观点来告诉观众要期待些什么。例如，如果你要进行一场关于种族歧视的演讲，你可能会说，

> 为了结束这些针对肤色的犯罪，我们必须首先准确描述出问题所在，然后探究原因，最后建立消除种族歧视的解决方案。[7]

确定你的主要观点有助于在组织信息的同时增强观众的倾听意愿。

那么，演讲的引言部分，应该吸引观众的注意力，给观众一个倾听的理由，引入主题，建立你的可信性以及预告演讲的主要观点。这些目标（还要做到简洁）似乎不可能全部实现，但事实并非如此！

列出并讨论引入演讲的方法。

9.2 有效的引言

只要稍加练习，你就能够写出满意的中心思想和预告陈述，但获取观众的注意力以及给予他们一个倾听的理由可能会更加困难。幸运的是，有好几种有效的方法可以用来完成演讲的引言部分。并不是所有方式都适用于所有演讲，但无论你的演讲主题和目标是什么，这些方法中至少有一种适合你。

我们将讨论十种引入演讲的方式：

- 例证或逸事
- 令人吃惊的事实或数据
- 引文
- 幽默
- 问题
- 联系历史事件
- 联系近期事件
- 联系自我
- 联系场合
- 联系之前的演讲

例证或逸事

逸事（anecdote）
一个例证或是故事。

这并不奇怪，因为它是最有趣的一种支持材料，例证或**逸事**可以为有效的演讲引言提供基础。事实上，如果你已经为演讲正文准备好了一个格外具有说服力的例证，那你最好还是在演讲的引言中使用它。相关的、有趣的逸事将会引入你的主题，并且几乎无一例外地会引起观众的注意。学生演讲者马特以一个长例证开始了他关于化学品双酚 A 的危险性的演讲：

> 三年前，阿尔杰塔·麦克唐纳的生命被乳腺癌夺走了。她是一位非常了不起的意大利裔美国女人，非常固执，但是总能向周围人展示最好的一面。她总是吃一些合适的食物，并且在日常生活中对自己的健康非常负责。
>
> 如果问任何一个熟悉阿尔杰塔的人，对她最深的印象是什么，我敢肯定，是她随身携带的一个亮红色的“乐基因”牌水瓶。这样，她才能确保自己每天摄入 64 盎司的水。不幸的是，关于这只水瓶的美好回忆可能会随着最近曝光的一些信息而改变。[8]

马特的故事有效地抓住了他的观众的注意力，并同时引入了演讲的主题。

令人吃惊的事实或数据

引入演讲的第二个方法是使用令人吃惊的事实或数据。以某种情况或问题的严重程度来使观众感到震惊总能吸引观众的注意力，激励他们进一步倾听，并帮助他们记住你所说的话。威尔的准法学学生观众一定会被他引言中的统计数据所震惊：

> 在加利福尼亚州圣迭戈的托马斯·杰斐逊法学院（Thomas Jefferson School of Law）的 2012 年毕业生中，98% 的人的学生债务平均为 168800 美元。[9]

引文

使用合适的引文来引入演讲是一种常见的做法。相比于你自己组织的语言，通常会有另一位作者或者演讲者以一种更加权威、全面或令人记忆深刻的方式，发表对同一主题的看法。泰瑞卡以诗人乔哈里·孔朱福（Johari Kunjufu）的诗开始了关于社区重要性的演讲：

> 姐妹们，兄弟们，
> 我们在做什么？
> 孩子们呢，我们的孩子们呢？
> 若我们面对现实，那么在公共场合中就从未有过孤儿或孩子。
> 来吧神灵，
> 从我们的头脑中赶走无稽之谈以及梦中的废物，
> 让我们记得自己的需求是，孩子是来世的生命。
> 把我们带回到真实，
> 把我们带回到真实。
>
> “真实”在乔哈里·孔朱福的诗中特指非洲历史上的一段时间，那时孩子们并不因他们是谁而感到困惑。[10]

另一位演讲者选择了另一种类型的引文来引入“美国消失的童年”这一主题，这类引文是专家的话：

> “眼巴巴地看着极具特色的童年文化逐渐淡去，我们伤心不已。”尼尔·波兹曼，《童年的消逝》的作者，提出了一个尖锐的观点：在美国童年正在消亡。[11]

由于这位专家没有得到广泛的认可，演讲者还进行了关于他的资历的简短陈述。演讲者说得“非常简洁”——用简洁的语言表达了演讲的中心思想。

尽管一句引语可以有效地引入一个演讲主题，但不要养成偷懒的习惯，每当你需要引言时就去那个引语语录中找答案。有很多其他有趣的，有时甚至更好的方式来引入一个演讲，只有在引文非常有趣、引人注目或非常重要时才应该使用它。

就像在第八章中探讨的对观点进行组织的方法一样，组织引言的各种方法不是相互排斥的。通常情况下，可以将两个或三个方法有效地结合在一起。例如，在一场关于丧葬行业的演讲中，萨德有效地结合了引语和例证作为自己的引言：

> “死亡是一件无聊、沉闷的事情。我给你的建议就是不要和它产生任何关系。”英国剧作家萨默塞特·毛姆的这句话意在逗人发笑。然而，这一具有讽刺意味的真理却成了许多人的悲哀的缩影，其中包括玛莎葡萄园岛的简·伯曼。在最近接受国家公共广播电台采访时，我们得知，伯曼女士想要在家中为她的母亲举办一场葬礼。她本人具有丧葬许可证，从法律

上讲她有这个权利。但是一位本地的葬礼主管发现了（她的想法），他对她撒了谎，告诉她她这样做是非法的。[12]

幽默

幽默，如果处理得当的话，能够在吸引注意力方面产生出色的效果。它可以使你的观众感到放松，让他们愿意继续关注你的演讲。得克萨斯大学新闻学教授马文·奥拉斯基（Marvin Olasky）以这个幽默的故事开始了关于灾难应对的演讲：

让我从一个关于得克萨斯州官员如何提供帮助的故事开始。一个农场里的妈妈看着窗外，她看到家里的母牛啃着草，女儿在和一个陌生男人说话。妈妈怒气冲冲地对窗外喊道："我不是告诉你不要跟陌生人说话吗？你马上给我进来。"女孩提出抗议："但是，妈妈，这个男人说他是美国参议员。"聪明的母亲回答说："那么现在你马上就给我进来，把牛也带进来。"

让我们来谈谈灾难应对。[13]

另一个演讲者使用幽默来表达对受邀进行演讲的感谢，他以下边的故事开始了他的演讲：

三个公司的管理者尝试着对**名望**进行定义。

一个人说："名望就是被邀请到白宫去见总统。"

第二个人说："名望就是被邀请到白宫，并且当你参观时，电话响了总统也不会接。"

第三个管理者说："你们都错了。名望就是被邀请到白宫同总统一起进行参观时总统热线响了，总统接起来听了一会儿之后，对你说：'嗨，是找你的！'"

今天被邀请来进行演讲，就如同造访白宫时接到了找我的电话一样。[14]

幽默不一定总是《三个臭皮匠》（*The Three Stooges*）这样的低级喜剧，它甚至不必是一个笑话。它可能需要更微妙的形式，如反讽或怀疑。美国西点军校荣誉毕业生道格拉斯·麦克阿瑟（Douglas MacArthur）将军于1962年返回母校时，发表了一篇著名的"西点军校告别演说"。他以这样一个幽默的例证开场：

今天我离开宾馆的时候，一个看门人问我："您准备去哪里啊，将军？”我回复道：“西点。”他说：“那是个美丽的地方。您之前曾去过那里吗？”[15]

麦克阿瑟将军的简短的例证抓住了观众的注意力并让他们开怀大笑，简而言之，这是一种非常有效的演讲开场方式。

如果你的观众说各种各样的语言，或是观众主要是由第一语言不是英语的群体组成，那你就要选择幽默之外的其他引言策略。因为许多幽默是由文字游戏创造出来的，那些母语不是英语的人可能无法理解你的玩笑或双关语。

就像对某些观众不适合使用幽默的引言一样，有一些特定的主题也不适合幽默——例如，婴儿猝死综合征和性侵。然而，幽默的引言可以使许多演讲变得生动、有趣和巧妙。

问题

还记得在本章开始部分列出的那些令人不能忍受的事情吗？对某些人来说另一件不能忍受的事情是以一个问题（“你们当中有多少人……？”）为演讲的开场。问题不在于策略本身，而在于“你们当中有多少人？”这种措辞缺少新意。

从另一方面来讲，一个经过认真考虑的**反问**能够促使你的观众从内心参与到你的引言当中，吸引到他们的注意力并且给他们一个理由继续倾听下去。可口可乐的董事长及首席执行官穆赫塔尔·肯特（Muhtar Kent）通过提问开始了一场面向投资者和金融分析师的演讲：

> 今天，我们为明天做好准备了吗？[16]

理查德以下边这个简单的问题开始了他关于青少年自杀的演讲：

> 你是否曾独自一人处在黑暗之中？[17]

要让问题变成有效的引言，演讲者所要做的不仅仅是思考该提出什么样的问题，还必须要有效地传达出这一问题。有效的提问包括在每个问题中间进行短暂的停顿，这样能够让观众有时间尝试在内心组织一个答案。毕竟，以问题为开头的主要优点就是让观众参与到与你的精神对话中来，吸引他们关注你的演讲。在你提问时你可能会低头看你的笔记，但是有效的提问要求你抬起头来同观众再次建立眼神接触。正如我们将在第十一章中讨论的，眼神接触标志着沟通渠道很通畅。在提问后同你的观众建立眼神接触能够给他们额外的激励来思考答案。

反问（rhetorical question）
为了引发思考而非引出答案的问题。

虽然并不是经常发生，但观众可能会不假思索地对一个反问做出口头回答。如果你想以一个反问开始你的演讲，那你就要了解这一种可能性，并且准备恰当的回应。如果演讲主题比较轻松，一句杰·雷诺（Jay Leno）[①]式的调侃可能会赢得观众的心，并将这个中断变为一种有利条件。如果话题比较严肃，出现的中断并不适合你的场合或是同你期望的正好相反，那你可能需要回复“也许你们中间剩余的大多数人认为……”，或者你可能要自己回答那个问题。

问题通常会和其他形式的引言进行结合。例如，阿克伦大学校长路易斯·普罗恩扎（Luis Proenza）提出了问题并随后附上了令人吃惊的数据，以此作为关于成功的高等教育新策略的演讲的开场：

> 如果飞机同电脑一样先进，同电脑运行的速度一样快会怎么样？今天的大型喷气式客机将搭载 10 万乘客，并以每小时 23400 英里[②]的速度往返于地球和月球之间，往返票价只要 12.5 美元。[18]

无论是单独使用还是同其他形式的引言结合起来，问题都可以为演讲提供有效的开场。但是，如同引文一样，问题也可能被没有花时间思考其他选择的演讲者依赖。除非你能想出一个真正有吸引力的问题，否则就要去制定其他的引言策略。

联系历史事件

有哪个美国人不熟悉林肯经典的葛底斯堡演说的开场白：“八十七年以前，我们的先辈在这个大陆上创立了一个新国家。它孕育于自由之中，奉行一切人生来平等的原则。”林肯的著名的开场白联系了他演讲的历史背景。你也可以通过联系历史事件来开始演讲。

每天都是某件事情的纪念日。也许你可以把在今天发生的历史性事件与你的演讲目标联系起来。演讲稿撰稿人辛西娅·斯塔克斯在 2 月 16 日的演讲中运用了这一策略：

> 就在这个日期，1923 年 2 月 16 日，考古学家霍华德·卡特（Howard Carter）进入图坦卡蒙法老墓。在那里，他发现了一个坚实的黄金棺材，图坦卡蒙保存完整的木乃伊以及无价的珍宝。
>
> 1959 年 2 月 16 日，菲德尔·卡斯特罗（Fidel Castro）在推翻富尔亨西奥·巴蒂斯塔（Fulvencia Battista）政权后成立了古巴革命政府。

① 美国脱口秀主持人。
② 1 英里约合 1.6 千米。

> 1968年2月16日，美国第一个911应急电话系统在亚拉巴马州的黑利维尔正式运行。
>
> 今天，我不会展示无价的宝藏。我保证不会推翻任何人，也不会制造任何紧急事件。但是我希望能够揭示一些演讲的秘密，并对你们要发表的演讲提供一些革新性的想法和一种紧迫感。[19]

你怎样去发现历史事件的纪念日？你可以在网上查阅“历史上的今天”或者为你的平板电脑或智能手机下载一个应用程序。

联系近期事件

如果你的主题是当下的，联系近期的事件将会是一种不错的开场方法。以近期的新闻报道作为引言，形式上可以采取例证、令人吃惊的统计数据甚至是引用，从而获得在每种引入方法下进行讨论的额外优点。而且，当你提到近期的事件，就可以通过表明你对时事有所了解来增加你的可信度。

“近期”并不一定意味着上周甚至上个月发生的一个故事。过去一年左右发生的事件就可以被认为是近期事件，甚至再早些时候发生的事也行，只要是特别重要的事件就可以。一位演讲者说，关键是：

> 避免成为你的祖父，除了上学路上要背着火枪，一路躲避十七世纪的英国士兵的追赶，来回都是上坡之外再也没有新的故事了。活在当下，你要和你的观众联系起来。[20]

联系自我

联系自我可以采用多种方式。你可以对受邀做演讲表达感激或愉悦之情。你，就如同这个演讲者：

> 我非常高兴能够参加这次在母校举办的会议。[21]

或者你可以分享个人经验，就如同这个演讲者：

> 就如你们中的某些人一样，在我找到我的真正的职业之前我也曾做过很多工作，从洗车工到侍应生以及动物管理员……[22]

虽然联系自我可以采用多样的形式，但无论何时，只有构筑起你和观众之间的纽带，才能发挥最佳效用。

联系场合

联系场合通常出现在婚礼、生日聚会、揭幕仪式以及其他类似的事件中。例如，新泽西州州长克里斯·克里斯蒂（Chris Christie）以这种方式开始了他 2013 年的“州情咨文”：

> 自从乔治·华盛顿于 1790 年的今天首次发表了国情咨文后，在每个立法年度的开始由行政领导人报告国家和各州的情况就变成了一种传统。所以这是我的荣幸，我也很高兴能够向大家报告本州的情况。[23]

概述

有效的引言技巧

- 使用例证或逸事。
- 呈现令人吃惊的事实或数据。
- 分享引文。
- 使用合适的幽默。
- 反问。
- 联系历史事件或近期事件。
- 透露关于自己的事情。
- 注意场合。
- 联系之前的演讲。

联系场合也可以同引言的其他方法进行结合，如例证或是反问。

联系之前的演讲

如果同一场合还有其他人演讲，比如在演讲课、专题讨论会上，或者作为系列讲座的一部分，那么你很可能快上台演讲时才知道别人的演讲内容。没有什么经历比听到你之前的演讲者讨论了同你的演讲相同的主题更能让你惊慌。更糟糕的是，这个演讲者使用的某些支持材料也与你相同。

当这种情况发生时，你必须现场做出判断，是联系之前的演讲还是使用先前准备的引言。如果其他演讲者已经谈论过类似的主题和内容，那么联系前面的演讲不失为一种明智的做法。在某种意义上，这时你的引言就变成了从之前的演讲到你的演讲的过渡。这是一个思维敏捷的学生在这种情况下发表的引言的示例：

> 当朱莉对我们讲述她作为救生员的经历时，她强调这个工作并没有我们想象的那么刺激。今天我想要告诉大家的是另一个工作，它看起来比救生员更加刺激，这是一个我曾经从事了两年的工作。我是一间酒吧的酒保。[24]

要记住，之前讨论过的几种准备引言的方法均可结合使用。只需要稍加练习，在准备你的引言时，你将能够很自信地从几种较好的方法中进行挑选。

解释演讲结语的功能。

9.3 结语的目标

你的引言创造了非常重要的第一印象，你的结论留下同样重要的最终印象。在你结束演讲后的很长时间内，就算你的观众记不清楚内容，他们也可能依然记得你的结束语给他们带来的影响。

不幸的是，相比于对演讲其他部分的关注，许多演讲者对结语的关注要更少。他们相信如果他们可以完成演讲开始的 90%，那么他们总能想到方法来对其进行总结。也许你曾听到一位没有准备结语的演讲者的经历。尴尬的最后几秒钟，磕磕绊绊地说出几个词语，之后可能伴随着迟疑的掌声，观众甚至不确定演讲是否已经结束。以这样的方式向前来倾听你演讲的观众告别显然不是最理想的。

有效的结语能够实现两个目标：它总结了演讲，并提供了结尾。

总结演讲

结语是演讲者最后向观众回顾中心思想和主要观点的机会。

用难忘的方式再次强调中心思想 许多著名演讲的结语都以一种难忘的方式重新对中心思想进行了叙述。1939 年 7 月 4 日，纽约洋基队的传奇人物卢·贾里格（Lou Gehrig）以激动的心情向球迷们发表了一场演讲，宣布因罹患肌萎缩侧索硬化症而中断棒球生涯，他用这句令人难忘的话结束了演讲：

> 我可能很倒霉，但我还有很多事情要做。[25]

演讲撰稿老师和前演讲撰稿人罗伯特·莱尔曼（Robert Lehrman）例举了后来更加令人难忘的结语，那是奥巴马 2008 年总统胜选演说中的结语：

> 用安·尼克松·库柏（Ann Nixon Cooper）的故事结尾，这位 106 岁的女性的一生见证了 20 世纪的历史（“人类登上了月球……她只用手指轻触一下电脑屏幕，就投出了自己的那一张票……”）。[26]

莱尔曼记录道：“当我讲到这场演讲时，学生们不再发送短信，并哭了起来。”

但是令人难忘的结语并不是著名演讲者的专利。第十章提供了使用语言来让你的陈述更加令人难忘的建议。

你的演讲结语是让观众记住中心思想的最后一次机会。你要做的就是让他们不得不记住你的中心思想。

重申主要观点 除了再次强调演讲的中心思想外，结语也可以重述主要观点。请注意，在关于碳排放的演讲中，约翰如何有效地总结其主要观点，他在总结中表达出他对问题的恐惧以及可以缓解这些恐惧的行动呼吁：

> 我害怕。我害怕的是，我所能说的任何事情都无法鼓励25%的美国人改变他们的排放方式，并去纠正那些导致他们的汽车污染严重的因素。我担心美国公众要等到危害迫在眉睫且十分明显时才会对这一严峻的问题做出反应，担心环保局会再次被证明对工业采取宽容的态度。三个简单的步骤可以减轻我的恐惧：检查，减少含铅量，以及，最重要的，意识。[27]

结尾（**closure**）使演讲“听上去结束了”的结语。

大多数演讲者会在结语的第一部分总结他们的主要观点，或者将其作为演讲主体和结语之间的过渡的部分。

收尾

也许结论最明显的目标就是带来**结尾**，通过“听上去结束了”来暗示观众演讲即将结束。

使用语言或非语言的暗示来表明演讲的结束 你可以以语言或非语言的方式达到结束演讲的目的。语言技巧包括使用如“最后”“最后一点是”“总的来说”这类过渡性字词或短语。

你可能记得，“总的来说”出现在了本章开头部分老师最不能忍受的事情的清单上。就如以提出反问来开始你的演讲一样，通过“总的来说”来表示你的结尾，并非本就是错误的。它让某些老师不能忍受是因为有些学生使用它时常常粗心大意，给了观众一种不言而喻的不再继续倾听的许可。（注意当教授表明课程结束时学生们都会做些什么：书本和笔记本都被合上，笔被收起，班上学生一般都停止继续听课。）一个表示收尾的过渡句之后要迅速地跟上演讲的最终陈述。

你也可以用非语言的暗示来示意演讲结束。你可能会在演讲的主体和结论之间停顿一下，放慢说话速度，从讲台后面走出来，向观众发出最后的慷慨激昂的呼吁，或者用音调的下降来表示你正在做最后的陈述。

激励你的观众做出回应 另一个为你的演讲提供结尾的方法是激励你的观众以某种方式做出回应。如果你的演讲属于信息性演讲，那你可能想让你的观众采取一些适当的行动——写一封信、买一件产品、打个电话或参与某项事业。事实上，**行动**建议对于说服性演讲的组织结构策略来说是必不可少的，这个策略叫作激励序列，我们将在第十五章讨论这一策略。

梅勒妮在关于粗心房东的演讲的结尾，将一种简单的观众

概述

演讲结语的目标

- 总结演讲。
- 以令人难忘的方式再次强调中心思想。
- 重申主要观点。
- 收尾。
- 给出语言或非语言的演讲结束的信号。
- 激励观众做出回应。

回应列为她的行为步骤的一部分：

> 举手示意一下，在这个房间中有多少人是依靠出租房屋过活的？大家看一下周围，这个问题是会影响到我们所有人的，即使不是直接的影响，也会通过我们的大部分的朋友影响到我们。[28]

另一个演讲者通过推荐具体的行为步骤，结束了对来自旅行社的观众的演讲：

- 不断地发展和提高你的专业技巧和商业技巧。
- 接受并使用新技术。你或是在新技术的高速公路上骑行，或是远远地落在后边，望尘莫及。
- 不断地在本地及全国范围内推广你的顶级行业组织，这样其品牌、代言以及影响力就能够发挥巨大的作用。
- 开发出对这一行业的热情，并在你的员工和同事中激发同样的热情。[29]

在之前的两个例子中，演讲者利用本章讨论的接近性原则，来激励他们的观众。当观众觉得他们已经或可能会涉及其中或受到其影响时，他们更有可能对你的信息做出回应。

列出并讨论结束演讲的方法。

9.4 有效的结语

有效的结语可以使用例证、引文、联系自我或其他我们讨论过的引入的方法。除此之外，还有至少两种独特的方式来结束一场演讲：联系引言以及鼓舞人心的呼吁或挑战。

适用于引言的方法

之前讨论过的所有的引入方法也都能够帮助你结束自己的演讲。例如，引文就常常被用在结论当中，以 U2 乐队主唱博诺（Bono）发表的毕业演讲为例：

> 还记得约翰·亚当斯（John Adams）怎么评价本·富兰克林（Ben Franklin）的吗？“他果断地接受了我们最大胆的措施，而且似乎还认为我们太犹豫不决了。”
>
> 现在是采取大胆措施的时候了。这是美国，你们是肩负重任的一代。[30]

与引言相呼应

概述

有效结语的技巧

- 使用任一有效引言的技巧。
- 参照你的演讲的引言。
- 发布鼓舞人心的诉求或是挑战。

在我们关于结语的讨论中，我们提到联系引言也是结束演讲的一种方式。完成一个故事，回答一个反问，或是提醒观众你在引言中呈现的令人惊讶的事实或数据，这些都是非常棒的结尾方式。就像在你书桌上一组书两边的书立一样，相关联的引言和结语为主体内容提供了支撑。

在本章的前面，你读到了，在马特关于双酚 A 的危险性的演讲中，他使用了一个长例证作为引言。他通过联系引言结束了他的演讲：

> 如果我告诉阿尔杰塔，她健康的生活方式是她在某一天死亡的原因，她会对我说些什么呢？好吧，她是我的祖母，我非常了解她，她非常固执，所以她应该会说我疯了……但是今天我将要让你们来判断她的回答到底应该是什么样的。[31]

马特的结论提到了他的引言，这使他的观众非常难忘，也激励了观众进行回应，同时还提供了结尾。

鼓舞人心的诉求或挑战

另一个结束演讲的方法是对你的观众发出鼓舞人心的诉求或是挑战，从而在演讲结束时激起他们高昂的情绪，让结语达到一个高潮。演讲稿撰写人和沟通顾问詹姆斯 · W. 罗宾逊（James W. Robinson）解释了这样的结语之所以能起作用的原因：

> 这就好像，在短短的几分钟里，观众从高压的世界中解脱出来，并且高兴地接受你的礼物：有见地的愿景，有说服力的修辞，一些哲学，一点情感，是的，甚至是一丝乡野气息。[32]

2013 年，在面对包括儿子道格在内的埃隆大学毕业生进行毕业演讲时，美国全国广播公司主播布莱恩 · 威廉姆斯（Brian Williams）谈到了他关于俄克拉何马出现的龙卷风“摩尔”的采访。威廉姆斯告诉毕业生们，他在那里遇到了一个父亲，他 9 岁的儿子被龙卷风夺去生命。在对演讲进行总结的时候，威廉姆斯指出，如果能再次和失去的儿子一起打棒球，这位俄克拉何马州的父亲愿意付出任何代价。然后，威廉姆斯从他的礼服下拿出一个棒球，扔给他自己的儿子，并提议两人在典礼结束后回家进行一场比赛。考虑到自己的全部观众，威廉姆斯在完成这一有力的象征性的姿势之后，说道，悲剧或令人欣喜的事，如毕业，都可以作为一种提示，提醒我们选择如何及同谁度过我们的时间是很重要的。[33]

威廉姆斯的鼓舞人心的结语以一种令人难忘的方式重新强调了中心思想，为演讲收尾，并给了观众启发。

学习指导 回顾、应用及评估

9.1 引言的目标

解释演讲引言的功能。

使用一种令人难忘的方式开始和结束演讲，并向观众做出必要的重复，这是非常重要的。好的引言能够获得观众的注意力，给予观众倾听的理由，引入演讲主题，建立你的可信度以及预告你的主要观点。

在引言中引入中心思想和预告陈述，可以引出演讲主题和预告演讲的内容。

评估你以观众为中心的演讲技能

谈论以下话题时，你如何才能够激励你的观众倾听你的演讲？

- 胆固醇
- 埃尔维斯·普雷斯利
- 贺卡的历史
- 臭氧变薄
- 分心驾驶

9.2 有效的引言

列出并讨论引入演讲的方法。

通过恰当地使用下列方法，无论是单独使用还是结合使用，你可以赢得观众的好感并调动起他们倾听的积极性，包括：例证、令人吃惊的事实或数据、引文、幽默、提问、联系历史事件、联系近期事件、联系自我、联系场合或联系之前的演讲。

关键词

逸事……195
反问……198

伦理性思考

马蒂和莎娜在公共演讲课上同属于一个小组，她们正在讨论即将到来的演讲。马蒂发现了一个例证，她认为这个例证可以作为有效的引言。当她告诉莎娜这一例证时，莎娜非常感兴趣。事实上，莎娜认为这个例证如果用在自己的演讲中将会是一个非常精彩的引言。当学生们的演讲次序安排好后，莎娜发现她会在马蒂之前进行演讲，她很想使用马蒂发现的介绍性的例证。如果她在演讲中引用了这一例证的原始来源，这样是否合乎伦理？

批判性思考

中井正计划就美国本土音乐发表一场信息性演讲，展示和演示长笛、陶斯鼓、雨棍等乐器的使用。中井如何最好地开始他的演讲？

9.3 结语的目标

解释演讲结语的功能。

演讲的结语会在观众的心中留下对你的最终印象。结语的两个主要目标是总结你的演讲以及收尾。你的结语应该以一种令观众难忘的方式重述你的中心思想，并重申你的主要观点，以便观众加深印象。表示演讲结束的语言和非语言的线索有助于为演讲收尾。你也可以将结语作为一种向观众提出一个行动建议并激励观众以某种方式回应你的信息的机会。

关键词

结尾……203

9.4 有效的结语

列出并讨论结束演讲的方法。

结语可以采用任何适用于引言的形式。除此之外，你还可以参照引言或发出鼓舞人心的诉求或挑战。

10

有效地运用语言：演讲者的语言和风格

目标

学完本章后，你应该能做到以下几点：

10.1 描述口头语言风格和书面语言风格之间的三点不同之处。

10.2 列出并解释三种有效运用语言的方法。

10.3 讨论如何使你的语言风格被不同的观众接受。

10.4 列出并解释三种令人难忘的句型结构。

一场演讲就是一首诗歌：有韵律，有节奏，生动形象，气势宏大！演讲提醒着我们，字词，就如同孩子一样，拥有能够让最无聊的沙包游戏变成心灵舞蹈的力量。

——佩吉·诺南（Peggy Noonan）

对于公共演讲者来说，如同抗议，清晰且准确地传达信息是非常重要的。同时，让观众愿意倾听，能够记住并能够根据你的话语采取行动，以这样的方式来表达这些信息也是非常重要的。

在本章中，我们将关注语言的力量。我们将提出准确且有效地将你的信息传递给他人的方法。我们还将探讨如何通过语言和句型结构让你的信息与众不同。

描述口头语言风格和书面语言风格之间的三点不同之处。

10.1 区分口头语言风格和书面语言风格

你的老师可能告诉过你，不要将你的演讲逐字逐句地写出来。老师说，这是因为在口头语言风格和书面语言风格之间存在着至少三大主要区别。

- **口头风格比书面风格更加个人化** 演讲时，你可以一边看着你的观众一边直接同他们交谈。人与人之间的交流会影响你的演讲以及你的语言风格。作为一名演讲者，相较于写作，在演讲时你会倾向于使用更多代词（**我**、**你**）。你也更有可能通过名字来称呼特定的观众。
- **口头风格比书面风格更为随意** 能够流传于世的演讲通常听起来好像是写出来的，因为这些词句和短语比大多数演讲者所用的词句和短语更长、更复杂、更正式。另一方面，口头风格的特点是“松散的结构、复述、重新措词以及说明从句（‘你知道’）……”。[1]

  但是，口头风格和书面风格本身也会根据情况产生很大的变化。一场演讲可能是相当私人的和非正式的，而另一场则可能更具有与书面风格相关的特征。演讲者或作家的个性、演讲的主题、观众以及场合都会影响所用语言的风格。
- **口头风格比书面风格更加具有重复性** 当你在阅读书本或文章中遇到不能理解的事情时，你可以停下来，重新阅读一段文章，在字典中查阅不熟悉的单词，或者寻求某人的帮助。当你听一场演讲时，这样的机会通常是不存在的。出于这种原因，口头风格是，也应该是，更加具有重复性的。

  在你学习如何组织一场演讲时，你学会了在引言中预告你的主要观点，在你的演讲主体中提出你的观点，以及在结语中总结这些观点。你需要在演讲中重复自己的话，以确保你的观众能够领会你的信息，甚至有时候在构建一个观点时，也需要首先对它进行陈述，再以不同的方式重新陈述并提供示例，最后再进行总结。

列出并解释三种有效运用语言的方法。

10.2 有效地运用语言

相较于同一主题下写作的文章来说，你的演讲要更加个人化，更加随意，重复性更强，但你仍然要确保你的信息清晰、准确和令人难忘。你使用的语言应该是特定的、具体的、简单的以及正确的。

> **概述**
>
> **口头风格 vs 书面风格**
>
> 书面风格
> - 不那么个人化，在作者和读者之间不存在即时互动
> - 更加正式
> - 更少重复
>
> 口头风格
> - 更加个人化，促进演讲者和观众之间的互动
> - 更加随意
> - 更多重复

使用特定、具体的词语

如果你想向你的观众介绍你的宠物蛇，那你要做的就不仅仅是说它是一条蛇，你要尽可能地使用特定的术语，说明你的小蛇是一条球蟒（ball python）；如果你面对的是一群科学家，那你可能要说出球蟒的学名（*Python regius*）。特定的词语或是术语，如球蟒，针对的是一个大类（如蛇）中的个体成员。

抽象阶梯（**ladder of abstraction**）描述一个概念、观点或是事物的抽象词语和具体词语的连续模型。

特定的词语通常也是具体的词语，它能引起人们的一种感官注意，而一般的词语常常比较抽象，指的是一种概念或是性质。一种被称为**一般语义**的语言学理论认为，你的语言越具体，你的交流就越清晰。语义学家使用一个被称为"**抽象阶梯**"的连续体来说明如何用具体或抽象的语言描述事物。图 10.1 显示了抽象阶梯的一个示例：在阶梯顶端，文字最为抽象，当你从阶梯上逐步往下移动时，词语会变得更加具体。

特定、具体的名词会产生令人难忘的画面，就像维克森林大学的学生在演讲中所做的那样：

> 有时在我睡着时，我仍然能够听到我生命中的声音——夜里的蟋蟀声，狮子交配时的吼叫，父亲的叮咛，朋友的欢笑声；我仍然能够听到非洲的声音。[2]

特定、具体的动词尤其有效。得克萨斯州已故议员芭芭拉·乔丹（Barbara Jordan）的语言技巧，被一位演讲撰稿人描述为"传奇性的"，让人认识到具体动词的力量。[3] 例如，她作为 1992 年民主党全国代表大会发言人，在第一稿中陈述道：

> 美国梦没有死亡。它只是受伤了，它很虚弱，但是没有死亡。

乔丹之后把这句话修改为：

> 美国梦没有死亡。它在挣扎，但它没有死亡。

图 10.1　语义学家使用"抽象阶梯"来展示如何使用具体或抽象的术语描述概念、观点或事物

资料来源：Copyrighted by Pearson Education, Upper Saddle River, NJ

具体的动词“挣扎”创造了生动的画面。

如果你想要寻找特定、具体的词语，你可能需要查询同义词辞典。但在寻找某个替代词时，你不要为了选择那些最隐晦的或不常用的术语而改变了你想说明的本意。简单的语言通常会给你的观众留下最生动的印象。

使用简单的词语

最好的语言往往都是最简单的。你的字词应该能够立即被你的观众理解。不要试图用术语和华而不实的语言来给他们留下深刻印象。相反，正如语言学家保罗·罗伯茨（Paul Roberts）建议的那样：

> 确定你想要说什么并尽可能充满力量将它说出来…… 用平实的语言。[4]

在经典文章《政治与英语》中，乔治·奥威尔为写作定下了规则，其中包括以下简明的诀窍：

> 如果用一个短词就可以表达那就不要使用一个长词。如果有可能将一个词删掉，那就将它删掉。如果你能想到日常使用的英语，就不要用外来语、科学术语或行话。[5]

录下自己练习时的影像和声音。在回顾时，设法找出其中能够使用更简单、更少的词语来进行表达的地方。简单的词语只要运用得当就能够让你的表达更有力、更精确。

正确地使用词语

有一天，我正在听汽车广播，一位女士在阅读新闻时，把某人称为“绒面革知识分子”（suede-o-intellectual）。我思考了三个红绿灯转换的时间，最后我才意识到她不是在谈论鞋子，而是伪知识分子（pseudointellectual）。[6]

公共演讲不是展示你不熟练的词汇和语法的场合。事实上，观众对你的演讲的反响在一定程度上取决于你正确使用语言的能力。如果你不知道如何运用某一语法规则，请查询一本好的语法手册。如果你不确定词语的发音或意义，那就查一下字典。较多的在线词典都提供了正确的发音音频。

语言中有两个起作用的因素，也许正确使用词语的最大挑战就是了解语言本义和隐含之义。

本义（denotation） 词语的字面意思。

本义　单词的**本义**就是它的字面意思，是你在字典中找到的定义。例如，英文“notorious”的本义是“famous”，即“著名的”。

隐含之义 一个词语的**隐含之义**通常在字典中是未注明的，它由我们根据自身经历联想到的意义组成。“Notorious”暗示因某些恶劣行为而出名。这个词和“famous”并不是真的可以互换使用。在你使用字词时考虑其隐含之义同考虑其本义同等重要。

有时隐含之义是非常个人化的。例如，**桌子**一词在本义上被定义为一件家具，由桌腿和附着其上的光滑平整的厚板构成。但当你想起**桌子**一词的时候，可能想到的是你的爷爷曾经用过的那张老橡木**桌**；**桌子**可能会让你想起你和祖母一起玩跳棋的画面。这是这个词语个人化的隐含之义，一个以你自己的经历为基础的独特的隐含之义。个人化的隐含之义很难预测，但作为一名公共演讲者，你应该意识到引发观众个人化的隐含之义的可能性。当你在讨论高度情绪化或有争议的话题时，这种意识尤为重要。

最后，如果你的观众中包括那些母语不是英语的人，那么他们可能不太能体会到一个词微妙的隐含之义，因此你可能需要更详细地解释你的意思，而不是依赖于观众的联想力。

简要地使用词语

简要并不一定意味着“短”，更确切地说，它意味着“抓住重点”或是“切题”。研究表明，使用较少单词的人被听者认为更有力量或更可靠，这一观点对说服性演讲者尤其有帮助。[7] 换句话说，你的目标应该是仅使用必要的词来表达你的信息。考虑以下关于使用语言的建议。

排除那些对你的信息没有任何意义的字词和短语 简洁的语言能帮助观众理解你的组织结构，并能提高你的可信度。这里有一些你可以从演讲中删除的短语：

- “在我看来”（直接陈述观点）
- “诸如此类”（没有意义）
- “归根结底”（有话直接说出来）
- “事实上”（直接陈述事实）
- “在开始之前，我想先说一下”（你已经开始了——直接说出来）

也许这些被认为是陈腔滥调。**套话**是一种被过度使用的表达，已经变得毫无意义，甚至可能令人恼火；使用套话可能会使观众“停止倾听并完全忽略演讲中的消息”。[8] 最近的一份清单收集了令人生厌的套话，包括“在一天结束的时候”“用户友好”“出于完全的尊重”和“你的电话对我们来说很重要”。[9] 用特定、具体的词语来代替套话。

隐含之义（**connotation**）观众根据他们的经验联想到的意义。

简要（**concise**）抓住重点，切题。

套话（**cliché**）被过度使用的表达。

概述

有效地使用语言

为了保持观众的注意力，使用特定和具体的语言。
为了简化自己的语言，可以用短句时避免使用长句。
为了正确地使用语言，要考虑字词的本义和隐含之义。
为了讲得清楚，要尽可能简洁。

避免解说自己的演讲技巧 没有必要去说“有一个有趣的故事，我认为你们会喜欢”，直接讲这个故事就好了。与其说“现在我想就这件事提供几点事实”，不如直接陈述事实。是的，在演讲过程中提供指示标识和小结是有用的——在口头表达中需要赘言——但要注意，不要提供关于你正在使用的技术的混乱解释。

当短句能表达时避免使用长句

与其说	不如说
• 所以，出于这个原因	• 所以
• 但是同时	• 但是
• 在如今的社会中	• 如今
• 由于这样一个事实	• 因此
• 在这期间	• 其间
• 归根到底	• 最后

讨论如何使你的语言风格被不同的观众接受。

10.3 使你的语言风格被不同的观众接受

为了能成功地和不同的观众群体进行沟通，请确保你的语言是可以理解的，有礼貌的，没有偏见的。

使用观众可以理解的语言

民族方言（ethnic vernacular） 包括特定民族群体使用的词语或短语，一种英语的变体。

地区方言（regionalisms） 在国家特定的某一区域使用的词语或短语。

行话（jargon） 行业语言。

标准美式英语（Standard American English） 由学校教授的，在新闻传播、商务活动中和政府中使用的语言。

即使你和所有公共演讲班级的同学都说英语，你也可能还会说多种不同的语言。也许你的一些同学会说一些**民族方言**，如“西班牙式英语”，英语和西班牙语的非正式的结合通常会在美国和墨西哥的边境地区听到；卡津语，夹杂着大量法语单词，通常在路易斯安那州使用；或是非裔美国人英语口语。你们中的一些人还会说能表明自己是在哪里长大的**地区方言**，即国家特定的某一地区使用但在其他地区却很少以同样的方式使用的字词或短语。你们中的其他人可能会经常使用**行话**，这是你的专业或业余爱好所涉及的语言。

在面对一群与你有着相同的民族、地域或专业背景的观众发表演讲时，你可以成功地使用这些个性化的英语来与他们进行交流。但是，当你的观众就像公共演讲班级中的同学那样，有多种多样的背景，那你进行演讲时，要如何找到语言上的共同点呢？

答案是使用标准的美式英语。**标准美式英语**是由学校教授的，在新闻传播、商务活动中和政府中使用的语言。“标准”并不意味着标准的美式英语才是正确的，其他所有的形式都是错误的，而是指它能让大多数美国英语使用者轻易理解——即使他们可能代表了不同的种族、地区和专业。

使用礼貌用语

2001 年 9 月 11 日恐怖袭击发生后不久，美国副总统迪克·切尼在讲话中称巴基斯坦人为“Paks”（带有贬义）。尽管他在提及巴基斯坦人民时用的是赞赏的语气，但他还是因为对这一词语的使用而受到指责。Pakistani 的变体 Paki 被认为带有侮辱性，而 Pak 的侮辱性程度只是稍微轻点而已。专栏作家威廉·萨菲尔（William Safire）表示：

> 切尼在五角大楼的那天可能是无意间说错话，但是将大意作为借口只能使用一次；现在他置身于敏感环境之中，我们也是。[10]

如果一个人的语言诽谤了任何一个群体（如特殊种族、民族、宗教背景的人，女性，残疾人士），或者他的语言被认为具有冒犯性、有伤风化，那么他不仅是在进行不合伦理的演讲，而且还冒着激怒观众的巨大风险。事实上，一项研究表明，对残疾人不友好的用语会影响观众对演讲者的说服力、能力、可信度以及社交能力的看法。[11]

使用无偏见的语言

即使是那些从未想过使用明显的冒犯性言辞的演讲者，也会发现他们很难避免使用带有微妙的成见或歧视的语言，比如带有性别歧视的语言。

就在几年前，用男性代词（he, him, his）来指代“不确定性别”的人还能够被接受：

> 明天，每个人都要把**他**的（his）书带到班里来。

现在，这种用法被认为是带有性别歧视和不能接受的。你的表达中必须同时包含男性和女性代词：

> 明天，每个人都要把**他**（his）或**她**（her）的书带到班里来。

或者你可以重述这个句子，使用复数，从而保持性别中立：

> 明天所有的学生都要将**他们**的（their）书带到班里来。

在一些国家，使用男性名词来泛指所有人也被认为是性别歧视。除了 man（男人）这个词，你还需要避免使用诸如 waiter（侍者）、chairman（主席）、fireman（消防员）、congressman（国会议员）这样的男性名词，而要选择像 server、chair、firefighter、member of Congress 这样的中性词。

除了要避免使用男性化的名词和代词来指代所有人，也要避免使用带有成见或刻板印象的语言：

性别歧视的	无偏见的
警察（policeman）是一个每天都冒着生命危险的低薪职业。	警察（police）是一个每天都冒着生命危险的低薪职业。
男护士将病人照顾得很好。（注："男护士"暗示护理是典型的女性职业。）	护士将其病人照顾得很好。

避免带有偏见的语言并不总是那么容易。即使你有良好的意图和深思熟虑的想法，有时也会陷入困境。例如，假设皮尔斯博士是一位年轻的黑人女性医学博士。如果当你提起她时没有提到她的年龄、种族和性别，那你可能会加强你的观众对医生的刻板印象，比如中年、白人和男性。但是，如果你**真的**提到了这些因素，可能又有人怀疑你在暗示皮尔斯博士的成就是非同寻常的。对于这个难题或者其他类似的问题没有一个简单的答案。你必须考虑你的观众、目的以及场合来确定如何能最好地介绍皮尔斯博士。

随着越来越多的女性和少数族裔成员出现在医学、法律、工程和政治等领域，公众越来越期待新闻评论员、教师、教科书、杂志以及公共演讲者使用公正、包容的语言。没有反映这些变化的语言会对你向观众（其中很可能包括你所提到的少数群体的成员）传达信息的能力产生严重影响。

概述

使你的语言风格被不同的观众接受

为了成功地同各类观众进行沟通，使用观众能够理解的语言。
为了避免冒犯你的观众，使用适当的语言。
为了表现出对不同群体的尊重，使用无偏见的语言。

列出并解释三种令人难忘的句型结构。

10.4 精心构思令人难忘的句型结构

美国总统计划到你的家乡进行一场重要的演讲。你观看了这场演讲，并且认为 30 分钟的演讲非常有趣而且信息满满。晚上，你打开电视，想看看广播电视网络对这场演说的报道。三大主要网络媒体都摘录了演讲中相同的十秒钟片段。为什么？是什么让演讲的特定部分有引用价值或是令人记忆深刻呢？前总统演讲撰稿人佩吉·诺南曾说过：

> 伟大的演讲总是有精彩的片段……它们总结了一个观点，或者用精辟或深刻的语言来表达一个观点。[12]

换句话说，令人难忘的演讲总是风格独特的。它们创造出令人印象深刻的画面。它们拥有营销传播专家所说的“耳朵感染力”：

> 具有“耳朵感染力”的短语就像是绕梁三日的音乐，让观众在回家的路上一路哼唱。即使人们想忘掉，他们也忘不掉。[13]

在本章的开头，我们讨论了使用具体、无偏见、生动、简单以及正确的词语的重要性。在这一部分，我们将注意力转向具有戏剧效果、比喻意象以及节奏韵律的词语组合（短语和句子）。下边的表 10.1 总结了令人难忘的句型，它可以帮助你发表一场具有“眼睛和耳朵感染力”的演讲。[14]

表 10.1　精心构思令人难忘的句型结构

带有比喻意象的句型结构	
暗喻	隐含的比较。
明喻	使用“像”或“如”。
拟人	将事物人格化。
带有戏剧效果的句型结构	
短句	用几个精心挑选的词语来强调一个重要的观点。
省略	通过省略已被理解的词语来提炼出一个观点的精华。
倒装	颠倒字词和短语正常的顺序。
悬念	将关键词放置在短语或句子的结尾处。
带有节奏韵律的句型结构	
反复	将关键词或短语重复几遍以强调重点。
排比	使用相同的语法模式。
对照	在句子的两个部分使用并列结构，但其意思相反。
头韵	在短语中使用相同的辅音两次以上。

资料来源：Copyrighted by Pearson Education, Upper Saddle River, NJ

创造比喻意象

让自己的信息令人难忘的一种方法是使用修辞来创造出令人印象深刻的画面。**修辞格**，是偏离一般的、预料中的词语的意思，使描述或比较显得独特、生动、令人难忘。常见的修辞手法包括暗喻、明喻和拟人。

修辞格（figure of speech） 偏离一般的、预料中的词语的意思，而使描述或比较显得独特、生动、令人难忘的语言。

自信地同你的观众建立联系

使用词语来管理你的焦虑

即使在为观众修改自己的演讲语言时，也要在心里面给自己加油鼓劲。如果你发现你的焦虑程度正在上升，提醒自己，你胸有成竹并且已经做好了同观众建立联系的准备。积极思考，并将这种积极思考转化为肯定自己的话语。

暗喻和明喻 **暗喻**是在关键方面有相似之处的两种事物之间隐含的比较。作家兼演员艾瑞克·斯图汉斯克（Erik Stolhanske）用他自己的假腿来暗喻他的观众可能会面临的任何精神或身体上的障碍：

……每个人都有“木腿”。我就是活生生的证明，无论它是什么，一旦你意识到你的“木腿”只是存在于你的脑海中，那你就能忠于自己，以愚蠢的毅力追求你的梦想，并且真正地实现人生的成功——无论那对你意味着什么。[15]

暗喻是一种隐含的比较，而**明喻**是一种更加直接的比较，其中包括“**像**”或“**如**”这样的词。联合包裹服务公司首席执行官斯科特·戴维斯（Scott Davis）建议观众不要理会那些“反对者”，他将自身的负面信息与儿童故事“小鸡”中的主角的负面信息进行比较：

（反对者们）像这个世界的小鸡彭妮（Henny Pennys）一样四处奔走，大声地向任何愿意倾听的人宣告：“天空正在坠落！”“不要这样做！”“一定是做不到的！”[16]

演讲者经常在特别或极其重要的时刻使用暗喻和明喻——当“我们生活中的日常用语无法胜任挑战”时，一位演讲者如是说。[17] 在2001年9月11日美国遭受了恐怖袭击之后的数小时和几天内，不同的演讲者使用了“但丁地狱第十层”“核冬季”以及“火山上的火山口”这样的隐喻性短语来描述位处纽约的被毁坏的世界贸易中心建筑的现场情况。[18] 这种语言有时被称为**危机修辞**。

拟人 将事物人格化称为**拟人**。富兰克林·罗斯福在他的第一次就职演说中将自然描述为一个慷慨的造物者：

大自然仍然在给予我们恩惠，人类的努力也使它倍增。富足的情景近在咫尺。[19]

暗喻（metaphor）
对两件事情或两个概念的隐含比较。

明喻（simile）
一种更加直接的比较，其中包括“**像**”或“**如**”这样的词。

危机修辞（crisis rhetoric）
演讲者在特别或极其重要的时刻使用的语言。

拟人（personification）
将事物人格化。

创造戏剧效果

另一个使短语和句子令人难忘的方法，是使用一种能够让演讲产生喜剧效果的结构——用一种超出他们预期的表述方式来保持观众的悬念或让他们稍微有些措手不及。

短句 我们已经探讨过使用简短、简单的词语的重要性了。简短、简单的句子也可以拥有同样的力量。专栏作家乔治·F. 威尔（George F. Will）指出，在林肯的第二次就职演说中，最有说服力的一句话只有四个字长：[20]

内战爆发。

在你的演讲中实现戏剧效果的其他策略包含三种修辞手法：省略、倒装及悬念。

省略 省去观众已预料到的字词或短语被称为**省略**。当电报成为一种比较常见的通信手段时，发送者会尝试使用尽可能少的字词，因为他们按照字数进行收费，发送者省去的越多，就会越便宜。

为了有效地使用省略，你省去的字词必须是你的观众或读者已经理解的字词。例如，第二次世界大战海军驱逐舰的舰长使用省略的方式将信息告知总部，即他成功地发现并击沉了一艘敌军潜艇。由于他的“观众”已经了解了他正在追逐哪艘潜艇，所以当舰长将信息发回总部时，可以把所有的细节都省略：

发现潜艇——击沉潜艇。

他用尽可能少的词语，以一种令人难忘的方式传达了他的信息。

大约在2000年前，另一位军事指挥官用简练的消息向罗马元老院汇报了他击败本都国王的战绩：

我来了，我看到了，我征服了。

这个指挥官是尤利乌斯·恺撒。

倒装 将常规短语和句子中的字词顺序进行颠倒就是**倒装**。肯尼迪在他就职演说的这个简短陈述中，把通常的主语-谓语动词-宾语句型改为宾语-主语-谓语动词的句型：

This much we pledge...（这些就是我们的保证……）[21]

2012年康涅狄格州纽敦市发生校园枪击事件后，奥巴马为那些被杀害的人祈祷，对那些悲痛的家庭及社区做出了承诺：

... whatever measure of comfort we can provide, we will provide.（……无论以何种方式，凡是我们可以提供的安慰，我们都会提供。）[22]

省略（omission） 省去观众已预料到的字词或短语。

倒装（inversion） 将常规短语和句子中的字词顺序进行颠倒。

悬念 把一个关键词或短语放在最后而不是开头，这种手法被称为**悬念**。当你阅读一本悬疑小说时，你会一直保持期待的心情，直到最后才知道“是谁干的”。语言悬念与此类似。像倒装一样，悬念可以改变预期的词语顺序或句子模式，在这种情况下，可以将要强调的关键词或短语放置在句子的结尾。

广告商经常使用悬念这种技巧。例如，可口可乐公司将悬念作为其最令人难忘的广告宣传活动的基石。相比于说“Coke goes better with everything”（一切因可口可乐而更好），广告商决定通过将“Coke”（可口可乐）作为句子的最后一个词来使信息具有独特的风格，广告语改成了“Things goes better with Coke”（饮可口可乐，事事如意）。这个具有艺术效果的版本更令人难忘，因为它以一种出人意料的方式运用语言。

创造节奏韵律

英国首相及天才演说家温斯顿·丘吉尔在他的演讲手稿中使用了一种“赞美诗”形式，用打字机将它们打出来，使它们看起来像在纸上的无韵诗。[23] 他演讲的**节奏**或韵律可以很明显地从外观中看出来。

就像丘吉尔一样，你可以通过使用反复、排比、对照以及头韵等修辞手法来创造节奏韵律。

反复 不止一次地使用一个关键词语或是短语来赋予你的演讲韵律或是力量，并使其令人难忘。也许现代演讲中最为有名的运用了**反复**的示例是马丁·路德·金铿锵有力的呐喊，这一呐喊成为其在 1963 年 8 月 28 日在华盛顿特区林肯公园发表的演说的题目。

排比 反复指的是使用相同的词，而**排比**则指的是使用相同的语法结构。2013 年，在耶路撒冷面对以色列的学生发表演讲时，巴拉克·奥巴马使用了排比以强调美国和以色列的相似之处：

> 我们被信仰充实；我们不是简单的被男人和女人统治，而是被法律统治；我们被创业和创新推动；我们被民主的话语定义。[24]

这四句以“我们被充实”“我们被统治”“我们被推动”“我们被定义”开头的句子遵循的是排比式语法结构，即代词（我们）+ 动词短语。

对照 **对照**的意思是“对立面”，使用了**对照**的句子的两个部分具有相同结构但句义相反。

演讲者很早就发现了对照的戏剧张力。在第一次就职演说中，富兰克林宣布：

> 我们真正的使命不是要别人服侍，而是要为自己和同胞们服务。[25]

悬念（suspension）
把一个关键词或短语放在句子的最后。

节奏（cadence）
语言的韵律。

反复（repetition）
为了强调，不止一次使用关键词或短语。

排比（parallelism）
在两个或以上的短语、从句或句子中使用相同的语法结构。

对照（antithesis）
句子的两个部分使用相同的结构，但是第二部分的含义和第一部分相反。

1950 年，威廉·福克纳在接受了诺贝尔文学奖之后，说出了如今依然著名的对照句：

头韵（**alliteration**）在一个短语、从句或句子中多次出现相同的首辅音。

我相信人类不仅能够忍受，而且能够战胜一切而永存。[26]

当记者戴维·布鲁克斯（David Brooks）在 2013 年对西沃恩南方大学的毕业班发表演讲时，他表示：

不要考虑你想从生活中获得什么，要考虑生活想从你这里获取什么。[27]

对照句是一种很好的结束演讲的方式，它所创造的节奏将会使你的最终陈述令人难忘。

头韵 在一个短语、从句或句子中多次出现相同的首辅音，这种修辞手法被称为**头韵**。头韵增加了一种思维的节奏。参考这些例子：

头韵短语	演讲者	场合
discipline and direction（纪律和方向）	富兰克林·罗斯福	第一次就职演说[28]
virility, valour, and civic virtue（活力、勇气和公德）	温斯顿·丘吉尔	国会演讲[29]
Seneca Falls, and Selma, and Stonewall（塞尼卡瀑布城、塞尔玛和石墙）	巴拉克·奥巴马	第二次就职演说[30]

只要稍加使用，头韵就可以增强你的演讲的韵律。

分析令人难忘的句型结构示例

我们想用最后一个示例来说明创造戏剧性和节奏的全部技巧。[31] 如果你问，约翰·F. 肯尼迪的演讲中最经典的一句话是什么，几乎任何人的答案都会是他的就职演说的那句话：

Ask not what your country can do for you; ask what you can do for your country.（不要问你的国家能为你做些什么，问你自己能为你的国家做些什么。）[32]

这句话之所以广为流传，除了其表达的思想之外，还因为它使用了很多修辞手法，如表 10.2 所示，其中的一些手法我们在本章已经讨论过了。

肯尼迪的整篇演讲中包含了令人难忘的比喻，最引人注目的是"贫困的桎梏""合作的据点"以及"怀疑的丛林"。

肯尼迪使用了比喻意象、戏剧性和韵律，给他的就职演说带来了"眼睛和耳朵的感染力"，使它令人难忘——不仅是那些最初听到它的人，也包括那些在 50 多年后听到、阅读和研究它的人。

表 10.2　分析令人难忘的句型结构：
"不要问你的国家能为你做什么，问你自己能为你的国家做些什么"
（约翰 · F. 肯尼迪）

修辞手法	原句	讨论
创造韵律的手法		
省略	"Ask not..."	主语，**you**（你），没有阐明。
倒装	"Ask not..."	在非正式的日常交谈中，表达"不要问"，我们通常会说"do not ask"，而不是"ask not"。倒装使开头有力量并且能吸引注意力。
悬念	"...ask what you can do for your country."	关键信息，"问你自己能为你的国家做些什么"，就是直到句子的结尾才出现或是被延缓说出的悬念，这种效果就像是戏剧。
创造戏剧性的手法		
反复	"Ask not what your country can do for you; ask what you can do for your country."	在一个 17 个单词的英语句子中，"你"以不同形式（you，your）出现了四次，反映了肯尼迪以观众为中心。
排比	"Ask not what your country can do for you; ask what you can do for your country."	这两个从句使用了相同的语法模式。
对照	"Ask not...; ask..."	被逗号分开的两个从句的意义相反。
头韵	"Ask...can...can...country."	头韵 k 音重复了四次，在句子中以大致均匀的间隔重复。

资料来源：Copyrighted by Pearson Education, Upper Saddle River, NJ

有效地使用令人难忘的句型结构

在探讨了在演讲语言中增加修辞和吸引力的方法之后，我们现在必须考虑如何最好地将这些技巧付诸实践。

谨慎地使用独特的修辞手法　虽然我们已经证实了修辞手法的重要性，但也不要过度使用修辞手法。太多高度程式化的语言会让观众将专注点放在你的语言而非你的内容上。

在演讲中的特定观点上使用修辞手法　当你想让观众记住你的主要观点或者当你想要吸引他们的注意力时，在你的演讲中有节制地使用几次修辞手法。这就好像一些厨房搅拌机有一个“加大动力”开关，通过提供额外的电力来帮助搅动难以搅拌的食材。想想我们研究过的修辞手法，这是为你的想法提供加大动力的机会。在你的引言、重要观点陈述以及结语中使用它们。

有节制地使用修辞手法　当一个句子太长或太复杂的时候，看一下你能否使用对照或悬念改写这个句子。同样也要记得省略的可能性。

学习指导 回顾、应用及评估

10.1 区分口头语言风格和书面语言风格

描述口头语言风格和书面语言风格之间的三点不同之处。

口头语言风格同书面语言风格相比更加个人化，同时也更加随意。相比于作者，演讲者必须为其观众提供更多的重复。

评估你以观众为中心的演讲技能

一些高校开设了混合交流课程，提供对写作和口语的指导和练习。

如果你参加了这样一门课程，并且被分配了任务，即要使用同一主题、中心思想、主要观点以及支持材料完成一篇 750 字的文章和一个 3—5 分钟的演讲，那么如何对这篇文章和这场演讲进行区分呢？

10.2 有效地运用语言

列出并解释三种有效运用语言的方法。

有效的演讲者使用特定、具体的词语在观众的脑海中建立起清晰的画面。他们还会选择使用简单、有礼貌、无偏见的词语。作为一个演讲者，要确保正确地使用字词，同时也要记得字词的本意和隐含之意。最后，删除不必要的字词和短语。

关键词

伦理性思考

一位高中校长要求一名参加毕业演讲的学生在她的毕业演讲中避免使用**强奸**这个词。这个在 14 岁上二年级时被强奸的学生争辩说，她想用具体的词语来帮助她向同学强调，即使是人生中最具破坏性的经历，他们也能克服。校长反驳说，他的建议更加适合场合和观众。[33]

你对该问题的看法是什么？你会建议这个演讲者做些什么？

评估你以观众为中心的演讲技能

一个朋友询问你如何尽可能有效地进行词语选择。在本章的基础上，为他提供至少三个关于有效运用语言的建议。

10.3 使你的语言风格被不同的观众接受

讨论如何使你的语言风格被不同的观众接受。

使用观众能够理解的语言。使用合适的语言以避免冒犯你的观众。使用无偏见的语言，以一种敏感的方式与观众中的小团体进行交流。

关键词

评估你以观众为中心的演讲技能

一封写给专栏作家的信提到，“maiden name”这个词，指的是已婚女性在单身时的姓氏，对那些不用夫姓的已婚女性来说是一种冒犯。[34]

你同意这个词是性别歧视的表述吗？为什么是或为什么不是呢？作为一个公共演讲者，这个问题会对你产生何种影响呢？

10.4 精心构思令人难忘的句型结构

列出并解释三种令人难忘的句型结构。

你可以通过如暗喻、明喻以及拟人这样的修辞来创造栩栩如生的画面。通过短句来表示重要观点，巧妙地省略不必要的字词，以及把关键词放在句末来制造悬念，这些做法可以创造喜剧效果。使用反复、对照、排比以及头韵来创造令人难忘的节奏或韵律。

关键词

批判性思考

以下是历史性演讲中令人难忘的暗喻：[35]

- 我只有一盏灯，我的双脚受其指引，它就是经验之灯。
- 铁幕。
- 种族仇恨的蛇窝。
- 胡萝卜加大棒。

首先，解释每个隐喻的含义，然后以日常语言表达相同的想法。解释一下，通过使用隐喻，每位演讲者收获了什么，失去了什么。

11

发表演讲

目标

学完本章后，你应该能做到以下几点：

11.1 辨别演说方式对公共演讲者来说非常重要的三个理由。

11.2 确定并描述发表演讲的四种方式。

11.3 确定并说明有效的演说方式的特征。

11.4 当你面对不同的观众进行演讲时，使用策略来使你的演说方式适应观众。

11.5 描述排练演讲要遵循的步骤。

11.6 列出提升演讲最终发表效果的五条建议。

11.7 解释并使用在演讲结束时回答观众提问的策略。

念出这段台词，我请你按我刚才说给你听的那个样子，一个字一个字打舌尖上轻快地吐出来。

——威廉·莎士比亚

哪种更为重要：你要说什么或者你怎样说？演说方式很久前就被认为是公共演讲中重要的一部分，但你的演说方式会比演讲的内容更为重要吗？几个世纪以来，从古希腊开始，著名的演说家以及演讲老师，如亚里士多德以及之后的罗马雄辩家昆体良，或赞成演讲的内容位于首位，或赞成演说方式位于首位。[1]

如今，无论你是在观众面前进行现场演讲，还是通过在线的媒介进行演讲，演讲老师认为内容和演说方式都有助于提高演讲的有效性。一项调查显示，“培养有效的演说方式”是大多数演讲教师的首要目标。[2] 相当多的研究支持这样的说法：演说方式在影响观众对演讲者及其信息的反应上发挥着重要的作用。是你的观众决定了你的演讲是否成功。演说方式非常重要。

辨别演说方式对公共演讲者来说非常重要的三个理由。

11.1 演说方式的力量

你手持笔记的方式、做出的手势、站立的姿势以及你不耐烦地调整眼镜的行为，都会影响你演讲的整体效果。**非语言沟通**是一种不通过书写或者语言而对他人产生意义的沟通方式。像眼神接触、身体姿势、音质、面部表情等非语言因素在沟通过程中扮演着很重要的角色。信息中所拥有的 65% 的社会意义都以非语言表达为基础。[3] 你的演说方式为什么能有如此大的威力，以至于其会影响你的观众将以何种方式接受你的信息？其中一个原因是，观众期望一个好的演讲者发表一场精彩的演讲。你的非语言信息也就是你如何向你的观众表达你的感受和情感。从根本上来说，一个观众更会相信自己**所见**的，而不仅仅是听你**所说**的。

观众期望有效的演说方式

在公共演讲场合下，观众对演讲者有效性的感知会在很大程度上受到非语言因素的影响。传播研究人员朱迪·伯贡（Judee Burgoon）和他的同事提出了**非语言期待理论**。这个理论的实质是：人们对你如何进行沟通交流会有一定的期待。[4] 如果你没有像人们所期望的那样表现，那么你的观众就会觉得你违背了他们对你的期待。根据这个理论，如果一个观众期望你能有一个效果不错的演说方式，但是你的演说方式却非常蹩脚，那你就会失去他的信任。有证据表明，虽然许多演讲者并没有有效地进行演讲，但是观众还是期待能够听到一场精彩的演讲。

非语言沟通（nonverbal communication） 不是通过书写或者语言而对某人产生意义的沟通方式。

非语言期待理论（nonverbal expectancy theory） 一个沟通理论，表明如果观众对于如何进行沟通交流的期望被违背，那么观众对信息的传达者的感觉就不会那么好。

不同的观众偏好不同的演讲风格，并没有一种理想的演讲风格或者一系列指定的手势是适用于所有观众的。就像我们强调过的，不同背景的观众对一个演讲应该怎样呈现有不同的预期。

一百多年前，演讲者受到的教育是，在发表演说时要用一种正式的方式进行，那是一种比现在大多数人偏爱的方式更加正式的方式。在关于 20 世纪早期演说家的纪录片中，他们的手势和动作看起来生硬且不自然，因为他们受到的教育就是要用戏剧性、计划好的手势进行演讲。如果你正面对一千多位观众进行演讲，要使用麦克风使你的声音到达礼堂的最后端，这时，你的观众会期望一种比较正式的演讲方式。但是如果你模仿1910年政治家在政治集会上的样子，向公共演讲课上的同学们发表正式的演讲，他们可能会觉得非常古怪。

情绪传染理论（**emotional contagion theory**）
人们都倾向于“抓获”别人的情感。

对如今大多数北美观众来说，有效的演说被描述为“平台对话”。这其中包括与你的观众有很好的眼神交流，使用合适的手势，就如同你和你的朋友进行谈话时所做的那样。有效的演说方式同样意味着自然交谈的语气和抑扬顿挫的语调（而不是低沉而单调的声音），以及能够表现出你对观众感兴趣的声音强度。

通过演讲与观众产生情感联系

在同观众交流感受、情感、态度、喜好和厌恶等方面时，非语言行为都会产生非常重要的影响。一位研究人员发现，我们交流中所使用的文字只能产生7%的情感影响。[5] 其余约38%取决于音质，如音调变化、强度或者响度；剩余55%则取决于我们的面部表情。归纳这一发现，我们可以认为，大约93%的情感意义是以非语言的方式进行交流的。尽管有些学者对这些百分比是否能够应用于所有的交流背景产生了一些质疑，但这项研究确实表明，在你的信息传递中会产生关于你的感受及情感的非常重要的信息。[6] 一个研究发现，当一个演讲者的演说方式非常有效时，相对一个非常蹩脚的演讲来说，观众会感受到非常愉悦，并且会产生更加积极的情绪来对其做出回应。[7]

当你发表演讲时要注意传递情感方式的另外一个原因是，情感具有感染性。**情绪传染理论**表明，人们都倾向于“抓获”别人的情感。[8] 如果你想要你的观众感受到某种情绪，那对你来说，重要的是要自己表达出这种情绪。你是否注意到，若你在一个观众很多的电影院看电影，当其他人都发笑时，你也更有可能会跟着发笑？电视情景喜剧的制作人会使用笑声音轨或者真实观众的笑声录音来加强电视观众的情感反应；这些制作人知道情感具有感染性。

观众相信他们所看到的内容

“我很高兴今晚能和你们对话”，演讲者用一成不变的语气低沉地说道，眼睛紧盯着他的小纸条。但他的观众可能并不相信他。当我们的非语言表达的内容与我们所说的内容相矛盾时，人们普遍会相信非语言信息。在以上这种情况下，这个演讲者在表达的就是：同他的观众进行交流时他**并不是**很开心。

我们通常会相信非语言信息，因为它们很难造假。尽管我们可以控制一部分非语言行为，但要有意识地去控制

> **概述**
>
> **演说方式的力量**
>
> 非语言沟通：
>
> - 创造了演讲中的绝大多数意义。
> - 当它违背了观众的预期时会使观众失望。
> - 在一场演讲中几乎传达了所有的情绪。
> - 可以帮助观众“抓获”演讲者的感受。
> - 通常比字词更加可信。

所有的非语言行为还是很困难的。调查发现，当一个人试图欺骗其他人时，他通常会用比平常更高的声调、更慢的语速并产生更多的发音错误。[9]脸红、出汗以及改变呼吸方式也常常证明我们所陈述的是虚假的。就像那句谚语一样："你的行为本身盖过了你的语言。"

确定并描述发表演讲的四种方式。

11.2 演讲的方式

你所选择的演讲风格将会影响到你的非语言行为。有四种演讲的基本方法可供演讲者选择：照读式演讲、背诵式演讲、即兴式演讲以及提纲式演讲，下方的表11.1中对它们进行了总结。让我们从细节方面对每一种方式进行思考。

照读式演讲

你要呈现一场演讲，但是你很担心你会忘记你准备的内容，所以你写下了你的演讲，之后对着你的观众朗读了你写的内容。

演讲老师不赞成这种方法，尤其是对公共演讲的学生而言。照着念通常是一种非常糟糕的演讲方式，虽然它可能可以保证你不会忘记演讲内容，但是**照读式演讲**很少能够做到足够有趣。你可能参加过这样的讲座，你很好奇："为什么他不将演讲复印稿分发给每个观众而非要读给我们听呢？"

然而，有些演讲应该照着念。阅读手稿的一个好处是，在处理敏感和关键问题时，你可以非常仔细地选择你的措辞。例如，美国总统会发现，精心撰写自己的演讲稿非常有用。

表 11.1　演讲的方式

方式	描述	缺点	优点
照读式演讲	照着准备好的文章进行朗读的演讲。	• 你的演讲听起来就像是在朗诵。 • 需要相当多的技巧和实践来使演讲听起来很有趣。	• 你可以仔细准备信息，这对于要在媒体前呈现的演讲来说尤为重要。 • 语言可以被完美提炼、润色和修饰。
背诵式演讲	不用笔记，根据记忆进行演讲。	• 你可能会忘记你的演讲内容。 • 你的演讲可能听起来像经过了过度排练，并且很呆板。	• 你可以同观众进行直接的眼神交流。 • 因为你不需要笔记，所以在演讲过程中，你可以自由地四处走动或者使用手势。

照读式演讲（manuscript speaking）
照着书写好的文章进行朗读，以此发表演讲。

续表

方式	描述	缺点	优点
即兴式演讲	事先未做准备就发表演讲。	• 难以很好地组织你的演讲或流畅地发表演讲。 • 缺乏事先准备和研究使你难以提供证据和支持材料。	• 演讲过程中，你可以很容易地适应你的观众对你和你的信息的反应。 • 观众看到并听到了一场真实的演讲，这场演讲是即兴的，没有讲稿的。
提纲式演讲	有事先准备好的主要观点的提纲，但是没有记住准确的措辞。	• 准备一场提纲式演讲很费时间。 • 很好地发表这场演讲需要技巧。	• 你的演讲经过了很好的组织和研究。 • 你的演讲听起来是即兴的，但经过了适当的润色。

资料来源：Copyrighted by Pearson Education, Upper Saddle River, NJ

在危机时期，如果可能的话，政府、教育机构或企业领导人向新闻界发表的言论都应该经过精心准备，而不是即席发表演讲。虽然有些时候，手边不可能有现成的讲稿，但在危机时期的不准确或错误的陈述可能会产生严重的后果。

遇到需要使用讲稿的场合时，这里有几个技巧可以帮助你有效地传达你的信息：[10]

- 在你书写讲稿时就标明在哪里进行停顿，或者要强调哪个特定的字词。使用斜线（/）或其他的一些标志来提醒自己在关键的位置进行停顿。
- 把你的演讲用简短、易于浏览的短语写在纸上三分之二的位置，这样你就不用浏览至讲稿的最下端。
- 与任一表演一样，在你演讲之前使用讲稿进行练习。
- 如果你担心你会忘记你读到的地方，悄悄地用食指在讲稿上指明位置。
- 与观众进行眼神接触，而不是看着他们的头顶上方。
- 每次看讲稿时都尽量看完一整句话，以便在每句话中（特别是在句尾处）保持同观众的目光接触。
- 使用你的正常的、自然的演讲速度，不要过快地阅读讲稿。
- 以一种自然、不同的音调来进行演讲，这样你听起来就不会像在念稿子。
- 使用讲稿来帮助你的演讲听起来更加自然，例如将你想要强调的字词或短语用下划线或高亮标示出来。
- 使用合适且自然的手势和动作为你的信息增加额外的非语言吸引点和重点。

背诵式演讲

“好吧，”你想，“由于照读式演讲很难成功，那我就把我的演讲逐字写下然后记住它。”你很确定这样没人能够分辨出来，因为你没有使用笔记。**背诵式演讲**还拥有让你与观众进行最大程度上的眼神接触的优势。但是在背诵式演讲中，是说的还是写的仍然有着非常明显的区别，就像照读式演讲一样能够被听出来。大多数的背诵式演讲**听起来**都很僵硬、不自然以及明显有太多的排练痕迹。你同样有在观众面前忘记部分演讲内容及尴尬地想措辞的风险。如果你背诵了你的演讲，那么你将无法在现场调整以适应你的观众。出于这些原因，演讲老师并不鼓励学生在课堂展示中运用背诵式演讲。

但是，如果你是在接受一个奖项、介绍一位演讲者、发布声明或者发表其他简短的评论时，背诵式演讲方式有时是可以接受的。但就像照读式演讲一样，你必须要尽量让你的演讲听起来生动且有趣。

即兴式演讲

你肯定已经发表过很多场即兴演讲了。无论是在课堂上回答老师提出的问题，还是在会议上对某位同事的观点提出未经排练的反驳，这些都是即兴式演讲的示例。即兴这种方式通常被描述为“即席思考”或“即兴讲话”。**即兴式演讲**的优势在于你可以较为随意地进行演讲，并同你的观众进行直接的眼神交流。但是，除非一个演讲者极具天赋或者他曾经学习并练习过即兴演讲的技巧，否则这场演讲就将会是非常平淡无奇的。即兴式演讲通常缺少逻辑性的组织结构及深入的研究。当然，有些时候，你可能会被要求在没有预先通知的情况下发言，或者在你传达原定计划的信息出现问题时即兴发挥。1993 年，当比尔·克林顿总统首次发表国情咨文演讲时，一篇错误的稿件被导入到提词机中，时间长达七分钟。当数百万人在电视上观看时，他做了什么？他继续进行演讲。凭借多年的演讲经验，他继续进行演讲；所有观众丝毫未有察觉，直到后来，观众才知道这个错误。

如果你知道你将要发表一场演讲，为其进行准备并且进行排练。不要仅仅在心里打腹稿，或是认为自己要说的话到时候肯定能想起来。马克·吐温曾说过：“一场优秀的即兴演讲通常要花三个星期来进行准备。”

民权活动人士杰西·杰克逊牧师以即兴演讲技巧闻名。据报道，他在传教课上得了个 D，因为他拒绝按照教授的要求把他的布道词逐字写出来。他能够即兴演讲，巧妙地打动观众，让观众对他的信息做出反应。有一次，在得知自己要在魅力超群的杰克逊之后进行演讲时，马丁·路德·金对外宣称自己突发了喉炎。[11] 杰克逊牧师当然有演讲天赋，但他也运用了一些原则和技巧，你也可以用它们来提高你的即兴演讲能力。当你被要求进行一场即兴演讲时，以下的指导可以帮助你轻松渡过难关。

背诵式演讲（memorized speaking）
不使用笔记，逐字逐句背诵演讲内容并发表演讲。

即兴式演讲（impromptu speaking）
没有事先准备就发表演讲。

- **考虑你的观众** 就像你学过的在其他的演讲场合应该怎么做那样，当你被要求即兴演讲时，首先要考虑你的观众。你的观众中都包含一些什么人？他们的共同特点和兴趣爱好是什么？对你的主题他们了解多少？他们期望你说些什么？你演讲的场合是什么？在心里对这些问题进行快速思考能够帮助你确保，即便是一场即兴演讲，也是以观众为中心的演讲。
- **简洁** 当你被要求进行一场即兴演讲时，你的观众也知道这种情况，他们不会期望，甚至不希望有一场冗长的演说。对于大多数即兴演讲来说，1—3分钟是比较现实的时间长度。某些即兴演讲，如媒体声明，时间可能更短。
- **组织！** 即使是即兴演讲也不应该犹豫或絮叨。有效的即兴演讲者将他们的想法组织到引言、主体以及结语之中。考虑用一个简单的组织策略来组织你的观点，比如按照时间顺序或主题进行组织。时间顺序模式的另一种版本是以过去、现在、将来的模式讲述一个议题，这种模式对参加即兴演讲比赛的学生来说应该是非常熟悉的。演讲者通过讨论——（1）过去发生了什么，（2）现在正在发生什么，（3）将来要发生什么——来组织自己的即兴演讲。
- **诚实地演讲，但是要有所保留，从个人的经验和知识出发** 由于在发表演讲之前没有机会进行任何形式的研究，你不得不从你个人的经验和知识出发进行演讲。记住，观众几乎总是很友好地对个人的例证进行回应，所以可以使用任何出现在头脑中的合适并相关的经验。当然，你对于要讨论的主题的相关知识越多，那你以此进行即兴演讲就会越容易。但是不要编造信息或提供你不能确定的事实或数字。一句诚实的“我不知道”或是一句简洁的陈述会更加适宜。
- **要谨慎** 无论你的知识多么渊博，如果你的主题很敏感，或者你的信息具有保密性质，那么即兴演讲的时候都要保持谨慎。如果被问及一个有争议的话题，请给出一个诚实但中立的答案。你可以事后详细说明，但你永远不能收回你已经说过的话。小心谨慎胜过事后后悔。

提纲式演讲（extemporaneous speaking） 根据书写的或记忆中的提纲进行演讲，但其中并没有书面的或背熟的准确措辞。

提纲式演讲

如果你的演讲既不是照读式演讲、背诵式演讲也不是即兴式演讲，那么还剩下什么演讲方式呢？**提纲式演讲**是大多数传播学老师通常推荐的方法。当你进行提纲式演讲时，你根据书写的或记忆中的提纲进行演讲，但其中并没有书面的或背熟的准确措辞。你已经排练过这场演讲，所以你知道演讲的主要观点以及组织结构，但是还没有达到使这场演讲听起来像是背

自信地同你的观众建立联系

在排练时重现演讲场景

当你排练演讲时，不要仅仅坐在桌子边在心里默念你的稿子。相反，你应该站起来并想象你就在你将要发表演讲的房间里，同时大声地排练你的演讲。或者，如果可能的话，就在你要演讲的房间里进行排练。在你进行演讲时，通过想象那间房间和你的观众，也能帮助你管理自己的焦虑。当你真的进行演讲时，因为你已经想象过或是就在那个场地排练过，你的焦虑感会大大减轻。

诵一样的程度。提纲式演讲是会话式的，它会给你的观众一种印象，那就是在他们倾听时这场演讲才被构建出来，当然在某种程度上确实是这样的。马丁·路德·金是提纲式演讲方面的专家，在演讲时他通常不使用手稿。他有笔记，但是他经常会借助观众的激情和自己天生的演讲天赋使演讲生动起来。[12]金博士告诉一位采访者，1963 年他发表的那场震撼人心的“梦想”演讲，开始演讲之后他才决定在演讲中添加后来最为著名的那一部分内容，这部分内容以他之前曾经多次用过的话语为基础。[13]他做出了很好的即兴创作的决定。美国国家人文基金会的一项研究表明，相比于葛底斯堡演说或是《独立宣言》，有更多的高中生（97%）知道金博士这一著名演讲。[14]你也可以使用他之前使用过的技巧来激发观众的激情，让你的演讲成为生动的信息传递而非一场录音展示。

看到现场发生的事情，会带来更多的兴趣和刺激。一场提纲式演讲听起来很生动，并不像在昨天或几周前已经准备过了一样，反映了以一种有趣而生动的方式传递组织有序的演讲的优势。

如何培养提纲式演讲风格？以下有一些技巧，教你在排练的三个阶段中要做些什么：

- **初期排练：** 当你第一次排练你的演讲时，根据需求尽可能使用你所需要的笔记来帮助你记忆观点，但随着排练次数的增加，对笔记的依赖程度要逐渐降低。
- **中期排练：** 当你发现自己每次排练使用的词开始完全相同时，说明你正在背诵你的演讲。停止排练，或者考虑用其他方式表达你的观点。
- **后期排练：** 修改你的演讲笔记，你只需要简短的记录，或只在有长段引用时才需要笔记。

确定并说明有效的演说方式的特征。

11.3 有效演说方式的特征

在学习了四种演讲方式之后，你现在知道了，在大多数的演讲场合，你应该力求使用一种会话式的演讲风格。但是你可能仍然会有一些关于提升你的演讲效果的具体问题。典型的问题包括“我的手应该做些什么？”“我在演讲时四处走动是正确的吗？”“我如何能使我的声音听起来很有吸引力？”。尽管这种担心令人生畏，但相信自己能够呈现精心准备、排练的演讲是消除紧张的最佳解药。练习并把关注重心放在如何将你的信息传达给观众上面，这对于有效沟通和树立自信至关重要。

为了回答关于演说方式的具体问题，我们考虑了七种影响演讲发表的非语言行为。具体来说，我们将帮助你改善你的眼神交流，使用适当的手势，做出有意义的动作，保持适当的姿势，使用面部表情来表达情感，使用可被理解并能使观众保持兴趣的声音，并确保个人仪表得体。古罗马雄辩家西塞罗，《论雄辩家》（*De Oratore*）的作者，将这些行为称为“肢体语言”。[15]

眼神交流

在本章讨论的各方面内容中，对北美人来说，最重要的就是眼神交流。与观众的目光交流能够开启局面，让你的观众保持兴趣，并会使你更加可信。这些功能都有助于你演讲的成功。眼神交流还能为你提供关于演讲的反馈。

眼神交流的益处　同你的观众进行眼神交流清楚地表明你将要同他们进行交谈。大多数人都会通过观察他们将要交谈的对象来开始一场谈话，同样的过程也发生在公共演讲中。

在你开始讲话后，持续的眼神交流能够让你了解观众对演讲的反应。你不需要不停地看你的观众。当需要的时候，你当然应该看看你的笔记，但你也应该经常看看观众在干些什么。

如果你直视观众的眼睛，那么他们中的大多数会认为，你是有能力且值得信赖的。一些研究记录了目光交流和增加演讲者可信度之间的关系。[16] 眼神交流的时间不超过演讲时长的 50% 的演讲者，会被观众视为不友好的、信息闭塞的、缺乏经验的，甚至是不诚实的演讲者。眼神交流也可能会使你的演讲效果更好。另一项研究显示，在演讲后的测试中，那些和他们的演讲者目光交流达到 50% 以上的观众比那些低于 50% 的观众表现得更好。[17]

然而，并不是不同文化背景的所有人都喜欢在听别人说话时进行直接的眼神交流。例如，在人际交往中，与北美人相比，有亚洲文化背景的人在与他人交流时，直接的眼神交流会更少。

如何有效地使用眼神交流　美国的大多数观众更喜欢在你以吸引人的引言开始你的演讲之前，就先同他们建立眼神交流。当要进行演讲时，冷静地走向讲台或走到观众面前，进行简短的停顿，在讲话之前先看一下观众。眼神交流以非语言的方式发送了以下信息：“我对你们很感兴趣，请听我说，我想和你们分享一些东西。”

这里还有其他一些方法可以帮助你有效地与你的观众建立眼神交流：

- 在心里记住你的开场白，这样在你发表开场白的时候就不用去看你的笔记或是将眼神从你的观众身上移开。
- 同全部的观众进行眼神交流，不要仅仅同坐在第一排的观众或是仅仅同一两个人进行眼神交流。
- 你的视线在会场的前后左右来回扫动。但是不需要像一个灯塔一样有节奏地来回移动你的头，最好不要给你的眼神交流建立一种可预测的模式。

- 观察观众中的个人，与他们建立面对面的接触。不要太久，这会让观众感觉不舒服，但是也要有足够长的时间来建立你与个人直接进行交流的感觉。
- 不要看着观众的头顶，要建立眼神之间的接触。
- 如果你的演讲正在进行视频录制，但同时也有观众在现场倾听演讲，那你就要看一下你的观众而不仅仅是看着镜头。如果没有观众在现场，那就看着镜头发表你的演讲。

手势

下一次同人交谈时，注意一下你们是如何用手和身体来进行信息传递的。通过手势可以强调重要观点，你还可以做出手势来指明地点、列举项目或者描述物体。对于公共演讲来说，手势也有相同的功能。然而，许多在日常谈话过程中能够轻松而恰当地使用手势表达自己的人，一旦发现自己处于观众面前，就不知道该怎么办了。

调整手势以适应观众的文化期望 有证据表明，手势因文化而异。菲奥雷洛·拉瓜迪亚（Fiorello La Guardia）在 20 世纪 30 年代和 40 年代担任纽约市市长时，能够流利地使用意第绪语、意大利语以及英语，可以根据不同的观众使用不同的语言。一名研究人员对市长的新闻短片进行了研究，发现当声音被关掉时，观众仍能辨别出市长所讲的语言。如何辨别的？说英语时，他极少使用手势；说意大利语时，他会大幅度地使用各种手势；而在说意第绪语时，他使用短而不连贯的手势。

文化期望可以帮助你决定如何使用手势。例如，来自日本和中国的观众更喜欢安静的、不那么张扬的手势。一个为在印度做生意的人提供建议的网站指出："当你想要用手去指向什么时，使用你的下巴或者你的整个手掌，但是不要仅仅用一个手指，因为只有指地位低的人才可用一个指头，而下巴是不能指地位高的人的。最好的方式就是使用你的整个手掌。"[18] 当本书的一位作者在英格兰发表演讲时，有几位观众指出其使用了"典型的、过度的美国手势和举止"。英国观众似乎更喜欢演讲者站在讲台后面，使用相对较少的手势。其他欧洲人也承认他们可以辨别美国的演讲者，因为与大多数欧洲人相比，美国人在使用手势、动作和面部表情方面通常比较活跃。

使用自然的手势 公共演讲课程的老师常常会观察到学生使用的一些不常见、不合适以及不自然的手势。一个常见的问题是将你的双手放在你的背后做出"稍息"的姿态。我们并不是建议你永远不要将你的手放在你的背后，只是在整场演讲过程中都以稍息的姿态站立看起来很尴尬也很不自然，同时这也可能会使你的观众分心。

另一个常见的姿势是一只手放在臀部上的"折翼"姿态。比"折翼"更加糟糕的是两只手都放在臀部的"双折翼"姿态。演讲者看起来就像会突然进入"我是一个小茶壶”的表演之中。再次说明，我们并不是建议你永远不要将你的手放在你的臀部，只是在演讲的全程保持这一个姿势看起来很不自然，并且会妨碍你使用其他的手势。

很少有姿势会比演讲者抓住一只手臂，好像被子弹擦伤这个姿势更不自然。一半的观众都认为演讲者会安慰地喊出：“妈妈，不要担心，只是皮肉伤而已。”类似地，将手放在口袋里也会让你看起来像是在害怕松开你的零钱或是你的钥匙。

有的学生紧扣双手并以一种令人分心的“遮羞布”的形式将双手垂在前边。手势还会通过多种方式分散你的观众的注意力。抓住讲台，直到你的指关节变白，或者让你的手漫无目的、不加控制地四处乱摆，这对你的信息传递没有什么帮助。

手势的功能　如果你不知道该用手做些什么，那就考虑一下你想要传达的信息。在日常对话中，你的双手应该只是帮助你强调或者加强你的语言信息。具体来说，你的手势能够通过——（1）重复，（2）否定，（3）替代，（4）补充，（5）强调，（6）规范——来增强或削弱你所表达的信息。

- **重复**　手势可以帮助你重复你的语言信息。例如，你可以在说“今天我要讨论三个主要观点”的同时举起三个手指，或者你可以在描述一个12英寸①长的物体时用你的手比画出一个大概的长度。通过非语言的方式重复你所说的内容可以强化你的信息。
- **否定**　因为相较于你以语言方式传达的信息，你的观众会更快地相信你以非语言的方式传达的信息，所以要注意你的手势，以确保其同你所说的内容没有矛盾。在使用笨拙和尴尬的手势时，很难传达出一种掌控和自信的形象。
- **替代**　你的行为不仅能够强化或是否定你所说的内容，你的手势还能够替代你的信息。你可以举起你的手掌来安抚喧闹的人群而不用发表任何言论。举起两个手指比出V字形或是举起紧握的拳头是可以表达“成功”的意思的手势，这是以手势代替语言信息的常见的例子。
- **补充**　手势也能够增加你的语言信息。一位政治家在拒绝对记者的问题发表评论的同时会举起双手，来强化她的语言上的拒绝。她使用这种手势来补充或提供比语言信息更多的含义。
- **强调**　你可以用适当的手势强调你所说的内容。摇动的拳头或是用一只手或两只手做出的切下去的手势都有助于强调信息，还有一种将拳头击手掌的手势也可起到相同作用。其他的手势虽然没有这么戏剧化，但也会强调你的信息，你应当根据你演讲的内容和情绪来使用手势。

---

① 1英寸约合2.54厘米。

- **规范** 手势还可以规范你和观众之间的交流。如果你想要观众对某一问题进行回应，你可以伸出两个手掌表示欢迎回答。在这一问一答的环节中，当你想要发言或是想让别人发言时，你的手势可以起到信号的作用。

如何有效地使用手势 一百年以前，演说家教他们的学生如何通过手势来传递特定的感情和信息。今天的演讲老师有着不同的做法。他们认为，与其规定特定情境下的手势，还不如提供一种标准来判断手势是否有效，无论演讲的内容是什么。下面是一些对你发言中手势运用的指导：

- **保持自然状态** 手势要**轻松**，不要紧张或僵硬。手势应当与信息保持一致，除非你是在强调一个特别戏剧化的重要观点，否则手不要在空中乱划乱砍。
- **要明确清晰** 手势必须要**明确**，不能看起来像是你的手或胳膊的暂时抽筋。如果你想做手势就尽管去做，避免做那种被演讲台掩盖的微小的手部动作。
- **使用与你的信息一致的手势** 手势应当与演讲的语言内容相**吻合**。如果你很兴奋，手势要做得更有力一些，但要记住，如果不根据你话语的意思而过早地做手势会让你看起来尴尬且僵硬。
- **使你的手势多样化** 使用手势时追求**多样性**和多面性。不要只使用一只手或只做单一的手势。做手势的目的多种多样，比如列举、强调、描述和表达一种想法或观点（如互握双手表示一种赞同或一种需要合作的意思）。
- **不要滥用手势** 手势不应该太**引人注目**，你的观众关注的并不是你的手势是否美观或合适，而是你的信息。你的目的是向观众传递信息，而不是让你的表演比信息得到更多的关注。
- **使用时与你的演讲相协调** 手势应当**适时**地与你的语言信息相配合，当你说到有三点时，你列举的动作应当在你说到"三"的时候同时做出。如果你说完三点后又停顿了一两秒才竖起三根手指，那就糟糕了。
- **使手势适合于你的观众和当时的情境** 手势必须适合观众。在许多正式的演讲场合，特别是向一大群观众演讲时，更大胆、更大幅度、更戏剧性的手势比较合适，而非正式情境下小范围内的观众则适合较为不正式的手势。当你通过视频呈现你的演讲时，如进行视频会议时，非常重要的是不要使用过于夸张的手势。镜头距你只有几尺的距离，这往往会放大你的观众在电视或电脑上看到的你的手势或是动作的幅度。

你还需要记住一条重要的原则：使用那些最有效的适合你的手势，不要试图让自己成为另外一个人。巴拉克·奥巴马的风格或许会对你有用，但你毕竟不是巴拉克·奥巴马。你的手势应与你的性格相配。或许不做任何手势——只是轻松地将手放在两边——要比做出笨拙的、令人分心的手势或模仿别人的手势好得多。你的手势应根据**你的**演讲内容做出。

动作

在演讲过程中，你应该四处走动还是应该停留在一个地方？如果有一个讲台，你应该站在讲台后边，抑或站在讲台前面或旁边？进行演讲时你坐下来是否是正确的？你能像几位受欢迎的日间电视主持人一样，在观众中间走动吗？在准备演讲的时候，你可能会发现自己要思考一个或多个这样的问题。下面的讨论可以帮助你回答这些问题。

有目的地走动　你可能想在发表演讲时有目的地走动，但要注意，你的走动不能影响你的信息。如果观众关注的是你的躯体动作，而不是你所说的内容，那么还是站在那里别动比较好。宁愿少动也不要造成干扰。简而言之，你的走动应该与你的信息内容一致，它应该是有意义的，而不是漫无目的的徘徊。

罗伯特·弗罗斯特（Robert Frost）说："有了好篱笆，才有好邻居。"[19] 然而专业的演讲教练布伦特·菲尔森（Brent Filson）说："在我看来，有了好的篱笆，就有了糟糕的演讲。"他建议——当然我们也这样建议——消除你和观众之间的物理障碍。对于比较正式的场合，你应该站在讲台后面发表你的演讲。但是，即使在这样的场合下，为了表达一个观点，表示一种情绪上的变化或转移到另一个观点，在讲台后面移动也是恰当的。

建立接近性　你的动作和其他非语言提示可以帮助你建立与观众之间的接近性。心理学家阿尔伯特·梅赫拉比（Albert Mehrabian）将**接近性**定义为"人与人之间的身心接近程度"。[20] **接近行为**是那些在实际上或在心理上使观众感觉更接近你的行为，这种行为创造了亲密的感觉。接近行为提高了你和你的观众之间的关系的质量。[21] 接近行为包括以下内容：

- 站在或移动到距离观众更近的地方
- 从讲台后面走出来
- 使用平稳的眼神交流
- 交谈时露出微笑，更具体来讲，对着某个观众展露微笑
- 使用合适的手势
- 适当地放松姿态
- 有目的地移动

接近性
（**immediacy**）
人与人之间的身心的接近程度。

接近行为
（**immediacy behaviors**）
增减演讲者和观众之间的关系质量的行为，如眼神交流、做出适当的手势以及调整身体之间的距离。

超过三十年对北美课堂上老师使用接近度暗示的情况的研究清楚地表明，和学生之间距离越近的老师，不但能促进学生学习，增加学生的学习兴趣，而且在教师

评估中的得分也越高。[22] 在逻辑上，这似乎表明，提高接近性的公共演讲者也会取得类似的积极成果。注意事项：观众而非演讲者决定接近度达到什么程度算合适。你在寻找和观众之间合适的接近度时必须以观众为中心。

除了建立接近性，躯体动作还可以提示观众你要开始谈论一个新观点或主要观点。当你做出过渡陈述，或者从一个严肃的话题转到一个更幽默的话题时，移动可能是表明你说话的方式正在发生变化的一种很好的方式。

怎样有效地使用动作　在演讲过程中使用躯体动作对你的观众来说应该是有意义的。避免漫无目的的走动或使用非常夸张的手势。在使用关于接近度和其他影响表达的变量的建议时，要考虑适应观众的文化期望。以下是关于有效使用动作技巧的最终总结：

- 确保你的动作是带有目的性的，而不是漫无目的的。
- 你的动作对你的观众来说应该是有意义的。
- 通过适当地移除你和观众之间的障碍来发展同观众之间的接近性。

姿势

尽管在公共演讲中很少有关于姿势的正式研究，但有证据表明，你的行为举止传递出了重要的信息。一项研究表明，你的站姿甚至可以影响到你作为一个演讲者的可信度。[23] 举个例子，没精打采地倚在讲台上，不会给你的观众塑造出一种充满活力和有趣的形象。

姿势的功能　你的面部表情和声音在传递某种特定情绪时起着重要的作用，你的姿势则会传递出这种情绪的**强度**。如果你很快乐，你的面部表情和声音会反映出你的愉悦，你的姿势则传达了你的愉悦程度。[24]

自从“演说家”时代以来，很少有演讲老师或公共演讲教材提倡公共演讲者使用特定的姿势。今天，我们相信，你所采取的具体姿态应该是自然而为的，取决于你要说的话、当时的环境及场合的正式程度。例如，在一场非正式的演讲中，靠坐在桌子边缘既舒服又自然且完全恰当。然而，大多数的演讲老师都不鼓励学生在课堂发言时坐下来。一般来说，不要懒散地垂肩，不停地将重心从一只脚移动到另一只脚，或耷拉着脑袋。你的姿势本不应该引起注意。相反，它应该反映出你对演讲活动的兴趣，以及你对手头任务的关注。

如何拥有良好的姿态　为了帮助你在演讲时昂首站立，请记住下面两个建议。首先，站直，把你的肩胛骨向后拉一点。其次，想象一下，你的头被一根绳子固定住，这样你就可以在站着的时候与你的观众有直接的眼神交流。你不需要一动不动地保持这一姿势，但是当你发现自己开始消沉或无精打采时，把你的肩膀向后拉，拽着想象中的绳子，你的姿势会立即变得挺拔。

面部表情

如果亚伯拉罕·林肯活到今天，他能否成为一个适合广播电视的政治家？媒体专家们对此表示怀疑，见过他的人都说他的面部表情看起来很僵硬并毫无变化。

面部表情的功能　在表达你的思想，特别是你的情绪和态度时，你的面部扮演着重要的角色。[25]你的观众在听到你说话之前会先看到你的脸。因此，在演讲之前，你就有机会给你的演讲确定一种有感情的基调。我们不提倡你采用那种看似不真诚或做作的虚伪的微笑，但令人愉快的面部表情会帮你营造一种积极的情感氛围。你的面部表情应当自然地与信息配合且可以做出相应改变。说到严肃的问题时要有更严肃的表情。对观众讲述有趣的事情，则要保持机敏、友好的表情。

根据社会心理学家保罗·艾克曼（Paul Ekman）关于交叉文化的研究，世界上几乎所有的人都认同表达六种主要情绪的面部表情带有的普遍含义：高兴、生气、惊讶、悲伤、厌恶和恐惧。[26]在生理上人类能够做出上千种不同的面部表情，但一般我们只做出表达以上六种主要情绪的表情，或是不止一种表情的混合表情。即使是不同文化背景下的观众通常也能够清楚地读懂你的情绪表情。

怎样有效地使用面部表情　当你排练演讲时，考虑站在一面镜子前进行排练，或者更好的是，将你自己练习演讲的过程录制下来。你的面部表情是否有助于表达你思想的情感基调？考虑以下建议来控制你自己的面部表情：

- 排练时注意，你希望观众能够感受到哪种情绪。控制你的表情，使其能够传达出你预期的情绪。
- 你开始演讲时要格外注意你的面部表情。除非你要呈现的是悲伤的或糟糕的消息，否则你应带有自然愉悦的、积极的面部表情来显示你非常有兴趣同你的观众进行沟通。
- 当你的演讲只能在视频中观看时，注意不要过度强调你的面部表情。特写镜头会放大你的面部表情。

声音表达

你在听广播电台的播音员说话时，是否会想象着他们的样子，后来看到播音员的照片才彻底改变了你的想象？听觉线索在塑造演讲者的形象中起着重要的作用。根据听觉线索，你可以推断出一个人的年龄、社会地位、职业、种族、收入和其他各种各样的信息。作为一名公共演讲者，你的声音是向观众传达想法的最重要的演讲工具之一。你作为一个演讲者的可信度，以及你向观众清楚地表达想法的能力，在很大程度上取决于你的声音表达。

声音表达包括音调、语速、音量、发音、吐字、停顿以及声音的总体变化。对于观众，在声音表达上，演讲者至少负有两种关键责任：说的话要易于理解，以及

音量（volume）
演讲者的声音的力度或是响度。

吐字（articulation）
清晰明确地发音。

要保证声音的多样性以维持兴趣。

说话要能被理解 想要被理解，你需要考虑声音表达的四个方面：音量、吐字、方言以及发音。

- **音量** 声音表达的根本目的是大声地说出来，让你的观众能够听到你的声音。演讲的**音量**取决于你通过咽喉或喉头所发出的空气量，更多的空气等于更大的音量。事实上，你的呼吸方式对你的声音的影响比其他任何因素都要大。对古代演说家来说，一个人的呼吸是精神力量的源泉。呼吸就是要充满积极的、强有力的能量。

  为了正确地呼吸，你需要了解如何使用你的呼吸肌。你的膈膜，位于肺部和腹部之间的肌肉，通过增加肺部的气流穿过喉头来帮助控制音量。如果你把你的手放在胸腔中央，然后说“吼-吼-吼”，你的肌肉会收缩，空气就会被挤出你的肺部。用你的膈肌进行呼吸（也就是说，当你吸气呼气时，有意识地扩张和收缩你的腹部，而不仅仅因为空气流入你的肺而扩张你的胸部）可以增加声音的音量并提高声音的品质。
- **吐字** 清晰而明确地发出语音的过程就是**吐字**。除了大声说话之外，你还需要清楚地说出一些词语，这样你的观众才能理解它们。如果吐字不清晰或没有清楚地读出词语的读音，你的观众可能无法理解你，或者可能因为你不知道如何清晰而流利地表达而责怪你。以下是一些常见的发音错误：[27]

  - dint 应为 didn’t
  - soun 应为 sound
  - lemme 应为 let me
  - wanna 应为 want to
  - mornin 应为 morning
  - wep 应为 wept
  - seeya 应为 see you
  - whadayado 应为 what do you do

  许多发音错误纯粹是由懒惰造成的，清晰地发音是需要付出努力的，有时是因为我们急于表达自己的想法，但更经常的是，我们只是养成了咕哝、含糊、缩略的习惯。这样的语言瑕疵可能会让你的观众不能理解你所说的内容，但糟糕的发音确实会影响你作为一个演讲者的可信度。

  改善发音的最好方法是首先识别那些你有可能会含糊或是急速说出的词或短语。一旦你确定了它们，练习正确地说出这些词语。确保你能听到不恰当的发音和正确的发音之间的区别。一位演讲教师可以帮助你检查你的发音。

方言（dialect）
在一个民族或一个地理区域内的一致的发音方式。

- **方言**　在北美，大多数新闻播音员使用的是标准的美式发音，而且通常不会有很明显的口音。**方言**是在一个民族或一个地理区域内的一致的发音方式，例如在南部、新英格兰或中西部地区的口音。在美国南部，人们说话时，会延长一些元音的发音；而在中西部的北部，"about"这个词有时听起来有点像"aboat"。在20世纪，很多美国人都需要费一些工夫才能适应约翰·F.肯尼迪总统的波士顿口音，如"Cuba"发音为"Cuber"，"Harvard"发音为"Hahvahd"。林登·约翰逊的得州口音与肯尼迪的新英格兰口音形成了鲜明的对比。乔治·W.布什的得克萨斯轻快语调，也与他的前任比尔·克林顿的南方人爱稍微拖长的口音形成了对比。尽管奥巴马总统的口音没有克林顿和布什那么明显，但他有时也会省略话语的结尾部分。

使用方言是否会损害与观众之间的有效沟通？虽然演讲者的方言可能会使人把他看成是来自某个特定地区的人，但它并不一定会影响观众对信息的理解，除非方言非常特殊，让观众无法理解演讲者的语言。然而，研究确实表明，观众喜欢同他们有着相同方言的演讲者。[28] 我们并不建议你摈弃自己轻微的口音，但是如果你的单词发音明显地让你的观众分心，那么你可以考虑修改一下。

方言的四种要素包括语调模式、元音发音、辅音发音和说话速率。

- **使用适当的语调**　典型的北美语调模式是一种不断上升和下降的模式。这种模式看起来是这样的：

  "Good ^{morn}ing, how ^{are} you?"（早上好。你怎么样？）

  其他语言的音调模式，例如印地语，则可能保持在几乎相同的音高水平；北美人认为单调的音调会让人分心。
- **清晰地发出元音**　许多将英语作为第二语言的人常常省略或缩短元音发音，这会使理解变得更加困难。在单词中展开或拉长元音对这些演讲者来说是一种有用的技能。如果这是一种你需要加强的发声技巧，可以考虑录下你的演讲，然后将它与你在电视或广播中听到的标准美式发音进行比较。
- **适当地发出辅音**　辅音的发音因你所说的语言的不同而多种多样。有时清晰且不过度地发出辅音是非常困难的。辅音非常柔和，几乎都听不见，所以可能会产生一长段难以理解的声音而非清晰的声音。
- **使用恰当的说话速度**　母语不是英语的人有时会说得太快，希望这能给人一种他们对英语很熟悉的印象。慢一点的速度通常能让母语为英语的人更好理解不太熟悉英语发音的人。太快的速度也会导致省略元音，减弱或丢失辅音，以及音调模式在一个音高水平上而没有令人舒适的变化。

- **发音** 吐字与声音的清晰度有关，而**发音**则涉及发声与标准英语中的词语相一致的程度。发音错误会减损说话人的可信度。[29] 如果你不确定一个单词的发音，那就用在线字典查一查，大多数主流的字典都提供正确发音的录音。然而，通常情况下，除非有人指出，否则我们并不会意识到我们的发音不标准。

  例如，一些演讲者反转语音，将“ask”读成“aks”。有些人会将 r 音插入某些词汇，他们说“warsh”而不是“wash”，或者在一个词的中间遗漏某些发音，如说“actchally”而不是“actually”，或是“Febuary”而不是“February”。一些发言者也以非标准方式强调音节，他们将“po lice′”读成“po′lice”，或者将“um brel′la”读成“um ′brella”。

  如果英语不是你的母语，你可能要花额外的时间来练习吐字和发音。这里有两个有用的建议可以帮助你。首先，努力延长元音的发音。说话时要延长你的每一个元音的发音。其次，为了减少听起来不连贯的单词发音，可以将一个单词的结尾与下一个单词的开头相融合。让你的演讲从一个词流畅地过渡到另一个词上，而不是把它分成不同的声音片段。[30]

富于变化地演讲 想要演讲富于变化，就要改变你的音调、说话速度以及停顿。我们传达感情主要是通过我们的声音以及我们的面部表情，无论我们是快乐的、悲伤的、无聊的，还是兴奋的。如果你的声音暗示你对你的话题感到厌烦，你的观众可能也会感到厌烦。适当的音调和频率的变化以及适当的停顿可以使你的演讲充满激情，并有助于保持观众的注意力。

- **音调** **音调**是你说话声音的高低。你可以唱歌是因为你可以通过改变声音的音调来产生旋律。缺乏音调变化一直被认为是低效演讲者最令人分心的特征之一：单调的声音是乏味的。

  每个人都有自己习惯的音调。这就是你在正常谈话时的声音范围。有些人的音调很高，有些人的音调很低。你的声音的音调取决于声带的振动速度有多快，振动越快，音调就越高。

  当你读词或发声时会提高或降低音调，这就是**语调的抑扬**。最好的公共演讲者会适当地改变他们的语调。我们并不是要求你在演讲的时候去模仿最好的四十家电台的广播节目主持人，但是你的语调和整体音调的变化可以帮助你传达想法中的微妙之处。

  在一些文化中，语调在帮助人们理解词汇的意义方面起着重要的作用。例如，泰语、越南语和汉语普通话会特意使用单音调、低音调、下降音调和上升音调等变化。[31] 如果你的母语会因音调而影响其含义，那么你要注意，尽管所有的语言都依靠语调变化来提供意义上的细微差别，但观众并不希望

发音
（**pronunciation**）
对声音的使用，以清晰而准确地形成词语。

音调（**pitch**）
声音的高低。

语调的抑扬
（**inflection**）
声音音调的变化。

你在使用西方国家的语言时进行频繁的语调变化。

在排练时记录你的演讲，评估你对音调和语调的使用。如果你对自己的语调并不满意，可以考虑用夸张的音调变化来练习你的演讲。虽然你不会以这种方式发表你的演讲，但这么做可能会帮助你探索可用的表达。

- **速度**　你说话的速度有多快？大多数的演讲者的平均水平是一分钟说 120 至 180 个词语。没有“最佳”的说话速度，出色的演讲者的技巧不取决于标准的演讲速度。据说丹尼尔·韦伯斯特每分钟能说约 90 词，富兰克林·罗斯福 110 词，约翰·肯尼迪则节奏较快，每分钟说 180 词。马丁·路德·金以每分钟 92 词的速度开始了他的“梦想”演讲，并以每分钟 145 词的速度发表了他的结论。[32] 最好的速度取决于两个因素：你的演讲风格和你的信息内容。

  对于许多初级演讲者来说一个常见的错误就是发表演讲过于快速。演讲焦虑的一个症状就是你会仓促完成演讲来将其了结。来自他人的反馈可以帮助你判断你的速度是否太快。记录你的演讲，并严格把控你的说话速度，也可以帮助你评估你是否以正确的速度进行演讲。很少有演讲者会有说话速度太慢这一问题，但一场龟速的演讲肯定难以让你的观众保持兴趣。记住，你的观众能以比你说出信息更快的速度掌握它。

- **停顿**　马克·吐温曾经说过：“恰当的措辞可能是有效的，但是没有任何一个词能够像恰到好处的时间停顿那样有效。”适当的停顿往往比其他声音特征更能突出你的信息。肯尼迪总统的名言“不要问你的国家能为你做什么，问你自己能为你的国家做些什么”之所以有效，不仅是因为它的语言，还因为他在发表这句话时停顿了一下，将两种思想划分开来。试着在没有停顿的情况下发表这句名言，产生的分量和力度肯定不一样。

  有效地使用停顿，也称为**抓准时间**，可以极大地提高你的信息的影响力。无论你是想讲一个笑话、一个故事，还是一个传说，你的停顿可以决定你所讲的逸事的效果。乔恩·斯图尔特、斯蒂芬·科尔伯特、塞斯·梅耶斯、大卫·莱特曼、吉米·法伦以及艾伦·德詹尼丝都是把握时间的大师。①

  然而，要谨防有声的停顿。许多公共演讲的初学者会因沉默而感到别扭，因此，相比于在某些看起来比较自然和正常的地方进行停顿，他们会发出如“嗯”“呃”“你知道”以及“啊”这样的声音。我们认为你一定赞成，“不要问，啊，你的，呃，国家，能，啊，为你做什么；问，你知道的，你自己能，嗯，为你的，呃，国家，呃，做些什么”不具有原始句子的影响力。

  一个研究统计了特定人群使用“啊”的频率。[33] 在这一研究中，科学教

① 上述六位均为美国知名节目主持人。

授一分钟内会说 1.4 次“啊”；人类学教授一分钟说 4.8 次，这几乎是前者的 3.5 倍。另一位心理学家统计了著名演说家每分钟说出“嗯”的次数。“幸运之轮”（*Wheel of Fortune*）的主持人帕特·萨加克以大约每分钟 10 次的频率位居榜首，虽然大卫·莱特曼常常取笑那些使用有声停顿的政客，但是他却也以每分钟 8.1 次的频率紧随其后。美国前总统克林顿每分钟只有 0.79 次的有声停顿。作为一个公共演讲者，你肯定不希望在使用了多少次“啊”和“嗯”的这场比赛中成为佼佼者。有声停顿会使你的观众感到厌烦，同时也会降低你的可信度。消除它们。

沉默是强调特别的词语或句子的很有效的方式。一个伴随着眼神交流的适时的停顿能够有力强调你的观点。对你的观众提出这样一个设问：“你们中的多少人想要提升自己的沟通技巧？”如果你在提出问题之后进行短暂的停顿，要比你仓促转向下一个观点更加有效。沉默是对你的观众说“思考一下这个问题”的另一种方式。钢琴巨匠阿图尔·施纳贝尔（Arthur Schnabel）在谈到沉默和音乐时说道：“在处理音符方面我并不比其他钢琴家要好。但是音符之间的停顿，啊，这就是艺术之所在啊。”[34] 在演讲中对停顿的有效使用也会增加巧妙的力量和趣味。

使用麦克风 “测试。测试。1……2……3。话筒开了吗？”这并不是有效的开场白。然而，无数的公共演讲者都有在开始演讲时被不合作的播音系统抢了风头的经历。无论你的手势多么漂亮，或者声音多么动听，如果听不见你的声音，或者你使用麦克风时显得很笨拙，你的演讲就不会产生预期的效果。

麦克风有三种类型，其中只有一种用起来需要一些技巧。

- **领夹式麦克风**是一种经常被记者或是采访者使用的带夹子的麦克风，佩戴在衬衫、夹克或连衣裙的前面，除了不要重击它或不小心将其撞落，它不需要额外的关注。
- 电影和电视节目的制作者使用**吊杆式麦克风，**它悬挂在演讲者的头部，并且是遥控的，所以演讲者不必特别在意它。
- 第三种类型的麦克风也是最常见的麦克风，即**固定式麦克风，**通常被固定在讲台、桌面或是地板上。一般来说，如今使用的固定式麦克风都是多方向拾音的。在演讲时，你不需要僵硬地站在固定式麦克风的前面。

领夹式麦克风（lavaliere microphone） 可以夹在衣服上或挂在脖绳上的麦克风。

吊杆式麦克风（boom microphone） 在一个杆上悬挂着的麦克风，随着演讲者移动而移动；常用于电影和电视中。

固定式麦克风（stationary microphone） 固定在讲台、桌面或是地板上的麦克风。

使用固定式麦克风时要考虑以下建议。

- 第一，检查一下以确保你的麦克风确实是多方向拾音的，即使你不直接对着它说话它也能够捕捉到你的声音。

- 第二，麦克风会放大懒散的发音和吐字习惯。因此，当你使用麦克风时要清晰且干脆地讲话。在发如 B 和 P 这样的爆破音时要特别小心，它们会被麦克风过度放大并产生轻微的爆裂声音。类似地，麦克风会强化在单词开头或结尾的 S 的发音（如 hiss、sometimes 或者 silence）。你可能需要将这些声音的强度稍微降低一点，以避免产生过度放大、分散注意力的噪音。
- 第三，如果你必须要测试麦克风，那就数数或者询问你的观众是否能够听见你说话。向麦克风吹气会产生一种非常恼人的噪音！不要在麦克风附近轻叩、重击或者拖拽任何东西。观众也能清晰地听见这些噪音。如果你使用便条或卡片，在你演讲的过程中要快速地翻动。
- 最后，仍旧以你正常的音量进行演讲。有些演讲者在对着麦克风时会更加小声地进行演讲，这会使其声音不能被听清。

在理想条件下，你能够事先用你演讲时将要使用的相同类型的麦克风进行练习。如果有这种机会，找出最佳音质的位置以及麦克风对外来噪音的敏感程度。练习会使你习惯可能出现的声音失真或回声状况，这样在表演时出现这些声音状况也不会令人感到惊讶。

仪容仪表

大多数人对演讲者的仪容仪表都有着自己的期望，分析观众的目标之一就是确定观众的期望是什么。这可能比听起来更棘手。根据气候、文化和观众的期望，适宜的着装标准会有所不同。此外，服装风格也会很快过时。

你的仪容仪表为你的演讲奠定了基调。例如，大多数在年度股东大会上与股东交谈的首席执行官通常会穿西装打领带，但苹果公司的已故首席执行官史蒂夫·乔布斯并不会这样。为了传达他休闲和现代的生意理念，他经常穿着牛仔裤和毛衣。苹果现任首席执行官蒂姆·库克也像微软的创始人比尔·盖茨一样，采用休闲的外形来传达舒适的领导风格。

有相当多的证据表明，你的仪容仪表会影响观众对你和你的信息的反应，特别是在你演讲的开始部分。如果你违背了他们对仪容仪表的期望，你将无法成功地实现自己的目标。例如，一项研究发现，在面试时，有鼻环的男性不太可能被雇用。[35] 但是这个研究结论是基于特定的情况和时间而得出的；现在，一个鼻环可能对一个人的信誉没有任何影响，无论是积极的还是消极的。我们的观点是：观众以及观众的文化期望——而非一些时尚专家或杂志编辑——决

> **概述**
>
> **有效演说方式的特征**
>
> - 同全部的观众之间的较高水平的眼神交流。
> - 契合文化的、自然的、不让人分心的手势。
> - 有目的性的、不让人分心的、即时性的躯体动作。
> - 挺拔且自然、同信息紧密结合的姿势。
> - 契合文化、同信息一致的面部表情。
> - 听得见的音量，清晰的吐字，尽可能少用方言。
> - 多样的音调和语速。
> - 对麦克风的适当使用。
> - 适合观众和情境的干净的仪容和衣着。

定了演讲者的仪容仪表是否合适。

当你面对不同的观众进行演讲时，使用策略来使你的演说方式适应观众。

11.4 观众的多样性及演说方式

在这一章中，我们提出的大部分建议都是假设观众期望北美式的演说方式。然而，许多这样的假设都是基于对美国大学生的研究结果，他们大多是白人，处在十几岁或二十出头的年龄，所以我们的建议并不适用于每一个观众。正如我们在整本书中所强调的，你需要让你的演讲适应观众的期望，尤其是那些来自不同文化背景的观众。考虑下面的建议，帮助你制定策略，使你的语言信息和非语言信息适应不同文化背景的观众。

- **避免种族优越感的心态** 正如你在第五章中所学习的那样，**种族优越感**假设了自己的文化模式要比其他人的文化模式更为优越。当考虑如何调整你的演讲方式以适应你的观众时，尝试着不以对错来看待不同的方式和偏好，而仅仅将其看作与自己的文化不同的方式和偏好。
- **面对主要来自高语境文化的观众，考虑使用不那么夸张的风格** 从第五章中可以看出，高语境文化非常强调隐性信息。因此，对于高语境的观众来说，你不必过于表现。例如，对亚洲国家的很多人来说，一种包含热情的手势、过分戏剧化的面部表情以及频繁的动作在内的演讲风格似乎有些过火。一个更微妙、更含蓄的方法将产生更少“噪音”并且也更有效。
- **向已经对相同的观众发表过演讲的演讲者进行咨询** 同了解你即将面对的观众的文化期望的人进行交谈，询问具体的问题。例如，在波兰进行演讲时，本书的作者之一希望演讲如计划安排和公告宣传的那样在上午 11 点开始，而到了 11 点 10 分，演讲并未如期开始。事实证明，在波兰所有的学生都知道“学术一刻钟”，这意味着大多数讲座和演讲至少在宣布的开始时间之后的 15 分钟后才会开始。如果作者询问了另一位教授关于观众的期望，他会提前知道这个习惯。当你和对你的目标受众发表过演讲的演讲者交谈时，可以提出以下问题：

  - 在我演讲时，观众期望我站在哪里？
  - 观众喜欢直接的眼神交流吗？
  - 观众希望我何时开始及何时结束我的演讲？
  - 观众认为动作和手势会让人分心还是令人愉悦？

- **控制你与观众之间接近的程度** 如我们之前提到的，演讲者的接近性包括你和观众之间的距离、眼神交流的程度以及你是站在讲台前还是讲台后进行演讲。北美观众似乎更喜欢演讲者的接近，有些文化背景下的人则并不那么期望；关键是不要违背观众的预期。[36] 例如，我们曾经说过，日本观众不希望演讲者从讲台后面走出来并站在同观众非常近的地方，即使在小范围的研讨会上，日本演讲者以及老师也会站在讲台后面。

概述

观众的多样性和演说方式

- 避免种族优越感；不要假设观众和你拥有相似的背景和文化。
- 对高语境观众使用更加微妙的非语言信息。
- 将接近行为及情绪表达同文化相匹配。
- 学习非语言手势及预期来避免因不恰当的手势而使你的观众分心。
- 向对这些观众有经验的人们寻求建议。

- **控制自己表达情绪的强度**　并不是所有的文化都以相同的方式解释或表达情绪。与北欧人相比，中东和地中海地区的人们在日常谈话中更有表现力和活力。[37] 相比于来自低语境文化（如北美）的人们，来自高语境文化——在这种文化下非语言信息特别重要（如日本和中国）——的人们非常重视你的演讲风格。[38] 然而，你要记住，即使你是面向低语境文化的人们进行演讲，你也不能忽视演讲风格。演讲风格总是非常重要的。
- **了解符号**　当演讲者和倾听者分享了相同的符号体系（语言上的以及非语言的）时，沟通才会发生。你的语言能够被翻译，除了参考我们提供的与译员合作的建议，学习观众的非语言符号也非常重要。本书的作者之一在面对加勒比地区观众时非常尴尬，因为他用拇指和食指做出了一个圆圈手势，来表示“好的”，并以此表达对学生的赞美。后来他发现，对于一些观众来说，这是一个淫秽的手势，这就像对北美观众伸出一根中指一样。即使是微妙的非语言信息也会传递影响你和观众之间关系的感受、态度和线索，所以避免使用冒犯你的观众的手势或表情是非常重要的。

不要让信息迷失在翻译中

当你受邀给一群和你讲不同语言的观众演讲，并且你的演讲内容正在被翻译时，请考虑下面的提示，以确保你的信息能够被理解：

- 你至少能够以观众的语言说出开场问候：“早上好”（Buenos días）或者“晚上好”（Buenos noches）。
- 要比平常说话的速度更慢，这样能够给你的翻译人员时间去听取并重复你的信息。
- 将你的内容缩减一半，因为你的翻译人员将用观众的语言重复你所说的内容。所以，如果你的计划是说 20 分钟，那么你应该准备一个 10 分钟的演讲。
- 使用短小、简单的句子。经常停顿，给你的翻译人员时间来翻译你的信息。
- 如果可能的话，给你的翻译人员一份演讲提纲。
- 避免使用俚语、行话以及比喻，如“付钱”（pony up）、“房间里的大象”（elephant in the room）、“沾光”（piggyback）、“像钟声一样清晰”（clear as a bell）、“亲密无间”（thick as thieves）。

- 谨慎地使用玩笑和幽默：玩笑一般很难准确翻译。
- 考虑使用幻灯片，幻灯片可以帮助你的翻译人员。如果可能的话，将你的幻灯片翻译为观众使用的语言。
- 如果你的观众做出了非语言暗示，表示你（或是你的翻译人员）所说的某些内容并不清晰，那就询问一下观众你的信息是否清晰。

资料来源："Don't Get Lost in Translation," *Herald*, Vol. 157,4 (April 2010), p. 32. Reprinted with permission of Community of Christ

虽然我们无法全面描述你在每个教育和职业环境中可能面临的每一种文化期望，但我们可以提醒你，在进行排练和发表演讲时，要牢记观众的文化期望。我们并不是建议你放弃自己对演说方式的文化期望，而是敦促你对文化差异变得敏感和敏锐。由于非语言意义没有一般通用字典可以查询，所以应该花时间向和未来观众来自相同文化的人请教，他们最喜欢什么样的手势和表情。

描述排练演讲要遵循的步骤。

11.5 排练演讲：最后几点建议

仅仅知道有效演讲的特征并不能使你成为一个更好的演讲者，除非你能将这些原则付诸实践。有效地进行公共演讲是一种需要练习的技巧，而练习则采取排练的形式。如图 11.1 所示，排练演讲能够帮助你做好准备向观众发表演讲。

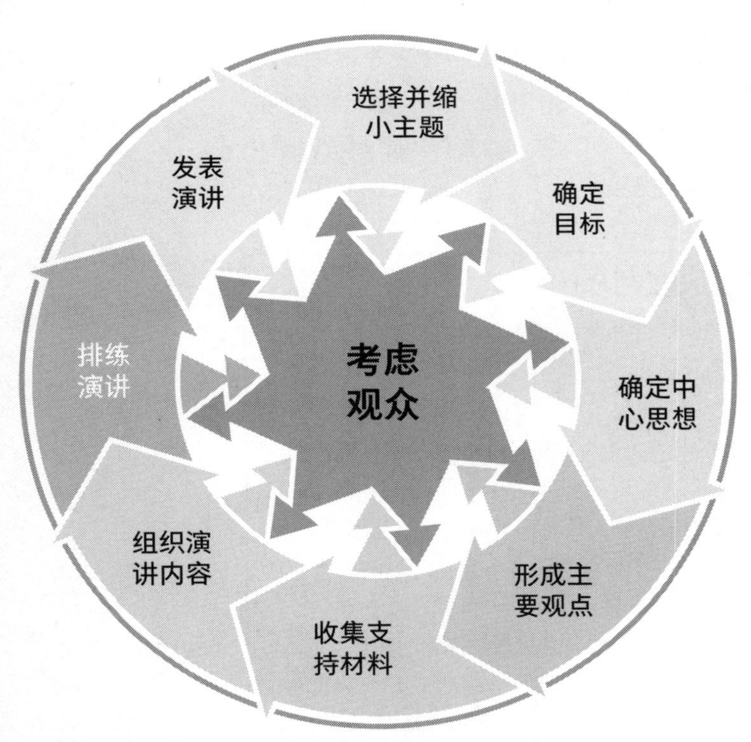

图 11.1 排练演讲能帮助你自信地发表演讲

资料来源：Copyrighted by Pearson Education, Upper Saddle River, NJ

你是否希望在下一次演讲中取得好成绩？研究表明，预测一场演讲有效性的最佳方式之一是看你花在准备和排练演讲上的时间总量；老师会给那些花了更多的时间排练演讲的学生更高的分数，而给那些花较少时间准备和排练演讲的学生较低的分数。[39] 以下建议能够帮助你充分利用你的排练时间。

- **至少在演讲发表之前两天就完成演讲提纲的草稿。**你花在信息汇总上的时间越多越好。

一步一步地规划你的演讲

排练演讲

布里安娜开始排练她的演讲。从一开始，她就站起来大声演讲，练习手势和动作，这些动作似乎与她的信息相符合。

最初，布里安娜使用她的准备提纲（第183—185页）作为演讲笔记。这些早期排练进行得非常顺利，但是演讲的时间稍短。布里安娜知道自己的说话速度总是很快，所以她的策略是在整个演讲过程中，选择一些让观众吸收重要观点的关键处，安排更多停顿。当她准备演讲笔记时，布里安娜在笔记卡片上于这些关键处写下了演讲提示“停顿”。

- **在准备你要在观众面前使用的演讲笔记之前，首先大声地排练你的演讲。**这会帮助你确定在哪里需要笔记来提示自己。
- **为你的演讲计时。**根据需要修改你的演讲，使其保持在你的老师或是邀请你进行演讲的人所设定的时间范围内。
- **准备你的演讲笔记。**使用最适合自己的系统。有些演讲者使用图形符号来提醒自己一个故事或一个观点，其他人使用完整的句子或是以提纲形式呈现的几个字词及短语来提醒自己。许多老师提倡使用便条或卡片做演讲笔记，有些演讲者使用平板电脑或者其他的电子显示器。如果你使用的是电子笔记，明智的做法是留存一份备份以防你遇到技术上的问题。
- **站起来排练你的演讲。**这会帮助你找到使用手势和声音变化的感觉。不要尝试背诵你的演讲或是设计具体的手势。在你排练时，你可能会希望修改你的演讲笔记来反映适当的更改。
- **如果可以的话，将你的演讲表演给其他人看，这样你可以练习建立眼神交流。**从你找来的观众中寻求对演讲风格和演讲内容的反馈。
- **如果可能的话，在排练阶段将你的演讲录制成音频或是视频。**许多智能手机、电脑以及平板电脑中都有内置摄像头和麦克风。当你听取或观看录音、录像时，观察你的声音和身体上的特殊习惯，并根据需要进行改变。许多演讲者仍然认为对着镜子进行练习是很有用处的，这样他们可以观察到他们的身体语言——这比较没有技术含量，但是却很有用。
- **使用所有的演示辅助工具来进行排练。**正如我们下一章要讨论的，不要等到最后一分钟才去计划、准备以及排练在演讲时要操作的活页挂图、幻灯片、电脑绘图、文字资料或者其他的辅助工具。
- **最后的排练应尽可能接近你将要面对的演讲情境。**

概述

排练你的演讲

- 花更多的时间来准备和排练，以取得更高的成绩。
- 在演讲之前两天完成你的提纲。
- 在制作演讲笔记之前大声排练并对你的演讲计时。
- 尽可能地让排练接近现实演讲场景。
- 寻找反馈以及对排练视频进行自我评判。

如果你将要在一个大教室中进行演讲，那就找一个大教室来排练演讲。如果你的演讲环境不那么正式，观众们坐成半圆，那么你应该在这种场景中进行排练。你的排练越逼真，你就会越有自信。

- **在排练时练习良好的演讲技巧**。记住这个格言：**好的**练习让你熟能生巧。

列出提升演讲最终发表效果的五条建议。

11.6 发表演讲

演讲的日子到了，你也已经准备好了。以观众的信息作为支柱，你已经准备好了一场主题有趣、目标明确的演讲。你的中心思想非常清楚，你收集了有趣且相关的支持材料并很好地对其进行了组织。你的演讲中包含一个恰当的开场白，条理清晰的正文和一个清楚总结关键主题的结语。对于演讲，你已经排练过好多次了；你并没有进行背诵，但是你对你表达主要观点的方式感到满意。你最后的任务就是平静且自信地同你的观众交流。你已经准备好了发表一场演讲。

随着演讲日期的来临，考虑以下建议，以为演讲取得成功做好准备（见图 11.2）。

- **充分休息** 你在演讲前要有充足的睡眠。在最后时刻，深夜的准备工作可能会削弱你的表现。许多专业的公共演说家也提倡在演讲之前注意饮食，一顿大餐或是摄入过多的咖啡因会对你的表现产生负面影响。

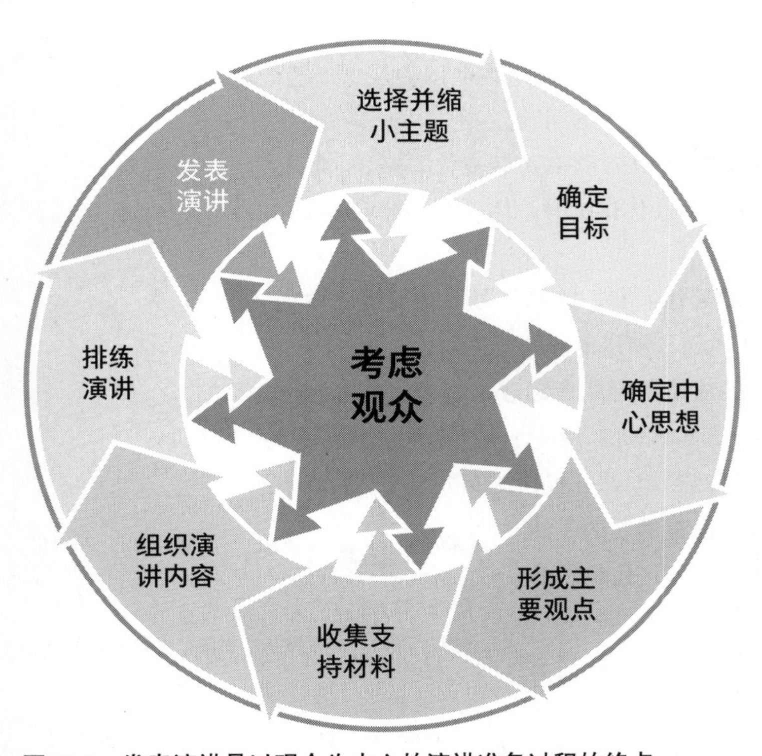

图 11.2 发表演讲是以观众为中心的演讲准备过程的终点

资料来源：Copyrighted by Pearson Education, Upper Saddle River, NJ

- **回顾第一章关于成为一个自信的演讲者的建议** 演讲前的紧张是很正常的。但是如果你已经确定了你的演讲是关于你真正感兴趣的话题的，有组织的，以观众为中心的，那么你就已经成功地做了所有该做的事情。记住其他一些增强自信的建议：排练时重现演讲环境；使用深呼吸的技巧来帮助你放松；确保你非常熟悉你的引言和结语；假装平静以感受平静。
- **提前到达演讲地点** 如果演讲地点位于一个你不熟悉的地方，就给自己预留足够的时间。合理地安排

一步一步地规划你的演讲

发表演讲

期待已久的布里安娜的演讲日终于到了。昨晚她睡得很好，在去上课之前她吃了一点清淡的早餐。

在等待演讲时，布里安娜深呼吸并想象自己正在平静且自信地发表演讲。当她的名字被叫到的时候，她走到前方，在开始演讲之前同她的观众建立了眼神交流。

在她的演讲过程中，布里安娜专注于调整她的信息以适应观众。她看着观众中的某个人，使用带有目的性且适时的手势，并且响亮清晰地进行演讲。

即使掌声尚未响起，布里安娜就已经知道，自己成功地完成了演讲。

你的时间，避免临演讲前还在匆忙寻找停车位或紧张地处理最后的细节。

- **布置房间和设备** 你可能想要重新安排家具或是对演讲环境做出其他的改变。如果你要使用视听设备，检查一下它是否能够正常工作并小心地导入你的支持材料。放映一到两张幻灯片以确保画面清晰。
- **想象成功** 想象你自己以一种非常有效的方式发表了演讲。最后，请回想一下自己为准备演讲所做出的努力。在心里进行最后一遍排练能够提高你的信心，并帮助你确保演讲成功。

尽管我们已经确定了许多经过时间考验的提高演讲能力的方法，但请记住，演讲是一门艺术而不是一门科学。你的演说方式应该反映你的个性和个人风格。

11.7 回应提问

解释并使用在演讲结束时回答观众提问的策略。

在你发表完演讲之后紧接着可能是问答环节。在问答环节中，你的演讲方式转变为即兴演讲。这些环节可能非常具有挑战性，因为，尽管你不可能提前知道这些问题，但人们还是期望你能在经过仔细思考后流畅地说出你的答案。除了我们之前提供的关于即兴演讲的建议之外，这里还有一些额外的建议使问答环节不那么具有挑战性。[40]

- **准备** 准备问答环节的最好方式之一就是预测可能会向你提出的问题。你怎么样来预测问题呢？分析你的观众。考虑这些观众可能会问的问题，然后练习你的回应。在总统辩论之前，候选人会让他们的工作人员向他们提出问题，这样候选人就可以练习回应。也许你的朋友可以在你为他们演讲之后问你一些问题。
- **重复或者改述问题** 重复一个问题会有四个方面的帮助。第一，你的复述可以确保每个人都能够听见这个问题。第二，复述能够确保你在给出答案之前理解了这个问题。第三，通过复述，你可以简洁地总结一下杂乱的问题。最后，重复问题可以给你自己一点时间来思考答案。

- **保持在演讲主题的范围内** 有时观众会问一些和你的演讲主题不相关的问题。如果是这样，你应该温和地引导提问者回归到你准备的信息上。让观众的注意力回到你的中心思想上。重要的是你的答案，而非问题。我们并不建议你回避问题；你应该处理提出的问题，但是之后应该重新强调你所提出的关键点。一些经验丰富的演讲者会建议你将你演讲的一部分放在问答环节进行发表。这被称为“双料”演讲。[41] 你呈现了你的演讲，之后，在问答环节，你又进行了一场更加简洁的演讲。
- **向全体观众进行回应，而不仅仅是对提出问题的观众进行回应** 虽然你可以通过与提出问题的观众进行眼神交流而开始你的回应，但也要保证你仍然是以观众为中心的。看着全体观众并时刻记得你的回应必须和他们相关。如果提问者想要获取仅仅其一人感兴趣的具体信息，你可以在演讲结束之后单独同他进行交谈。
- **自己提出第一个问题** 让观众为问答环节做好准备的一个方法是自己最先提出一个具有挑战性的问题。例如，你可以说：“在我们进入问答环节时，你们可能会想知道……”陈述问题并回答问题。这样做也能让你以一种舒适的方式从演讲过渡到问答环节。询问自己较难的问题是在告诉观众你对严肃的问题很开放，同时这也会抓住他们的注意力。
- **无偏见地倾听** 使用我们在第四章中讨论的有效倾听的技巧。让你的眼睛专注于提出问题的人，身体稍稍前倾，将你的全部注意力都放在提问者身上。观众期望演讲者是礼貌且专注的。如果你认为这个问题非常愚蠢，不要这样说出来，倾听并有礼貌地进行回应，观众会自己判断一个问题是否合适。不要对提问者皱眉、做出痛苦的表情或是绷着脸。保持冷静，而不是失去镇静，这会让你获得更多的信任。
- **处理带有敌意的问题** 每一个带有敌意的问题都会给你一个机会，使你从你的观众那里获得加分。你可以赢得观众的注意力，把注意力放在你的优势上。下面的策略可以帮助你。

  - **重述这个问题** 如果这个问题是冗长的抨击，关注问题的本质。如果问题是“你的想法是错的！我很生气，你并不知道怎样去做。你提出的建议在过去就是一场灾难。为什么你还在努力让它发挥作用呢?”，问题的重述可以是“你问我为什么还在尝试实施一个以前并未成功的计划。从你的角度来看，这个项目已经失败了”。

- **正视情绪** 例如，你可能会说："我理解你为什么会生气。我和你一样又生气又灰心，正是因为灰心我才想给计划更多的时间来产生效果。"
- **不要将问题个人化** 即使有一个带有敌意的提问者将你变成了一个恶棍，你也不要攻击提出问题的人。将对话集中在问题上，而非人身攻击上。
- **了解问题的核心** 对带有敌意的问题做出直接的回答。考虑重述你在演讲中呈现的证据，或者提供新的见解来支持你的观点。

概述

回应提问

- 准备；自己问出第一个问题。
- 无偏见地倾听；重复或改述问题。
- 对全体观众进行回应。
- 将偏离主题的问题带回到你的演讲主题上来。
- 正视情绪，针对问题，避免对带有敌意的问题进行个人化回应。
- 承认你不知道答案。
- 让答案简洁且有条理。
- 提醒观众问答环节何时结束。

- **如果你不知道如何作答，承认这一点** 如果你被问了一个你不知道答案的问题，那就说出来。你可以做出承诺，找出更多的信息之后再回复这个人。（如果你做出了这种承诺，就要践行承诺。在问答环节的结尾向这个人索要名片或是邮箱地址。）
- **简洁** 即使你已经预测到了问题并且要进行"双料"演讲，也要使其简短且切题。
- **使用结构上的指示标识** 快速地组织你的答案。如果你有两点想要回复，让你的观众知道。使用语言上的指示标识（向你的观众表明你如何组织信息内容），说："我有两点要说，第一是……我的第二个观点是……"这种指示标识将帮助你保持答案的条理性，还能让你的观众对你清晰的思路留下深刻的印象。
- **说明问答环节何时结束** 告诉你的观众："我还有回答两个问题的时间。"让他们知道问答环节很快就要结束了。即使有人帮你主持讨论环节，你也应该负责结束这一环节。

学习指导 回顾、应用及评估

11.1 演说方式的力量

辨别演说方式对公共演讲者来说非常重要的三个理由。

非语言沟通将你演讲中的主要意义和几乎所有的情绪传达给观众。非语言期待理论表明，作为演讲者的可信度取决于满足观众对非语言沟通的期望程度。相比于他们在你的词语中听到的内容，观众更容易相信他们在你的非语言沟通中所看到的内容。

关键词

伦理性思考

观众怎么做才不会因演讲者的演说方式和情绪因素而分心，并更多地关注信息的实质或内容？

评估你以观众为中心的演讲技能

以第229页描述的情绪传染理论为基础，你如何辨别观众是否被你所希望传递的情绪所“传染”？你应该寻找什么样的具体的非语言暗示，来确定观众是否如你所计划的那样对你的信息做出了反应？

11.2 演讲的方式

确定并描述发表演讲的四种方式。

演讲的四种方式（照读式演讲、背诵式演讲、即兴式演讲和提纲式演讲）中，大多数情况下，提纲式演讲是最为可取的方法：根据提纲进行演讲而不去记忆确切的用词。

关键词

批判性思考

罗杰对他的第一次演讲感到非常焦虑，所以他一遍又一遍地进行练习。他甚至可以在梦中进行演讲了。他有一些很好的示例，并且他的老师表扬他的提纲写得不错。但是当他发表演讲的时候，他看到他的同学们都心不在焉。他做错了什么，他怎么才能挽救他的演讲？

评估你以观众为中心的演讲技能

你如何确定排练时间已经足够长，以至于你可以即兴地将你的主要观点传递给观众，但排练的时间又不至于太长，使你已经能够背诵你的演讲？

11.3 有效演说方式的特征

确定并说明有效的演说方式的特征。

眼神交流是演讲中最为重要的变量。在演讲前和演讲过程中同你的全部观众进行眼神交流。你的手势和动作看上去要自然且放松、明确、同你的信息相一致、多样化、不唐突并且同你所说的内容相互配合，同时也要适合你的观众和场景。调整你的手势以适应不同文化背景的观众。使用你的姿势、面部表情以及声音暗示（包括音调、说话的速度以及对停顿的使用）来传递你的情绪。要确保声音足够大，发音要清晰。如果英语不是你的母语，你可能不得不花额外的时间关注你的吐字和发音。

关键词

伦理性思考

大多数政治家都会聘请形象顾问帮助自己在技能和

能力方面塑造最积极的形象。利用这些顾问，尤其是当他们的唯一目标是操纵选民使其认为演讲者比实际更加可信时，是否合乎伦理?

批判性思考

莫妮可不好意思使用手势，她常常将她的双手放在她的背后。你能给予莫妮可什么建议来帮助她更有效地使用手势?

评估你以观众为中心的演讲技能

检查你的发音。询问朋友、家庭成员或是同学，让你知道自己是否能够正确地说出演讲中的所有词语。如果你不确定你想要使用的词语如何发音，查询在线字典中的发音。

11.4 观众的多样性及演说方式

当你面对不同的观众进行演讲时，使用策略来使你的演说方式适应观众。

向其他熟悉观众的演讲者请教，有助于你避免种族优越感。考虑对高语境观众使用更加微妙的演说方式，并且要让接近性和情绪表达同大多数观众的文化期望相符。学习不同文化下的非语言手势的含义，以避免冒犯观众。

批判性思考

你正在计划同一些当地的商业人士进行交流，他们的文化不同于你的文化。你要询问邀请你的人一些什么样的问题，来帮助你适应观众?

评估你以观众为中心的演讲技能

当你向不同于自己的文化的观众发表演讲时，你能做些什么来确保你的演讲没有明显的种族优越倾向?

11.5 排练演讲：最后几点建议

描述排练演讲要遵循的步骤。

在完成你的演讲提纲后要预留至少两天来练习发表演讲并生成你的演讲笔记。在排练时，尽可能地重现演讲环境。在排练室也要牢记你的观众；当你练习演讲时，想象你的观众就在你的面前。

批判性思考

詹森似乎从未在他将要发表演讲的那天做好准备。关于他的演讲，他总是想得很多，然后准备一点笔记，之后通常不再做其他的事情了。你会给詹森什么具体的建议来帮助他准备和排练他的演讲以确保演讲的成功呢?

评估你以观众为中心的演讲技能

回顾在第 250—252 页呈现的排练演讲的建议。在每一项练习建议中以 1—5（1 = 糟糕；5 = 极好）的分数给自己评分。利用你的自我评价来制订一个提升演讲排练技巧的计划。

11.6 发表演讲

列出提升演讲最终发表效果的五条建议。

演讲前一晚充分休息。想象你的成功并使用本书第一章中的建议来增强你的自信心。提前到达，这样你才有时间来准备和熟悉周围的环境，并且不会因为迟到而感到压力。

批判性思考

发表演讲时，阿斯彭感到非常紧张，并且之后她的老师评价她的语速过快以至于一些词语很难理解。回顾第一章中的关于处理演讲焦虑的建议以及本章中关于演讲发表的建议，推荐阿斯彭可以采取的具体步骤，来减少她在下一次演讲中感受到的紧张并减缓她的语速。

评估你以观众为中心的演讲技能

阅读有关演说方式的内容是一件事情，而去看和听演讲者发表演讲又是不同的另一件事情。使用你在本章中所学到的内容来评价下列网站中演讲的优缺点。

- 历史频道演讲档案：每天都会着重推出一场著名的演讲。你可以浏览档案来听或观看著名的演讲：http://www.history.com/speeches.
- 密歇根州立大学文森特有声图书馆：在这里你可以听到美国总统和其他历史人物的演讲录音：http://vvl.lib.msu.edu/.

11.7 回应提问

解释并使用在演讲结束时回答观众提问的策略。

为问答环节做准备并自己首先问出第一个问题。无偏见地倾听并重复或改述问题。面向全体观众进行简短的回应。使用在本章中描述的策略来处理充满敌意的问题，并将偏离主题的问题带回到你的演讲主题上来。在你不知道答案的时候就要承认。使用有条理的指示标识来使答案更加清晰，最后要指明问答环节的结束时间。

批判性思考

已经做了35年教堂管风琴手的穆里尔正计划同她的乐队讨论演奏管风琴的技巧。在问答环节，穆里尔可能会被问到什么问题?

12

使用演示辅助工具

目标

学完本章后，你应该能做到以下几点：

12.1 探讨使用演示辅助工具向观众传递观点的五种方式。

12.2 讨论演示辅助工具的类型以及确定有效使用演示辅助工具的技巧。

12.3 确定制作有效的演示辅助工具的原则。

12.4 确定有效使用演示辅助工具的原则。

没有图示，就没有深思。

——亚里士多德

也许这曾发生在你的身上。教授一页接着一页地放映着幻灯片，同时她还在喋喋不休地谈论着英国的历史或其他的话题。你坐在那里，感到非常无聊，你在想："为什么她不直接将幻灯片分发下来或者将其放在网上然后让我们下课呢？我并不需要她将她的笔记读给我听。"有过这种非常乏味的体验之后，你就可以理解"死于 PowerPoint"这个短语了。

PowerPoint 以及许多演讲者可能使用的其他演示辅助工具，尤其是视觉辅助工具，都是非常强大的工具：相比于仅有字词，它们能够帮助你更为清晰、更加有效地传递观点。但是它们也可能会压过你的语言信息，或是过于冗长而使你的观众分心。本章将会帮助你避免成为 PowerPoint"刽子手"，并确保你的演示辅助工具能够让你的演讲更加生动形象，而非扼杀你的信息。

演示辅助工具能使你的观点更加直观或更加有效，以使你的观众更好地理解你的观点。示意图、照片、海报、图画、图表、幻灯片、电影以及视频是我们将要讨论的演示辅助工具。有些演示辅助工具，比如电影和视频，能够从听觉和视觉上让你的观点更加清晰。

当你第一次被要求使用演示辅助工具进行演讲时，你可能会问："在一场信息性演讲或是说服性演讲中，我该如何使用演示辅助？这类演讲中并不需要视觉图像的支持。"事实上，几乎任何一场演讲都能从演示辅助工具中受益。一开始你可能会想，使用演示辅助工具的演讲与其他类型的演讲没有什么不同。你的总目标仍是提供信息、说服观众或娱乐观众。关键的区别在于，你使用的支持材料能够让观众看见，而不只是让他们听见。

在这一章中，我们将演示辅助工具视为一种重要的沟通工具，并对其中几种类型进行了研究。在本章的最后，我们会提出在演讲中使用辅助工具的指导方针。

探讨使用演示辅助工具向观众传递观点的五种方式。

12.1　演示辅助工具的价值

当代观众与一个多世纪前托马斯·爱迪生发明电影摄影机的前身——连续照片放映机（kinetoscope）——那个时代的观众完全不同。爱迪生说："一开始的时候，普通观众要花很长的时间来消化理解每张照片。他们没有经过训练，做不到一次看一张以上的图像。"[1] 时代已经变了。视觉图像在电视、电影中以及互联网、手机和其他移动设备上的主导地位，证明了图像在现代观众的信息沟通之中占有多么重要的地位。演示辅助工具帮助观众**理解**并**记住**你的信息，它们帮助你传递观点的**组织结构**，获取并维持**注意力**，并说明一**系列**事件或程序。[2]

演示辅助工具（presentation aid） 有助于将观点传递给观众的任何有形的东西（图画、示意图、图表、视频图像、照片、声音等）。

演示辅助工具增进理解

五种感官中，通过眼看所知道的比其余四种感官之和还要多。事实上，据估计，超过 80% 的信息是通过视觉来获取的。[3] 对许多人来说，眼见为实。我们生活在一个以视觉为导向的社会。例如，我们大多数人通过看电视或浏览互联网来了解新闻。由于观众已经习惯了视觉上的刺激，因此，通过借助演示辅助工具提高他们对演讲内容的理解是一种明智的做法。

演示辅助工具强化记忆

通过强化视觉效果，你的观众不仅会更好地理解你的演讲，还会更清楚地记住你所说的内容。[4] 有证据表明，高科技的演示辅助能够帮助提升学习效果。[5] 研究人员声称，人们阅读文字材料后可以记住内容的 10%，听过语音可以记住 20%，通过观看可以记住 30% 的内容，同时看和听可以记住 50% 的内容。例如，在关于非洲语言的演讲中，如果你以视觉方式呈现出阿拉伯语、斯瓦希里语和豪萨语的单词，而不只是说出这些单词，那么你的观众更有可能记住它们。

演示辅助工具帮助观众组织观点

大多数观众需要得到帮助来理解演讲的组织结构。即使你清楚地列出了你的主要观点，使用了有效的内部总结，并做出清晰的过渡陈述，观众依然想要得到更多的帮助。在幻灯片、示意图或海报上简要地列出主要观点，可以让你的演讲清晰明了，并帮助你的观众理解你的主要观点。在你的引言中以视觉化的方式呈现你的主要观点，当你演讲的正文再次涉及这些观点时，就能够帮助你的观众理解这些观点。你还可以在结语中展示重要的观点，以简洁地总结你的信息。

演示辅助工具帮助你获取并维持注意力

凯西亚展示了一张营养不良的孩子的照片，以此开始了她关于美国贫困问题的演讲，迅速引起了观众的注意。查克用相机的闪光灯引入了关于摄影展示的演讲，那一刻他引起了观众的注意。友子在关于说唱音乐歌词的演讲的中途，不仅说出了歌词，而且还展示了写有歌词的巨幅海报，让观众能够朗读并跟着唱起来。演示辅助工具不仅能够吸引观众的注意力，而且能够在词语不能维持其注意力时，维持观众的注意力。

演示辅助工具帮助说明事件或程序的顺序

如果你的目标是告知观众一个过程——如何去做某件事或某事物是如何运行的——通过实际展示或是一系列的视觉展现可以达到最佳效果。无论你的目标是指导观众做出蛋奶酥还是去建造一间花房，演示其一步步的程序能帮助你的观众理解它们。[6] 如果你想要解释水力发电的原理，一系列的图解可以帮助你的观众理解并想象这个过程。

概述

演示辅助工具的价值

它帮助你的观众

- 理解你的信息
- 记住你的信息
- 理解信息的组织结构
- 保持注意力
- 理解一系列的事件或程序

在展示如何制作一些东西，例如制作让你获奖的肉桂卷时，你可以提前准备好每道工序，并向你的观众展示相关步骤中你所描述的每个示例。例如，你可能已经揉好了面团，并准备展示如何撒上肉桂粉。演讲的高潮可能是展示从烤箱中拿出来仍然温热的一烤盘的成品肉桂卷。如果时间不允许你演示如何准备肉桂卷，你可以用一系列的图表和照片来说明这个过程中的每一个步骤。

视觉修辞（visual rhetoric）演讲者在实现自己的演讲目标时，使用图像作为整个传播活动中的一个整合要素。

现在的沟通者理解视觉修辞在提供信息和说服他人方面的重要性。**视觉修辞**指的是演讲者在实现自己的演讲目标时，使用图像作为整个传播活动中的一个整合要素。[7] 要成为一名视觉修辞学家，就要站在观众的角度，不仅要考虑观众听到的内容，还要考虑观众看到的内容。如今的观众见多识广，他们希望看到视觉上令人满意的信息，帮助他们理解你所说的内容。

讨论演示辅助工具的类型以及确定有效使用演示辅助工具的技巧。

12.2 演示辅助工具的类型

当得知自己被要求使用演示辅助工具时，许多学生首先会提出的问题是："我应该使用什么类型的演示辅助工具？"你可以从三个级别的演示辅助工具中进行选择：三维演示辅助工具、二维演示辅助工具以及视听辅助工具。

三维演示辅助工具

实物 你从五年级就开始演奏长号了，所以你决定就这个乐器的历史和功能做一场有意义的演讲。当你描述长号如何演奏时，你当然可以将长号作为演示辅助工具展示给你的观众，你甚至可以演奏一段旋律来展示它的声音和你的技能。或者你是艺术专业的学生，你刚刚完成了一幅水彩画，为什么不把你的水彩画带到课堂上来阐明你关于水彩技术的演讲？

实物会增添乐趣，因为它们是有形的。它们可以被触摸到、闻到、听到，甚至尝到，而且也可以被看见。实物是真实的，观众喜欢真实的东西。

当你使用一个实物来说明一个观点时，请确保你可以轻松地运用这个实物。如果一个实物太大，它就会很笨重，并且很难向你的观众进行展示。极小的物体则只能在近处看到，你的观众不可能看到古董顶针的细节，十字绣精细的针绣，或者微型小木屋里的细节。其他实物操作起来可能很危险。一名演讲者试图演示如何拉紧弓弦，当他那近乎拉满弦的弓在观众的头上飞过时，观众们感到非常不舒服。他当然引起了他们的注意，但他失去了他们的信任。

模型（model）代表实物的较小物体。

模型 如果无法将你想要展示给观众的实物带过来，可以考虑给他们展示实物的**模型**。你不能将一架二战时期的战斗机带到教室中，因此可以购买或组装一个成比例的模型来代替。为了讲解人体解剖学知识，一个学生带来了塑料制的骨骼模型；真实的人类的骨骼很难获取也很难带到教室。同样，在校园中携带枪支是不被允许的，比起真实的枪支和玩具枪，一幅展示枪支特征的图是一种更为安全的演示辅助工具。如果你想要展示手枪可移动的部分，也许一把纸质、木质或是塑料制成的手枪就足够了。但是，要确保你所使用的任一模型都应该足够大，以使所有的观众能够看到。当布莱德带着他收藏的微型手工雕刻吉他来说明关于摇滚音乐的演讲时，他的微小的可视模型并没有为其信息增色，它们减损了信息的效果。

人　至少从罗纳德·里根开始，美国总统就在国情咨文讲话中把人作为视觉辅助工具，在讲述一个辛酸的故事时，让坐在楼座上的故事主人公站起来并进行致意。一位演讲稿撰写人指出，总统们已经学会了运用这一策略来达到特别的效果，并认为“这是一种从舞台上流传下来的，与群众打成一片的方式”。[8]

在课堂演讲中，人也可以作为演示辅助工具。阿米莉亚，墨西哥芭蕾舞剧院的舞蹈编导，想要讲解一个复杂的拉丁民间舞蹈，所以她安排了一个舞蹈团的舞者在课堂上演示舞蹈。

但是，使用人来说明你的信息会很棘手。在你发表演讲时向志愿者寻求即兴的帮助并不明智。相反，要在你发表演讲之前选择值得信赖的朋友或是同事，这样你可以充分告知他们需要做的事情，并同他们一起排练演讲。

另外，让辅助者站在你的旁边什么都不做也会很让人分心。如果在开场的时候你不需要这名辅助者来说明某事，等到需要辅助者的时候再向你的观众介绍他。

最后，不要让你的助手偷走你的表演。例如，不要让舞蹈学生在展示布雷舞步时超过说明技巧所需要的时间。你也不应该允许模特在展示你设计的服装时做出撩人之姿。你更不应该在展示赢得区摔跤冠军时的绝活擒拿法的时候，让同伴把自己摔倒。记住，你的演示辅助工具总是服从于你的演讲。你必须保持对局面的掌控。

你也可以成为你自己的演示辅助工具，来阐释或说明主要观点。如果你探讨的是网球，你可以用网球拍展示你漂亮的反手击球动作或是正确的握拍姿势。如果你是一个护士或是急诊室技术员，在讲解治疗程序时当然可以穿上工作服建立自己的可信度。

二维演示辅助工具

最常见的演示辅助工具是二维演示辅助工具：图画、照片、地图、图表、示意图、活动挂图以及黑板。一些演讲者仍旧会使用投影仪。虽然二维辅助工具是最为常见的，但你可能会将它们与幻灯片结合使用来说明你的信息。在探讨二维演示辅助工具时，我们将提供传统工具的和结合展示软件的常见建议。在本章稍后部分我们将专门探讨如何使用计算机生成的图表。

图画 图画非常受欢迎，也是被经常使用的演示辅助工具，因为图画很容易获取并且并不贵。图画可以根据你的具体需求定做。举例来说，为了举例说明人脑的功能，一个学生描绘了大脑的轮廓，并标记了大脑功能的位置。另一个学生想要展示某个地区不同大小和形状的树叶，所以她用适当的绿色阴影画出了叶子的放大图片。

你不需要为了完成有效的图画成为大师级的艺术家。一般来说，大而简单的线条图比细节图像更有效。如果你对你的艺术技巧完全没有信心，你可以找一个朋友或亲戚帮你准备一幅有用的图画，或者你可以用电脑软件来生成简单的线条图。

照片 照片可以被用来展示图画不能说明或观众不能直接看到的物体或是地点。但是，印刷的照片的问题是它们通常都很小，以至于在远处很难看得清楚。如果只有两到三排观众，那么你可以把照片放在足够近的地方，或者在平板电脑上展示，让他们看到照片中的一个关键特征。在观众中传递照片也不是一个好主意，它会分散观众的注意力。

要确保一张照片能有效地作为面向大量观众的演示辅助工具，唯一的方法就是放大它，无论是放大印刷或是通过电子投影放大。如果你使用的是非数字图像，你可以扫描并放大它们。或者，如果你在使用如 PowerPoint 这样的演示软件，你可以将你的照片放入幻灯片中使其足够大，让每个人都能看见。

在 PowerPoint 之前的那个时代，公共演讲者想用照片说明自己的观点时会使用 36 毫米幻灯片及投影仪。如今，幻灯片放映机已经很少被使用了，因为用计算机处理图像更容易。

地图 许多地图都只适于在不超过 0.6 米的距离内进行阅读。同照片一样，你的观众也看不到大多数地图上的细节。但是，你可以使用一幅巨大的地图来展示一个地区的特征。或者你可以使用你的地图的放大版本。某些复印机能够将图像放大至 200%。使用彩色复印机，可以放大欧洲的标准地图，足以让最后一排观众看到该大陆的总体特征。你还可以在网上检索可以自行下载的公版地图。

图表 图表用易于理解的图形来表示统计数字。在演讲中使用的大多数图表都是用 Excel 或 Word 编写，然后显示为计算机生成的幻灯片的。

为什么要使用图表？看见数字之间的关系比仅仅听到这些数据要更好。数据是很多示例的抽象总结。许多观众认为图表使数据更加具体并更容易理解。然而研究表明，比起呈现图表中的信息，更重要的是讨论其中所呈现出来的信息。[9] 图表在展示整体趋势和数据之间的关系方面非常有效。通过观看新闻节目、收听报告以及倾听演讲，你肯定看到过四种最为常见的图表类型：柱状图、扇形图、曲线图以及图形图表。

图表（graph） 统计数据的图示。

柱状图（bar graph） 以不同长度的长条代表信息的图表。

- **柱状图**由代表信息的不同长度的平面（长条）组成。在图 12.1 中，柱状图

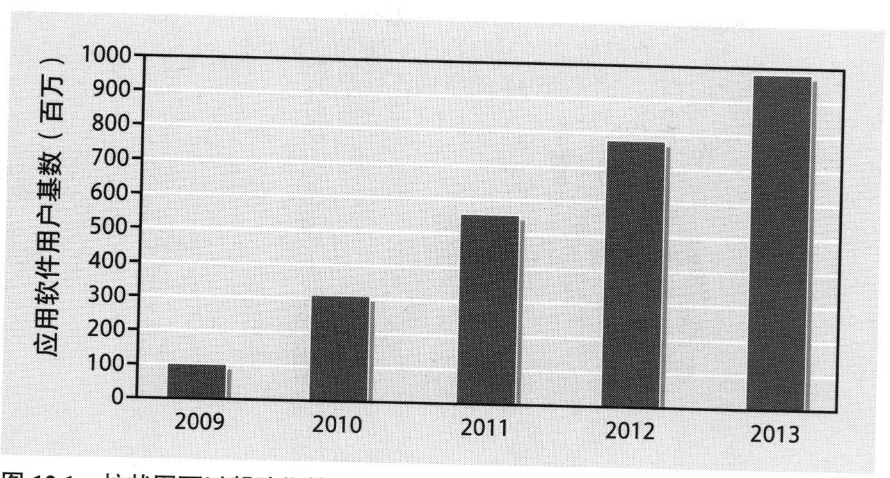

图 12.1 柱状图可以帮助你的观众清晰直观地看到信息

资料来源：Data from CBS News, (2013).《移动电话用户超十亿》
www.cbsnews.com/8301-205_162-57534583/study-number-of-smartphone-users-tops-1-billion/

扇形图（pie graph） 被分为楔形的圆形图表，用以展示每一部分在整体中所占的百分比。

曲线图（line graph） 使用直线或曲线展示两个以上变量之间的关系。

图形图表（picture graph） 使用图像或图画来象征数据的图表。

示意图（chart） 使用单词、数字或图像来总结并展示信息。

清晰地展示了移动电话用户的增长速率。仅用词语和数字来说明你的观点可能会比较困难，图表能帮助你的观众迅速地看到相应的比较。

- **扇形图**展示的是在整体中个体所占的比例。图 12.2 展示了顶级的互联网检索服务提供商。扇形图尤其有助于观众迅速看见指定类别或区域所占的比例。
- **曲线图**展示了两个或更多的变量之间的关系。同柱状图一样，曲线图是将统计数据系统化来展示其整体的趋势（图 12.3）。曲线图可以包含比柱状图跨度更大的时间或数字，而不显得杂乱或混乱。和其他类型的演示辅助工具一样，简单的线图比杂乱的图形更能说明问题。
- **图形图表**使用图像或符号代替曲线或长条来补充你总结的数据（图 12.4）。相比其他的图表，图形图表看起来不那么正式也不那么吓人。图形图表的一个优势是，它使用极少的单词或标注，这使你的观众更容易阅读。网上的资源可以帮助你创造你自己的图形图表。

示意图 示意图在很小的空间内总结并展示大量信息（图 12.5）。示意图有几点优势：便于使用，可重复使用以及放大使用。它们可以有多种展现形式，可以在白板上、海报上或是电脑生成的幻灯片上进行展示。如同其他的演示辅助工具一样，示意图一定要简洁。不要试着在一个示意图中放入太多的信息。

制作有效示意图的关键在于非常仔细地选择你要使用的词和短语。如果统计图中包含过多的信息，观众可能会觉得它太过复杂而不能理解，并忽略这些信息。如果你的统计图看起来很局促或很拥挤，将信息分散到几个示意图中，然后根据需要

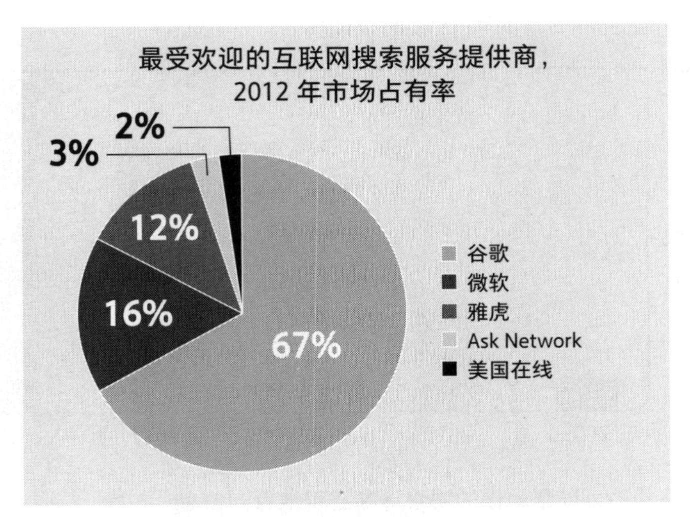

图 12.2 扇形图形象化地展示了整体中每一部分所占的百分比

资料来源：comScore

http://www.comscore.com/insights/Press_Releases/2012/12/comScore_Releases_Novermber_2012_U.S._Search_Engine_Rankings

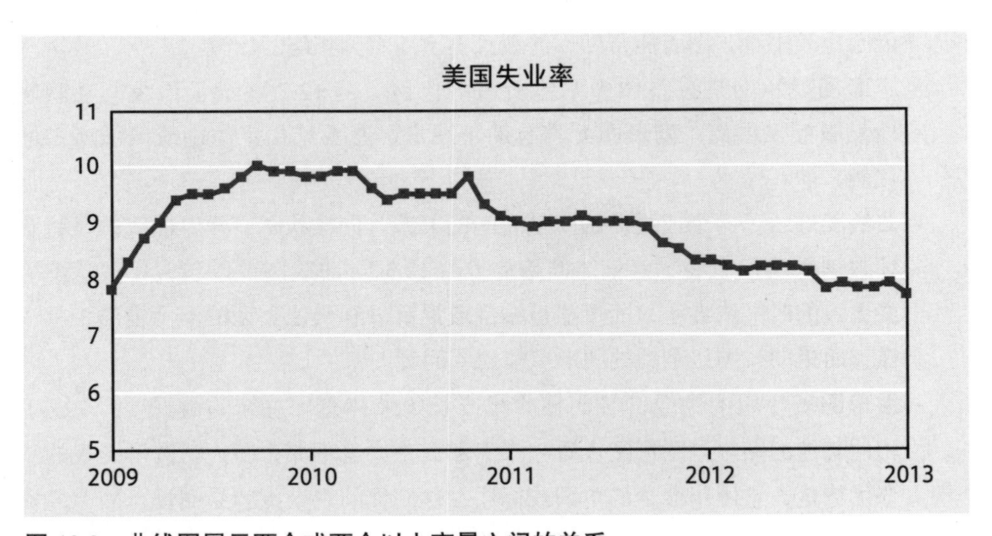

图 12.3 曲线图展示两个或两个以上变量之间的关系

资料来源：美国劳工数据统计局

http://data.bis.gov/pdq/SurveyOutputServlet?request_action=wh&graph_name=LN_cpsbref3

进行展示。使用电脑绘制示意图，不要手绘，一个手绘的示意图可能看起来并不专业。我们建议使用电脑软件来制作大示意图或图表。确保字体足够大，在最后一排也能够看清楚。使用简单的字词或是短语，删除不必要的字词。

活动挂图 活动挂图由放置在画架上的一叠纸组成。有时活动挂图还用于商务演示及培训环节中，虽然电脑图表的流行减少了它们在企业演讲中的使用。你

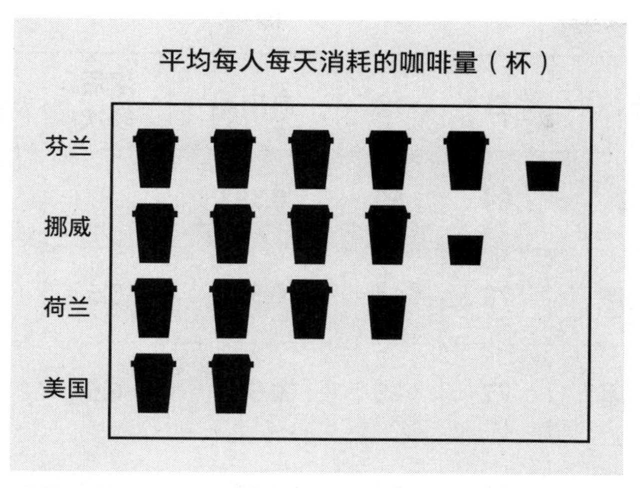

图 12.4 添加视觉符号有助于观众保持注意力，并更好地理解复杂的信息

资料来源：The eLearning Coach. “How to Make Numbers Interesting.” (2013) http://theelearningcoach.com/media/graphics/make-numbers-interesting/. Used with permission by connie Malamed

可以在你演讲之前准备好你的活动挂图，你也可以在你演讲的过程中在纸上画图。活动挂图很容易使用，在你演讲过程中，你只需要翻页就可以显示下一个图像。当你想要展示简短的信息或是在发言时总结观众的意见，使用活动挂图是最好的方式。

许多富有经验的活动挂图使用者都会推荐你使用横格纸来使你的字词和图画整洁、有条理。另一个建议是在挂图中用铅笔写下只有你能看到的演讲笔记。相比在卡片上或夹板上的笔记，在活动挂图上的简短的笔记没有那么累赘。

黑板和白板 作为几个世纪以来课堂上的一种设备，黑板常常用来为所说的词语提供视觉上的支持。白板在教育和商业环境中取代了黑板，它们与黑板的功能相同。人们用粉笔在黑板或绿石板上写字，用记号笔在白板上写字。白板和黑板的几个优点是：不贵，使用简单，科技含量低；所以你不需要担心电线是否够长或者是否需要经过具体的训练。它们支持多样的内容；在（黑或白）板上画出一个简单的图表、图形或是地图，或者略记一些词语都是非常容易的。

虽然你能在大多数教室或会议室中找到黑板或者白板，但是许多公共演讲老师并不建议过度使用它们。为什么？当你在黑板或白板上写字的时候，你将你的背部朝向观众，你没有眼神交流了！一些演讲者在演讲开始之前就将内容提前写在黑板上来避免这个问题，但是这样观众常常会盯着图像而不去听开场白了。此外，黑板或白板是最没有新意的演示辅助工具，所以它们并不能很有效地获取或维持观众的注意力。

只有在展示非常简单的短语或是能够在几秒钟之内绘制出来的线形图时才使用

队伍	胜	败	命中率	落后场次	连胜 / 败记录
多伦多	84	59	0.583	-	胜 2
巴尔的摩	78	64	0.549	5.5	败 2
密尔沃基	77	65	0.542	6.5	胜 2
纽约	69	74	0.483	15	败 1

图 12.5　这一图表在一个很小的空间内总结并呈现了大量的信息

资料来源：Copyrighted by Pearson Education, Upper Saddle River, NJ

黑板或白板。提前准备示意图、图表、海报、幻灯片都要比使用黑板或白板效果要好。

电脑生成的演示辅助工具

理查德很努力地在准备对财政委员会的演讲。他准备了一张令人印象深刻的海报，分发了包含主要结论的材料，并练习了他的演讲，使他的演讲得到了完美的润色。但当他结束演讲后坐下来，认为自己肯定把观众给镇住了时，一位同事问他："为什么不使用演示软件呢？"

使用电脑生成的演示辅助工具的基本原则　大多数观众，尤其是企业界的观众，希望演讲者使用电脑生成的演示辅助工具。最受欢迎的演示软件，PowerPoint，能帮助你创造并呈现图像、照片、字词、示意图或是图表。

Prezi 是另一个越来越受欢迎的基于云计算的演示软件——这些信息是通过网络"云"而非在你自己的计算机上进行访问的。Prezi 有很多类似于 PowerPoint 的功能，也有放大和缩小的功能，以帮助你集中观众注意力（尽管过度使用这个功能可能会令人感到头晕，分散注意力）。Prezi 还有一个功能，让你可以一次查看所有的幻灯片。所以，在演讲的过程中你可以更加容易地调整展示以适应观众，而非预先确定幻灯片的精确的顺序。

Keynote，另一个受欢迎的展示软件，是为苹果电脑和设备开发的，虽然它也可以转移到其他的个人电脑上使用。如同其他图形程序一样，它使用户能够很容易地保持字体颜色的一致性。有些人特别喜欢它时髦、现代的界面。

虽然 PowerPoint、Prezi 和 Keynote 会被过度使用，以及，如同其他的演示辅助工具一样，如果使用不适当则会分散观众的注意力，但这些演示辅助工具仍是专业演讲必要的辅助手段。

使用电脑生成图像的最大的问题之一是，演讲者可能会想要将大量的信息胡乱地塞入观众的头脑中，而不考虑观众的注意力持续时间。研究证明了现在人们都已熟知的一条告诫，在为自己的语言信息制作视觉图像时首先应该考虑的是观众。[10]

由于大多数学生在学校会学习使用演示软件，因此，对于生成电脑图像的基本要素你肯定不会陌生。因为你一定看过许多电脑生成的演示文稿，你也肯定知道如何在幻灯片中添加视频剪辑和数字照片图像。但是，就像任何演示辅助工具一样，你选择展示的图片或视频片段必须有助于发展你的中心思想；否则，它们会分散观众的注意力。

你不必成为一个专业的艺术家就能制作具有吸引力的图像，这是使用计算机生成图像的关键优势——几乎任何人都可以使用它们制作具有专业形象的图像。除了学习软件的原理之外，在使用计算机生成的图像时，请牢记以下提示。[11] 表 12.1 中也总结了这些提示。

表 12.1 制作有效的电脑生成图像

文本简洁	• 在一张单独的幻灯片上不使用超过七行的文本。 • 使用项目符号。 • 在书写文本时使用平行结构。
视觉元素一致	• 在每张幻灯片上使用一个相同的视觉形象。 • 使用相同的字体。 • 在每张幻灯片上使用相似的背景或风格。
谨慎地选择字体	• 使用衬线字体，使阅读更加容易。 • 谨慎地使用手写体和无衬线字体。 • 仅为产生戏剧性效果才使用装饰性字体。
谨慎地选择颜色	• 使用红和橘来传递温暖。 • 使用绿和蓝来传递冷静。 • 要谨慎对待将红和绿一起使用。 • 使用浅色背景和深色文本来抓住注意力。
在演讲开始之前制作好你的视觉材料	• 花时间让视觉上的信息同你的语言上的信息保持一致。 • 从其他人那里寻求建议和帮助，润色你的视觉材料。 • 在排练演讲时练习使用你的视觉材料。

资料来源：Copyrighted by Pearson Education, Upper Saddle River, NJ

使用电脑生成的演示辅助材料的技巧

图像和声音要保持简单 沟通的大多数方面都是越简单越好。虽然你**可以**使用花哨的字体，并按照你的喜好在你的视觉材料中添加很多的图像，我们还是建议你不要这么做。记住我们在本章中所强调的内容：演示辅助工具为你的信息提供支持，它们并不是你的信息。或者，如首席执行官约翰·W. 罗（John W. Roe）精辟地指出的那样："视觉辅助工具的作用应该是掌舵而非划船。"[12]

让你的视觉材料保持简单的几种技巧是什么？一个关键问题就是限制每行中的字数。考虑这些原则：

- 使用不超过七行的文本，在任何单个视觉材料中都是如此。
- 使用项目符号标出单独的项目或是观点。
- 使用在项目符号列表中的平行结构（例如，每个项目符号后的短句使用相同的单词，就像我们在这个列表中一样）。
- 使用幻灯片的标题来总结视觉材料中的关键观点，如果观众只阅读你的视觉材料的标题，他们也可以理解你所讲故事的主要观点。[13]

虽然我们建议你在一张幻灯片上至多使用七行文字，但是现代研究表明，使用更少的字词以及一张合适的图像是对计算机制图最好的使用方式。使用演示辅助工具来呈现图像，而不仅仅是重复你所说的内容。

许多制图软件可以增添音频效果来强调你的信息。但是，在电脑屏幕上赛车般快速掠过的声音，或者打字机发出的噼啪声，都可能会影响你的演讲。再可爱的声音在第一张幻灯片或两张幻灯片之后也会失去新鲜感，而且会变得令人恼火。我们建议**你**为演讲配乐，而不是你的电脑。

控制电脑图像 当你使用电脑生成的幻灯片时，会存在你想要和你的观众说一些同幻灯片或图像无关信息的时候。使用空白的幻灯片，或是对投影仪进行远程控制，使其暂时不投射任何图像。

重复视觉元素以统一你的展示 在列表中的每个词语或每个短语的开端，都使用相同的视觉元素，如项目符号或是其他符号。使用相同的配色方案和间距来提高视觉连贯性，同时避免混合不同的字体。当每幅图像都使用相同的视觉风格时，你的幻灯片会显得专业、精美。

计算机制图最显著的优点在于，它可以让你轻松地展示吸引人的视觉图像。彩色和黑白图像都可用作**剪贴画**。剪贴画包括图片和其他印好的或保存在计算机上的图像，你可以将这些图像插入你的视觉材料中。即使你在艺术上并没有出色的表现，剪贴画（如图 12.6 中所示）也能让你的视觉材料和图像给观众留下专业的印象。但在使用剪贴画时，尽量避免使用观众之前可能看到的图像。寻找新鲜、现代的视觉图像。

谨慎地选择字体 你可以在数十种**字体**中进行选择，但在选择时要理智，不能

剪贴画（clip art） 可以在演示辅助工具中使用的存储在电脑文件中或是打印出来的图像或图片。

字体（fonts） 特殊的文字样式。

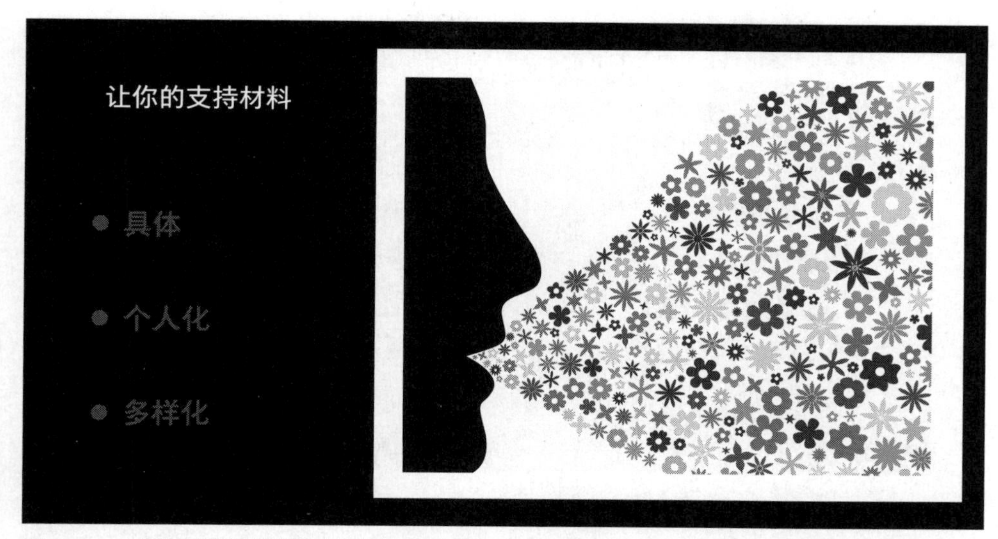

图 12.6 无版权限制的剪贴画在很多网页中都可以找到，它能够给你的视觉材料一种专业感，并明确增强你的语言信息

资料来源：Shannon Kingston. Copyrighted by Pearson Education, Upper Saddle River, NJ
图片来源：Donald Sawvel/Shutterstock

仅仅是因为它切中了你心中的灵感就选择使用某一字体。美术设计员将字体分为四类：衬线体、无衬线体、手写体和装饰体，你将在图 12.7 中看到每一种字体的图解。衬线体，对于长篇文章来说很容易阅读，因为在字母的顶端和底端的线条（称作**衬线**）帮助指引眼睛从一个字母移动到另一个字母。无衬线字体没有附加的线条。手写体看起来像是手写的；虽然很有趣且引人注目，但是也应该少使用，因为它们很难阅读。只有当你想要传递一种特殊的风格或心情时，你才可以使用装饰体。无论你使用哪种风格的字体，在一张视觉材料中不要使用超过两种字体；如果你确实使用了两种字体，设计者建议这两种字体应该来自不同的字族。

明智地决定使用的颜色 色彩传情：红色和橘色是暖色，传递出的是兴奋和兴趣（这也是大多数快餐连锁店在他们的配色方案中都使用红色、黄色以及橘色的原因，他们希望使你感到饥饿并抓住你的注意力）；冷色调，如绿色和蓝色，对观看者来说有更加镇静的效果。暖色常出现在前面并一下子吸引住观众，而冷色则常常处于背景之中。在沟通中色彩具有什么含义？考虑将暖色用于积极的信息（如“利润上升”），冷色用于比较消极的信息上（如“我们赔钱了”）。

设计师会告诫人们不要使用某种颜色组合。例如，如果有些观众是色盲，他们就不能区分红色和绿色。而且你也不能在使用颜色上忘乎所以。请在所有的幻灯片中使用相同的背景色，并且在一个单词上不要使用超过两种颜色，以统一你的演示文稿。浅色背景上使用深色的字词可以带来令人满意的效果，并且很容易看得清楚。

留出大量的时间来准备你的演示辅助工具 在演讲开始之前准备好你的演示辅

图 12.7　根据字体类型分组的字体

资料来源：Copyrighted by Pearson Education, Upper Saddle River, NJ

助工具，以便尽可能地让演示辅助工具看起来更有吸引力也更精致。避免深夜的、最后一分钟的准备。即使你花了很多时间准备演讲本身，但一个马虎、业余的演示辅助工具会传达一个印象，即你不是一个可靠的演讲者。如果你之前没有使用过计算机生成的图像，那么不要期望在演示前一天晚上抽出软件手册就能制作出专业的图像。将你的最后时间用于练习，而不是去学习计算机程序。

自信地同你的观众建立联系

练习使用演示辅助工具，增强自信

沟通恐惧的一个来源就是不确定性。通过用你的演示辅助工具进行练习，就会减少关于你的展示的不确定性。不论你是使用幻灯片还是其他的技术，要确保在演讲前多加练习。通过减少错误以及技术失误，来增加成功使用演示辅助工具的自信心。

视听辅助工具

视听辅助工具结合声音和图像来传递观点。使用视听辅助工具，你能将视觉修辞的力量同辅助音频结合起来。你肯定很熟悉具有声像功能的多媒体，除了使用电脑软件来导入声音和音乐之外，你还可以使用其他播放器来帮助你表达观点。

视频辅助工具　现在，为支持演讲的观点而录制视频和音频片段非常容易；数码摄像机价格低廉，应用广泛，而且摄像也是智能手机的标准功能。例如，如果你想说明自己在校园内找不到停车位的苦恼，一段显示停满汽车的停车场和上班族忙碌寻找停车位的视频有助于你说明这个观点。或者为了说服观众支持禁止在社区中使用薄塑料袋，你可以展示一段塑料袋挂在围栏上以及杂乱的垃圾填埋场的图像。这样的视频图像会比单用文字更能说明你的观点。但也要同使用其他演示辅助工具一样，将重点放在演讲而不是视频上。在决定使用视频图像之前，先考虑一下其是否会真的增强你的演讲效果。简短的、精心挑选的剪辑视频才最有可能产生效果。

展示电影或电视节目中的一小段视频可以帮助你表达自己的观点，或者为你的演讲提供一个引人注意的开场白或一个令人难忘的结尾。如果你使用来自电影或是电视节目的视频来支持你的演讲，那你可以从视频网站获取图像。然而，电影和电视节目的初衷并不是为了支持一个演讲，通常，它们会被认为是自成一体的整套节目，除非你只展示简短的摘录，否则它们可能会压过你的信息。时间过长的视频会超过观众注意力的持续时间，并且可能会影响到你的现场演讲。

正如我们前面提到的，把视频文件（如果你可以从你的视频源中获得）加入电脑生成的幻灯片中是很有帮助的。将视频制作成一张幻灯片可以让你更精确地控制你正在播放的视频片段，以及你播放视频时的视觉背景和时间。例如，你可以在播放一个音乐家表演的视频的同时展示打印好的歌词。

你可以使用各种各样的设备和技术来存储你的视频，并在你的演讲中播放它们：

- **计算机和其他电子设备**　你可以在你的智能手机、平板电脑（如 iPad）或是其他播放器上存储或播放其他来源的视频或是片段。除非你的观众规模非常小，所有以上这些选项，都需要你把设备连接到显示器或投影系统上。对于 25 到 30 位观众的规模来说，一个 32 英寸的屏幕通常是合适的。对于更大的观众规模来说，你就需要好几个电视或者显示器，或者一个较大的投影电视系统。确保显示器是可用的，并且能与你的设备兼容，或者你需要自带设备。
- **网络**　如果在你发表演讲的房间中有无线网络或是直接的网络连接，那你可以跳过存储视频的环节而直接播放来自网络平台的视频。你还可以从远程位置的云计算机存储中检索你的视频或音频资料。在云端备份你的资料可以增强安全性，并确保你随时可以获取你需要的材料。然而，直接从互联网或云存储中播放视频，可能要承担在演讲之前或在演讲过程中失去网络连接的风险。它还将涉及使用你自己的设备或者房间里的设备来接入互联网的技术。

在使用上述任何一种技术手段播放视频时，你都需要练习，并确保所需要的设备在演讲现场都是可用的。例如，除非你使用的是无线设备，否则你可能需要一根

概述

演示辅助工具的类型

- **三维辅助工具**：实物、模型、人
- **二维辅助工具**：图画、照片、幻灯片、地图、示意图、图表、活动挂图、黑板和白板、投影片
- **电脑生成的辅助工具**
- **视听辅助工具**：视频、音频

电缆把你的存储设备连接到显示器上。我们还建议你在发言前做一下技术测试，确保视频图像能够在你需要时为你所用。

音频辅助工具 音频可以用来作为视觉展示的补充。与视频一样，你可以创建自己的音频内容或使用预先发布的资源。你也有许多存储和回放的选择。你可以播放巴赫的《d 小调托卡塔与赋格曲》的一部分旋律——甚或在现场使用便携式电子键盘进行演奏——来说明一个观点。

适当地使用声音能够有效地营造一种氛围或为你的观点提供支持。在展示最近在加勒比海度假的幻灯片时，一个学生用一段轻柔的钢鼓音乐作为她演讲引言的背景音乐。另一名学生则播放了一些被录下来的采访片段，采访的是那些因搞不清助学金申请流程的最新变化而感到沮丧的学生。

和视频一样，一定要练习使用音频辅助工具并掌握相关技术，不要让你的配乐压过你的信息或者分散观众的注意力。

确定制作有效的演示辅助工具的原则。

12.3 制作演示辅助工具的原则

一场演讲的内容不应只包含演讲者所说出的话语，还应该添加幻灯片或是其他的视觉辅助工具作为演讲内容的补充。花时间仔细地制定视觉修辞并对你的语言进行润色。下面的常识和基于研究的策略可以帮助你为演讲准备有效的演示辅助工具。

易于观看

毋庸置疑，人们在公共演讲中使用演示辅助工具时违反最多的一项原则就是：醒目！在数不清的演讲之中，要么图表太小而无法阅读，要么电脑生成的图像太小难以辨认，或是后排观众看不清活动挂图上的图。如果你只能学会本章提供的一条原则，那就是使演示辅助工具足够醒目，让所有的观众都能够看见，那么你就会比大多数在演讲时使用演示辅助工具的演讲者掌握更多的技能。**字写大一点！**

简单明了

简单的演示辅助工具通常能有最好的传递效果。一些学生认为，伴随演讲而来的视觉效果必须和百老汇的演出一样复杂，要配有灯光和服装。不要试图让你的视觉材料变得复杂。文本应限于关键字或短语。简单的图像比过于详细的图像要好。不要在一张图表或电脑幻灯片上填充过多信息。如果你有很多信息，最好使用两三个简单的图表或幻灯片，而不要把所有的单词都放在一张视觉材料上。

以下是一个信息性演讲的提纲，它使用简单的视觉辅助工具（可以显示在图表上或由计算机生成图形）清晰地传达演讲者希望传达的观点。[14]

主题： 标准的编辑符号

总目标： 提供信息

具体目标： 在演讲结束后，观众应该能够使用并且解读在书面材料中表示编辑修改的十种标准符号

I. 以下七种编辑符号常用于修改英文文本

A. 使用“猪尾”符号来删除字母、单词或是短语

B. 使用插入符号（它看起来像是一个屋顶）来插入间隔、字母、文字或是标点

C. 使用看起来像括号的符号删除不需要的空格

D. 使用波形曲线来调换字母、单词或是短语的顺序

E. 在字母下边画三条线来表示首字母大写

F. 在字母上画一条斜线来表示小写

G. 写下单词 stet 来撤销之前的编辑标记

II. 以下三种编辑符号常用于英文文本格式的重排

A. 使用方括号来增加或删除缩进，或是纠正文章的对齐方式

B. 在需要居中排列的文本前后使用反向方括号

C. 使用看起来像反向 p 的符号标注一个段落的开始

演讲结束后，演讲者可以给每位观众发一份关于这些编辑标记的总结。

选择正确的演示辅助工具

由于存在太多的选择，你可能会感到疑惑：“我如何决定使用哪种演示辅助工具？”这里有一些建议。

- **考虑你的观众**。观众规模这样的因素对于视觉材料尺寸的选择有决定性的影响。如果观众人数很多，除非每个人都能清楚地看到它，否则就不要选择这种演示辅助工具。观众的年龄、兴趣以及态度也会影响到你对视听辅助工具

的选择。

- **考虑你的演讲目的**。在你决定演讲目标之前不要进行演示辅助工具的选择。
- **考虑你自己的技术和经验**。只使用那些你感到舒适或你拥有相关经验的设备。
- **了解自己的演讲场地**。如果这个场所中有一扇很大且没有百叶窗的窗户，并且没有办法调暗灯光，那就不要考虑使用需要在黑暗或半黑暗房间中使用的视觉辅助工具。

不要使用危险或非法的演示辅助工具

之前我们描述过一场演讲，在这场演讲中演讲者不小心使一把箭弓飞过了受惊的观众的头顶。他不仅因为无法成功地拉弓而失去了可信度，还危及观众的安全。危险的或是非法的演示辅助工具可能会让你的观众感到震惊，也可能会危及他们的人身安全。这种辅助工具将会影响你的信息。如果工具会把演讲搞砸或是伤害到观众，永远也不要冒这样的风险。如果演讲需要展示危险物品，请用图片代替。

概述

制作演示辅助工具的原则

- 尺寸要大
- 简单明了
- 同你的观众、目标、技能和环境相匹配
- 要安全且合法

确定有效使用演示辅助工具的原则。

12.4 使用演示辅助工具的原则

现在我们已经提供了有效制作演示辅助工具的策略，以下是如何使它们发挥最大效用的一些建议。

使用演示辅助工具进行排练

在上课前的十分钟，简紧张地去找她的演讲老师商量。她不确定课程是否能够立刻开始，因为她的演示辅助工具融化了。她计划解释怎样去除衣服上的各种污渍，她的第一场展示是表演怎样去除口香糖，但是她忘记带口香糖了，所以她只好在观众中寻找志愿者吐出口香糖，这样她就能在她的展示中使用它。但在这时，她带来涂抹在黏性口香糖上的冰却已经融化了。她所能做的就是把温热的水滴在胶布上，试图证明她的清洁方法，但这并没有起作用。更糟的是，当她试着把海报贴在黑板上的时候，它一直滑落到地板上。最后，她尴尬地结束了演讲，差点哭出来。很明显，她没有用她的演示辅助工具进行过排练。

你出现在观众面前时，不应该是你第一次在演讲过程中展示图表，打开显示器，操作遥控器来展示你的幻灯片，点击网站上的视频，或是使用活动挂图。使用你的演示辅助工具进行练习，直到你能够轻松自如地使用它们。

同你的观众建立眼神接触，而不要盯着你的演示辅助工具

你可能会忍不住去看你的演示辅助工具，而非同你的观众进行交流。然而，你的关注焦点应该还是观众。你可能需要看一眼你的视觉材料以确保它并没有上下颠倒，而且就是你需要的那张。但是当你发表演讲时不要只面对演示辅助材料，与你的观众保持眼神交流。

解释你的演示辅助工具　一些演讲者认为他们不需要对演示辅助工具进行解释，他们认为将它们展示给观众就已经足够了。不要这么做。当你向观众展示股票市场整体下滑的图表时，把你想要说明的观点告诉他们。视觉支持材料与语言支持材料具有相同的功能：可以帮助你表达一个观点。确保你的观众知道这一观点是什么。不要唐突地说“这是最近美国出生率的统计数据”，然后举起你的图表，却没有进行下一步的解释。告诉你的观众如何去理解这些数据。一定要为视觉材料设置具体的情景。

不要在观众中间传递实物　你意识到你的弹珠收集品太小了，以至于观众没有办法看清，所以你决定演讲时在观众间传递最漂亮的弹珠。这是糟糕的想法。当你非常兴奋地描述你的猫眼弹珠时，实物会使你的观众分心。比起听你介绍这些弹珠，人们更有兴趣去观看和触摸它们。

如果实物尺寸太小，如何能够在不传递的情况下让观众看得清楚？如果在你的演讲之后没有其他演讲者进行演讲，那么你可以在演讲结束后邀请观众上台近看实物。如果只有两三排的观众，你甚至可以拿着实物移动着靠近观众来展示它，而此时你还能保持对它的控制。或者你可以使用手机给这个实物拍照，将照片输入到演示软件中，并投射放大的图像，那么即使有很多观众也能看到图像。

谨慎地使用动物　大多数演员不愿和动物一起工作，并且拥有很充分的理由。即便做最乐观的估计，它们也会抢尽风头，并且大多数情况下它们是不可预测的。你可能认为你拥有世界上最聪明、经过最好训练的狗，但是你真的不知道在面对一个陌生的环境和不熟悉的观众时你的狗会如何反应。为了使演讲有价值而使用会分散观众注意力的动物，这个风险实在太大了。

几年前，在中西部一所大学中一名积极的学生决定发表一场关于牛的演讲。他想，还有什么演示辅助工具比一头牛好呢？他把牛带进了校园，并牵着牛上了楼梯，到达他的教室。实际上演讲进行得很顺利，但是这个学生忽略了一个重要的问题：牛可以上楼却不会下楼。（最后不得不把这头牛从窗口吊下去。）

另一个学生拥有一只英俊的、训练有素的德国牧羊犬。直到隔壁教室的教授为了要一些粉笔而在门口探出头之前，班级同学都很欣赏他的演讲以及他对狗的高超技艺的展示。那只狗在毫无戒心的教授面前怒吼，咆哮着，露出牙齿。幸运的是，它没有攻击教授，但是这场演讲提早结束了。这些事例都强调了我们的观点：如果

真要这么做的话，谨慎地使用动物。

有效地使用讲义

许多公共演讲教师认为在演讲过程中不应该分发讲义。在你演讲的中途分发纸张只会分散观众的注意力。然而，在企业和其他类型的组织中的许多观众期望你以书面形式概括你的重要观点或打印出你的演示文稿。如果你确实需要使用书面材料来强化你的演示，请牢记以下建议：

- **在演示过程中，不要分发讲义，除非观众在听你讲话时必须看材料。**不要分发与你的语言信息关系不大的讲义，它们会使你的目的落空。
- **控制观众的注意力。**如果你分发了讲义，并且看到观众给予书面材料的关注比给你的关注还要多，告诉他们在讲义中你希望他们关注的部分。例如，你可以说："我看到大家都对报告中的第二、第三页比较感兴趣，我将会在短时间内讨论这些项目。现在，在我们看第二页之前，我想先讨论几个例子。"
- **在分发完讲义后，告诉观众先将材料面朝下放置，在你准备谈论材料时再使用它。**这可以帮助观众将注意力放在你的演讲上，而不会忍不住去偷看你的讲义。
- **在你的讲义材料上对页码进行清晰的标注。**这样你可以很容易地引导观众翻到讲义中的特定页面。
- **考虑在幻灯片上准备的每一页图像，以确保观众知道你希望他们关注讲义的哪一页。**你能够展示你正在讨论的具体页面，即使上面的字对观众来说太小，没有办法看清，就算他们错过你的发言，也可以看见你正在讨论哪一页内容。使用幻灯片，你还可以迅速地指明你希望他们关注的页面上的哪些段落或是图表。然而，为了节约成本只展示详细的材料而不提供讲义的做法并不好，观众会因为字体太小而无法看清。
- **如果观众不需要在听演讲时看书面材料，告诉他们你将在演讲结束时再分发对重要观点的总结。**你的讲义中可以包含所有电脑生成幻灯片的复印件，或者它也可以是你想要观众采取的具体行动的总结，或者是从你所讨论的信息中提取的关键信息。

选择使用视觉材料的最佳时机，控制观众的注意力

一个熟练的演讲者知道何时展示可视化支持材料以及何时将其放在一旁。除非你的开场白中会提及它们，否则在演讲开始时将你所有的示意图、图表以及不相关的幻灯片全部展示出来并不明智。选择展示你的视觉材料的时机，使之同你要谈论

的内容相一致。

杰西卡为她所制作的大比例人类口腔复制品感到骄傲，这件复制品是为了她关于正确的刷牙方式的演讲制作的。它有两英尺多高，被漆成粉红色和白色。这是真正的艺术作品。当她开始演讲时，她将这个口腔模型完全展现在观众面前。她从美国的牙科简史开始演讲，但是她的观众一个字也没有听进去，他们都被这个模型迷住了。杰西卡本来可以用布盖好自己的模型，然后在她想要说明正确的刷牙方式时再将其戏剧般地展露出来。

这里还有一些建议帮助你确定使用演示辅助工具的最佳时机：

- **如果可能的话，使用远程控制来切换电脑生成的图像。**这样你就不必为了切换幻灯片而一直待在电脑旁边。
- **当你正在阐明观点或是讲述一个与视觉图像或者字词总结无关的故事时，弱化或以其他的方式移除观众看到的电脑图像。**你不希望被与信息无关的图像或项目列表抢夺观众的注意力。将它们从视野中移除会让观众的注意力回到你身上。
- **考虑让某人帮助你控制演示辅助工具或是帮你为活动挂图翻页。**确保你同你的助手在之前就已经进行过排练，这样在你的演示中才能一切顺利。

有效地使用技术

你可能会因为一些技术的新颖性而想要使用这项技术，而非因为它具有能够帮助你传递信息的价值。一些演讲初学者会过度使用演示辅助工具，仅仅因为他们可以快速产生吸引眼球的视觉效果。抵制这种诱惑。

不要假定演讲场所中一定会有你想要的软件和硬件，一定要问清楚现场有什么类型的技术设备。

即使你已经进行询问，并根据所提供的信息做出了适当的准备，你也要制订一个备用计划。你可能需要携带自己的笔记本电脑，或备份用的 U 盘，或其他设备来存储你的幻灯片。另一个策略是将你的幻灯片用邮件发送给自己，或者将这些文件备份到云存储站点，这样你就可以在需要备份的时候取回它们。

尽管使用技术可能存在潜在的问题，但像视频网站和计算机图像这样的手段注定会在公共演讲中扮演越来越重要的角色。在这种依赖技术和图像的文化中，观众期望以技术来支持信息。尽管如此，在使用技术时，请牢记我们提供的基本原则：尺寸要大，把文字和图像有机地整合进演讲中，以及寻找呈现视觉材料的最佳时机，使之同你要谈的内容相吻合。不要忘了练习使用你在演讲时要用到的技术。

概述

使用演示辅助工具的原则

- 认真准备并用演示辅助工具进行练习
- 保持同观众的眼神交流
- 谈论在辅助工具上的信息或图像
- 不要传递实物
- 谨慎使用动物
- 有效地使用讲义和技术
- 控制观众的注意力
- 牢记墨菲定律

牢记墨菲定律

根据墨菲定律，如果某件事可能会出错，那么它一定会出错。当你使用演示辅助工具时，你就增加了进行演讲展示时出现问题或障碍的几率。图表可能会从画架上滑下来，你可能找不到粉笔，房间中的电脑可能同你的软件不兼容。我们并不是说你要成为一名悲观主义者，但是你应该有备用以及替代计划以防你的原始计划出错。

如果事情不像你计划的那样进行，尽你最大的努力让你的演讲步入正轨。如果图表掉落，将它捡起来并保持交谈；不要进行长时间的道歉。如果你找不到粉笔了，请一个朋友帮你到另一个房间中去找。电脑没有像你所计划那样显示幻灯片？将所有关键信息都写在笔记上，而不要将电脑幻灯片当作你的演讲笔记。认真的排练，对你的设备的仔细检查，备用的图像，以及诸如延长线和胶带等附加用品可以帮助你颠覆墨菲定律。

学习指导

回顾、应用及评估

12.1 演示辅助工具的价值

探讨使用演示辅助工具向观众传递观点的五种方式。

比起单独使用字词，演示辅助工具能够帮助你更好地传递你的观点。它们能帮助增强观众对观点的理解和记忆。它们可以帮助解释观点的组织结构，获取并维持观众的注意力，并且可以说明一系列事件或程序。

关键词

批判性思考

确定几个能够很好地利用演示辅助工具的公开演讲的场合。在什么情况下使用演示辅助工具并不会带来益处？

评估你以观众为中心的演讲技能

布里安市长将面向一家大型芯片公司的董事会发表讲话，希望能将他们吸引到他的社区。他计划使用讲义、几张图表和一个短片。你会给市长什么样的建议来确保他的演讲是有效的？

12.2 演示辅助工具的类型

讨论演示辅助工具的类型以及确定有效使用演示辅助工具的技巧。

三维演示辅助工具包括实物、模型以及人。二维演示辅助工具包括图画、照片、地图、图表、示意图、活动挂图以及黑板。绘图软件和演示程序能够以较低的成本、较快的速度生成许多演示辅助工具。视听辅助工具包括视频片段以及音频片段或是帮助向你的观众传递观点的表演。

关键词

批判性思考

尼基计划向扶轮社做场演讲，鼓励成员购买本地为建设一座县图书馆而发行的债券。她想确保他们了解现在图书馆的拥挤程度和不足之处。她可以用什么类型的视觉支持材料来表达自己的观点？

上人类学的课程时，周教授只使用黑板，偶尔在上边写一两个字而已。教授可以在教学中使用哪些其他类型的视觉辅助工具或听觉辅助工具？

评估你以观众为中心的演讲技能

基于前面的讨论确定三维视觉辅助工具和二维视觉辅助工具的类型，并确定使用每种类型辅助工具的优点和不足。

12.3 制作演示辅助工具的原则

确定制作有效的演示辅助工具的原则。

在你准备演示辅助工具的时候，确保你的视觉材料足够大到所有你的观众都能够清楚地看见。调整你的演示辅助工具以适应你的观众、演讲环境以及你的演讲目的。提前准备好你的视觉材料，并确保他们是合法的且使用起来没有危险的。

伦理性思考

塞里想告诉他的大学同学在当代音乐中广泛使用的脏话，他想播放一些带有最具有攻击性的歌词的声音片段来说明他的观点。你是否建议塞里播放这些歌曲，即使这样做可能会冒犯观众？

评估你以观众为中心的演讲技能

确定为演讲有效制作演示辅助工具的四种标准。

12.4 使用演示辅助工具的原则

确定有效使用演示辅助工具的原则。

在你发表演讲时，请记住，要面对观众而不是光看着演示辅助工具；谈论你的视觉材料而不要仅仅只是展示它们；避免在你的观众中传递实物；使用讲义来强化演讲中的主要观点；确定使用视觉材料的最佳时机；确保拥有备用设备和一份应急计划。

伦理性思考

德里克计划发表一场关于急救措施的演讲。他的哥哥是一名军医，也是一名执业护士。在没有告知他的观众这套服装属于他的哥哥的情况下，德里克就穿上他哥哥的军医制服是否合乎伦理?

评估你以观众为中心的演讲技能

使用以下清单帮助你评估自己对于演示辅助工具的使用：

- 在演讲时，我是否盯着我的观众而非我的演示辅助工具?
- 我是否对我的演示辅助工具进行了讲解而非仅仅展示它们?
- 如果我使用了讲义，在分发讲义时我是否仔细地选择了时机?
- 我是否能够将观众的注意力集中在演示辅助工具上，并且在合适的时候让他们关注我所说的内容?
- 我是否能够熟练使用计划在演讲中使用的电脑、视频、音频或者其他的硬件或软件?

13

信息性演讲

目标

学完本章后，你应该能做到以下几点：

13.1 描述五种不同类型的信息性演讲。

13.2 有效且恰当地使用增进观众理解的四种策略。

13.3 有效且恰当地使用维持观众兴趣的四种策略。

13.4 有效且恰当地使用加深观众对信息性演讲中所展示信息的记忆的四种策略。

13.5 发表一场以观众为中心的信息性演讲。

不仅存在学习的艺术，授业也是一门艺术。

——西塞罗

信息性演讲
（speak to inform）
为了增强他人对某件事的认识和理解讲述新的信息、观点、概念、原则或是过程的演讲。

当你参加公司管理层培训班的时候，团队主持人转向你并让你总结一下你们小组关于领导能力重要性的讨论。

你的社会学教授要求每位同学都给出一份口头报告来描述来自美国人口普查的最新发现。

在每周通过 Skype 进行的管理层会议的结尾，你的老板要求你发表简短的口头报告来总结你和你的团队开发出的产品。

在以上这些情形下，你的任务都是为某些人提供信息。在生活中的大多数领域中，将信息传递给其他人都是非常有用的技能。你会发现，告知他人信息在你的工作中、你的志愿服务或者社会团体活动中都是很重要的一部分。无论你进行的是无意识的对话还是一场经过排练的演讲，你说话的目的通常都是为了告知或教会他们你知道的一些事情。一项针对演讲老师和参加过演讲课程的学生的调查发现，公共演讲课教授的最重要的技能是发表信息性演讲。[1]

信息性演讲是与他人分享信息，提高他们对你所提供的信息、概念和观点的认识或理解的演讲。当你告知某人信息时，你可以通过定义、说明或详述某一主题来扮演老师的角色。你并不是在试图说服观众改变他们的行为，你是在为他们提供有用的或有趣的信息。

当你进行信息性演讲时，你通常会尝试实现以下三个目标：

- **为加深理解而演讲。**帮助观众准确地理解信息的含义。
- **为维持兴趣而演讲。**你可能需要仔细地挑选字词、示例以及说明来帮助你的观众理解信息，但是如果你的观众变得厌烦且不再专注于你的信息，你就不能达到信息性演讲的目标。
- **为被记忆而演讲。**在第四章中，我们提到过，在听完演讲的一天后，大多数观众只能记住一半的内容。在演讲后的两天，他们只能回忆起 25%。你作为信息性演讲者的工作就是提高这些比例。

在本章中，我们将会提供一些建议，教你如何结合自己的经历陈述观点或事实，并提高自己在这方面的技能。我们将确定不同类型的信息性演讲，并为实现你的演讲目标提供建议：增进理解、保持兴趣，以及加深观众的记忆。最后，我们将回顾以观众为中心的公共演讲模型，以帮助你规划并呈现自己的信息性演讲。

描述五种不同类型的信息性演讲。

13.1 信息性演讲的类型

信息性演讲可以根据其所涵盖的主题进行分类。在许多将要发表的信息性演讲中，主题一般都是给定的，或者具体的演讲性质将决定你所谈论的内容。例如，如果你要向老板汇报工作团队项目进展的最新信息，那你不用绞尽脑汁去想演讲主题，你的演讲主题已经指定了。但是如果受到邀请（或是一个任务），要发表一场信息性演讲，并且主题由你决定，你在选择主题和明确目标方面可能需要得到帮助。了解信息性演讲的不同类型可以给你一些关于怎样选择演讲主题的意见。

将你要发表的信息性演讲进行分类还能帮助你确定如何组织你的信息。正如你将在表 13.1 中以及之后的讨论中所看到那样，你的主题和目标通常会决定演讲的结构。然而，当你在看这些建议时，请记住，良好的组织结构只是影响观众对信息的处理能力的一个因素。在讨论了信息性演讲的类型之后，我们将会提供具体技巧来帮助你的观众理解信息、维持兴趣以及牢记你的信息。

表 13.1　信息性演讲的类型

主题	目的	典型的组织模式	示例话题
实物	呈现关于有形事物的信息	• 主题模式 • 空间转换模式 • 时间顺序模式	• 罗塞塔石碑 • 博物馆 • 火星探测车 • 宗教符号
程序	回顾某事如何运作或者描述一个过程	• 时间顺序模式 • 主题模式 • 从简单到复杂	• 如何…… • 使用智能手机帮你减肥 • 运转核电站 • 购买优质的二手车 • 诱捕龙虾
人物	谈论名人或是自己的熟人	• 时间顺序模式 • 主题模式	• 索杰娜 · 特鲁斯 • 纳尔逊 · 曼德拉 • J. R. R. 托尔金 • 你的祖母 • 你最喜欢的老师
事件	描述一个已经发生或将要发生的事件	• 时间顺序模式 • 主题模式 • 空间转换模式	• 英国牛津庆祝五一国际劳动节 • 美国总统就职日 • 五月五日节
观点	呈现抽象的信息或讨论原则、概念、理论或议题	• 主题模式 • 从简单到复杂	• 共产主义 • 移民 • 佛教 • 转世

资料来源：Copyrighted by Pearson Education, Upper Saddle River, NJ

关于实物的演讲

关于实物的演讲可能是关于任何有形事物的演讲——任何你可以看见或触摸到的事物。在你谈论它的时候，你或许可以向你的观众展示实物。（第十二章中提出了使用实物作为演示辅助工具来说明观点的方法。）几乎任何类型的实物都能构成一场有趣演讲的基础：

- 你自己收藏的东西（篮子、漫画书、古董、棒球卡）
- 跑车
- 大提琴
- 智能手机
- 数字视频摄录机
- “二战”纪念物
- 玩具
- 古董节庆用具
- 产自英国斯塔福德郡的狗

对演讲的时间限制将会决定你可以同观众进行分享的细节数量。即使在一场30—45分钟的演讲中，你也不能对上述任一实物的每方面都进行讨论，所以你需要集中注意力于一个具体的目标之上。下面是一场关于实物的演讲的提纲示例：

主题　死海古卷

总目标　提供信息

具体目标　在演讲结束后，观众应该能够描述出死海古卷是怎样被发现的，为什么它们对社会来说非常重要，以及这些古抄本中的关键内容。

I. 死海古卷是偶然间被发现的

　A. 这些古卷是在死海附近的洞穴中被发现的

　B. 这些古卷是在1947年被一名牧羊人最先发现的

　C. 在20世纪40年代末50年代初，考古学家和贝都因人发现了10个藏有死海古卷的洞穴

II. 死海古卷对社会非常重要

　A. 死海古卷是目前已知的最为古老的《圣经》抄本

　B. 死海古卷让我们看到了两千年以前生活在巴勒斯坦的犹太人的生活

III. 死海古卷的内容让我们能够看见过去

　A. 死海古卷包含了《圣经·旧约》的所有篇目，除了《以斯帖记》

B. 死海古卷中包含了《七十士译本》的碎片，这是最早的对《圣经·旧约》的希腊文翻译

C. 死海古卷中包括由库姆兰谷的居民所吟唱的赞美诗的集合

关于实物的演讲可以按照主题型、时间顺序型或者空间转换型进行组织。关于死海古卷的演讲是按照主题进行组织的。当然，也可以按照时间顺序模式进行修改和重新组织：第一个主要观点可以是两千年前在巴勒斯坦的犹太人的生活；第二部分可以是描述在 20 世纪 40 年代和 50 年代古卷是怎样被发现的；最后一部分主要观点可以是 20 世纪 60 年代在巴勒斯坦建立了储藏着这些著名古卷的博物馆。或者这个演讲还能按照空间转换模式进行组织，描述发现古卷的洞穴的结构。

关于程序的演讲

一场关于程序的演讲会解释事物是如何运行的（例如，人体循环系统）或描述产生特定成果的过程（例如，葡萄是怎样变成红酒的）。在这种类型的演讲结束后，你的观众应该能够描述、理解或执行你所描述的程序。以下是一些程序示例，可以作为有效的信息性演讲的主题：

- 州法是如何制定的
- 美国专利制度是如何运行的
- 电子书阅读器是如何工作的
- 如何整修家具的表面
- 如何写简历
- 如何培育有机花园
- 如何选择研究生院

请注意，所有的这些例子都带有**如何**这个词。关于程序的演讲关注的是一个过程或者流程。关于程序的演讲常出现在工厂或人们学习技能的训练场景。

安妮塔在描述如何开发一个新的团队合作技能培训课程时，使用了一个组织化的策略，把她的一些步骤组合在一起，就像这样：

I. 在你的部门中实施需求评估

A. 确定评估部门需求的方法

1. 考虑使用调查问卷

2. 考虑使用采访

3. 考虑使用小组讨论

B. 实施需求评估

II. 确定应该在训练中呈现的主题

A. 指定部门所有成员都需要的主题

B. 指定部门中部分成员需要的主题

III. 写出训练目标

A. 写出可评估的目标

B. 写出具体的目标

C. 写出可达到的目标

IV. 生成训练课程计划

A. 确定你将使用的训练方法

B. 确定你需要的材料

相比于将课程开发过程的每一方面都看作单独的步骤，安妮塔的观众将会更容易记住这四个大体的步骤。

许多关于程序的演讲都包含视觉辅助材料（见第十二章）。不论你是教人们如何糊墙纸还是如何发表演讲，向他们展示如何去做某件事通常会比只告诉他们如何去做更加有效。

关于人物的演讲

传记性演讲可能是关于某个名人或是你熟识的某人的演讲。我们中的大多数都喜欢听拥有一些特殊品质的真实人物的生活，无论其是否出名，在世或是已故。呈现一场有效的传记性演讲的关键就是有选择性地讲述：不要试图囊括主人公生活中的每一个细节。叙述在其职业生涯、个人品质或其他有重要意义的生活特色中的关键因素，这样你才能凸显出人物的个性特点，而不仅仅是复述关于个人的事实。例如，也许你的祖父因其慷慨而出名，那就讲述他有名的乐善好施的事例。如果你想要谈论的是一位名人，挑选其并不广为人知的信息或时期作为素材，如这个人的童年时期或是个人爱好。

一位演讲者发表了一场关于他的邻居的令人难忘的演讲：

进入黑兹尔的家就如同进入了组合式暖房，也像进入了一家植物园。到处都是植物；看起来就像是热带丛林，感觉起来也像。她的家总是温暖且潮湿。在蔓绿绒、蕨类植物以及三色堇的中间可以看到她的狗狗派皮、猫儿伯恩斯、一只叫作埃尔默的小鸟和一条叫作弗兰克的小鱼。黑兹尔很是喜欢她的植物和动物，但她更喜欢人。她最美好的时光是为朋友和邻居提供咖啡和自制的巧克力派，同家人一起玩乌诺牌一直到深夜，或者只是闲谈过去。黑兹尔是个与众不同的人。

请注意这场演讲是如何体现出黑兹尔的性格魅力的。关于人的演讲应该给你的观众一种感觉，那就是这个人是一个独特的真实个体。

在描述一个人的一生时可以按照时间顺序进行——出生、上学、工作、结婚、成就、死亡。然而，当你想要介绍一个具体的主题，如“温斯顿·丘吉尔，英国演讲大师”，你可能会决定按照主题模式来组织其主要经历。首先你可以讨论丘吉尔作为杰出的演说家的成就，其在 1940 年用话语对抗德国；之后你可以追溯其演讲技能的发展时期，即 1899—1902 年间他在南非作为一名初出茅庐的记者的时期。

关于事件的演讲

2001 年 9 月 11 日你在哪里？即使你正在上小学或学前班，你也可能清楚地记得在这一天或者其他类似的重大日子中你在哪里以及你正在干什么。重大的事件为我们的生活添加了标点，标示了时间的经过。

重大事件可以成为一场充满魅力的演讲的基础。你可以选择谈论你亲眼目睹的事件或是你研究过的事件。你的目标是用具体的、有形的术语来描述这个事件，并为你的观众带来体验。飓风“桑迪”袭击时，你是否住在新泽西州？你见证过总统、州长或参议员的就职典礼吗？你是否经历过洪水或地震的摧残？或者你可能想要重现你的父母或祖父母曾经经历过的事件。第一次得知 1963 年 11 月 22 日肯尼迪总统逝世的情况时是什么样的感觉？

你可能曾听过一段著名的广播电台的录音，那是关于在 1937 年 5 月 6 日发生的“兴登堡号”飞船的爆炸和坠毁事件。广播员既能描述现场的场景，又能描述当时令人难以置信的心情，这使得这段广播在 80 年后的今天仍然是一个经典。就像那个广播员能够做到的那样，你作为一个信息性演讲者来描述一个事件的目标是让事件能够生动地呈现在观众面前，让他们身临其境。

大多数关于事件的演讲都是按照时间顺序模式进行组织安排的，但是关于事件的演讲也可能会描述事件背后的复杂问题或原因，从而按照主题模式进行组织。例如，如果你要谈论内战，你可以选择将注意力集中于战争的三个原因上：

I. 政治原因
II. 经济原因
III. 社会原因

虽然这三个主要观点是按主题划分的，但具体的子观点可以按照时间顺序进行组织。无论你选择以怎样的方式组织关于事件的演讲，你的观众都应该被你生动的描述所吸引。

关于观点的演讲

关于观点的演讲通常比其他类型的演讲更加抽象。以下原则、概念以及理论可以成为观点性演讲的主题：

- 沟通的原则
- 言论自由
- 进化
- 老龄化理论
- 集体生活
- 积极心理学

大多数关于观点的演讲就是按照主题（通过对中心思想的逻辑上的再划分）或者根据复杂性（从简单的想法到更为复杂的想法）进行组织的。以下示例说明了一名学生是如何将一种观点组织为一场信息性演讲的：

主题　弗洛伊德心理学

一般目标　提供信息

具体目标　在演讲结束时，观众应该能够解释西格蒙德·弗洛伊德的本我、自我、超我的概念

I. 本我是与生俱来的人格结构的基础因素
  A. 本我作为我们需求和欲望的来源寻求愉悦而避免痛苦
  B. 本我是我们生存的本能之所在
  C. 本我寻求满足我们生物上的需求，包括食物和性
II. 自我帮助我们适应现实
  A. 自我调解本我的需求和发生在我们周围的现实之间的矛盾
  B. 自我调节着我们对将来的判断、容忍、控制以及计划
  C. 自我使用防卫机制来帮助我们控制本我制造的焦虑
III. 超我受到父母所教授内容的影响，包括社会文化规范
  A. 超我帮助平衡本我和自我之间的紧张关系
  B. 超我充当我们的道德心
  C. 超我是我们的是非感之所在

13.2 增进观众理解的策略

有效且恰当地使用增进观众理解的四种策略。

毋庸置疑，拥有讲授和提高理解的技能对教师而言很重要，事实上，它对其他任何职业都很重要。无论你是大学教授，《财富》500强公司的首席执行官，或者是养家糊口的父母，你都会面对不得不进行讲授和解释的情况。网络让我们能够访问大量的信息，但是访问这些信息同理解这些信息并不是同一件事情。创造理解的核心是将信息与观众联系起来的能力。仅仅因为一个观点、术语或概念已经流传了几个世纪，并不意味着它很容易理解，也不意味着观众能够理解这些信息与他们自己生活的相关性。如何才能扩大人们的知识面或增强他们的理解力？我们建议采取以下几种最有力的策略。

清晰地演讲

清晰地进行演讲就是表达出观点，使观众能够准确地理解所要传达的信息。清晰地演讲是一名信息性演讲者的一个显而易见的目标，而不太显而易见的是**如何**清晰地演讲。作为一名演讲者，你可能认为自己说得已经很清楚了，但是只有观众能告诉你他们是否已经接收到了你的信息。一个有趣的研究提出了一个观点：因为信息对你来说是很清晰的，你也会倾向于认为信息对观众来说也是很清晰的。[2] 人们被要求敲击出著名歌曲，如《祝你生日快乐》或《星光灿烂的旗帜》的旋律节奏，这样其他人就可以通过听旋律节奏来猜测歌曲的名称。大约一半敲击歌曲旋律节奏的人认为观众应该很容易指出敲击的是哪首歌。然而，只有不到2%的人能够辨认出歌曲。（尝试一下，看看你是否能成为这2%的人。）结论是：当你知道某些事情时，你会倾向于认为其他人也清楚这件事。不论是如何驾驶汽车或是如何照顾土豚，如果你已经对某一个主题非常熟悉了，那你很可能会认为将观点传递给他人的任务很简单。仔细考虑一下，如何帮助你的观众理解你的信息。最有效的演讲者（他们的信息不但得到理解且被正确执行）取得成功的关键在于确定和展示观点时心里有意识地想着观众，而不是将信息扔给观众并寄希望于其中一些信息能够保留下来。

沟通研究人员约瑟夫·切泽布罗（Joseph Chesebro）总结出了几种基于研究的策略，你可以使用这些策略提高信息的清晰度。[3]

- 在你的引言中预告你的主要观点
- 告诉观众你所呈现的内容如何同之前的观点联系起来
- 多次总结重要观点
- 提供可视化的提纲来帮助观众理解你的观点
- 在演讲之前分发写有主要观点的讲义，留下一些空白，让观众能够快速记下

重要观点

- 在说明演讲主题和提纲时，专注于你给出的信息

使用成人学习的原则和技巧

你所面对的大部分公共演讲的观众将由成年人组成。也许你曾听说过**教育学**，即教导孩子的艺术和科学。单词 pedagogy 是以希腊语 paid（意为“孩子”）以及 agogus（意为“指导”）为词源的。因此，教育学是儿童教育的艺术和科学。成人学习被称为**成人教育学**（andragogy）。[4] Andr 是希腊单词，含义是“成人”。成人教育学是成人教育的艺术和科学。（如果你是一名 18 岁以上的大学生，你就是一名成人学习者。）演讲者应该使用哪些成人教育或者成人学习的原则？以下是最重要的几点原则。[5]

- **提供适合于观众需求和兴趣的信息**。大部分在企业工作的人都会在他们的桌子上放置一个公文筐来收取必须要阅读的信息文件以及必须要完成的工作。我们每一个人的脑海里也有一个“公文筐”，装着我们想要或者需要完成的事情。如果你向观众呈现的信息是他们会立刻添加到“公文筐”中的信息，他们就更可能会关注并理解你的信息。
- **让观众积极地参与到学习过程中**。与其在你的演讲中让观众消极地坐着，不如问他们一些问题让他们思考，或者，在某种情况下，让他们当场进行答复。
- **将观众的生活经验同他们新学习到的信息联系起来**。在你帮助观众将新的信息同他们过往的经验联系起来的时候，成人观众更可能理解你的信息。这样做的基本方法就是了解你的观众曾经有过何种经历，之后在你呈现观点时提及这些经历。
- **让新信息同观众的需求以及他们忙碌的生活相关联**。许多成年人非常忙碌——如果被追问得紧，大多数还可能会说他们太忙了，根本自顾不暇。所以当面对成年观众进行演讲时，要意识到，如果你所分享的信息或观点同他们忙碌的生活相关，观众会更喜欢倾听和理解你说的话。你需要向工作、上学、养家糊口以及参与社区活动的人们展示你所分享的信息和他们生活的相关性。
- **帮助观众解决问题**。许多人都面临问题并在寻求解决方法。人们将更可能关注能够帮助自己更好地理解和解决问题的信息。

教育学（pedagogy） 教导儿童的艺术和科学。

成人教育学（andragogy） 教导成人的艺术和科学。

阐明陌生的观点或复杂的过程

如果你想要告诉观众一个复杂的过程，只用定义来解释你的意思是不够的。研

究表明，如果你先用类比、生动的描述或形象的语画简单地进行概述，那么再复杂的过程也能阐述清楚。[6]

使用类比　如果一个演讲者说“银河系很大”，那你会有一个模糊的想法，那就是由星团和太空物质组成的银河系很大。但是如果这个演讲者说“如果银河系像北美洲一样大，我们太阳系就像其中的一个咖啡杯”，那你就会对银河系的大小有更好的了解，并且，经过对比，你也知道了我们太阳系有多小。[7] 如我们在第七章所讨论的那样，类比是两个事物的对比。对于复杂过程的描述，这是一种特别有用的技巧，因为它可以通过与已理解事物（咖啡杯的大小）进行对比来帮助某人理解一些难以理解的事情（银河系的大小）。[8]

通过帮助你的观众将一些新的事物同一些他们已经知道或者可以想象的事物进行对比，你可以让你的信息变得清晰。商学院教授奇普·希恩以及沟通顾问丹·希恩将这一原则称为“利用记忆库里的资料——使用你所拥有的信息（记忆库里的资料）并将其与更熟悉的东西联系起来”。以下是基于这一原则的示例。[9] 尝试下面这个简短的练习。用 15 秒钟去记忆下边的字母，之后合上书并按照它们在这里出现的顺序正确地写出这些字母。

J　FKFB　INAT　OUP　SNA　SAI　RS

两位专家称，大多数人能记住大约一半的字母。现在，看下面这些按照不同的方式组织起来的相同的字母。这些字母没有变化，但是我们将它们重新组合为对你来说更有意义的首字母缩略词。在我们心里分过类的一些事更可能对我们有意义。类比也以同样的方式发生作用。

JFK　FBI　NATO　UPS　NASA　IRS

使用生动的、叙述性的口头描述　当你进行**描述**时，会比你定义某件事提供更多的细节。描述场景或事件的一种方式是使用文字图片。**语画**是一种生动的文字描述，它可以帮助你的观众通过视觉、味觉、嗅觉、听觉和触觉来形成一种精神意象。

为了形成有效的语画，你在描述任务、地点或对象之前，先在心里想象清晰的画面。用“心灵的眼睛”去看。

- 如果观众正在看它，他们能看到什么？
- 观众能听见什么？
- 如果他们能够触摸这个物体或是进入这一过程，他们会有什么感觉？
- 如果你的观众能够闻到或尝到，它们会像什么味道呢？

语画（**word picture**）
生动的文字描述。

为了描述这些场景，尽可能选择最为具体和生动的字词。拟声词——摸拟自然界声响的词语——如嗡嗡、噼啪或嘶嘶，是非常有感染力的。明喻和其他的比较也是如此。“这块石头像砂纸一样粗糙”以及“这块卵石平滑得像婴儿的皮肤”能够唤起视觉和触觉上的感受。

确保描述出观众在他们经历你所提及的情景时可能感受到的情绪。最终，你的目标是用正确的词语来唤起观众的情绪反应。如果你经历过这种情况，描述出你自己的情绪感受。使用特定的形容词，而不是如**快乐**或**悲伤**这类笼统的词语。一位演讲者在谈论她的第一次演讲任务时，用这些词描述了她的反应：

> 我的心跳骤然停止。一种恐惧感在心中蔓延开来。是我？……接下来的五天里我在惊恐的期待中度过。[10]

注意她对于如“我的心跳骤然停止”“恐惧感”“惊恐的期待”这样的字词和短语的选择是如何有效地描述了她对于即将发表演讲的恐惧的，这比简单地说“我很害怕”要有效得多。

你对于情绪的描述越生动、越精确，你的观众就能越亲密地参与到你的描述中去。

适应不同的学习风格

你更愿意通过听课、阅读讲义还是看图片来进行学习？你的选择反映了你的学习风格偏好。并不是每个人都只有一种喜欢的学习风格，但是大部分都是如此。四种常见的学习风格包括听觉型学习者、视觉语言型学习者、视觉型学习者以及动觉型学习者。

- **听觉型学习者** 如果你更喜欢听录制好的有声书而不是阅读纸质书，那你可能是听觉型学习者，就是通过听觉能够最好地进行学习的人。
- **视觉语言型学习者** 如果你最喜欢通过看印刷文字来进行学习，那么你是视觉语言型学习者。很可能你宁愿阅读材料也不愿听对材料的口头呈现。
- **视觉型学习者** 我们的视觉每天都会受到来自电视和互联网的大量图像的“狂轰滥炸”，许多人已经不单单依靠文字帮助自己记忆观点和信息。他们是视觉学习者，通过看文字和图像学习效果最好。
- **动觉型学习者** 动觉型学习者在学习时通过动手参与的方式学

概述

增进观众的理解

- 保持信息清晰
- 应用成人学习原则
  - 提供可以适用于观众生活的信息
  - 让观众积极地参与到学习过程中去
  - 将观众的经验同新信息联系起来
  - 让信息和观众相关联
  - 帮助观众解决问题
- 阐明不熟悉或是复杂的问题
  - 使用类比
  - 使用生动的描述
  - 使用文字图片
- 为许多不同的学习风格而制订计划

习得更好，他们更喜欢尝试某些事情而不是听、看或阅读。这些学习者喜欢活跃的学习方法，如边听边写，或者，参加小组活动。

在你规划演讲和支持材料时，考虑一下如何能够同时吸引不同学习风格的观众。由于你要发表的是演讲，听觉型学习者会喜欢这种形式。视觉型学习者则喜欢并期望一场以 PowerPoint 图像来进行说明的信息性演讲，他们会很高兴看到图片或是使用柱状图、曲线图或扇形图展示的数据总结。动觉型学习者则喜欢动手参与，即便是举手回答问题等很小的动作也可以。视觉语言型学习者会喜欢阅读你在演讲结束后分发的讲义。

13.3 保持观众兴趣的策略

有效且恰当地使用维持观众兴趣的四种策略。

无论你的定义构思多么细致，你的描述多么巧妙，你的演示辅助工具在视觉上产生怎样的增强效果，如果你的观众没有关注你，你就无法实现你的目标。

吸引观众并保持其兴趣的策略对于实现你的演讲目标至关重要。在第九章中讨论如何拟定有吸引力的引言时，我们详细列出了吸引观众注意力的具体方法。下面的策略是建立在这些技巧之上的。

激励观众倾听

大多数观众可能不会屏息等待你与他们交谈，你需要激励他们倾听你的声音。

在一些场景下，观众有内在的动机。老师可以说：“明天将会有一场关于我的课程的测试，这会占你期末分数的 50%。”虽然这种方式不会使老师受欢迎，但是它们却真的能够激励全班同学专心听讲。同样，老板可能会说：“这些销售原理能不能用得好将决定你的饭碗能否保住。”老板的话可能会激励你去倾听公司的销售原理。然而，因为你很少能有权力以这种强硬的手段来激励你的观众，你需要找到更加富有创造力的方式来让观众倾听你的声音。

不要假设你的观众会对你所说的内容感兴趣。使用一个反问来激发他们的兴趣；给他们讲述一个故事；告诉他们你所呈现的信息对他们有什么价值。正如英国作家 G. K. 切斯特顿（G. K. Chesterton）曾经说的那样：“没有无趣的话题，只有无趣的人。”[11]

讲述故事

拥有有趣的角色和引人入胜的情节的故事会让千千万万的观众着迷，“从前”这个词通常能够成功地获取到注意力。一个精彩的故事本质上是有趣的故事。故事也是一种将你的信息与不同文化背景的人联系起来的方式。[12]

一位作者认为，自创世伊始，所有的文化中所讲述的故事都只有七类基本情节：打败怪兽、白手起家、探索、航行和回归、喜剧、悲剧和重生。回想一下你最喜欢的一个故事，看看是否可以将其放入其中一个类别之中。另一种理论则更进一步归结了故事的历史。这种理论认为，实际上只有一个基本情节：所有的故事都是关于克服障碍寻找到“家”的故事。这个观点并不意味着所有的角色都会找到回家的路。相反，所有的故事都是在努力寻找一个在某种程度上以字面或隐喻的方式代表“家”的地方。[13]

除了情节之外，好故事的特征还包括简单有力。下面阐述了我们在第七章介绍过的讲故事的方法。一个好的故事包含冲突和情节，制造悬念，并且总是有幽默感。

- **精彩的故事包含冲突**　故事中两方的对抗，如政府、宗教派别或人与人之间的相反意见和力量冲突，总能吸引注意力。希腊人很久以前就知道，无论是喜剧还是悲剧，精彩的戏剧的基本要素都是冲突。冲突常常是阻碍人们在故事中寻找“家园”的障碍。
- **精彩的故事包含情节**　相比于无趣地围绕某一观点提供信息，观众更有可能去倾听内容丰富有趣的信息。精彩的故事在开头铺垫情节，核心内容逐渐向结论推进，结尾处所有未交待的事情都有了结局。引起兴趣的关键所在是逐渐向前推进的情节。

- **精彩的故事制造悬念**　电视剧尤其是肥皂剧很久之前就已经证明了，保证高收视率的方法就是讲述一个结局不确定的故事。当故事中的角色可能要做几件事中的某一件事情时就产生了悬念。因为不知道接下来会发生什么而让人们坐立难安是讲好故事的另一个因素。
- **精彩的故事包含幽默**　一个渔夫到了一个体育用品商店。销售人员为他提供了极好的鲑鱼诱饵：它有漂亮的颜色，有八个爪子，看起来像是稀有的巴克纳臭虫。最后，渔夫问这个销售人员：“鱼真的会喜欢这个吗？”“我不知道，”销售人员承认道，“我还没向鱼出售过。”

我们可以简单地说“以观众为中心非常重要”，而运用幽默阐述观点实实在在地抓住了观众的注意力。

并不是所有的故事都要带有趣味。故事也可能非常悲伤，或是带有不包含幽默的戏剧性。但是在合适的时间添加幽默通常能够帮助你维持观众的兴趣和注意力。

呈现与观众相关的信息

在本书中，我们一直都在鼓励发展以观众为中心的公共演讲的方法。成为一名以观众为中心的信息性演讲者，你必须留意观众用得上的信息。例如，如果你想让观众学会回收利用，请务必讨论在校园或所在社区中回收利用所能发挥的具体的作用。调整你的信息以适应你的观众。

使用出人意料的信息

在从得克萨斯州达拉斯飞往加利福尼亚州圣迭戈的航班上，乘务员凯伦·伍德发布了这一通知：

> 如果我能占用大家几分钟时间，我们将会很乐意告诉大家如何使用这些安全保护措施。如果您从 1965 年起就没有坐过汽车，那么系好安全带的正确的方法是将平头滑入卡扣。要想解开安全带，只要提起卡扣，安全带就会松开。
>
> 正如一首歌曲中所唱的那样，也许有五十种方法离开你的爱人，但离开飞机的方法只有六种：机身前部的两扇门，机翼上方的两扇移动窗和机身后部的两扇门。每个出口的位置在你们的头顶都标记得清清楚楚，过道旁闪个不停的红白灯也是出口位置的标志。
>
> 现在请大家看一下吧！[14]

这位聪明的空乘人员做出了一次常规的安全通告，却在其中添加了一些出人意料的、新颖的诠释，使乏味但重要的信息变得有趣。只要稍微考虑一下如何使你的信息不那么容易被预测，你就可以为你的信息增添诙谐和生趣。观众会把注意力集中在意想不到的事物上。

广告商会花大量的时间来设法吸引你的注意力：一对年轻的夫妻正开着他们的车旅行，进行日常、自然的谈话，之后，嘭！嘎吱！——一个闯红灯的人撞到了他们的车上。播音员吟诵着："生命从你身边溜走。"你看着这辆破旧的汽车，惊讶于日常生活瞬间变化的速度。一个好的演讲者知道如何给观众带来惊喜，就像这个视觉广告一样，用语言和故事来按住观众的肩膀，强迫他们把注意力集中在演讲上。

除了给你的观众以惊喜，你还可以通过制造神秘或悬念来维持他们的注意力。故事是为演讲增添戏剧性和趣味性的很好的选择，尤其是推动观众尝试解决谜题或解决问题的故事。制造"小悬念"的一个技巧是提出一个设问。你不需要期望从观众那里得到有声的回答，但是你确实想要他们在心里做出回应。以下是一个例子："如果在晚上，车没有油了，身旁没有手机，陷于困境之中，你知道你能

概述

保持观众的兴趣

- 告诉他们应该倾听的原因
- 给他们讲述一个精彩的故事
  - 描述冲突
  - 提供情节
  - 制造悬念
  - 在合适的场景使用幽默
- 告诉他们这个故事会对他们产生什么影响
- 告诉他们令他们惊讶的事情

做些什么吗？”让观众思考你的问题的同时，你已经成功地让他们积极参与到你的演讲当中，而非消极地处理你的话语。[15]

有效且恰当地使用加深观众对信息性演讲中所展示信息的记忆的四种策略。

13.4 加深观众记忆的策略

想想你曾经遇到的最好的老师。他（她）可能是一个有着特殊才能的优秀讲师，讲解不仅清晰有趣，而且令人难忘。你能够记住他（她）的事实本身就证明了他（她）的天赋。和老师一样，一些演讲者在以令人难忘的方式呈现信息方面比其他人更胜一筹。在本节中，我们将回顾一些策略，帮助观众记住你和你的信息。

设计重复

作者很少需要重复自己所写的内容。如果读者不能很好地理解一篇文章，他们可以回头再读一遍。然而，在你演讲时，如果你的演讲中的一个要点不甚清晰或者观众走神了，他们一般不太可能叫停演讲。

如何在不冒犯观众的情况下重复你的信息？我们已经在本书中提到过几个技巧。请允许我们在这里再次进行一些重复来说明我们的观点。

- 在演讲开头的引言中提供一个清晰的预告。
- 在结语中包含一个对主要观点的明确总结。
- 零星地使用一个或多个对主要观点的内部总结。内部总结是对你刚刚所呈现内容的简单回顾。内部总结在主要观点之间能够建立很好的过渡。
- 使用数字标志（将主要观点进行编号，“我的第一个观点是……我的第二个观点是……现在是我的第三个观点……”）作为确保你的观众可以识别并记住重要观点的另一种方式。
- 使用展示重要观点的用于加强效果的视觉辅助工具。
- 如果你真的想要确保观众在演讲结束后能够记住基本信息，那么可以考虑准备一份讲义或是包含重要观点的提纲。（但是正如我们在上一章提到的一样，使用讲义时，要确保观众仍然关注你而非你的讲义。）

重要观点保持简短

当我们说要保持信息简单时，并不是说你应该发表一场 30 秒钟的演讲（虽然我们可以确定，相比于更加冗长的版本，一些演讲者和观众更喜欢半分钟的演讲）。相反，我们的意思是，你可以将你的重要观点提炼成简单的短语，这样你的观众将更有可能记住你所说的内容。[16]

你能记住七件以上的事情吗？一个经典的研究得出结论，在短期记忆中，人们只能记住大约七个信息（如七位数的电话号码）。[17] 如果你想要你的观众记住你的信息，不要向他们发表长篇大论。随着 PowerPoint 的出现，一些演讲者很想让观众淹没在骤雨般的信息中。抵制这种诱惑。

> **概述**
>
> **增强观众的记忆**
>
> - 再说一次：设计重复
> - 简短且简洁的表达
> - 以一个平稳的速度表达
> - 用图片、视觉材料以及非语言信息来“说”

我们曾经介绍过一种重要的演讲准备技巧：将你的中心思想提炼成一句话。为了帮助你的观众记住你的中心思想，让其尽量简短，使其可以写在汽车保险杠标贴上。例如，与其说“人们使用的具体词语以及人们表达自己的方式都会受到文化和其他社会经济力量的影响”，不如说“语言塑造了我们的文化，文化塑造了我们的语言”。这一句话不仅仅更加简短，而且还使用了我们在第十章中讨论过的对照修辞（以平行的句子结构进行相反意义的表达）。也许你曾听说过古老的 KISS 原则提出的相同的建议：**保持简单，亲爱的**。（Keep It Simple, Sweetheart.）让你的信息足够简单，这样任何人都可以很迅速地理解。以下是一个表述得像保险杠贴纸标语一样简单的观点：保持简短。

调整信息流量

组织你的演讲，这样你展示的就是一种流动的信息，而不是将许多信息聚集在某一节点上。如果你过快呈现了过多的信息，你可能会使你的观众淹没在信息中，他们的理解能力可能会变弱。[18]

当观众对你的主题感到陌生或是不熟悉时，你应该对信息的流量特别敏感。确保你的观众有时间处理你提出的任何新信息，使用支持材料来帮助你阐明新的信息，并放缓演讲速度。

再申明一次，不要试着去看你能在演讲中填入多少细节和内容，你的工作是提供观众能够理解的信息，而不是去炫耀你知道多少。

强化重要观点

最后一点也是最有力的技巧之一：用语言或非语言方式来强化重要观点，使你的观点令人难忘。

用语言方式强化观点　通过使用如“这是最为重要的观点”和“一定要记住下面的观点，这是最令人信服的观点”这样的句子，你就可以在语言上强化你的观点。假设你有四个建议有助于观众避免严重晒伤，且最后的建议是最为重要的，你怎么保证你的观众知道这一点呢？只要告诉他们：“我所给出的所有建议中，最后的建议是最重要的。防晒霜的防晒系数越高越好。”注意不要过度使用这一技巧。如果你宣称每一个观点都是重要观点，你的观众很快就不会再信任你了。

用非语言方式强化观点　如何使用非语言方式将观众的注意力吸引到一个重要

观点之上呢？你对于观点的表达方式会给它一种特别的强调。手势的目的是为了强调关键短语，就如同在书面信息中使用斜体所起的所用一样。

一个恰到好处的停顿可以强调和强化所提出的观点。在一个重要观点之前或者之后进行停顿可以将注意力集中在你的观点上。提高或降低你的音量也能够强化重要观点。

动作有助于强调主要观点。为了讲述一件个人逸事而从讲台后面走出来，这说明你要说一些特别的、更私人化的事情。正如我们在第十一章所讨论的，你的动作和手势应该是有意义且自然的，而不要显得武断或勉强。你需要对一个观点进行强调，这可以是你做出有意义的动作的原因。

发表一场以观众为中心的信息性演讲。

13.5　发表以观众为中心的信息性演讲

在本章中，我们已经讨论过信息性演讲的类型，并提供了许多需要遵循的原则来帮助观众理解信息、维持兴趣并记住信息。但是在面对发表一场信息性演讲的机会时，你可能仍会感到疑惑，不知道怎样去准备一场信息性演讲。我们的建议是，使用图 13.1 中所展示的以观众为中心的演讲模型，来指导你逐步完成整个过程。

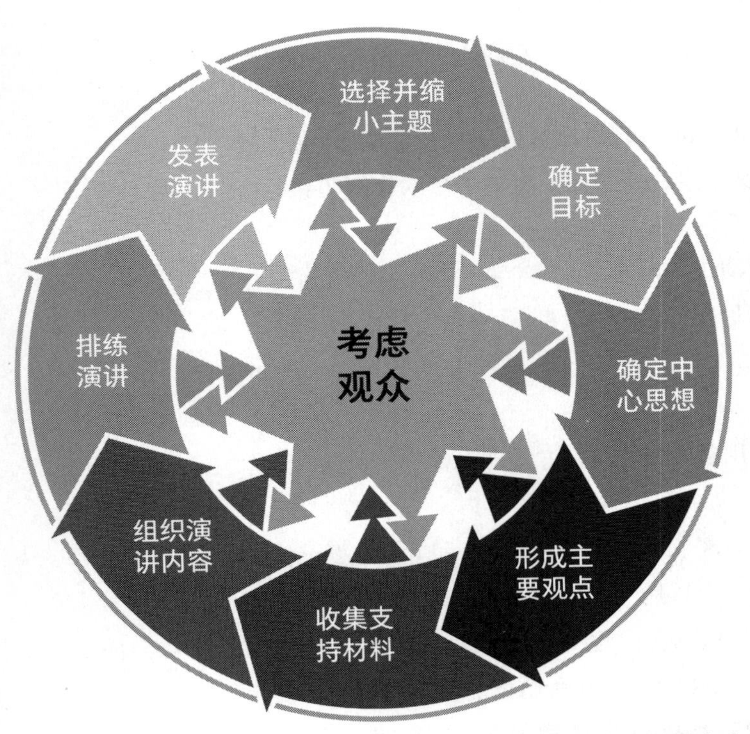

图 13.1　你可以遵循着以观众为中心的公共演讲模型的步骤来完成一场成功的信息性演讲

资料来源：Copyrighted by Pearson Education, Upper Saddle River, NJ

考虑你的观众

如同任何类型的演讲，信息性演讲要求你考虑三个有关观众分析的基本问题：你要对谁进行演讲？他们的兴趣、态度、信仰以及价值观是什么？他们期望从你这里获得什么？当你的总目标是提供信息时，你还应该关注这三个基本问题的具体细节。考虑观众是谁还包括尽可能地弄清他们最喜欢的学习风格。确定观众的兴趣、态度、信仰以及价值观有助于你平衡策略的使用，即在增强理解和加深记忆的同时还要考虑到保持兴趣的需求。例如，你不需要努力去维持那些已经对你的话题非常感兴趣的观众的兴趣。仔细地考虑观众的期望也能帮助你维持他们的兴趣，也许是通过他们意想不到的事情而使他们感到惊喜。

选择并缩小信息性主题

在你选择并缩小信息性演讲的主题时，尤为重要的是将你的观众放在心上。在准备演讲的前期阶段，问一下自己："关于我的主题他们已经了解了什么？"然后回答这个问题。如果你错误地判断了观众对你的主题的了解，这一误判将会阻止你制定一个有效而准确的具体目标陈述。

你还应该考虑："他们对我的主题有多少兴趣？"如果你的观众对你的主题既熟悉又感兴趣，你就可以提供建立在他们已知信息上的更多的细节。如果他们对主题并不十分感兴趣或者不是非常了解，那你将需要在演讲的开始阶段说明他们应该倾听演讲的清晰且有吸引力的原因。

确定信息性目标

你已经知道了你的总目标是提供信息。你还需要制定具体的行为目标。这就是说，你需要确定在结束你的演讲时你想要观众**做**的事情。"等一下，"你可能会想，"信息性演讲难道不应该是关于观众应该**学到**什么的演讲，而不是要去**做**什么的演讲吗？"是的，你的目标是专注于你想让观众学习的信息，但是我们建议你用行为来表达你的学习目标。说出你想要你的观众**解释**、**描述**、**辨别**、**列出**的事项或**做出**其他行为来证明他们学到了内容。

下面是一个不准确的具体目标陈述的示例：在演讲结束后，观众应该了解 C. S. 刘易斯（C. S. Lewis）的巨著《纳尼亚传奇》的写作背景。**了解**这个词并不是很明确，**背景**这个词也并不明确。准确说出你想要观众了解的到底是什么？他们怎样来证明他们已经了解了？下面是一个更加准确且有效的对具体的信息性目标的陈述：在演讲结束后，观众应该能够说明 C. S. 刘易斯写出《纳尼亚传奇》的三点原因。

为什么对你来说准确非常重要？一个精确的具体目标陈述将会引导你规划中心思想和主要观点，在你组织你的信息时，这也尤其重要。仅仅表明你希望你的观众了解或领会一些一般性信息，只能提供一张不甚清晰的路线图。如果你不清楚自己的前进方向，那你的观众也不会知道。

使用具体的动词，如**说明**、**重新陈述**、**总结**、**描述**、**举例**以及**列出**，避免使用模糊的词语，如**了解**和**领会**，这将会帮助你集中思绪，突出信息。把具体目标陈述当作你给观众出的测试题。与其问你对《纳尼亚传奇》的写作背景有什么了解，不如让你说出创作《纳尼亚传奇》的三个原因，这样会更加明确。当然你永远不会问观众这些"测试问题"，但把具体目标陈述当作测试题来考虑，你就会在心里形成一个更加清晰的目标，有助于你完成其他方面的准备工作。

确定中心思想

在有了清晰且明确的具体目标陈述之后，你将能更好地确定你的中心思想——对信息的一句话总结。相比于一个含糊不清的中心思想句，如“C. S. 刘易斯创作《纳尼亚传奇》有许多原因”，你的更加明确的中心思想句应该是“刘易斯创作《纳尼亚传奇》的三个原因是将他头脑中的‘图像’联系起来，为孩子们写一个引人入胜的故事，以及全面展现基督教的文化”。你的中心思想句就是简要版的演讲。只听过你的中心思想的人也应该能够理解你的信息的核心内容。

形成主要观点

如果你已经确定好了具体目标陈述和经过精心构思的中心思想，那么形成主要观点就非常容易了。在上述刘易斯的示例中，我们在中心思想中确定了刘易斯书写这个故事的三个原因，这三个原因将成为演讲的主要观点。你所计划的信息性演讲的类型将会影响中心思想和主要观点。关于实物的演讲应该围绕实物的历史、特性以及使用确定主要观点，而关于人的演讲则更可能以人物的成就或人物和你——演讲者——的关系为主要观点。

收集支持材料

在你进行阅读和研究时，你寻找示例、例证、故事、数据以及其他能够帮助你达成具体目标的材料。你所计划要发表的信息性演讲的类型通常会间接地表明支持材料的情况。传记性细节及故事更可能支持关于人的演讲。故事、示例或是数据可能会有助于你向观众描述一个事件或传达一种观点。要记住，支持材料包括演示辅助工具。正如我们在本章前面提到的一样，视觉辅助材料通常会使关于程序的“如何做”的演讲更加有效。关于实物的演讲通常也会从视觉辅助材料中获益，尤其是在你不能展示实物时。在你收集支持材料的时候，也要考虑你的观众，是观众最终判定你的支持材料是否有趣且有益。

组织演讲

在制定具体目标和确定主要观点的过程中，你已经开始在组织信息了。由于你时刻考虑观众，现在可以确定主要观点应该按照什么样的顺序进行排列对观众最好。你的主题和目标也可以起到一种指导的作用。我们在本章前面谈到，根据信息性演讲的不同类型可使用不同的组织模式。

自信地同你的观众建立联系

关注你的信息而非你的恐惧

关注焦虑会助长你的恐惧。有意识地将你的注意力从你的恐惧上移开并关注你将要呈现的信息。当你感到自己的焦虑程度上升时，做一些能够提升演讲表现的事情，而不要让焦虑击败你。考虑回顾自己的引言，再看一下主要观点或是再瞥一眼结语。通过将你的注意力从恐惧上转移到演讲准备上，你改变了可能引发额外焦虑的刺激因素。

排练演讲

将经过精心准备的笔记拿在手上，你已经做好了排练你的演讲的准备。正如我们在第十一章中所建议的那样，你应该站立着大声地排练你的演讲。这不但能够改进你的演说方式，还能更好地管理你可能会产生的任何恐惧。对于信息性演讲来说，在其他人，尤其是在那些和你的观众很相似的人们（如果可能的话）面前进行排练特别有用。寻求他们的反馈，看你是否有效地向他们讲授了关于主题的知识。你甚至还可以根据具体目标陈述制定测试题，抽取部分观众请他们作答，以判断自己的演讲是否达到预期的目标。

概述

以观众为中心的信息性演讲

- 选择主题——考虑谁会是你的观众以及他们的兴趣。
- 缩小主题——找出观众已经知道的内容。
- 确定目标——说出能够反映观众学习情况的具体行为。
- 明确地表达中心思想和主要观点——让它们清晰且简洁。
- 收集支持材料——确定什么材料能够帮助观众维持注意力以及进行学习。
- 组织——让主题同观众的需求相匹配。
- 排练——获取样本观众的反馈。
- 发表——调整风格以保证观众的理解。

发表演讲

最后，你已经准备好面向观众发表演讲了。伴随着良好的眼神交流、清晰的声音以及有效的手势，你用经过精心排练的演讲控制着观众的注意力。如我们在第十一章中所探讨的一样，有效的演讲者在演讲的过程中一直在想方设法去调整和修改他们的信息。这样的调整对信息性演讲来说尤为重要。在你演讲时，密切关注观众传递出来的信号，如疑惑的面部表情，这表明他们在某些地方没有听明白；也要警觉分心的迹象，如坐立不安或缺少眼神交流。时刻准备好调整你的信息，使用本章之前讨论过的策略来强化观众的理解并维持他们的注意力。

学习指导 回顾、应用及评估

13.1 信息性演讲的类型

描述五种不同类型的信息性演讲。

提供信息就是传授给别人你知道的内容。信息性演讲有三个目的——增进理解、维持注意力以及加深记忆。为了实现这些目标，你可以发表几种不同类型的信息性演讲，关于实物的演讲讨论的是有形的事物，关于程序的演讲解释了一个过程或是描述某事是如何运作的，关于人的演讲既可以讨论名人也可以讨论小人物，关于观点的演讲通常讨论抽象的原则、概念或是理论。

关键词

信息性演讲 ………… 284

伦理性思考

你是化学专业的学生，正在考虑是否应该在你的公共演讲课程上发表一场关于管状炸弹是如何制成的信息性演讲。对于你的观众来说，这是否是一个合适的主题？

评估你以观众为中心的演讲技能

医学博士希拉里·韦伯斯特将在一个医学会议上发言，将自己最近在病患身上成功使用的减肥方法介绍给其他医生。你将给她提供什么样的建议帮助她有效地完成演讲？

13.2 增进观众理解的策略

有效且恰当地使用增进观众理解的四种策略。

为了增进观众对信息的理解：（1）清晰地定义观点；（2）使用成人学习的原则和技巧；（3）阐明陌生的观点或复杂的过程，使用有效的描述；（4）结合口头文字、视觉材料以及行动来吸引多种学习风格的观众。

关键词

教育学 ………… 292

成人教育学 ………… 292

语画 ………… 293

伦理性思考

为了在5分钟之内完成关于核能的演讲，你必须大大简化一个非常复杂的过程。你怎样才能避免对主题进行错误陈述？你应该让观众知道你大大简化了过程的情况吗？

批判性思考

你受邀去向幼儿园的一个班的孩子讲述你的职业选择。确定需要采取什么手段才能让自己的信息清晰、有趣并且让观众印象深刻。

评估你以观众为中心的演讲技能

想象你将要教授一群成人学习者准备一场信息性演讲。你怎样才能体现出在第292页展示的成人学习原则，以确保你解决了他们的需求。

13.3 保持观众兴趣的策略

有效且恰当地使用维持观众兴趣的四种策略。

为了吸引观众并维持观众对信息性演讲的兴趣，要遵循三个重要的原则。第一，给你的观众倾听演讲的动力。第二，讲述一个故事；一个讲述得十分精彩的故事在保持观众对你和你的信息的注意力上总能起到作用。第三，呈现和观众的兴趣相关的信息，本质上就是要以观众为中心。最后，用意想不到的事情来给予观众惊喜。

伦理性思考

在向班级发表的演讲中你要分享一个故事，这个故事中包括你的一个朋友的个人信息，在发表演讲之前你是否应该征得你朋友的同意？

13.4 加深观众记忆的策略

有效且恰当地使用加深观众对信息性演讲中所展示信息的记忆的四种策略。

通过重复帮助观众记忆你对他们讲述的内容。确保你的主要观点简洁。调整你的信息流量可以帮助观众回忆你的观点。以语言或非语言形式强化重要的观点也可以帮助观众记住它们。

评估你以观众为中心的演讲技能

你的公共演讲老师在课堂上使用了什么策略来加强观众的记忆？

13.5 发表以观众为中心的信息性演讲

发表一场以观众为中心的信息性演讲。

你可以在以观众为中心的研究模型中运用信息性演讲的原则。通过确定观众已知内容来选择并缩小主题。在具体目标陈述中使用描述行动的词语。明确观众和主题的需求有助于你组织演讲并收集支持材料。在排练时征求观众对演讲效果的反馈。如果有必要，调整你的演讲风格，确保观众理解了你的信息。

批判性思考

布伦丹正计划与兄弟会的成员们分享他最近在英国牛津大学留学的经历。在准备和发表演讲时，布伦丹应该考虑观众信息的哪些具体方面？

评估你以观众为中心的演讲技能

当你和观众有语言上的差异时，重复就显得特别有用。本章中所探讨的使你的信息更加繁复的具体策略中，哪一个策略会增进母语不同于你的观众的理解？

14

理解说服性演讲的原则

目标

学完本章后，你应该能做到以下几点：

14.1 描述说服性演讲的目标。

14.2 解释说服的原理，包括古典理论和现代理论。

14.3 描述鼓励观众对说服性演讲进行回应的四种方式。

14.4 准备并呈现一场以观众为中心的说服性演讲。

……演讲的力量，能使人热血沸腾。

——威廉·莎士比亚

这件事每天都在你身上发生，它表现为电视广告、网络广告以及朋友的请求，表现为杂志和广告牌上的广告，表现为政治家和慈善机构发起的筹措资金的信息。当你被要求向值得支持的事业捐款或献血时，这件事也在发生，它就是说服。由于说服是你生活中一直存在的一部分，所以了解它如何发生作用是非常重要的。能影响你的态度和行为的活动，其背后的原则是什么？网络弹出广告、销售人员以及政客是如何在你不知道的情况下影响了你的思维和行为的？

在本章中，我们将讨论说服是如何发生作用的。这样的信息不仅可以增强你的说服技能，还有助于你成为一个更加明智的说服性信息的接收者。我们将会对说服进行定义，并讨论存在于说服他人的努力之中的心理学原理。我们还将探讨如何选择说服性演讲的主题以及展开论证的技巧。在第十五章中，我们将会仔细研究准备一场说服性演讲的具体的策略。

在第十三章中，我们讨论了信息性演讲——以口头方式向观众展现新的信息，使他们能够理解并记住被告知的信息——的策略。提供信息和说服的目标密切相关。为什么要为观众提供信息？为什么要将新信息告知他人？我们通常通过提供信息来给予观众影响其态度和行为的新视角。信息本身就有说服他人的潜能，但当信息与说服策略相结合时，成功的几率就会增加。

在说服性演讲中，演讲者要求观众做出决定，而不仅仅只是告知他们相关的选择。作为一个说服性演讲者，你不仅要输出信息，还要要求观众对你分享的信息做出回应。如果你想要观众对你的说服性呼吁进行回应，你需要认真考虑组织信息的方式以实现具体目标。观众分析对实现你的目标来说十分关键。要想成功表明特定的观点或立场，你必须了解观众的态度、观念、价值观以及行为。

描述说服性演讲的目标。

14.1 说服的目标

说服是改变或强化观众的态度、观念、价值观或行为的过程。要注意，尝试说服某人不一定是尝试改变某人的观点或行为，相反，你的目标可能是**强化**这些观点和行为。你的观众可以已经喜欢、相信或是赞成某件事情，或**偶尔**会做你想让他们做的事情；你要试着去增强他们现在的观点。例如，假设你的说服性目标是让观众使用垃圾回收箱。观众可能已经认为回收是件好事，甚至可能已经使用过几次回收箱了。你的演讲目标就是强化他们的行为，使他们每次都使用回收箱。

说服（persuasion） 改变或强化观众的态度、观念、价值观或行为的过程。

由于说服的目的是改变或强化态度、观念、价值观或者行为，弄清这些要素之间的差异非常重要。清楚地知道你想改变或强化的要素是哪些，将有助于发展你的说服性策略。

改变或强化观众的态度

我们的态度代表了我们的喜好和厌恶。更精确地说，**态度**是一种对某事做出喜欢或不喜欢的反应的习得性倾向。[1] 在说服性演讲中，你可能尝试着说服观众赞成或反对新建一个大型购物中心，说服他们喜欢蝙蝠（因为蝙蝠有吃害虫的能力），或者说服他们反对增加营业税。

态度（attitude）
对某事做出喜欢或不喜欢的反应的习得性倾向；喜好或厌恶。

观念（belief）
将某事视作真或假的构建现实的方式。

价值观（value）
关于好坏、对错的持久的概念。

改变或强化观众的观念

说服性演讲也可能试图去改变或强化一种观念。**观念**指的是你对某件事真伪的认定。如果你相信某件事，你深信这件事是存在或真实的，你已经建立起真伪观来解释你所相信事物的存在。

我们还有一些以信念为基础的观念——我们没有直接经历过某些事情，但无论如何我们都会相信这些事情。但是，很多观念通常都是以证据，包括过往的经历为基础的。如果你相信明天太阳依然会从东方升起，或是核能是很安全的，你的这些观念就是以你自己的直接的经验或是某些值得信赖的人的经验为基础的。观念也会因证据而改变。作为一个演讲者，你可能经历过困难时期，例如，尝试着改变观众关于地球是个平面的观念；你需要展示证据来支持一个不同的结论。通常，要改变一种观念以及改变观众构建现实的方式需要很多的证据。

改变或强化观众的价值观

说服性演讲也应该尝试去改变或强化一种价值观。**价值观**是关于好坏、对错的持久的概念。如果你重视某事，那你就是将其视为好的或可取的，并且你会倾向于认为它的对立面或者它的缺失是恶的或错误的。如果你不重视某事，你就对它漠不关心。价值观以你生活的目标以及行为背后的推动力为基础。很多美国人重视诚实、信誉、自由、忠诚、婚姻、家庭以及金钱。了解你的观众所重视的东西可能有助于你改进对他们的分析，并使你的演讲内容适应这些价值观。

图 14.1　说服观众的成功率受到你选择的目标——改变观众的态度、观念或价值观——的影响。态度组成这个模型的最外环，因为相比于观念和核心的价值观，它们最容易改变。观念也可以改变，但是并不像改变态度那样容易。价值观在模型的核心位置，因为它们最为根深蒂固，并且很少改变

资料来源：Copyrighted by Pearson Education, Upper Saddle River, NJ

我们大多数人在很小的时候就形成了我们自己的价值观，并将他们带入成人时期。因此，我们的价值观通常是根深蒂固的。虽然改变观众的价值观并非不可能，但是这要比改变观众的观念或态度难得多。通常，以根深蒂固的价值观为基础的政治和宗教观点尤其难以改变。

如图 14.1 中所示，在三种倾向中，价值观是最为根深蒂固的，它们改变的次数最少。这就是为什么价

> **概述**
>
> **说服的定义**
>
> 说服是尝试改变或强化以下倾向的行为：
> - 态度：喜好和厌恶
> - 观念：对真或假的认知
> - 价值观：你所认为的对错、好坏
> - 行为：我们做或不做

值观处于模型的核心位置。观念也会发生改变，但不如态度改变得多。尝试改变观众的态度（喜好或厌恶）比尝试改变他们的价值观要容易。今天的美国公民认可美国的总统，但明天可能不赞成他采取的措施；我们依然**相信**是总统的指令使得国家财政状况保持稳定，并且也依然**尊重**政府的民主形式，但是我们对总统的**态度**可能会因为政策决定而发生改变。

我们建议你仔细考虑做说服性演讲的目的。确切地了解自己的目标是要改变还是强化态度、观念或者价值观，然后确定为实现目标而应做的事情。

改变或强化观众的行为

说服性演讲通常不仅仅试图去改变或强化态度、观念或价值观——还可能尝试去改变或强化行为。让观众吃更多的水果蔬菜以及进行更多的锻炼是我们所听到的说服性演讲的典型目标。了解某人的态度、观念以及价值观使我们能够精确预测这个人将会如何行动，这看起来很合乎逻辑。但我们是复杂的生物，人类的行为并不能被简单预测出来。有时我们的态度、观念以及价值观可能与我们的行为并不一致。例如，你知道自己正在进行低碳水化合物的饮食计划，不应该再吃爸爸制作的巧克力蛋糕，但是你还是切下了一片并吞了下去。

解释说服原理的古典理论和现代理论。

14.2　说服是如何起作用的

现在你知道说服是什么，以及态度、观念和价值观如何影响你的行为，你可能仍然想知道说服是如何起作用的。了解观众如何及为什么改变他们的想法和行为，有助于你分析为什么在某些时候**你**会被说服，以某种特定的方式去思考或者做出行为。知道你为什么会对具体的说服性信息产生回应可以帮助你在面对说服性推销时，成为一个更好的、更加有辨别能力的观众。

有许多理论和大量研究描述了说服是如何运作的。我们将在此讨论两种方式：第一种是亚里士多德所确立的古典方式，第二种是在古典方式的基础上建立的更加现代的理论。

亚里士多德的古典方式：诉诸人格、逻辑以及情感进行说服

亚里士多德，一个生活在公元前四世纪并被载入史册的希腊哲学家和修辞学家，是许多基本的传播思想的鼻祖，他关于说服的贡献尤为显著。如我们在第四章中提到的那样，他将**修辞学**定义为在每一事例中发现可行的说服方式的过程。当目标是说服时，沟通者选择符号（词语和非语言信息，包括图像和音乐）来改变态

度、观念、价值观或者行为。亚里士多德确定了三种通用方法（或者用他的话来说，“可行的方式”）进行说服：诉诸人格、逻辑以及情感。[2]

诉诸人格　要使用**人格**来进行说服，有效的沟通者必须是可信赖的。亚里士多德相信，为了成为可信赖的人，公共演讲者应该是合乎伦理的，拥有良好的品质，懂得常识并且关注观众的利益的人。观众认为演讲者更加可信且更加具有伦理意识，就越信任、信赖演讲者，并且对演讲者的说服性信息进行回应的几率就越大。所以说服的方式或方法之一就是沟通者呈现可以被信任的信息以及呈现可以被信任的自己。当一个朋友想要说服你把车借给他时，他可能会说：“相信我。我保证不会对你的车做出任何荒诞的事情。我非常可靠。”他诉诸作为一个有道德、值得信赖的朋友的人格。在下一章中，我们将会讨论增强你的信誉以及你的说服力的具体策略。

诉诸逻辑　说服其他人的另一种方式是使用**逻辑**。古希腊哲学术语 logos（也音译作“逻各斯”）的含义是“道”（“the word”）。亚里士多德使用这一术语来指代演讲者用于说服他人的合理的、有逻辑的论证。一个富有经验的说服者不仅能得出一个有逻辑的结论，而且还能用证据和理由来支持这个结论。想要借用你的汽车的朋友可能会使用一个有证据支持的有逻辑且合理的论证来得到你的车钥匙。他可能会说：“我上周借用了你的车并且毫发无损地还了回来。上上周还的时候也是如此，并且我还加满了油。所以如果你今天把车借给我，我还会像之前一样把它好好地还给你。”你的朋友通过使用证据来支持他的结论——你的车将被完好地归还——来打动你理性的一面。在第十五章中我们将会提供生成有逻辑且合理的论据以及使用可靠的证据支持这些论据的策略。

诉诸情感　亚里士多德使用术语 pathos 来指代对情感的调动。我们所持有的态度、观念以及价值观有时并没有什么逻辑，仅仅只是让我们觉得很积极。同样，有时我们做一些事情或买一些东西来让我们感觉到快乐、有力量或是有活力。想要借用你的车的朋友也可能使用情感来让你把车钥匙交给他。他可能会说：“想一下，没有交通工具我都没有办法去看医生。我觉得很不舒服。我需要你的帮助，朋友之间要互相帮助，我现在就有一个可以帮上忙的朋友。”你的小伙伴牵引着你情感的心弦来刺激你将你的车借给他。他希望说服你以一种让你觉得自己很积极的方式做出行为。

唤起观众的情感的有效的方式是什么？使用唤醒情绪的故事和具体的示例，以及图片和音乐。在下一章中我们将确定更加合乎伦理的策略，帮助你在说服他人时激发出他们的情感。

所有三种说服的传统方式——诉诸人格（伦理上的可信度）、诉诸逻辑以及诉诸情感——都是激励观众以确定的方式思考或行为的方法。**动机**是推动人们实现他们目标的内在力量。[3] 我们的动机解释了我们行为背后的原因。激励人们对说服

人格（ethos）
亚里士多德用于指代演讲者的可信度。

逻辑（logos）
实际上是“道”；亚里士多德用于指代使用规则得出结论的推论体系。

情感（pathos）
亚里士多德用于指代对人类情感的调动。

性信息进行回应的因素有好几种：他们对恢复生活平衡以及躲避压力的需求，对躲避痛苦的需求以及对增加愉悦的渴望，这些都是影响态度、观念、价值观以及行为的动机。

详尽可能性模型所代表的现代方式：通过直接或间接的路径进行说服

一种比较新的、以研究为基础的用以理解说服是如何运作的框架被称为**说服的详尽可能性模型**（elaboration likelihood model [ELM] of persuasion）。[4] 这一名称很长的理论实际上只是一个简单的想法，这个想法为人们是如何被说服去做某事或思考某事提供了一种解释。相较于站在演讲者的角度指示如何准备一场说服性演讲（就像亚里士多德所做的那样），ELM 理论描述了观众是如何**理解**说服性信息的。这是一种关于观众如何了解说服性沟通的以观众为中心的理论。

动机（**motivation**）推动人们实现其目标的内在力量。

说服的详尽可能性模型（**elaboration likelihood model [ELM] of persuasion**）这一理论认为，人们会被逻辑、证据和推理说服，也会通过更外围的路径被说服，这可能取决于说话人的可信度、提出的论点的数量或情感诉求。

详尽阐述（**elaborate**）从说服的详尽可能性模型（ELM）的观点出发，思考与演讲内容相关的信息、观点以及争论。

直接说服路径（**direct persuasion route**）在观众批判性地检查证据和论据时进行说服。

间接说服路径（**indirect persuasion route**）由于说话者的逻辑和论点之外的因素（例如说话者的魅力或情感诉求）而产生的说服。

详尽阐述（elaborate）意味着你会**思考**与听到的演讲内容相关的信息、观点以及争议。你对一个信息进行详尽阐述时，你会对你所听到的内容进行批判性的评估，并特别注意演讲者所使用的论据和证据。是否会对信息进行详尽阐述（术语**详尽可能性模型**一词源于此）是因人而异，因信息的主题而异的。

这个理论表明，人们被说服的方式有两种：（1）在你详尽阐述、有意识地思考或批判性地评估信息时所遵循的**直接说服路径**；（2）**间接说服路径**，在这种途径中你没有进行详尽阐述，而是被信息及演讲者外围的因素影响——你不知道你为什么会被说服去积极或消极地对信息做出回应。

直接说服路径　在你进行详尽阐述时，你考虑的是信息的逻辑，亚里士多德称之为潜在的逻辑证明。你认真且有系统地思考呈现在你面前的事实、推论、论据以及证据，之后你做出了经过深思熟虑的决定，决定是否相信或者是否去做说服者所期望的事情。例如，你为你的智能手机购买了上网数据包，因为你确信你能从持续的互联网接入中获益，你已经看过推销资料并做出了有逻辑且合理的决定。然而，有时你以为你是根据逻辑做出的决定，但其实你是经由间接说服途径而被不那么明显的策略所说服。

间接说服路径　如果你不进行详尽阐述（也就是说，如果你在倾听时不使用批判性思考技巧），那你仅仅是生成了关于演讲者所说的内容和演讲者如何阐述它们的大体的印象。间接路径比理性过程更为直观。你可以被间接因素说服，如广告中使用的悦耳的音乐，或者你对想要向你推销产品的又有吸引力又有口才的销售人员的积极反应。并不是对广告内容的逻辑性评估，也不是销售人员的推理或证据说服了你，是你对产品或想要你购买产品的销售人员的整体感觉说服了你。当你听到一场演讲，你可能会因演讲者的外表（他看起来很友好，我相信他）而被说服；因支持演讲者建议的研究的绝对数量（存在那么多理由去接受演讲者的建议，她使我信服）而被说服；或者因演讲者讲的充满感情的故事而被说服（我不能让那个小姑娘被饿死，我要捐 50 美分去救助她）。

这两种理论，亚里士多德的理论和 ELM 理论，都表明说服是一个复杂的过程。并非所有的人都会以同样的方式被说服。亚里士多德的理论强调了**演讲者**应该做的用以影响观众的事情。如果演讲者对可信且符合道德的信息、逻辑以及感情加以适当的应用，那么说服就很可能发生。ELM 理论描述了观众处理他们所听到的信息的不同的方式。在观众进行直接的详尽阐述（或者积极地思考他们所听到的内容）以及认为证据和推论有理的时候，他们可能被说服；或者，他们不进行详尽阐述，以不需要过多思考就能进行处理的外围因素为基础，如演讲者的外表以及演讲者的演讲风格，也可能被间接地说服。

> **概述**
>
> **说服的模型**
>
> 亚里士多德的古典模型
> - 人格：演讲者的可信度
> - 逻辑：被用于达到结论的规则
> - 情感：对情感的调动
>
> 详尽可能性模型
> - 直接途径——经过详尽阐述；考虑信息的事实、证据以及逻辑
> - 间接途径——没有详尽阐述；依赖于对信息外围因素的直观的感觉

两种理论共同解释了你如何说服其他人以及其他人如何说服你。由于你可能不知道观众会直接地还是间接地受到你的信息的影响（他们是否进行详尽阐述），在你考虑如何说服观众时，你应该平衡使用诉诸人格、逻辑和情感这三种方式。然而，最终要理解你的意思的不是你，而是你的**观众**。所以，除了精心构建的逻辑以及合理的论据之外，你还需要调整影响观众的间接因素，如你的演讲风格、你的外表以及经过精心准备的总体印象。

这两种理论还有助于解释**你**是如何受到他人影响的。你受到情感诉求、逻辑论证以及演讲者的情绪的影响。除此之外，ELM 理论说明，你可能会受到演讲者的逻辑和论证的直接的影响，还可能在自己没有意识到的时候就已经受到了演讲的外围或间接因素的影响，如演讲者的外表和演讲风格。对你是如何被说服这件事保持清醒，可以让你在面对每天出现在你身边的大量的说服性信息时，成为一个更加有价值且具有判断力的观众。

14.3 如何激励观众

描述鼓励观众对说服性演讲进行回应的四种方式。

天色已晚，你正在看你最喜欢的脱口秀。节目中插播了一则著名品牌冰激凌的广告。突然间，你想起家里有广告中这个牌子的冰激凌。之前你显然没有意识到自己对冰淇淋的渴望程度，直到这个广告让你想起了冰激凌冰凉的、奶油般柔滑的甜美口感。不知不觉间你就站在冰箱旁边给你自己挖了几勺冰激凌。

如果这个广告的制作者知道它是多么具有说服力，他们一定会欣喜若狂。说服过程的核心是以观众为中心鼓励观众回应消息的过程。广告会改变你的行为，因为该消息是为你量身定制的。

当观众有动力去进行回应时，说服就起到了作用。有什么原理能够解释你在午

夜到冰箱去拿一盒冰激凌的行为呢？当你帮助观众解决他们的问题或是满足他们的需求时，他们更可能被说服。当你让他们相信，如果遵循你的建议就会有好事发生，如果不遵循就会有坏事发生，这时他们也可以被说服。我们接下来将讨论几种激励观众的方法，这些方法被总结在表 14.1 中。

利用认知失调

认知失调理论是基于这样一种原则：人们努力解决问题，并以一种与他们的态度、观念和价值观相一致的方式来处理压力和紧张。[5] 根据这个理论，当你面对与你当前的态度、观念、价值观或行为不一致的信息时，你会意识到你存在问题，你会经历一种叫作**认知失调**的不适感。**认知**这个词与我们的思想有关。**不协调**意味着“缺少协调或一致”。当你认为音乐中出现了不协调的和弦时，是因为你觉得一段乐曲不入耳或是和整首歌或其他和弦不协调。大多数人试图避免问题或不和谐的感觉。那么认知失调就意味着你正在经历一种不协调和不舒服的思维方式。例如，如果你吸烟，而演讲者提醒你吸烟并不健康，那么此提醒会造成一种不和谐。你可以通过不再吸烟或拒绝“吸烟有害健康”这一信息来恢复平衡并解决问题。

表 14.1 如何激励观众对你的说服性演讲进行回应

利用认知失调	告诉观众已经存在的同他们目前所持有的观念或了解的信息不一致的问题，制造心理上的不适。	您是否很珍视家人的安全？那么您可能会担心，如果我们受伤不能工作，我们中的大部分人将不能养活我们的家庭。您可以通过购买我们的伤残保险来恢复内心的平静。
利用观众的需求	人们会被尚未满足的需求所激励。最为基础的需求是生理需求，之后是安全需求、社会需求、自尊需求，最后是自我实现需求。	如果你购买了这辆豪华的新跑车，你会被你认识的人所羡慕，你会被视为社区中地位很高的人。
使用正面激励	如果他们确信，若他们支持演讲者的主张就将有好事发生，那人们将更可能改变他们的想法或做出特定的行为。	你应该参加公共演讲课程，因为这将会增加你找到好工作的希望。在如今的工作场所中，有效的沟通技巧是最受追捧的技能。
使用负面激励	人们倾向于避免感到痛苦和不适。如果他们确信，除非他们采取行动，否则将会有坏事发生，那么他们就会被激励从而支持演讲者的主张。	如果遭遇飓风、龙卷风、地震或是其他自然灾害，电力可能出现故障，你的车也没办法加油。没有基本的食物和水，你将会死亡。你需要为最坏的情况做好准备，做好水、食物以及车用汽油等应急物资储备。

资料来源：Copyrighted by Pearson Education, Upper Saddle River, NJ

认知失调（cognitive dissonance）
当新的信息同之前有条理的思维模式产生冲突时，促使人们做出改变的精神上的不适感。

用有说服力的演讲来制造不和谐可能是改变态度和行为的有效方式。在这种演讲中的第一个策略是确定一个已经存在的问题或需求。例如，伊维认为我们应该只吃有机水果和蔬菜。如果我们不吃有机食品，就会增加患癌症的风险，因为我们会摄入与癌症有关的化学物质。伊维暗示我们，除非我们吃有机农产品，否则我们会更容易患上癌症，并试图以此制造不协调。减少不协调（以及癌症的威胁）的方法是吃更为健康的有机水果和蔬菜——这也正是伊维所倡导的。当然，演讲者不能断言某一件事将会产生问题。具有伦理意识的演讲者会用事实、数据或者专家证言等证据来证明自己的主张。通过描述危害来制造不协调，然后提出一种最小化或消除危害的方法——通过这种策略，演讲者正在试图改变观众的行为。

政治候选人也使用相似的策略。通常，市长候选人首先会尝试让观众明白社区中存在的问题，之后将大部分问题归咎于现任市长。一旦不协调被制造出来，候选人就会表示，如果他（她）当选为市长，这些问题就能够被解决，或者至少能被处理得更好。使用认知失调理论，市长候选人首先让观众感到沮丧，之后通过提供对城市问题的解决方案［他（她）当选为市长］来恢复观众的平衡及舒适的感受。

在使用认知失调理论进行说服时，演讲者负有伦理上的义务，他们不应利用错误的主张来创造不协调。用一个并不存在的问题或不可能出现的问题制造不协调，这不符合伦理。在倾听说服性演讲时，要格外关注演讲者提供的关于这一问题真实存在的证据。

观众如何应对不协调 有效的说服需要的不仅仅是制造不协调，还要提出一个解决方案。当你的观众面对不协调的信息时，除了听从你的建议之外，还有各种选择。在你能够减轻观众的认知失调之前，你还需要了解观众可能会做出的其他反应。[6]

- **观众可能会怀疑消息来源** 与其相信你所说的每一句话，你的观众可能会选择怀疑。假设你驾驶的是一辆日本制造的汽车，然后你听到演讲者（其父亲拥有雪佛兰的经销权）主张，所有的美国人都应该驾驶美国制造的汽车。你可能会同意他的观点，或者你会因为他父亲的职业，判断这个演讲者存在偏见。你不会卖了日本制造的汽车再去买一辆美国制造的汽车，而是会怀疑演讲者的可信性，并且会忽视购买美国汽车的建议。作为一个说服性演讲者，你需要确保你的观众将你视为称职的且值得信赖的人，这样他们才会接受你的信息。
- **观众可能重新解读信息** 你的观众解决认知失调并恢复平衡的第二种方式是听取他们想要听的内容。他们可能会选择关注你的信息中和他们已经相信的信息相一致的部分，并忽视那些不熟悉或是有争议的部分。如果你告诉一个

概述

处理认知失调

当你的信息与观众的思想相矛盾时，他们可能：

- 尝试怀疑你；你需要有能力且值得信任
- 重新解读你的信息；你需要表述清晰
- 寻找其他的信息；你需要让你的信息有说服力
- 停止倾听；你需要让你的信息有趣味
- 被说服

正在选购新型电脑软件的消费者，这个软件要用十个步骤进入文字处理程序，但是程序使用起来很简单，这个消费者可能更关注那十个步骤并认为这个软件很难操作。你作为有效的演讲者的工作就是让你的信息尽可能清晰，这样你的观众就不会重新解读这些信息。认真地选择字词，使用简单、生动的示例来让观众关注主要的信息。

- **观众可能会寻求新的信息**　观众处理认知失调的另一种方式是寻找关于这一话题的新的信息。你的观众可能会寻找额外的信息来否定你的立场并反驳你巧设的论据。例如，作为一辆小型货车的车主，如果你听到演讲者描述最近小型货车突然出现大量的安全问题，那你就会经历失调。你可能会转向你的朋友并小声说道："这是真的吗？小型货车真的很危险吗？我还总认为它们非常安全呢。"你想要获取新的信息来证实小型货车是值得拥有的。
- **观众可能会停止倾听**　有些信息同观众的态度、观念以及价值观格格不入，以致观众可能决定不再继续倾听。我们中的大多数都不会去寻找机会倾听或阅读与我们的意见相反的信息。一个坚定的民主党人不太可能去参加一场为共和党举办的募捐活动。选择性呈现的原则表明我们更倾向于关注与我们观点相一致的信息，而去避免那些不一致的信息。当我们发现我们被困于一种充满着必须去听取的、不能支持我们的观念的信息的环境中时，我们倾向于停止倾听。清楚你的观众目前的态度、观念以及价值观能够帮助你确保他们不会把你的话当耳旁风。
- **观众可能会改变他们的态度、观念、价值观或行为**　观众对不协调的信息做出回应的第五种方式是做出演讲者想让他们做的事情。正如我们提到的，如果观众改变了他们的态度，他们就会缓解不协调感。你听一位人寿保险销售人员告诉你，当你死亡时，你的家庭将没有经济支持。这就会制造不协调，你希望你的家人过幸福安定的生活，所以你投了25万美元的保险来保护你的家人。这一行为恢复了你的平衡感。这位销售人员很成功地说服了你。广告撰稿人、销售人员以及政治候选人的目的都很相似：他们想要你经历不协调，这样你就会改变你的态度、观念、价值观或是行为。

利用观众的需求

需求是最好的动机之一。与只是想着自己驾驶最新款汽车上街时有多么拉风的人相比，真正带着需求来看新车的人买车的概率更大。你越了解观众的需求，就越可能赢得并抓住他们的注意力，并最终让他们如你所愿去做你想让他们做的事。

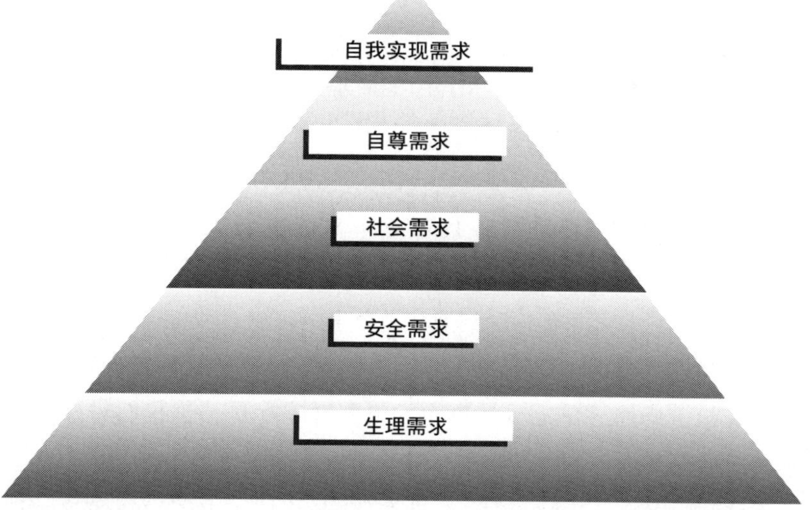

图 14.2　根据马斯洛的理论，我们的需求排列为一个层级结构，在我们有动力去满足更高层级的需求之前，我们必须满足金字塔底部的需求；例如，如果观众不能满足他们对食物的基本的生理需求，那么将一份人寿保险卖给他们以满足他们的安全需求就非常困难

资料来源：Based on Maslow, Abrahan (1954). *Motivation and Personality*. New York: HarperCollins

概括人类基本需求的经典理论是由亚伯拉罕·马斯洛提出的。[7] 马斯洛认为，存在激励每个人的行为的层级需求。图 14.2 展示了马斯洛理论的五个层级的需求，最低端的是最为基础的需求。马斯洛认为在我们有动力去追求更高层次的需求之前，需要先满足最基础的生理需要（食物、水和空气）。虽然马斯洛需求的层次本质并没有得到研究的一致支持（我们可以同时被几种需求所激励），但他的层级结构提供了关于观众的潜在动机的非常有用的清单。在试图说服观众时，演讲者尝试刺激他们的需求以改变或强化态度、观念、价值观或行为。让我们逐一分析这些需求。

生理需求　所有人的最为基础的需求就是生理需求：我们都需要空气、水以及食物。根据马斯洛的理论，除非这些需求被满足，否则很难刺激观众去满足其他的需求。如果你的观众很热、很累也很渴，那么说服他们为你的候选人投票、购买你的保险或是在你支持为控制宠物立法的请愿书上签字就很困难。对观众的基础生理需求要保持敏感，这样你对更高层次的需求的呼吁才能被听到。

安全需求　观众关注他们的安全。我们都需要感到安全、没有危险并受到保护，我们需要能够预知我们自己和我们所爱的人的安全需求是否得到满足。来自保险销售人员的经典陈述中就包含引起我们对于安全和保障需求的内容。许多保险销售中会包含严重破坏的汽车的图片，病人膏肓无法支付医药费的传闻，或者是已经去世的一家之主留下的东西不能满足家庭基本需求的故事。呼吁使用安全带、停止吸烟、开始锻炼以及使用避孕套都符合我们对安全和保障的需求。

在一场题为“篡改排放量数据：去除铅指标数值”的演讲中，约翰以这些监测数据开始演讲，刺激了观众对安全和保障的需求：

目前，一类美国的排放者每年向我们的空气中排放8000多吨铅，进而对人体健康造成不利影响。这种废物的排放者正在破坏污染控制系统，以降低成本。这种篡改使我们吸入的有毒气体量增加了300%—800%。这类排放者就是在美国开汽车的人。[8]

社会需求 我们大家都有感受到爱和被尊重的需求。我们需要同其他人联系并确保他们关心我们。根据马斯洛的理论，这些需求会转化成我们对群体（互助会、宗教团体、友谊）归属感的需求。有力的说服性呼吁是基于我们对社会交往的需求。我们被鼓励去购买一个产品或是支持一项特殊的议题，因为其他人都购买这个产品或者支持这一议题。我们必须购买他们所购买的相同的产品，或支持他们所支持的相同的事情，原因是这个商品或议题受到他人的喜欢和尊重，因此我们也必须这么做。

自尊需求 对于自尊的需求反映出自我高度评价的愿望。民权运动家杰西·杰克逊以宣传自我价值而闻名，他经常鼓励观众吟唱“我是大人物（I am somebody）”。这是对观众的自尊需求的一种直接唤醒。广告方试图让我们相信，购买了他们的产品后我们就能引人注目或从人群中脱颖而出，这么做也是在引导这种需求。推广豪华轿车的广告通常会让你想象你坐在驾驶座上，身边是美丽的同伴，在行驶途中，你还会看到路人投来的羡慕目光。

自我实现需求 在马斯洛的层次结构的顶层是**自我实现需求**。这是充分发挥自己的最大潜力的需求。多年来，美国军队使用“尽你所能”的口号开拓自我实现的需求。鼓励人们成为最出色、最聪明的人就是对自我实现的呼吁。根据马斯洛的假设，我们的需求组成一个层级结构，在满足最高层需求的动机之前，必须满足其他四个层次的需求。

使用正面激励

一位大萧条时期的政治家声称，投票给他就可以让繁荣回归，“家家锅里一只鸡”是他的正面激励。正面激励表明，如果演讲者的建议被积极响应，那么就会有好事发生。有效地使用正面激励的关键是了解观众所珍视的事物。弄清观众认为什么是满意的、良好的和道德的，有助于你选择最适合于他们的说服性方案。

自我实现需求
（self-actualization）
实现某人最大潜力的需求。

强调正面价值 人们重视的是什么？舒适的、富裕的生活，刺激的、令人兴奋的活动，一种成就感，世界和平、社区安宁、人类和睦，以及快乐，这些是人们所重视的一些事情。在一场说服性演讲中，如何去使用这些价值观念？在确定观众会按照你的意愿去思考、感受或是行动的原因时，回顾这些常见的价值观，并判断观众会得到怎样的收获。例如，如果你希望你的观众参加一门手语课程，观众能得到的益处是什么？你应该强调，如果他们学习了这一技能，就可能获得成就感，产生对社会的贡献或是增加交友的机会。一场提倡唱片公司应该将所有歌曲的歌词印制在唱片标签上的演讲可能会诉诸家庭价值观。

益处（**benefit**）
好的结果或是能给观众带来正面感受的事情。

特色（**feature**）
你所描述的事物的特点。

强调益处，而非仅仅强调特色　**益处**是好的结果或是能给观众带来正面感受的事情。**特色**仅仅是你所谈论事物的特点。益处会刺激内心的积极情感。特色则会引发理性的认知反应，这产生自头脑。在说服其他人时，内心通常胜过头脑。

大多数销售人员都知道，仅仅以一般的术语强调产品的特色还不够。他们必须将这些特色转化为能够增强消费者生活质量的明显的益处。房地产销售人员仅仅说明“这个地板是新型的无蜡乙烯基地板”，是远远不够的，补充说“这意味着你永远不需要跪在地上用手擦洗地板了”才会更加有效。在使用正面激励时，请一定让观众知道你的提议能够给他们或亲朋好友的生活及生命质量带来什么益处。

使用负面激励

“如果你再不停下来，我就去告诉妈妈！”不论他（她）是否意识到，这个威胁要告诉妈妈的兄弟或姐妹正在使用的说服性技巧被称为**恐惧诉求**。使用威胁手段是尝试改变某人的态度或行为最为古老的方式之一，同时也是最为有效的方式之一。实质上，诉诸恐惧是以“如果–那么”的形式进行的陈述：如果你不做某事，那么可怕的事情就会发生。说服者为断言构建了一个论证，这个断言就是除非行为或态度发生所期望的变化，否则需求就不会被满足。恐惧诉求不断地被使用在说服性演讲中的主要原因是它们确实会起到作用。各种各样的研究都支持以下使用恐惧诉求的原则。[9]

- **所爱之人受到强烈威胁往往比直接针对观众本人的恐惧诉求更容易成功**。使用这一原则的演讲者可能会说：“除非你看到你的孩子系上了安全带，否则他们很容易在车祸中受伤或死亡。”
- **演讲者能力越强，越值得信任或越值得尊敬，恐惧诉求成功的可能性就越大**。信誉较高的演讲者在较为温和的威胁下更易成功。美国公共卫生部部长说服人们去接种流感疫苗的成功概率比你要大。
- **如果你能使你的观众确信，除非他们采取你所提倡的行动，否则威胁真的存在并将可能发生，这样恐惧诉求会更有效**。例如，你可以戏剧般地宣布：“去年，有上千名吸烟者因患肺癌死亡。除非你停止吸烟，否则你也有很高的几率患上肺癌。”

- **一般来说，增加恐惧诉求的强度可以提高恐惧诉求见效的概率**。特别是当观众能够采取（说服者所建议的）行动来减少威胁时尤其如此。[10] 过去，一些研究证明（在公共演讲的课本中也有写到），如果演讲者在观众中制造过多的恐惧和焦虑，观众可能会认为诉求太过强烈，并感到非常烦躁，所以他们不再继续倾听。然而，更加广泛的研究得出结论，恐惧诉求的强度和观众被说服的可能性之间存在直接的关系。恐惧诉求确实起到作用。假设存在证据支持可信的演讲者所提出的威胁，强烈的恐惧诉求比温和的恐惧诉求更能起到作用。使用恐惧诉求的演讲者负有伦理责任，在试图引起观众的恐惧时要诚实而不夸张。
- **当你能够使你的观众相信，他们有能力通过做出改变来减少导致恐惧的威胁时，恐惧诉求会更加成功**。作为演讲者，你的目标不仅仅是让观众更加恐惧，还要让他们能够采取行动。在提供对引起恐惧的问题的解决方案时，请一定要告知你的观众他们可以做些什么来减少威胁。[11] 例如，如果你告诉了你的观众，除非他们减肥，否则就会过早死亡，他们可能想减肥，但是认为这太难做到。如果在引起恐惧的信息（减肥或过早死亡）中结合使减肥可以实现的策略（这里有一份你可以遵循的节食计划，很简单但很有效），那你将成为一名更加成功的说服者。以观众为中心的原则在此也很适用。你可能认为解决方案非常明显，不需要说明，但是你的观众也这样想吗？从观众的角度来看待解决方案。

恐惧诉求的有效性是以认知失调以及马斯洛的层级需求理论为基础的。引发的恐惧会制造失调，通过遵循说服者的建议可以减少这种失调。恐惧诉求也基于未得到满足的需求。恐惧诉求取决于一种令人信服的主张，即认为，除非做出特定的行动或态度的改变，否则需求将得不到满足。

认知失调、需求以及情感诉求，无论是积极的还是消极的，都可以说服观众改变他们的态度、观念、价值观以及行为。然而，要意识到，说服的过程并不像你认为的那么简单。对于激励和说服观众来说，并不存在精确的公式，态度的改变也因人而异。说服是一门利用科学的艺术。培养对观众的情感和需求的敏感性，并合乎伦理地运用你所学到的公共演讲策略，将有助于增强你的说服信息的有效性。

概述

有效地使用恐惧诉求

在下列情况下，恐惧诉求会更加有效

- 恐惧诉求直接针对所爱之人
- 你有很高的可信度
- 威胁被认为是真实的并且可能真实发生
- 恐惧诉求得到了强有力的证据支持
- 恐惧诉求促使观众采取行动

14.4 如何规划以观众为中心的说服性演讲

准备并呈现一场以观众为中心的说服性演讲。

虽然现在你知道了什么是说服，也知道它是如何发生作用的，但你可能仍然关心如何去着手准备一场说服性演讲。准备一场说服性演讲的过程中所要遵循的步骤同准备其他以观众为中心的演讲一样，可以参考我们在图 14.3 中所展示的我们已经非常熟悉的演讲过程的模型。当你试图说服观众时，要在每一个步骤中都考虑你的观众。

考虑观众

虽然在每一种演讲情景中以观众为中心都很重要，但当你的目标是进行说服时，以观众为中心尤其重要。不了解某人的兴趣、态度、观念以及行为就要去说服他（她），这会是一种挑战。

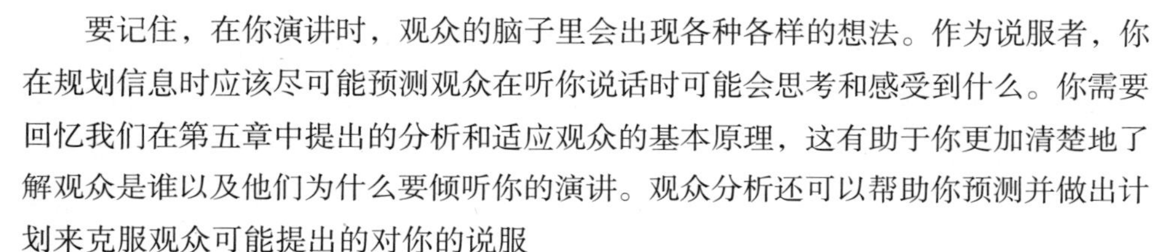

要记住，在你演讲时，观众的脑子里会出现各种各样的想法。作为说服者，你在规划信息时应该尽可能预测观众在听你说话时可能会思考和感受到什么。你需要回忆我们在第五章中提出的分析和适应观众的基本原理，这有助于你更加清楚地了解观众是谁以及他们为什么要倾听你的演讲。观众分析还可以帮助你预测并做出计划来克服观众可能提出的对你的说服性信息的异议。

考虑观众的多样性 研究人员发现，没有一种通用的、跨文化的说服方式对所有文化的人都适用。说服在不同的文化团体中运作方式也不尽相同。例如，北美人非常重视直接的观察和可被证实的事实。美国的司法制度非常注重证人证词。但是在中国文化中，这样的证据并不可靠，因为中国人认为，人们目击到的事物通常会受到个人动机的影响。在非洲文化中，个人的证词通常也会受到怀疑；理由是，如果你大声疾呼来保护某人，那你一定有不为人知的动机，由此，你的言论的效力就会大打折扣。[12] 你的观众可能来自其他文化，带有更为不同的看法。我们的观点是，不要使用只对和你有相同文化背景的观众

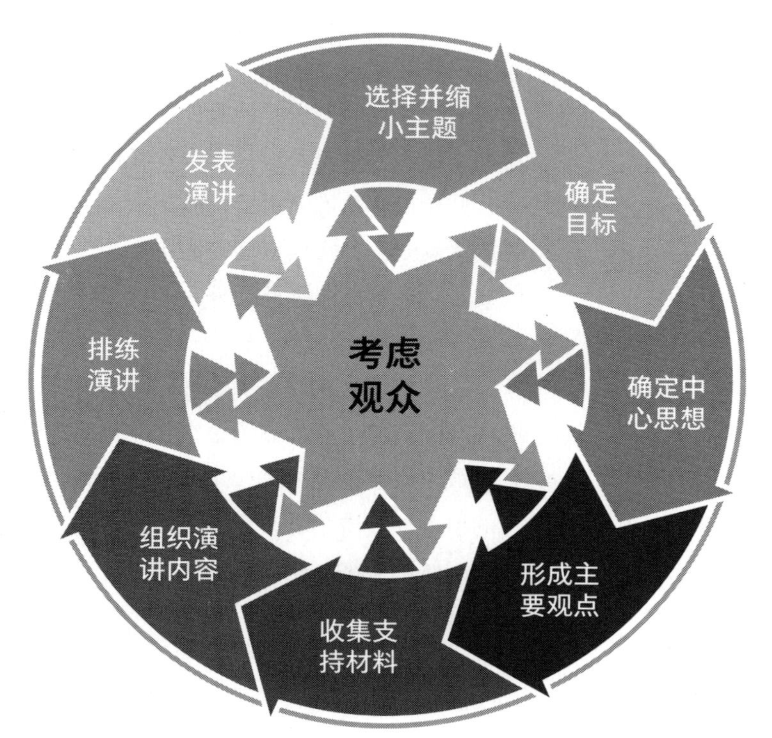

图 14.3 考虑观众是所有演讲的中心环节，对于说服性演讲而言尤其如此

资料来源：Copyrighted by Pearson Education, Upper Saddle River, NJ

有效的策略来设计说服性演讲。有效的以观众为中心的沟通者对存在于他（她）同观众之间的文化差异非常敏感。与此同时，保持谨慎，不要仅仅根据文化因素就对观众做出老套的假设。

记住你作为说服者所承担的伦理责任 当你考虑观众并在思考如何使信息适应他们时，我们要提醒你记得自己在说服他人时所承担的伦理责任。捏造证据或是以虚假的信息恐吓你的观众都是不符合伦理的。以你知道的虚假的信息为基础在观众的头脑中制造认知失调，同样也是不合伦理的做法。你还有义务告知观众信息来源。适应观众并不意味着只告诉观众他们想听到的内容，而是要规划一场观众会仔细倾听的合乎伦理的演讲。

选择并缩小说服性主题

确定说服性演讲的主题有时会难倒演讲初学者。不要脑海里闪过一个想法就马上定下来，而是应该选择对你重要的主题。你所热衷的是什么？什么问题在搅动着你的内心和你的思想？如果你选择的是能够带着真诚的信念进行讨论的主题，那你将呈现一场更好的演讲。除了你的兴趣，主题还要反映出观众的激情与信念。理想的主题不但会探讨观众的需求、所关心或是争议的事，而且也是你自己的兴趣和热情所在。网络包括社交媒体以及视频网站能够帮助你确定观众所热衷的主题。

有争议的问题也是说服性主题的很好的来源。有争议的问题就是人们有不同意见的问题：大学是否应该提升学费以使教职工升薪？大学生是否应该被允许在校园内公开持枪？政府是否应该收集大量的网络数据以寻求打击恐怖主义？选择有争议性的话题时，你需要以观众为中心去了解你的观众感兴趣的当地的、州际的、国家的或国际的问题。除此之外，最优秀的说服性主题关注的是重要的问题而非无聊的问题。

关注媒体和网络，及时了解当今重要议题的最新动态。在线阅读报纸或杂志，关注新闻资源，或者订阅报纸，掌握有趣的议题和主题的动态。电台的脱口秀节目是获取争议性话题的另一个有趣的渠道。全国性和本地的电台热线交谈节目可以为你的说服性演讲主题带来灵感。即使你对于演讲的主题已经有了明确的想法，不断获知媒体和网络上的信息也能够给你额外的想法，帮助你确定演讲的主题或找到有趣且合适的支持材料。

确定说服性目标

当你希望说服其他人时，你并不需要总是努力去改变他们的态度、观念、价值观或是行为。人们很少在只听了一场说服性演讲后就在生活中做出重大改变。你的演讲目标可能只是让你的观众更接近你的最终目标。

社会判断理论表明，当观众面对说服性信息时，他们的回应可以归为这三种类型中的一种：（1）接受区域，在这个区域内他们通常赞同演讲者的观点；（2）拒绝区域，在这个区域内他们反对演讲者的观点；（3）不明朗区域，在这个区域内，他们还没有做出赞成还是不赞成的表示——他们不知道如何去回应。[13]

在演讲前了解观众所处的区域非常重要，这样你才能选择一个切实可行的说服性目标。如果大多数观众的态度都处于拒绝区域，那么在一场仅仅只有十分钟的演讲中让他们转移到接受区域是非常困难的。正如图 14.4 所示，也许你能够做到的就是将他们推移到不明朗区域内，让他们不再那么坚定地拒绝你的想法。有时，能让观众去倾听而不是拒绝一个新的观点，就是你在一场演讲中希望达成的目标。

确定中心思想和主要观点

演讲的整体结构基于中心思想和支持中心思想的主要观点。你的中心思想，正如你回忆的那样，就是对你的演讲的一句话总结。在说服他人时，许多演讲者认为，以主张的形式陈述中心思想是非常有用的。提出一个**主张**，概述你希望观众赞同的观点。请注意下面的提议是否构成演讲的中心思想：

- 所有的学生都应该被要求学习一门外语。
- 与化肥种植相比，有机园艺对环境更加友好。
- 美国应该向其他国家提供经济援助。

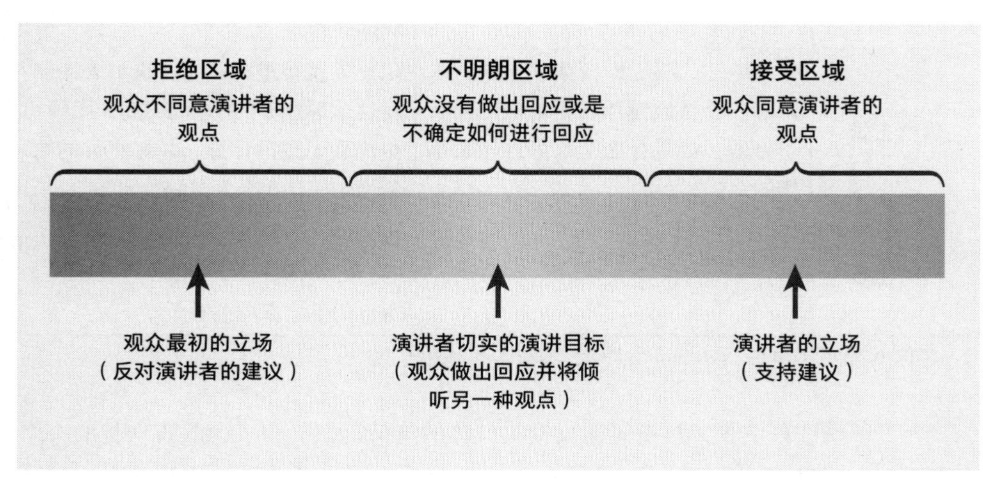

图 14.4　根据社会判断理论，一个切实可行的说服性目标可能是促使你的观众不断朝接受的方向转移至不明朗区域，而不是从一个极端跳到另一个极端

资料来源：Copyrighted by Pearson Education, Upper Saddle River, NJ

社会判断理论（social judgment theory）
关于观众对说服性信息做出接受、拒绝或是不明朗回应的理论。

主张（proposition）
总结了演讲者希望观众赞同的观点的陈述。

这三种提议属于事实主张、价值主张以及政策主张。这三种类型的主张在表 14.2 中被总结出来。弄清你的说服性主张适合哪种类型不仅有助于你阐明自己的中心思想，还能让你知道如何去选择具体的说服性策略，以帮助你实现自己的具体目标。让我们更详细地分析每种类型的主张。

事实主张 **事实主张**关注的是事情的真假，或者这件事是否发生过。一些事实主张是无可辩驳的：在2012年总统大选上，巴拉克·奥巴马比米特·罗姆尼（Mitt Romney）收获了更多的选票；巴尔的摩乌鸦队赢得了 2013 年的“超级碗”比赛；得克萨斯州比波兰面积大。这些说法都是可以通过求证来证实的事实主张。出于这种原因，它们并不是说服性演讲的合适的主题。

另外一些事实主张需要用上时间和技巧（可能是一整场说服性演讲）来进行证明。以下这些存在争议的事实主张的示例，将是很好的演讲主题：

- 当妇女参军时，军队的素质得到提升。
- 在孩童时期受过父母虐待的成人更可能虐待他们自己的孩子。
- 美国的外交政策降低了美国遭受更多恐怖袭击的可能性。
- 全球气候变化没有发生在我们的大气层中。

表 14.2 说服性主张：确定中心思想

类型	定义	示例
事实主张	关注某事真假的主张。存在争议的事实主张是说服性演讲主题较好的选择。	无争议的：在过去三年中，国家立法机关将学费提升了 10%。 存在争议的：当今世界的恐怖袭击发生频率比人类历史上其他任何时期都要高。
价值主张	一项陈述，要么断言某物比别的东西好，要么假设什么是对的，什么是错的，或者什么是好的，什么是坏的。	相比于直接进行普选，选举人团制度是选举总统更好的方式。 相比手工进行计算，最好将你的财务记录保存在个人电脑上。
政策主张	一份建议进行政策或程序变革的声明。	我们的社区应该对所有十八岁以下的公民实行宵禁。 所有的手枪都应该被收缴。

资料来源：Copyrighted by Pearson Education, Upper Saddle River, NJ

事实主张
（proposition of fact）
关注某事的真假以及是否发生过的主张。

为了证明这些主张，演讲者需要提供具体的支持证据。为了说服观众赞成一个事实主张，演讲者必须将注意力放在改变或加强他们的观念上。许多以事实主张为重点的说服性演讲一开头都在罗列主张之所以成立的一种或多种理由。

以下是基于一个事实主张的关于低碳水化合物饮食的说服性演讲提纲：

主题　低碳水化合物饮食
总目标　说服
主张　低碳水化合物饮食非常安全且有效
具体目标　在演讲结束后，观众将赞同低碳水化合物饮食是非常安全且有效的观点
主要观点　I. 碳水化合物是在我们饮食中占有大量比例的摄入成分
A. 许多人都会食用含大量碳水化合物的快餐
B. 小学食堂提供的午饭中含有大量的碳水化合物
C. 许多人食用大量精加工、富含碳水化合物的食物
II. 碳水化合物会使人肥胖，不健康
A. 富含碳水化合物的饮食会导致肥胖
B. 富含碳水化合物的饮食或导致 2 型糖尿病
III. 低碳水化合物饮食对减肥和保持健康来说是一种安全且有效的方式
A. 低碳水化合物饮食的安全性与南滩减肥法或原始人饮食法一样已经经过研究的证明
B. 低碳水化合物饮食的有效性已经经过研究的证明

价值主张　**价值主张**是呼吁观众判断某事的价值或重要性的陈述。价值观，如你想到的，是对好坏、对错的持久性的观念。价值主张是一项陈述，要么断言某物的好坏，要么认为某事或某种行为要比其他的更好。思考下列例子：

- 拒绝想要进入美国的移民是错误的。
- 通信专业是比历史专业更好的专业。
- 民办教育比公办教育更有价值。
- 相比于在不法分子暴力入侵学校时没有防护措施，携带可隐藏武器对老师来说更为妥当。

这些主张，或直接陈述，或暗指某事比另一件事更好。价值主张通常直接将两件事情进行比较，并表明一种选择比另一种更好。

曼尼计划发表一场演讲，说服观众相信雷鬼音乐比其他摇滚乐更好。

主题　雷鬼音乐
总目标　说服
主张　因为三个原因，雷鬼音乐比其他摇滚乐更好

价值主张
（**proposition of value**）
呼吁观众判断某事的价值或重要性的陈述。

具体目标 在演讲结束后，观众倾听雷鬼音乐的频率会超过其他摇滚乐

主要观点 I. 雷鬼音乐传递出人人平等的信息

II. 雷鬼音乐及其旋律能够唤起积极的心情，令人振奋

III. 雷鬼音乐以多样的文化和民族传统为基础

政策主张 第三种主张，**政策主张**，提倡采取具体的行动——改变政策、程序或是行为。请注意以下所有的政策主张中包含的**应该**一词；这是演讲者主张改变政策或程序的提示。

- 在我们学校区域内的英才项目应该有一个全职协调员。
- 我们社区应该每月留出一天作为“社区清洁日”。
- 富裕的老年公民应该比贫穷的老年公民支付更多的医疗费用。

在以政策主张为基础的演讲中，保罗计划说服他的观众，大学教授的学术职位终身制应该被取消。他按照主题模式组织了他的演讲，指出学术职位终身制对大多数高校来说不再是一项合理的政策。为了支持自己的主张，他还使用了几个事实主张。还要注意的是，保罗的具体目标包含了观众需要采取的具体行动。

主题 学术职位终身制

总目标 说服

主张 我们的学校和其他高校都应该废除学术职位终身制

具体目标 在演讲结束后，观众应该在要求废除学术职位终身制的请愿书上签字

主要观点 I. 学术职位终身制已经过时了

II. 学术职位终身制被滥用

III. 学术职位终身制造成低效的教育

这里还有另一个以政策主张为基础的说服性演讲的提纲。同样，要注意在主要观点中事实主张是如何被用来支持政策主张的。

主题 计算机教育

总目标 说服

主张 我们社会中的每一个人都应该知道如何使用个人电脑

具体目标 在演讲结束后，所有还没有参加计算机课程的观众都应该报名参加这一课程

政策主张
(proposition of policy)
提倡改变政策、程序或行为的主张。

主要观点 I. 许多拥有个人电脑的人不知道怎样使用其大部分功能

II. 计算机技能将会有助于你的学术研究

III. 计算机技能将会有助于你找到一份好的工作，无论你的专业或职业是什么

收集支持材料

在为自己的说服性信息收集支持材料时，你是在寻找可以使用的说服方式来支持你所确定的主要观点，由此实现你的具体目标。回忆本章一开头亚里士多德提出的三种说服观众的主要方法或可能的方法：（1）成为一名可信且具有伦理意识的演讲者，包括使用可信且合乎伦理的支持材料；（2）使用有效的逻辑和推论来支持你的主要观点；（3）使用恰当的情感支持。由于你所创建和使用的支持材料直接关系到说服目标能否成功实现，我们在下一章中将使用大量的篇幅来说明这三种说服方式。

组织说服性演讲

在确定并为你的信息收集了合乎伦理的、有逻辑的以及恰当的情感支持之后，你将对如何组织演讲做出最后的决定。同任何演讲一样，你需要提供能够吸引观众注意力的引言，给观众倾听演讲的理由，介绍主题，建立你的可信度以及预告你的主要观点。演讲的主体部分应该明确主要观点，并使用合适的过渡、指示标识以及内部小结来确保观众理解你的重要观点。最后，你要用结语总结自己的核心信息并为自己的演讲提供结尾。当你的目标是说服观众时，那么在考虑如何规划开场、组织观点和收尾时尤其需要考虑观众和你的具体目标。我们将在下一章中讨论组织一场说服性演讲的具体方法及建议。

排练并发表演讲

为了将你的想法付诸实践，演讲准备过程的最后两个要素就是大声地排练你的演讲，以及最后将你的演讲呈现给你的观众。当你的目标是进行说服时，为了检查你的信息是否明确易懂、条理清楚，你应该尽量在其他人面前排练演讲或是把部分想法告诉某人，征求他们的意见。你的演说方式可以传达出你对自己所持观点的热情，所以回顾我们在第十一章中提供的建议和指示是非常有必要的，以此确保你的演讲能够顺利完成。

即使你拥有经过精心准备的信息，但如果没有结

自信地同你的观众建立联系

用呼吸来放松

当你感觉你的身体开始紧张时，放松地深呼吸有助于你消除恐惧。经历心跳加速和呼吸模式的改变是正常的，这是对增强的焦虑产生的生理反应。为了向你的大脑发出信号，说明你还没失去控制，有意识地进行几次缓慢的呼吸。呼吸时尽可能悄悄地进行，没必要让他人知道你在用深呼吸的技巧来控制你的恐惧。无论你是坐在教室里的座位上为成为下一位演讲者而做准备，还是坐在观众面前的讲台上，一种缓慢而平静的呼吸将有助于你放松，让你的精神平静下来。

概述

以观众为中心的说服性演讲

- 考虑观众的态度、观念、价值观以及行为。
- 考虑观众的多样性。
- 有争议的话题是很好的说服性主题。
- 使用社会判断理论来确定目标。
- 将你的中心思想表述为事实主张、价值主张或是政策主张。
- 找到强化你的可信性、逻辑性以及情感诉求的支持材料。
- 使用清晰的组织形式。
- 在排练时获取反馈。
- 使用恰当的感情发表演讲。

合充沛的情感，你的演讲也可能无法实现预期的目标。眼神交流、手势、动作、姿势、面部表情、声音变化以及个人仪容仪表，这些都是你可以用来提高自己可信度、逻辑性，以及同观众进行真实的情感互动的方式。

还要回想一下，详尽可能性模型预言，你的演讲方式本身对某些观众来说也具有说服力。无论你的信息多么合理，至少有一些观众不能去详尽阐述或批判性地思考这些信息。你可以从间接路径说服这些观众，这一路径是以你演讲过程中同他们建立的情感联系为基础的。

学习指导 回顾、应用及评估

14.1 说服的目标

描述说服性演讲的目标。

说服是改变或强化态度、观念、价值观或行为的过程。态度是对某事做出的喜欢或不喜欢的反应的习得性倾向。观念是对于事物真伪的个人理解。价值观是关于好坏、对错的持久的观念。

关键词

说服……308
态度……309
观念……309
价值观……309

伦理性思考

泽塔计划发表一场说服性演讲，说服她的同学支持对参议员和国会议员实行任期限制——即使她个人是反对任期限制的。准备一场支持你持反对态度或相反观念的说服性演讲是合乎伦理的吗？

评估你以观众为中心的演讲技能

当你在演讲课上倾听一场说服性演讲时，确定演讲者是否在试图改变或强化态度、观念、价值观或行为，或者试图实现多个结果。

14.2 说服是如何起作用的

解释说服原理的古典理论和现代理论。

多种理论都解释了说服是如何起作用的。为了发表一场说服性演讲，你可以将这些理论知识吸收进你的演讲准备之中。亚里士多德建议诉诸人格、逻辑以及情感来说服他人。详尽可能性模型表明，观众要么是遵循一种直接路径被说服，在这种路径中他们详尽阐述思考问题和证据；要么他们在不进行详尽阐述时通过间接路径被说服。

关键词

人格……311
逻辑……311
情感……311
动机……312
说服的详尽可能性模型……312
详尽阐述……312
直接说服路径……312
间接说服路径……312

批判性思考

如果你试图将一种新型的计算机系统卖给学校的行政机构，你应该以何种说服原则为基础来准备你的信息？

评估你以观众为中心的演讲技能

当你准备你的下一场说服性演讲时，用亚里士多德关于说服的古典理论以及更加现代的说服的详尽可能性模型，解释观众是如何被信息说服的。

14.3 如何激励观众

描述鼓励观众对说服性演讲进行回应的四种方式。

激励观众的一种方法是认知失调，这会唤起人们在思想中追求平衡或一致性的倾向。当说服性信息要求我们改变我们的态度、观念、价值观或者行为时，我们会试图保持理性平衡或认知一致性。

激励的第二种方式是满足观众的需求。亚伯拉罕·马斯洛确定了五个需求层级，包括生理需求、安全需求、社会需求、自尊需求以及自我实现需求。

第三，正面激励可以通过鼓励观众对你的信息做出有利的回应来帮助你形成一种有说服力的信息。

说服的第四种方式是使用负面激励。恐惧会激励我们对说服性建议做出有利的回应。为了避免痛苦和不适，我们可能会遵循说服性演讲者的建议。

关键词

认知失调……314
自我实现需求……318
益处……319
特色……319

伦理性思考

汤姆打算使用交通事故中伤亡者的照片开始他关于安全驾驶的演讲，照片中的人因没有使用安全带而变成残疾或身亡。对恐惧诉求如此生动的运用是否合乎伦理？

批判性思考

本地商会征求你对关于建立一个解决本地公共安全问题的演讲的意见。关于如何激励公民采取行动以保护他们免受帮派暴力、交通和恶劣天气的影响，你会向演讲者提出怎样的建议？

评估你以观众为中心的演讲技能

听一场政治领导人发表的演讲。当你听或阅读美国参议员和众议员的演讲时，辨别他们用来激励观众支持某一特定观点或结论的具体方法。

14.4 如何规划以观众为中心的说服性演讲

准备并呈现一场以观众为中心的说服性演讲。

演讲者在准备和呈现说服性演讲时可以使用在其他类型的演讲中用到的各种说服原理。在过程中的每一个步骤中都要考虑观众，这是最为重要的一点。第二重要的是选择一个合适的主题。在构思说服性演讲的中心思想时，根据你的观众的背景和期望确定合理的事实主张、价值主张或政策主张。说服原则也可以指导你收集支持材料，组织、排练和发表你的演讲。

关键词

评估你以观众为中心的演讲技能

以观众为中心的一个重要方面就是考虑观众的多样性。根据前文的讨论，考虑观众的多样性，确定合乎伦理地适应观众的方式。

15

使用说服性策略

目标

学完本章后，你应该能做到以下几点：

15.1 确定并使用提升最初、继发和最终可信度的策略。

15.2 使用有效推理原则规划一场说服性演讲。

15.3 在说服性演讲中运用有效的情感诉求技巧。

15.4 调整你的说服性信息以适应接受型、中立型和非接受型观众。

15.5 确定并使用能有效组织说服性演讲的策略。

演讲就是力量：演讲的目的就是说服别人、传递信息、征服思想。

——拉尔夫·沃尔多·爱默生

“说服，”修辞学家唐纳德·C. 布莱恩特说道，“就是使观念适应人，使人适应观念的过程。”[1] 要成为一名以观众为中心的说服性演讲者就要使用有效的策略来调整你的信息，这样观众才会理性地对你的演讲进行回应。但什么样的策略能够提高你的可信度，帮助你制定逻辑性强的论证及使用情感诉求，从而打动观众呢？在上一章中，我们提到，亚里士多德将修辞学定义为发现可行的说服方法的过程。在本章中，我们会提供更加详细的策略来帮助你准备说服性演讲。具体来说，我们将说明如何获取信任，如何选择理由充分的论据，以及如何使用情感打动你的观众。我们还将探讨如何让你的特定信息适应观众，最后就组织说服性信息提出建议。

确定并使用提升最初、继发和最终可信度的策略。

15.1 提高你的可信度

回忆在第九章中我们讨论过的**可信度**的重要性。可信度是观众对演讲者的能力、信赖程度以及活力的看法。作为一名公共演讲者，尤其是想要说服观众的公共演讲者，你会希望观众对自己有一个良好的态度。在可信度和演讲的有效性之间存在直接的关系：观众越觉得你可信，就越可能被你这名说服性沟通者说服。

如我们在第十四章中提到的那样，亚里士多德使用术语 **ethos（人格）**来指代演讲者的可信度。他认为，演讲者要赢得信任，就必须具备伦理意识以及良好的品质，了解常识并关心观众的利益。昆体良，一位罗马公共演讲老师，也认为有效的公共演讲者应该是拥有良好品质的人。昆体良的建议是，演讲者应该是“一个善于言谈的好人”。积极的公众形象对演讲者的重要性在几世纪前就已经得到承认。但不要认为可信度是演讲者天生就具备或缺乏的品质，可信度依赖于观众对演讲者的看法，决定你是否具有可信度的是观众而不是你自己。

可信度的基本要素

可信度不是一个单一的因素或观众对你的单一的观点。亚里士多德对影响演讲者可信度的因素的推测，得到了现代实验研究的普遍支持。要让人信服，你应该被认为是有能力的、值得信任的且有活力的人。

能力 要成为**有能力的**演讲者，那就要被认为对某一话题见多识广、很有经验或有足够的知识储备。

当你发表演讲时，如果你能使观众相信在演讲主题领域你知识渊博，那么你将更具有说服力。例如，如果你说，每人每年都进行一次体检是一个很好的主意，你的观众会在心里问道：“为什么呢？你有什么资格来这样建议呢？”但是如果你通过展示医学数据证明每年进行体检能显著延长寿命，并以此支持你的结论，你就提升了这一建议的可信度。因此，突出自身能力的一种方式是引用可信的证据来支持

能力（competent） 关于某一话题见多识广、很有经验或有足够的知识储备。

自己的观点。

可靠性 影响观众对你的看法的第二个主要因素是**可靠性**。你信任那些你认为诚实可靠的人，你也可以预测他们在将来会做什么或说什么。

获取观众的信任不是简单地通过说一句“相信我”就能做到的事情。通过说明你对于当前所谈论问题拥有处理经验来获取信任。相比于从旅行指南中获取信息，如果你曾去过欧洲，观众更可能相信你关于如何以每天50美元的花费游览欧洲的建议。如果你主张的某事将会给自己带来直接的好处，那你的可靠性将会受到怀疑。这就是销售人员和政治家通常给人不可信赖的印象的原因，如果你做了他们所说的事情，如你购买了产品，他们无疑将获得销售佣金；如果你给出了你的投票，他们无疑将获得权力和地位。

活力 影响可信度的第三个因素是演讲者的**活力**，或精力。活力通常通过演说方式呈现出来。**气场**是活力的一种表现。具有气场的人拥有吸引力、才华、魅力以及其他能够使人变得迷人和有活力的品质。许多人认为富兰克林总统和里根总统是非常有气场的演讲者。

可信度的发展阶段

在观众心中你的可信度会随着时间而发生变化。演讲者的可信度通常经历三个阶段：（1）最初可信度；（2）继发可信度；（3）最终可信度。

最初可信度 第一个阶段叫作**最初可信度**。这是观众在演讲之前对你的可信度的印象。在演讲前仔细考虑自己的仪容仪表并同观众建立眼神交流，这将增强你的自信并提升你的可信度。准备一份关于自己资历证明和成就的简要介绍，让主持人用于开场白，这是一个明智之举。即使你没有事先被要求做出陈述，那么准备一份也没有坏处。

继发可信度 可信度发展的第二个阶段被称为**继发可信度**。这是观众看到你之后及在你展示自己和呈现演讲时所发展出的对你的看法。本书中所呈现出的大部分原则和技巧都有助于你建立作为一名演讲者的继发可信度。许多得到研究支持的技能可以提高可信度，包括与观众建立共识，用证据支持你的关键论点，以及呈现一场组织良好、完美传达的演讲。

- **同你的观众建立共识**。在开场白中表明你将和观众分享相同的价值观和关注点，以此来同观众建立共识。政治家为了说服观众，可能会通过谈论自己的孩子来表明他（她）理解削减预算让家长不安的原因。
- **用证据支持你的关键论据**。使用证据支持你的说服性结论能增强你的可信度。[2]
- **呈现组织良好的信息**。组织良好的信息也会提升你作为一名有能力且理性的

可靠性（trustworthiness） 演讲者可信度的一个方面，反映了演讲者是否被视为可信且诚实的。

活力（dynamism） 演讲者可信度的一个方面，反映了演讲者是否显得精力充沛。

气场（charisma） 有才华、具有魅力、有吸引力的演讲者的特征。

最初可信度（initial credibility） 在演讲者开始演讲之前观众对演讲者的可信度的印象。

继发可信度（derived credibility） 在演讲过程中形成的对演讲者可信度的看法。

最终可信度
（**terminal credibility**）
在演讲结束后，观众对演讲者可信度的最终印象。

主张者的可信度。[3] 无论你使用什么样的组织形式，请确保你的信息结构逻辑性很强，使用必要的内部小结、指示标识以及列举重要观点。

- **精彩地发表你的演讲**。对大多数北美人来说，有规律的眼神交流，多样的声音变化以及合适的着装都对你说服观众回应信息有着积极的影响。[4] 为什么演说方式会影响你的说服力？研究表明，当你的观众期望你是一名优秀的演讲者，而你却并没有达到他们期望的时候，他们不太可能去做你要求他们去做的事情。[5] 所以不要违背他们的期望而呈现一场糟糕的演讲。

有效的演说方式不但有助于获得并维持观众的注意力，而且还会影响到观众是否喜欢你。[6] 如果你能引起观众的注意力，且如果他们喜欢你，那么相比于你没有引起观众的注意力且他们并不喜欢你，你的说服力会大大增加。演讲者使用幽默会提升他们的可信度吗？有一些证据表明，虽然使用幽默会有助于观众喜欢你，但是幽默在最终说服观众支持你的信息方面并没有重大的影响。[7]

概述

如何提升可信度

最初可信度：
- 注重自己的仪容仪表。
- 演讲前建立眼神交流。
- 提供同你的主题相关的证书、资历等。

继发可信度：
- 建立共识。
- 用证据支持论据。
- 有条理地组织演讲。
- 精彩地发表演讲。

最终可信度：
- 保持眼神交流直至结束。
- 准备好回答问题。

最终可信度　可信度的最后一个阶段，被称为**最终可信度**，或者最后可信度，指的是在你演讲结束后观众对你的可信度的看法。你给观众留下的最终的印象会受到他们最初是怎样看待你（最初可信度）以及在你呈现演讲时你的所作所为（继发可信度）的影响。它还会受到你在结束演讲时和结束演讲后的表现的影响。在没有说完最后一句话之前不要离开讲台或演讲场地。即使你的演讲不存在计划中的问答环节，也要准备好回答观众的问题。

使用有效推理原则规划一场说服性演讲。

15.2　使用逻辑和证据进行说服

“我们需要削减税收来提升经济效益，”政治家在周日早上的访谈节目中说，“本月的股票已经下跌了三百点。民众不再购买商品。削减税收将把钱放在他们的口袋中，从而刺激经济的发展。”为了说服其党派中的反对成员，这位政治家使用了逻辑论证，这个论证由股票价格下跌这一证据支持。正如我们在第四章中探讨如何成为一名批判型观众时提到的，逻辑是一种正式的推理规则系统。因为明智的观众善于倾听，说服性演讲者需要注意自己运用逻辑得出结论的方式。亚里士多德将逻辑称为 logos，其含义是“道”。使用文字及统计数据来生成有逻辑的论据能够让你的信息更加具有说服力。它还能让你自己的思路更加清晰，有助于你讲清楚自己的观点。对所有的说服性演讲来说，逻辑都是非常重要的。在第四章中，我们介绍了如何运用逻辑和证据帮助你成为一名批判型观众或信息消费者。在这里我们将展开深入讨论，帮助你使用逻辑论证和证据来说服他人。

亚里士多德曾说过，任何的说服性演讲都包含两部分：第一，陈述你的事例。第二，证明你的事例。从本质上来讲，他是在说，你必须拿出证据，然后用适当的推理来引导你的观众得出你所主张的结论。证明包括你提供的证据，加上由此得出的结论。证据是你用来支持你的观点的事实、示例、统计数据和专家意见。推理是你从证据得出结论的过程。在周日早间访谈节目中，政治家得出一个结论，股票价格暴跌、人们不买东西的证据证明，减税是必要的。让我们更加详细地分析证据的两个关键要素。具体来说，我们将更深入地研究不同类型的推理和检验证据质量的方法。

理解推理类型

自古以来，为说服性信息构建合乎情理的论证就是非常重要的。如果你的论证构建得合理，你将有更大的几率来说服你的观众。存在三种主要的方式来构建论证以得出合乎逻辑的结论：归纳推理（包括类比推理和迹象推理）、演绎推理以及因果推理。下方的表 15.1 总结了这三种推理类型。让我们详细地分析每一种推理的结构。

表 15.1　推理类型比较

	归纳推理	演绎推理	因果推理
以……开始推理	具体的示例	一个普遍的陈述	已经知道的事情
以……结束推理	一个普遍的结论	具体的结论	根据已经知道的事情，对某些未知事件是否会发生的猜测
推理的结论是某事是……	可能或不可能的	真或假	可能或者不可能的
推理的目标是……	得出某一普遍的结论或发现新的事物	通过运用已知知识来得出一个具体的结论	将某些已知的事情同未知的事情联系起来
示例	当堪萨斯市和圣路易斯市实施更加严格的毒品禁令时，毒品交易量减少。因此，美国的每个城市都应该实行更严厉的毒品禁令，以减少毒品使用量	在中等规模的社区实施严厉的毒品禁令的结果是毒品犯罪减少。得克萨斯州的圣马科斯是一个中型社区。为了减少毒品犯罪，圣马科斯应该实施严格的毒品禁令	由于恢复了每小时 70 公里的最低限速，交通事故死亡人数有所增加。高速公路上的提速会导致高速公路上死亡人数的增加

资料来源：Copyrighted by Pearson Education, Upper Saddle River, NJ

归纳推理（**inductive reasoning**）
使用具体的事例得到一个普遍的、可能的结论的推理。

归纳
（**generalization**）
一个总括的陈述。

归纳推理 从具体的事例中得到普遍结论的推理被认为是**归纳推理**。使用这种传统的方式，你就能从具体的事例、事实、数据以及观点中得出一个普遍的结论。你可能并不确定这些具体的事例证明的结论是否正确，但你确定，在所有的**可能性**当中，特定的事例支持普遍的结论。根据当代逻辑学家的说法，当你根据特定的事例声称一个结果很可能是真的时，你就进行了归纳推理。

例如，如果你正在发表演讲，试图说服你的观众外国汽车都不可靠，你可能会使用归纳推理来表达出你的观点。你可以告诉大家你最近才购买了一辆外国汽车，它给你添了很多麻烦；你的堂兄也买了一辆外国汽车，它在高速公路上抛锚了；最后，你的英语教授告诉你她的外国汽车在过去的几个星期中已经坏了好几次了。基于这些具体的事例，你要求你的观众同意你的普遍的结论：外国汽车不可靠。

测试归纳推理的合理性 作为一名说服性演讲者，你的工作是构建合理的论证。这意味着你将归纳建立在证据的基础上。当你听到一个说服性信息时，请注意演讲者采用什么方式支持自己的结论。为了判断**归纳**的合理性，思考以下问题：

- **是否存在足够的具体事例来支持结论？**关于国外汽车的问题的三个例子是否足以证明你的观点：外国汽车不可靠？在数百万辆外国制造的汽车中，三辆车，尤其是如果它们的制造商还不同，的确不是一个大样本。如果这些例子有额外的统计上的证据进行支持，如有超过 50% 的外国汽车所有者反映严重的发动机故障，这一证据会更加令人信服。
- **具体的事例是否典型？**你所引用的三个事例是否能够代表所有的外国汽车？你是怎么知道的？外国汽车性能的统计数据是什么？还有，你、你堂兄以及你的教授是否是大多数车主中的典型呢？你们三个人可能对汽车的日常保养并不太注意。
- **事例是最近的例子吗？**如果你所使用的示例中的外国汽车的车龄已经超过三年了，那么你就不能合理断定如今的外国汽车是不可靠的产品。汽车使用年限本身就可能是这一样本不具有说服力的原因。

因此，这个关于有问题的外国汽车的示例中的逻辑不是非常合理。演讲者需要更多的证据来证明其观点。

类比推理 类比推理是归纳推理中的一种特殊的类型。**类比**就是一种比较。这种形式的归纳推理将一件事情、一个人或是一个过程同另一个进行比较，以预测出它们将会怎样表现或怎样回应。在之前的章节中，我们曾提出，使用类比是阐明观点及增强信息趣味的有效的方式。如果你发现两种事物之间存在一些共同点，其中一个事物的某部分为真可以推知另一个事物的类似部分的真实性，你可以使用类比推理从一个示例中得出适用于另一个的结论。如果你试图说服观众，佛罗里达州和密苏里州禁止在学校区域开车时使用手机的法律降低了儿童的受伤率，因此在堪萨斯州也应该实行这种法律，你所使用的推理就是类比推理。如果你声称，因为死刑降低了巴西的犯罪率，所以死刑也应该在美国应用，那么你也是在使用类比推理。但是正如归纳推理一样，你也应该通过回答几个问题来判断结论的有效性：

- **两者的相似之处是否超过不同之处？**你能将巴西的犯罪数据同美国的犯罪数据进行比较并声称进行了有效的比较吗？关于两国的数据都是以同样的方式收集的吗？在得克萨斯州和路易斯安那州，除了关于手机的法律，是否有其他的因素能解释较低的车祸死亡率？也许这些州在学校区域内对速度的限制也能解释这种不同。
- **论断是真实的吗？**在巴西，死刑是否真的阻止了犯罪？你将需要给出理由证明你的比较是有效的，证明结论的证据是真实的。

迹象推理　**迹象推理**是归纳推理的另一种特殊的类型。当两件事情紧密相关，以致一件事情的发生意味着另一件事情也将会发生时，就发生了迹象推理。例如，梵蒂冈西斯廷教堂的烟囱冒出白烟是选出新教皇的标志。一阵雷声以及黑色的涡动云都是下雨的征兆。一个具体的迹象，或者多种迹象的存在，使你得出结论，另外一件事情已经发生或者将要发生。

一个学生组织观察到，校园里的许多学生都穿着宣传其他综合大学和文理学院运动队的T恤衫，而非他们本校队伍的。他们将其他运动队的T恤衫看作学生漠视、打击学校精神且对校园体育不感兴趣的标志。为了解决这个问题，该组织希望禁止学生穿除本校队伍以外的团队的T恤衫。

当你使用或听到迹象推理时，考虑以下问题：

- **迹象和结论之间是否存在牢固的、可预测的关系？**如果白烟总是先于新教皇出现，那么迹象（白烟）和结论（有一位新教皇产生）之间就存在牢固的关系。但某人所穿的T恤衫（迹象）总能预示学校精神的缺失吗？
- **是否存在对迹象和结论之间关系的其他解释？**仅仅因为学生穿着宣传其他队伍的T恤衫，就能断言学生真的不关心本校的队伍吗？也许学生只是买不起新的T恤衫。
- **是否存在多种迹象？**只听到打雷并不意味着将会下雨，但是听到雷声，看见闪电和乌云，并感觉到了风向突然改变，这就会增加你的结论（将会下雨）的准确度。如果那些身穿非本校队伍T恤衫的学生也没有参加赛前动员会或

迹象推理
（reasoning by sign）
通过一个或多个现象得出其他事件已经发生或将要发生的具体结论。

者很多人都没有参加校园体育活动，那这些将是能反映出学生的漠视的其他迹象。

演绎推理 根据流传了数世纪的观点，从一个普遍的陈述或原则中得出一个具体的结论被称为**演绎推理**。这和归纳推理正好相反。现代逻辑专家补充道，当结论是**必然的**而非可能的，那么你就在进行演绎推理。结论的必然性基于组成你的论证基础的普遍陈述的有效性及真实性。

演绎推理可以采用三段论的形式。**三段论**是按三个要素组织论证的一种方式：大前提、小前提和结论。

- **大前提：**为了演绎性地得出结论，你从一个普遍的陈述开始，将其作为**大前提**。在演讲中，你试图说服你的观众，教授公共演讲课程的传播学教授是一名一流的老师，那么你可能会使用演绎推理过程。你的大前提是"所有的传播学教授都有良好的教学技能"。你的结论的必然性取决于大前提的可靠性。
- **小前提：小前提**是一个关于一个事例更加具体的陈述，它同大前提相互关联。在你向前推进的论证中的小前提是"约翰·史密斯，我们的老师，是一名传播学教授"。
- **结论：结论**基于大前提和更为具体的小前提。你的三段论的结论是"约翰·史密斯拥有良好的教学技能"。

在演绎推理中，你需要确保大前提和小前提都为真，并且能够被证据支持。演绎推理的具有说服性的力量来自于这一事实，即如果前提都为真，那么结论是不能被质疑的。

这是另外一个你可能在演讲中听到的示例。安试图说服市议会拒绝麦嘉商场（大型连锁折扣店）进驻她所在市区。她认为新的商店会影响她所在市区的精品服装店。以下是她提出的演绎论证的结构：

大前提 每当一家大型折扣店进驻一个小城市，市区商户的生意就会下滑，而城市的税收也会因商户收入的下跌而减少。

小前提 麦嘉商场是一家想要进驻我们的市区的大型折扣店。

结论 如果麦嘉商场被允许在我们的市区中开设新店，那么市区商户的生意就会下滑，城市的税收也会因此下滑。

安的论证的说服力取决于大前提的真实性。如果她可以证明，大型连锁折扣店

演绎推理（deductive reasoning）
从一个普遍的陈述或原则中得出一个具体的必然结论的推理。

三段论（syllogism）
三部分的论证，包括大前提、小前提和结论。

大前提（major premise）
作为三段论第一个要素的具有普遍意义的陈述。

小前提（minor premise）
关于示例的具体的陈述，同大前提相联系；三段论的第二个要素。

结论（conclusion）
演绎论证的逻辑性结果，来源于大前提和小前提。

的出现实际上真的导致了附近市区中的商户生意下滑以及税收减少，那她的论证就是非常充分的。（还要注意，安为以观众为中心所做出的努力，在向市议会发表演讲时，她不仅提出她自己会损失金钱，她还提出城市也会损失税收。）在为说服性信息组织论证的时候，要评估建立论证的大前提的合理性。同样，当你听到有人用演绎归纳的论证来说服别人的时候，批判地评估大前提的准确性。

为了测试演绎论证的真实性，请考虑下面的问题。

考虑
观众

- **大前提（具有普遍意义的陈述）是真的吗？**在我们关于传播学教授的示例中，**所有**的传播学教授都拥有良好的授课技能是真的吗？你有什么证据来支持这一陈述？演绎推理的说服力在一定程度上源于你的归纳是否真实。
- **小前提（特定的陈述）也是真的吗？**如果你的小前提是假的，你的三段论将会立刻崩塌。在我们的示例中，证实约翰·史密斯是一位传播学教授是非常容易的，但不是所有的小前提都很容易被证实。例如，以下示例中的小前提就很难被证明：

大前提　所有的神都是不朽的。
小前提　宙斯是神。
结论　　因此，宙斯是不朽的。

我们视大前提为真，因为不朽就是对神的定义中的一部分。但是证明宙斯是神就非常困难了。在这种情况下，结论的正确性依赖于小前提的正确性。

虽然我们将归纳推理和演绎推理认定为推理的不同类型，但是它们的相关之处在于，在演绎论证中具有普遍意义的前提是由支持这一前提的几个例子得出的。[8]确定你所使用的是归纳推理还是演绎推理，可以帮助你更好地分析和评估你的论证。

因果推理　推理的第三种类型被称作**因果推理**。当你进行因果推理时，你将两个或两个以上的事件联系在一起，从而得出一个或多个事件导致了其他事件的结论。例如，你可能主张，无保护措施的性行为会导致性病的传播。当进行迹象推理时，你表示两个或两个以上的事情互相关联。当进行因果推理时，你认为一件事实际上导致了另一件事情的发生。

因果推理（causal reasoning）
在这种推论中，两个或两个以上事件之间存在关系，使你得出一个或多个事件导致了其他事件的结论。

有两种方式去构建因果论证。首先，你可以从原因推导出结果，从一个已知的事实走向预测的结果。例如，你知道在过去的一周利率增长了。因此，你可能主张，**由于**利率的增长，道琼斯工业平均指数会下跌。在这种情况下，你从已经发生的事情（利率的增长）转移到了还没有发生的事情（道琼斯工业平均指数的下跌）。天气预报员在预测天气时使用了相同的推理方式。他们根据他们对当前气象条件了解的情况得出关于明天天气的结论。

第二种构建因果论证的方式是向前回溯原因，即从已知的结果推导出未知的原因。例如，你知道一场大地震已经发生了（已知的结果）。为了解释这一事件，你提出，地震的原因是断裂带的移动（未知的原因）。你不确定原因，但是你可以肯定结果。美国总统候选人可能会声称，当前的高失业率（已知的结果）的原因是本届政府的管理不当（未知的原因）。之后候选人会构建论证来证明他的主张是正确的。为了证明他的主张，他需要本届政府对经济管理不善的证据。发展强有力的因果论证的关键在于利用证据将已知的事实和未知的事物联系起来。了解如何适当使用证据可以增强归纳推理、演绎推理以及因果推理的说服力。

使推理方式适应不同文化背景的观众 实现说服性目标的有效的策略将会因观众的背景和文化期望的不同而有所不同。如果大部分观众和你有着不同的文化背景，最好不要假定你认为合乎逻辑和有合理性的事情对观众来说也是如此。

本章所探讨的大多数符合逻辑的、理性的推理方法都是在古希腊和古罗马的传统论证方法的基础上发展而来的。来自美国的修辞学家通常使用一种直接的事实归纳法来支持自己的观点并得出结论。[9] 他们说明事实，并将它们联系起来，以支持特定的命题或结论。例如，在一场证明政府入不敷出的演讲中，演讲者可以使用政府每年的收入和支出的统计数据来证明自己的观点。北美人也喜欢涉及想法和观点的直接冲突的辩论。低语境文化的人在处理问题和不同意见时，比高语境文化的人更加直接。

并不是所有的文化都采用直接的、线性的、系统的方法来佐证及证明观点。[10] 例如，来自高语境文化的人们可能会期望参与者在讨论之前先建立个人关系。某些文化使用演绎推理而非归纳推理。他们从普遍的前提开始，之后在他们试图说服观众时再将它联系到具体的情况上。

中东地区的演讲者通常不使用标准的归纳结构或演绎推理的结构。他们更可能使用叙述的方式来说服观众。他们讲述唤起感受和情感的故事并且使用扩展的类比、示例以及说明，让他们的观众通过归纳、联想得出自己的结论。[11]

虽然本文强调了几种对北美人很有说服力的归纳推理，但是如果你的观众来自其他的文化传统，你可能需要使用另外的策略。

用证据支持你的推理

仅仅通过简单地陈述结论而没有证据对其进行证明，你就不能说服他人。说服性演讲中的证据包括事实、示例、数据以及专家意见。在第七章中，我们探讨了在演讲中对于这些类型的支持材料的使用。当你试图说服他人时，你必须确保证据从逻辑上支持推出结论所使用的归纳推理、演绎推理或者因果推理。

事实 在使用事实来支持结论时，要确保每个“事实”都是真实的。**事实**是被直接观察到或是能够被证明是真实的事情。地球的形状，女性大学校长的数量，2014年“超级碗”的冠军得主都可以被直接观察到或直接计算出来。没有直接的观察或测算，我们只能进行推论。**推论**是基于可靠的证据或部分信息的判断。外国制造的汽车在美国的销售量增加了，这是事实；外国制造的汽车是高质量的汽车，这是一种推论。

示例 **示例**是用以渲染或阐明一个事实的例证。例如，一个试图证明儿童电视节目中的暴力元素在不断增加的演讲者告诉他的观众：“上个周六早上，我和我的女儿一起看动画片时，在短短一个半小时的节目中就看到了无数次的殴打甚至死亡的场景，这使我非常震惊。”她想让她的观众得出的结论是：在儿童电视节目中应该禁止无谓的暴力行为。

只有有效的、真实的示例才能被用来证明一个观点。一个被伪造出来说明观点的假设示例不应该被用于得出结论，它应该只能用于说明。大卫鼓励他的观众和他一起努力清理圣马科斯河。他想通过让他的观众“想象在十年后你带着你的孩子来到河边，你看到河底到处都是随意丢弃的瓶子和罐子”来激励他们。他的示例，虽然有助于观众想象将来可能发生的事情，但是并不能证明河中的生态系统将会恶化。这只能说明，如果现在不采取行动，将来会发生什么事情。

意见 专家（可以为你的结论增加可信度的人）发表的**意见**可以作为证据。支持说服性论证的最好的意见是公认的做事公正、公平和正确无误的人的意见。如果美国公共卫生部部长发表了关于药物测试的意见，那么他（她）的意见就是非常有帮助的证据。而且，意见如果能和事实或统计数字等支持专家立场的其他证据结合使用，通常更加具有说服力。

统计数据 **统计数据**是用以总结若干事实或示例的数字。在一场获奖的演讲中，杰弗里·贾米森有效地使用统计数据证明了碱性电池污染环境的严重问题。他引用来自《纽约时报》的内容——“每年我们向环境中排放150吨水银、130吨铅以及170吨镉”作为证据。[12] 没有这些数据的话，杰弗里关于电池对环境有害的主张就不那么具有说服力。你可能需要再回顾一下在第七章中关于合理使用统计数据的探讨。

你所使用的证据类型会影响观众支持你的观点吗？一个研究表明，示例和例证对说服观众有很大的帮助。[13] 更多的研究证明了数据型证据的说服能力。[14] 另外的研究得出结论：结合使用统计数据和具体示例在说服观众方面特别有效。[15] 深刻的示例可能会触碰到观众的内心，但是统计数据型证据则诉诸他们的理智。

证据应该支持你的推理。如果你正在使用归纳推理（从具体的示例到普遍的结论），你需要确保你有足够的事实、示例、数据以及可信的意见来支持你的结论。

事实（fact）
被直接观察到或是能够被证明是真实的事情。

推论（inference）
基于可靠的证据或部分信息的判断。

示例（example）
用以渲染或阐明一个事实的例证。

如果你使用演绎推理（从普遍陈述或原则到具体结论），你需要证据来证明你最初的陈述的真实性。当你使用因果推理，试图确定一个或多个事件导致某些事情发生时，证据也很重要。

有效地使用证据

我们已经确定什么是证据以及使用证据支持你的结论如此重要的原因。但是有效地使用证据的策略是什么？以下有几点建议。[16]

使用可信的证据 当观众相信你所使用的证据非常可信——来自值得信赖的、知识渊博且没有偏见的演讲者时，他们更可能对你的论证进行回应。记住，判定证据是否可信的是你的观众而不是你。

不情愿的证言 不情愿的证言是一种特别有说服力的证据类型，是在给出的问题上改变了自身立场的某人做出的陈述，或者是一个不符合演讲者最佳利益的陈述。例如，有一家大型建筑公司的老板想要建造一座新大坝，并赞成通过修建新水坝来建造一座水库；但经过进一步的思考，他改变了主意，他现在反对修建水坝。该建筑公司老板的不情愿证言会加强你的观点，即大坝对经济发展没有什么作用。不情愿证言对于持有怀疑态度的观众尤其有效，它展示了另一个人是如何改变了他（她）的想法的，并暗示了观众也应该这样做。[17]

使用新的证据 “新的”不仅仅意味着最近的，虽然用来支持你的观点的现代的证据通常被认为比过时的证据更加可信。但是除了寻找当前的证据，也要尝试着寻找观众从未听说过的证据——对观众来说很新鲜的证据。你不希望你的观众在心里想：“哦，这些我以前都听说过啊。”在观众能够学习到某些新鲜的事物时，他们才更可能关注你的演讲。

使用具体的证据 “如果我们现在不做些什么来阻止全球气候变暖，那么很多人都会受到伤害。”茱莉亚说道。多少人会受到伤害？到底会发生什么？如果茱莉亚提供了具体的证据，例如，指出会有多少人因海平面上升而失去家园，而不只是说“许多人”或“很多人”，那么她能更有效地提出她的观点。

使用证据讲述故事 事实、示例、数据以及观点可能是可信的、新鲜的以及具体的——然而，如果它们能组合在一起，通过讲述一个故事来提出你的观点，那你的证据将会更加强大。除了列出因气候变暖而产生的问题外，茱莉亚还可以通过讲述海平面上升将如何伤害单个家庭的故事来使证据个性化。用证据来支持一个故事会给你的信息增加情感力量，使你的证据看起来不那么抽象。[18]

使用适合不同观众的证据 因为我们相信，演讲应该以观众为中心，而非以演讲者为中心，所以我们建议你考虑观众，以确定最能使他们信服的证据。并不是所有的观众都希望演讲听起来像律师对法律案件的总结。事实上，一些律师决定，在向陪审团“阅读”案件之后，总结案件的最佳方式是讲述一个故事，而不是提出一

不情愿的证言
（reluctant testimony）
在给出的问题上改变了自身立场的人做出的陈述。

连串的事实和证据。

根据跨文化交流学者迈伦·卢斯蒂格（Myron Lustig）和乔琳·科斯特（Jolene Koester）的说法，“关于什么是证据，并没有公认的标准”。[19] 他们认为，对于一些穆斯林和基督徒观众来说，寓言或故事是非常有效的表达方式。故事被讲述，而且从故事中人们吸取了教训。对于大多数北美和欧洲人来说，一种较为优越的证据形式是观察到的事实。两位学者的一项研究报告称，非洲裔美国人和西班牙裔美国人都认为统计证据比单独的故事更有说服力。[20] 受访者称，统计数据更可信且能被证实，故事则很容易被修改。在一些非洲文化中，目击证词通常被视为不可信的；人们相信，如果你说出了所看到的事物，那你可能对这一事件有特殊的倾向，因此你所说的内容并不可信。[21] 对你来说很有说服力的证据可能对其他人来说并不是那么明显的证据。如果你不确定观众是否认为证据有效且可靠，那你可以在发表演讲之前在观众中的小范围人群中测试你的证据。

概述

有效的证据

你可以使用以下四种类型的证据：

- 事实
- 示例
- 专家意见
- 统计数据

最有效的证据是：

- 可信的
- 新的
- 具体的
- 故事的一部分
- 适合你的观众的

避免谬误推理

我们已经强调了论证要具备合理性、逻辑性并应以证据佐证的重要性。你具有伦理上的责任，要用你的技能来构建有逻辑的推理和有合理证据支持的论证。并非所有试图说服你的人都会用合理的论据来让你为他们投票、购买他们的产品或者为他们的事业捐款。许多说服者使用被称为谬误的不恰当的推理技巧。**谬误**是指有人试图在没有充分的证据的情况下，或以无关或不恰当的论据进行说服时所产生的虚假推理。如果你了解了以下谬误，你将成为一个更好、更具有伦理意识的演讲者，还能成为一个更好的观众。

因果谬误　因果谬误的拉丁术语是“post hoc, ergo propter hoc”，这可以翻译为“在此之后，故源于此”。**因果谬误**是建立错误的因果关系的陈述。只是因为一件事跟在另一件事之后并不意味着这两者存在关联。如果你说校足球队这次获胜的原因是因为你在开赛前唱了校歌，你应该为这个因果谬误感到惭愧。毫无疑问，存在其他的因素可以解释你们球队取胜的原因，如充分的准备或者面对的是较弱的对手。某事要成为一种原因，那它必须能够带来一定的结果。“昨晚呼啸的暴风雨击倒了我们后院的树”就是一种合乎逻辑的因果性解释。

以下是几个因果谬误的例子：

> 地震和飓风的活跃是由社会中频发的暴力事件和战争所引起的。
> 只要你佩戴这枚三叶草，你就永远不会遭遇交通事故。

谬误（fallacy）
在有人试图在没有充分证据的情况下或以无关或不恰当的论据进行说服时所产生的虚假推理。

因果谬误（causal fallacy）
在两个事物或事件之间建立错误的因果关系。

在上述两个例子中，都没有足够的证据来支持相应的因果关系。

主流思想谬误 某些人提出“每个人都认为这是一个很好的想法，所以你也应该这样做”，使用的就是**主流思想谬误**。只是因为“每个人”都“一窝蜂做某事”，或支持某一特定观点，并不能让这一观点变得正确。有时候，演讲者在说服过程中会以更微妙的方式使用主流思想谬误：

> 每个人都知道，电台访谈节目是我们通向自由和民主社会的主要道路。
>
> 大多数人都同意，我们花了太多时间去担心医疗保险的未来。

要警惕那些虽然提及你和他人但没有任何证据证明演讲者曾经求证过的陈述。

非此即彼谬误 提出只存在两种方法来解决问题的人试图通过使用**非此即彼谬误**来过度简化问题。“要么支持高房产税，要么关闭图书馆”，达里尔在一场关于税收增长的公众听证会上这样断言。这样的陈述忽视了可能解决复杂问题的所有其他方案。当你听到有人用“要么这样，要么那样”的说法来简化可用选项时，你要警惕非此即彼谬误。很少有问题简单到可以只在两个选项中做出选择。以下是不恰当的非此即彼谬误的示例：

> 要么减少电视暴力，要么任由虐待儿童和虐待配偶的案件增加。
>
> 要么更多的人开始自愿为社区服务，要么让你的赋税增加。

主流思想谬误（bandwagon fallacy） 因为其他人都相信某事或正在做某事，所以就推断这件事是有效或正确的。

非此即彼谬误（either/or fallacy） 将一个问题过度简化为在两个结果或可能性之间的选择。

轻率概括（hasty generalization） 没有足够证据而得出的结论。

人身攻击谬误（ad hominem，拉丁语“针对个人”） 对提出想法之人的人格的攻击，而非对想法本身的批评。

轻率概括 从较少的或不存在的证据中得出结论的人所使用的就是**轻率概括**。例如，一个人在自助餐厅中吃了一块肉卷后就生病了并不意味着每个在这家餐厅吃饭的人都会食物中毒。还有几个轻率概括的例子：

> 很明显，我们的学校不能很好地教育孩子——我的侄女已经上学六年了，但是在六年级她仍然不能阅读。
>
> 这个城市在照顾老人方面做得很糟糕——我的祖母住在一所城市疗养院中，那里的地板总是很脏。

人身攻击谬误 **人身攻击谬误**涉及对提出想法之人的人格的攻击而非对想法本身进行批评。如“我们知道贾妮思的想法起不到作用，因为她从来没有出过好主意”这样的陈述并不是针对观点，尽管观点本身可能是合理的。不要仅仅因为自己反对提出观点的人就否定其观点。以下是人身攻击谬误的例子：

她是在国外接受的教育，不可能有好的主意来改善我们社会的教育。

托尼是一个糟糕的音乐家，他不够敏感，因此不能担任停车委员会的主席。

无关转移 当某人使用不相关的事实和论据来转移话题时所产生的就是**无关转移**谬误。这一谬误得名于一个古老的把戏，那就是将红鲱鱼放在一条小路上，以转移猎狗的注意力。当演讲者想把观众的注意力从当前的议题转移开时，就会使用无关转移。例如，一名被指控受贿的政治家召开了记者招待会。在记者招待会上，他讨论的是儿童色情的罪恶，而没有正面处理对他提出的指控。他正在使用无关转移来使注意力从真正的问题（他是否受贿？）上移走。

诉诸错误权威 当棒球选手代言汽车，电视明星为政治候选人、航空公司或酒店打广告时，我们面对的就是**诉诸错误权威**的谬误。虽然这些人在其自身的领域内非常值得我们尊敬，但在他们所宣传的领域，他们并不比我们更专业。无论你是一名公共演讲者还是一名观众，你都应该辨别出什么是有效的专家证言。例如，谈论自然定律或者物质结构的物理学家可以很自然地被认为是一名专家。但是当这个物理学家谈论政治时，他（她）的观点就不是专家的观点，并且可能不比你自己的观点更有意义。以下是诉诸错误权威的示例：

前国会议员史密斯支持新的艺术博物馆，所以每个商人也都应该支持它。

凯蒂·库里克[①]认为这种饼干配方是最好的，所以你也应该喜欢它。

无关转移（**red herring**）使用不相关的事实或信息使某人从正在讨论的问题中分心。

诉诸错误权威（**appeal to misplaced authority**）使用某一领域内的专家证词来支持其没有适当的资质或专业知识的想法或产品。

不合逻辑的推论（**non sequitur，拉丁语“前后不符”**）后一种观点或结论不能与前一种观点或结论产生合乎逻辑的关联或者合乎逻辑地由前者推导出来。

不合逻辑的推论 当你主张，在校园中不应该修建新的停车场，因为足球场上的草已经三周没有割了，那你就犯了**不合逻辑的推论**的谬误。在足球场上青草的生长同停车问题没有关系，你不能从你的叙述中得出结论。以下是不合逻辑推论的示例：

我们不应该给学生避孕套，因为电视对我们如今的年轻人有如此广泛的影响。

你应该支持我参加国会竞选，因为我有三个孩子。

我们的校园中需要修建更多的停车场，因为我们是全国足球冠军。

概述

避免这些谬误

- 因果谬误：假设错误的因果关系。
- 主流思想谬误：错误地认为由于他人都赞成所以结论是正确的。
- 非此即彼谬误：过度简化选择为要么这样，要么那样。
- 轻率概括：没有足够的证据就得出一个结论。
- 人身攻击谬误：批判提出观点的人而非这一观点的价值。
- 无关转移：使用不相关的信息从真正的问题上转移注意力。
- 诉诸错误权威：使用不具备相应资质的人的非专家证言。
- 不合逻辑的推论：使用逻辑上不符合所提供信息的结论。

① Katie Couric，美国知名新闻主播及编辑，是美国历史上第一位独自播报晚间新闻的女主播。

在说服性演讲中运用有效的情感诉求技巧。

15.3 使用情感进行说服

有效的演讲者知道怎样使用情感来提出论点。注意在经典演讲中这三个具有情感冲击力的时刻：[22]

- 在发表就职演说时，在完美的时机，总统肯尼迪令人振奋地说道："所以，美国同胞们，不要问你的国家能为你做些什么，问你自己能为你的国家做些什么。全世界的公民们，不要问美国将为你做些什么，而要问我们能共同为人类的自由做些什么。"
- 在被总统杜鲁门解职后，仍然受到追捧的道格拉斯·麦克阿瑟将军结束了向国会凄美告别的演说，他说："老兵永远不死，他们只是悄然隐退。就像那首歌中的老兵一样，我现在结束了我的军事生涯，悄然隐去。"
- 在第二次世界大战期间，英国首相温斯顿·丘吉尔鼓励英国民众要勇敢，他坚决地说道："我们将战斗到底，我们将在法国战斗，我们将在海洋上战斗，我们将充满信心地在空中战斗！我们将不惜任何代价保卫本土，我们将在海滩上战斗！在敌人登陆地点作战！在田野和街头作战！在山区作战！我们任何时候都不会投降。"

令人难忘的演讲中的伟大时刻发生在思想和心灵都受到鼓舞之时。

理解信息如何唤起情绪有助于你使用恰当的情感诉求。**情绪反应理论**表明，情绪反应可以被划分为三个维度——愉悦度、激活度、优势度。[23] 首先，你会为某事感到不同程度的**愉悦**或**不愉悦**。引起愉悦的因素包含如微笑的照片、健康的婴儿或者在一次抽奖中赢得了数百万美元的白日梦这类事情。让你不愉快的因素可能是有关虐待儿童的电视新闻或者关于恐怖主义的可怕画面。

情感反应的第二个维度存在于**激活－未激活**的连续体之中（**激活度**）。例如，看见一条蛇在你的私人车道上，你在情绪上就变得激动起来，或者你可能因为一场无聊的演讲而陷入未激活状态。

情绪反应的第三种维度是在面对某些刺激时的**优势感**或**无力感**。在想到核武器的毁灭性力量或者神之万能时，你会有一种微不足道也无能为力的感觉。在你想象自己指挥交响乐团或赢得大选时，你可能会产生一种力量感。

这三种维度——愉悦度、激活度以及优势度——被认为是形成所有情绪反应的基础。该理论预测，如果观众感觉愉悦并且被某人或某事所激活，如政治候选人或是一个产品，他们将会对这个候选人或产品形成正面的看法。观众的支配感与他们的控制力以及有权按照自己的意愿行事的能力有关。一个感觉占有主导地位的观众更有可能对信息做出回应。

情绪反应理论
（emotional response theory）
人类的情绪反应可以被划分为愉悦度、激活度、优势度这三个维度。

作为一名试图说服观众接受自己观点的公共演讲者，你的工作是合乎伦理地使用情感诉求来达成你的目标。如果你想要说服观众死刑应该被禁止，你应该尝试去激活他们不满的感受并且让他们反对死刑。销售软饮的广告通常会努力唤起人们对产品的愉悦感，微笑的人、欢快的音乐、美好的时光通常是苏打汽水广告用到的一些推销秘诀。

使用情感进行说服的建议

虽然情绪反应理论有助于理解情感是如何起作用的，但是作为一名公共演讲者，你最关心的问题是："我怎样才能合乎伦理地使用情感诉求来实现说服性目标？"让我们考虑以下几种方法。

使用有助于观众想象你所描述事物的具体示例 下面这位演讲者用生动的方式描述了发生在得克萨斯州萨拉戈萨的龙卷风造成的破坏，来激起观众的强烈情感，从而说服他们在暴风雨警报响起时采取适当的预防措施。

> 城镇已不复存在。在得州西部的小镇上，所有的房子无一幸存。有21人丧生的教堂看起来像一堆扭曲的金属和灰浆。在街上可以看到一个小孩的洋娃娃。洋娃娃的拥有者，4岁的玛丽亚，将再也不会同她最喜欢的玩具一起玩耍了，当龙卷风呼啸着穿过小学时，她和5个玩伴不幸遇难。

使用激发情感的字词 字词和短语能够激发观众的情感。**母亲**、**旗帜**、**自由**以及**奴隶**是众多负载情感的词语中的几个。"牢记珍珠港"以及"牢记'9·11'"等口号也可以激发强烈的情感回应。[24]

使用非语言行为来传递你的情感回应 伟大的罗马演说家西塞罗认为，如果你希望观众经历某一特定的情感，你应该首先为他们模拟这种情感。如果你希望观众对特定的法律或事件感到愤怒，你必须在你的声音、动作以及手势中呈现出怒火和愤慨。如我们提到的那样，演说方式在传达情感反应上扮演着重要的角色。当你希望观众对你的演讲变得兴奋且非常感兴趣时，你必须通过你的演说方式传递出兴奋和兴趣。

要记住，观众的文化会影响他们对信息以及演讲者的演说方式的接受程度。例如，相比于北美洲的观众，一些拉丁美洲的观众期望演讲者在演讲时表达更多的情感和激情。确定陌生观众最喜欢的演讲风格的最好的方式，是去观察面对你的观众进行成功演讲的演讲者的风格，或者在演讲之前同观众进行交谈以确定其期望以及沟通风格偏好。

使用视觉图像激发情绪 除了非语言的表达方式，能够激发情感的场景照片或图像也能够增强你的演讲效果。在得克萨斯州休斯顿的洪水泛滥后，一名孤独的房主望着他淹了水的房子，这张照片可以传达出他的绝望感。在饱受战争蹂躏的马其顿，相比于文字本身，孩子们的照片可以传达出暴力带来的毁灭性影响。相比之下，一张难民母亲和孩子在被强制分离后重聚的照片可以传达快乐的真正含义。你可以用类似的图片作为视觉辅助工具来激发观众的情绪，无论是积极的还是消极的。但是要记住，当你使用视觉图像时，牢记如同你在使用语言形式的支持时所承担的伦理责任，确保图像来源真实可靠，并且没有被改动过或被断章取义。

使用适当的隐喻和明喻 隐喻是对两种事物隐含的比较。“我们的生活是一床棉被，我们将我们的性格模式缝合在了上面。如果你不在意自己的决定是否符合伦理，就很可能让你的生活之‘被’变得丑陋不堪。”说出这句话的人使用的就是隐喻。明喻是使用**像**或**如**这样的词语在两个事物之间进行直接的比较。这里有一个例子：“不定期拜访你的学术顾问就如同成为高风险扑克游戏中的赌徒，想要选择合适的课程要冒很大的风险。”[25] 一些研究发现，使用适当且有趣的暗喻和明喻的演讲者相比于不使用这种修辞手法的演讲者更有说服力。他们可以增强你的可信度，还可以用一种非隐喻性语言无法表达的方式发展情感意象。[26]

使用适当的恐惧诉求 除非观众能够听从你的建议，否则遭受伤害的威胁将会降临到观众身上，这就是诉诸恐惧。如在第十四章中所讨论的一样，如果恐惧诉求使用得当，观众会改变他们的行为。研究表明，如果你是一名非常可信的演讲者，高程度的恐惧激发（“除非你系上安全带，否则你将在车祸中丧命”）比温和或低程度的诉求更加有效。[27]

考虑使用不同的情感诉求 引起观众恐惧和焦虑是说服时最常用的情感诉求手段，但是你也可以通过激发其他情感来帮助你实现说服性目标。

- **希望** 观众会有动力对明天更加光明的前景进行回应。当富兰克林·罗斯福说“唯一值得我们恐惧的是恐惧本身”时，他激起了观众对未来的希望，正如巴拉克·奥巴马在2008年的乐观的竞选口号一样：“是的，我们能做到！”
- **自豪** 当一名政治家说“是时候修复我们国家的遗产了，那是所有人自由的灯塔”，她诉诸的就是民族自豪感。要诉诸自豪就要唤醒以完成某件重要的事情为基础的愉悦和满足的感觉。实现一个人或一个国家、州、社区引以为豪的目标是一个非常有说服力的诉求。
- **勇气** 要求你的观众采取鲜明的立场，不要随大流，可以在情感上鼓励你的观众采取行动。将勇敢的男性和女性作为榜样，可以激励你的观众采取类似的行动。帕特里克·亨利（Patrick Henry）著名的演讲《不自由，毋宁死！》呼吁观众勇敢地面对自己需要面对的问题。
- **崇敬** 诉诸神圣事物或受人尊敬的事物是一种有效的激励方式。神圣的传统、受人尊敬的机构以及受到热爱且著名的个人可以激励你的观众改变或强化他们的态度、观念、价值观或行为。已故的特蕾莎修女、《圣经》以及观众就读的学校可能就被观众视为是神圣而不可侵犯的。但是，作为一个以观众为中心的演讲者，你要记住，一个人或观众认为神圣的事物在另一个人眼里可能不一样。

利用观众对神话的信仰 人们常常将神话视为事实上并不存在的事物。复活节兔、牙仙[①]和圣诞老人常被称为神话。但从修辞的角度来说，**神话**是一群人共同拥有的信仰，以他们的价值观、文化遗产和信念为基础。神话可能是真实的——或者它可能基于部分的事实而为一群人所信奉。神话是一种“宏伟的”故事，它赋予了一群人或一种文化以意义和连贯性。旧西方的神话是，过去的先驱们都是坚强的、有冒险精神的人，他们为了追求一个更好的明天而牺牲了自己的生命。20世纪50年代的神话是，美国家庭都很富裕，并且像电视剧《天才小麻烦》中华德·克里佛和琼·克里佛夫妇以及他们的儿子华利和“小毕”那样生活。宗教神话是一群忠实信徒所共有的信仰。因此，一个神话并不一定是假的，它是一群人所共有的一种信念，为他们看待世界的方式提供情感上的支持。

作为一名公共演讲者，你可以利用你和观众共有的神话来为你的信息提供情感和动机的支持。提及共有的神话是一种让你同观众产生共鸣的方法，而且还能帮助他们认识到你是支持他们的观点的，它可以帮助你和观众建立一个共同的纽带。

詹森试图说服观众进行投票，他提出：“我们不能让那些为了我们的自由而斗争过的人失望。我们必须投票来纪念那些为了我们今天所享有的投票权而牺牲的人。”他有效地借用了人们为了争取自由而献身的神话。为了获得父母对建立新高中的支持，辛西娅说道：“我们的祖父母和曾祖父母都经历过大萧条和上世纪的世界大战，正因为这样我们才能把孩子送到世界上最好的公立学校。请投票支持新高中。”她诉诸前代人为此牺牲的神话，这让观众感到他们也有责任为孩子做出牺牲。我们再次强调，**神话**并不意味着“虚假”或“虚构”。人们**确实**为了自由而死，他们的祖父母和曾祖父母也**确实**都经历过大萧条和两次世界大战。神话是强有力的，因为观众知道这些事件曾经发生过。神话是一种强大的深层次的故事，它能唤起人们对信息的情感回应。

政客展示自己被其家人环绕的照片时，所使用的就是神话。深层次的神话是“我珍视你所珍视的东西——生活在一个支持和培育我们珍视家庭价值的国家”。直接或间接地诉诸观众所共同拥有的神话是激发情感支持的有效方法。但是，就

神话（myth）
一群人共同拥有的信仰，以他们的价值观、文化遗产和信念为基础。

① 西方国家传说中的妖精。小孩将掉落的乳牙放在枕头下，牙仙会在夜晚悄悄取走乳牙换成金币，以此预示即将长出恒牙的小孩会成为大人。

像其他任何形式的支持一样，对于情感支持，你负有伦理责任，要明智地使用这个策略，而不是利用你的观众。

概述

使用情感进行说服的建议

- 使用具体的例子。
- 使用激发情感的字词。
- 使用视觉图像。
- 使用适当的暗喻和明喻。
- 使用适当的恐惧诉求。
- 诉诸不同的情感。
- 传递非语言情感。
- 利用共有神话。

使用情感诉求：伦理问题

无论你使用哪种情感来激励你的观众，你有义务做到合乎伦理且保持坦率。说虚假的语言，滥用证据激发情感，或在支持一个结论时仅依赖情感而不提供证据，这些都违背了有效的公共演讲的伦理标准。

煽动者是试图通过慷慨激昂地唤起情感诉求并诉诸观众的偏见来获得权力或控制他人的演讲者。煽动者这个词来自希腊语单词"demagogos"，含义是"受欢迎的领导者"。那些以情感和谬误替代有足够证据的推理而受到欢迎的演讲者就犯有煽动的错误。如我们在第三章中所讨论的那样，在20世纪50年代初期，反共产主义的威斯康星州参议员约瑟夫·麦卡锡在几乎没有证据支持的情况下，对恐惧诉求进行不合伦理的使用，削弱了他的可信度，并为其赢得了煽动者的名号。在说服他人时，你负有伦理上的义务，不能滥用情感诉求。

可信度、推理以及情感诉求是说服观众的三种主要方法。你对于这些说服策略的使用取决于观众的组成结构。如我们之前所说，公共演讲过程中的前期任务是分析观众。这一点对于说服性演讲的观众尤为重要。观众并不只是坐在那里等着对演讲者做出的每一个建议都进行回应。

调整你的说服性信息以适应接受型、中立型和非接受型观众。

15.4 使观念适应观众、使观众适应观念的策略

我们以唐纳德·C. 布莱恩特对于说服的精辟的定义"使观念适应观众、使观众适应观念的策略"开始了这一章。[28] 他对修辞过程的描述触及了有效的说服者的核心——为了和观众达成一致，他（她）应该合乎伦理地调整信息和演说方式。

观众可能对你以及你的话题持有不同的观点。你的任务是找出是否存在一种大多数观众都持有的普遍观点。如果他们普遍都对你和你的观点有好感，那么在设计演讲时，你采用的做法应该和他们态度是中立、冷淡或是不赞同时的不同。调查研究和经验丰富的公共演讲者提供了建议，告诉你如何使信息适用于观众。我们将探讨观众可能会对你做出的三种总体的回应：接受型、中立型和不接受型。

煽动者
（demagogue）
试图通过慷慨激昂地唤起情感诉求并诉诸观众的偏见来获得权力或控制他人的演讲者。

说服接受型观众

面对已经支持你和你的信息的观众进行演讲总是很令人愉悦的。相比于其他情况，在面对接受型观众时你能够更深入地探讨你的观点。以下有几点建议能帮助你

最大限度地利用这种演讲机会。

同观众产生共鸣 为了同自己的同学观众建立共识，丽塔告诉他们：“就像你们中的大多数一样，我大学期间也努力工作，来支付我的学费。这就是我支持在学校推广勤工俭学计划的原因。”像丽塔一样，如果你是一名大学生，并要同与你有着相似的背景和压力的大学生进行交谈，那么你要指出这相似的背景和困难。强调你和观众之间的相似之处。你们还有什么其他的共同兴趣？演讲的引言部分是提及这些共同兴趣的较好时机。

清晰地陈述你的演讲目标 在和自己的竞选团队进行交谈时，市长候选人玛利亚·赫尔南德斯一开始就说道：“我来这里的原因是想让诸位每周能拿出三小时的时间做志愿者，来帮助我当选城市的下一任市长。”我们已经多次强调了对你的主要观点或目的进行预告的重要性。这一点在面向你的一群支持者进行讲话时显得尤为重要。[29]

明确地告诉观众你想让他们做些什么 除了告诉你的观众你的演讲目标是什么之外，你还可以告诉他们你希望他们如何对你的信息做出回应。明确地指导观众的行为。

请求观众立即表示支持 要求立即表示支持有助于巩固你在演讲过程中所获得的积极的回应。例如，基督教传道士通常会向支持型观众进行传道。作为二十世纪最受欢迎的福音传道士，葛培理总能在讲道结束之际让基督的信徒和支持者做出响应。

有效地使用情感诉求 通过强烈的情感诉求，你更可能促使支持性观众采取行动，并让他们找到支持你得出结论的证据。如果观众已经支持你的立场，你不必花费大量的时间在冗长、详细的解释或事实信息上。你通常可以假设观众已经知道了这些内容。

让观众易于采取行动 不仅要准确地告诉观众你想要他们做些什么并要求他们立即做出回应，还要确保你要求他们所做的事情清楚而易行。如果你要求他们给某人写信或发送电子邮件，分发已经写好接收者地址的明信片或分发印有电子邮件地址的卡片以便参考。如果你想要观众给某人打电话，确保每位观众都知道电话号码——如果是能够免费拨打的号码就更好了。

说服中立型观众

想想看，有多少次你是带着漠不关心的态度去听讲座的？也许有很多次。很多观众将会处于趋之若鹜和不为所动之间，他们仅仅只是很中立或只是漠不关心。由于他们不是很了解你的主题，或者他们不确定是否要支持你的观点，所以他们处于中立状态。他们也可能漠不关心，因为他们没有看到这一个话题或问题是如何对他们产生影响的。无论你的观众冷漠的原因是什么，你的挑战是让他们对你的信息感兴趣。让我们一起看看以下几种获取他们的注意力并维持他们的兴趣的方法。

在演讲的前期就抓住观众的注意力 “比尔·法墨于去年去世了，但是他即将实现他毕生的梦想——进入太空。”[30] 在关于葬礼的高成本的演讲中，卡门极具煽动性的开场白有效地抓住了观众的注意力。

提及多数观众共有的信仰 当面对中立的观众进行演讲时，你谈论的应该是他们共同关心的事和价值观。

不仅将你的主题同观众联系起来，还要同他们的家庭、朋友以及爱人联系起来 你可以通过诉诸观众关心之人的需求来抓住他们的注意力。父母可能会对影响他们孩子的观点和政策非常感兴趣。人们通常会对可能影响其朋友、邻居或者其他与自己有关的人（如他们所在的宗教团体、经济或社会阶层的成员）的事物感兴趣。

对你所能完成的事情保持现实的态度 不要对你能从中立型观众那里获得的回应做出过高的预估。一开始态度冷淡的人不太可能在听完一场演讲后就立即变得像你一样充满热情。劝说不会马上见效，观众第一次听你的论点时也未必会被说服。

说服非接受型观众

在公共演讲中最大的挑战就是去说服反对你或你的信息的观众。如果他们对你个人带有敌意，你的任务就是寻找方法来增强自身的可信度，并说服他们倾听你的演讲。如果他们不乐于接受你的观点，你可以使用以下几个方法来劝说他们倾听你的演讲。

不要立即表明你计划改变他们的看法 保罗很疑惑，为什么他推销商品的开场白（早上好，我想要说服你们仅以 250 美元的价格购买这套精美的刀具）并没有受到热情的欢迎。如果你直截了当地告诉观众你计划改变他们的观点，这会让他们处于防御状态。在你表达自己的说服意图时采用更加婉转的方式通常效果更好。[31]

在讨论双方存在分歧的领域之前以双方存在共识的领域为切入口 在面对学校董事会进行发言时，一位社区成员试图说服董事们支持不提高税收，他陈述道：“我想我们在座的每一位都认同一个共同的目标：我们希望为孩子提供最好的教育。”一旦你让观众理解了你所赞同的问题（即使你将要讨论的话题是有争议的），那么在你解释你的立场时观众可能会更加专心地倾听。

不要期望带有敌意的观众会发生大转变 对你所能达成的目标设定一个现实的标准。记住我们在第十四章中对社会判断理论的探讨，这个理论表明，观

自信地同你的观众建立联系

提高最初的可信度

最初的可信度是在发表演讲之前观众对你的印象。提升最初可信度的策略也是增强自信的策略。

例如，向主持人提供一份关于自己的资历和成就的简要介绍，让他们可以准确地把你的相关信息介绍给观众。精心修饰一下自己的仪容仪表，在演讲之前就同观众建立眼神交流。如果你在演讲前就知道观众信任你，你就会感到更加自信。

众分属于三种对说服性信息的反应区域：接受区域、不明朗区域或者拒绝区域。你并不能将带有敌意的观众带离拒绝区域。更加现实的目标是让你的观众听完你的演讲或至少能思考你的部分观点。

承认观众所持有的相反的观点 总结部分人反对你的观点的理由。这样做表明你至少认识到了这些问题。[32] 如果观众知道你了解他们的观点，他们更有可能会倾听你的演讲。当然，在你承认了相反观点之后，你需要引用证据并使用论据来反驳对立的意见，支持自己的结论。在面对邻里群体发表的、关于建议在他们的住宅附近建造一个新的飞机场的演讲的开始，市政执行官安德森承认道："我知道，一个新的飞机场会给街区带来不必要的改变。你们不希望在住宅附近出现噪音和交通流量的增加。"接下来他确定了市政府会采取什么措施来最大限度地减少新机场带来的问题。

建立可信度 被认为可信永远是一个公共演讲者很重要的目标，面对非接受型观众进行交谈时这一点尤为重要。让观众了解你的经验、兴趣、知识和技能，让他们知道正是这些让你对谈论的问题有特别的见解。

考虑构建理解而非鼓吹目标 有时观众不赞同你的观点只是因为他们不理解这一观点，或者他们对你和你的信息有一种误解。例如，如果观众认为艾滋病会通过亲吻或其他日常接触进行传播，而非通过无保护措施的性行为进行传播，那你首先要理解他们的看法，之后构建一个合理的论证来展示这种假设是多么不准确。为了改变这样的错误观念并加强正确的理解，经验丰富的演讲者会使用一种四步法的策略。[33]

- **总结对于你所讨论的问题或观点的普遍的误解。**"许多人认为艾滋病病毒会通过日常接触，如亲吻，进行传播，或者它很容易通过牙医或内科医生的治疗进行传播。"
- **阐明为什么这些误解看起来很合理。**告诉观众他们持有这种观点的逻辑所在，或者解释他们可能是根据听到的"事实"得出当前的结论。"由于艾滋病是一种高传染性的疾病，所以认为其能够通过日常的接触进行传播可能看起来也很合乎情理。"
- **摒弃误解并提供证据支持你的观点。**在这里你需要合理且可信的数据来进行说服。"事实上，无数的医学研究已经表明，除非你进行了无保护措施的性行为或使用了患有艾滋病的人使用过的未杀菌的皮下注射针头，否则你几乎不可能感染艾滋病病毒。"在这个例子中，你可以通过引用两到三个研究的具体结果来证明你的可信度。

- **阐明你想让观众记住的准确的信息。**用一个清晰的总结陈述来强化你希望观众从你所呈现的信息中得出的结论，如"根据最新研究，导致艾滋病蔓延的

最为普遍的因素是无保护措施的性行为。无论男女和性取向，都是如此”。

确定并使用能有效组织说服性演讲的策略。

15.5 组织说服性演讲的策略

是否存在一种组织说服性演讲的最佳方式？答案是没有。组织演讲的具体的方式取决于观众、信息以及设定的目标。但是组织演讲的方式是影响观众对你的信息做出回应的重要因素。

研究表明，在准备说服性演讲时要在心中牢记一些基本原则。[34]

- **如果你感觉观众可能会对你的观点带有敌意，要首先提出最强的论据。**如果你将最好的论据留在最后，观众可能早就停止倾听了。
- **不要将关键论据和证据藏在演讲的中间。**观众更有可能记住最先呈现以及最后呈现的信息。[35] 在向兄弟会成员说到醉驾的危险时，弗兰克很明智地以最有力的证据开始了他的演讲：导致在校男生死亡的头号元凶是酒精引发的汽车事故。他以发人深省的事实获得了他们的注意力。
- **如果你希望观众采取一些行动，最好在演讲的结尾告诉他们你希望他们做的事情。**如果你在演讲的中途发出行动呼吁，就没有在结语中那么有力度。你还要让你的行动呼吁适合观众的文化偏好。在某些高语境文化中，如日本和中国，你可以暗示你希望观众去做的事情，而非清楚地说出确切的行为。在低语境文化中，如美国，观众可能通常期望你更加直接地说明你希望他们采取的行动。
- **当你认为观众见多识广，很熟悉提议中的缺点时，呈现提议的优缺点通常比仅呈现你所主张的立场的优点要更好。**即便你不认同观众曾经听说过的论据，他们还是会去思考这些。
- **提及反面论点，之后用证据和逻辑进行反驳。**将你的提议同他人的提议作比较可能很明智。通过将你的解决方案同其他的建议进行比较和对照，你可以展现你的提议在什么地方比其他建议更好。[36]
- **使组织结构适应观众的文化背景。**大多数北美人更喜欢结构清晰的信息，在其所使用的证据和得出的结论之间有着清晰的联系。北美人也喜欢专注于问题并在之后提供解决方案的结构，或者找出原因后确定结果的演讲。然而，在中东地区的观众会更喜欢一种没那么正式的结构，以及对信息发展的叙述性风格的更加广泛的使用。要么是观众推断出观点，要么演讲者以清晰地表达观点来结束演讲。间接或含蓄有时可能是最好的说服性策略。

我们在第八章中讨论了组织演讲的方法，而说服性演讲有特殊的组织方式。在这里我们呈现四种组织模式：问题–解决方案模式、反驳模式、因果模式以及激励序列模式。这四种模式在表 15.2 中进行了总结。

表 15.2　说服性演讲的组织模式

模式	定义	示例
问题–解决方案模式	展示问题，之后呈现解决方案。	1. 国家负债过高。 2. 需要提升税收来降低负债。
反驳模式	预测观众对你的提议的主要反对意见，然后对其进行处理。	1. 即便大家认为我们支付了过多的税收，但是事实上还是征税不足。 2. 即便你觉得国债不会减少，但是税收将减少赤字。
因果模式	首先呈现问题的原因，之后指出这一问题对观众会有什么影响；或者确定一个已知的结果，之后证明是什么原因造成了这一结果。	1. 高国债是由过少的税收以及过高的政府支出导致的。 2. 高国债会增加通货膨胀率和失业率。
激励序列模式	组织一场演讲的五步模式，其步骤是注意、需求、满足需求、想象以及行动。	1. **注意**：想象一堆 67 英里高的面额 1000 美元的大钞。这就是美国的国家负债。 2. **需求**：增长的负债将会导致子孙后代的苦难。 3. **满足需求**：需要更高的税收来降低负债。 4. **想象**：想象美国到了 2050 年的情形，是低通货膨胀率以及充分就业，还是无法摆脱十倍于现在的负债。 5. **行动**：如果你想要通过提升税收降低负债，请在这一请愿书中签名，我会将其寄给众议院。

资料来源：Copyrighted by Pearson Education, Upper Saddle River, NJ

问题–解决方案模式

说服性演讲的最为基础的组织模式是让观众明白问题所在，之后呈现能够完全解决问题的解决方案。几乎所有的问题都可以表述为你想要什么、不想要什么。当一个问题能够被明确表述，且演讲者能够提出一个解决方案去解决这个问题时，使用问题–解决方案模式是最为有效的。

当你面对不感兴趣的观众或观众并没有意识到问题的存在时，问题–解决方案模式也很有效。你面临的挑战是提供足够的证据来证明你对问题的看法是正确的。第 357—359 页的说服性演讲示例展示了得克萨斯州立大学的学生柯尔特 · 雷是如何面对这一挑战的。你还需要说服观众相信，你所主张的解决方案是解决这一问题的最合适的方法。

许多政治候选人使用问题-解决方案的模式。**问题**：政府浪费了纳税人的钱。**解决方案**：为我投票，我将确保政府减少浪费。**问题**：我们需要更多更好的工作。**解决方案**：为我投票，我将制订一个让人们重新回到工作岗位的计划。

请注意在詹森的演讲"电磁场的危险性"的提纲中，他是如何先明确地指出问题，接着提出解决问题的策略的。

- **问题**：全国各地的输电线路和发电站都在产生辐射，而且现在被证明这会增加患癌症的风险。
  - I. 居住在大型输电线附近的儿童白血病发病率较高。
  - II. 法国里昂的国际癌症研究所发表了一份报告，将电磁场同儿童期癌症联系了起来。

- **解决方案**：我们可以采取措施将电磁场对健康的危害降到最低。
  - I. 联邦政府应制定可执行的接触电磁能的安全标准。
  - II. 请联系你当地的电力公司，确保其线路安全运行。
  - III. 停止使用电热毯。
  - IV. 为计算机显示终端加装防护屏。

问题-解决方案模式的安排符合你在第十四章中所学到的认知失调理论。确定并记录一个需要改变的问题，之后提出可以恢复认知平衡的特定的行为。

反驳模式

另一种说服观众支持你的观点的方式是证明与你的立场相悖的论证是错误的——也就是反驳它们。要使用反驳作为说服的一种策略，你首先要确定观众可能持有的对你的观点的反对意见，之后用论证或证据来反驳或击败这些反对意见。

假设你计划同房地产开发商交流，以宣传一项新的分区法令，该法令会减少你所在社区内的建筑施工项目的许可数量。毫无疑问，观众的关注点是该法令将会对其建造房屋和赚钱的能力造成何种影响。你可以使用这两个明显的关注点作为要反驳的问题来组织面向这些房地产商的演讲。以下可以是你的主要观点：

I. 这一新的分区法令将不会导致我们社区的新建住房数量的全面下降。

II. 这一新的分区法令将对当地房地产开发商的利润产生积极的影响。

说服性演讲示例

人如其食：为什么你应该吃有机草饲牛肉

柯尔特·雷 得克萨斯州立大学

你是否曾考虑过你的食物来自哪里？我说的并不是超市，我说的是在进超市之前它们来自哪里。在如此痴迷于快餐和节食、健康、处方药、《减肥达人》，以及为治疗而竞争的我们所生活的社会当中，这么多的人甚至不去质疑他们的食品来自哪里，这让人非常吃惊。

柯尔特通过设问抓住了他的观众的兴趣。他希望观众更加留意他们吃的东西以及他们食物的来源。

前一阵子我开始研究这个问题，最终决定从吃谷物饲碎牛肉改为吃有机草饲碎牛肉。在我改变饮食后的两年内，我变得更健康、更有活力，总体而言，自我感觉更加良好。

他通过指出自己与主题相关的个人经历来建立他的可信度。

总之，我相信，就草饲碎牛肉和很多人购买的谷饲碎牛肉而言，草饲碎牛肉是更好的选择。所以，我们今天要来看一下在谷饲碎牛肉中含有的不健康的副产品，以及生产这种碎牛肉不卫生的过程，之后我们将探讨将草饲碎牛肉作为一种解决方案的可能性。

在此，柯尔特预告了他的主要观点，并提供了对其主要观点的总体概述。通过在引言部分说明他的目标，他假设他的观众一般是赞成其目标的，或者至少对于他的主要目标不带有敌意。

首先，让我们先讨论一下我们在超市中购买到的正常的管状碎牛肉中可能发现的不健康的副产品。根据美国农业部的科学家杰拉尔德·泽恩斯坦（Gerald Zirnstein）的说法，我们购买的70%的牛肉都含有他所说的“粉色肉渣”。这是一种被放在一起用氨气喷雾消灭了细菌的牛肉。这种粉色肉渣最初只被允许在狗粮中使用，随着时间的推移，它被允许溶解在烹饪用油中使用。最后它被允许用在我们的碎牛肉中作为填充物。这一转变是如何发生的呢？粉色肉渣是如何逐步添加到我们的牛肉中的呢？最终结果是，曾经为美国农业部工作过的副秘书长乔安·史密斯（Joann Smith）最后声称可以添加这种物质，即便所有的美国农业部科学家甚至都不愿意将这种粉红肉渣称之为肉。他们希望将其列为独立的一种成分，但是她说“不，没关系”，并忽视这些科学家所说的内容。最后发生了什么？乔安·史密斯从美国农业部退休，去一家名为牛肉制品有限公司的公司董事会任职，她在公司每年赚取120万美元。现在，重要的是要知道，牛肉制品有限公司是作为填充肉的粉色肉渣的最大的生产商。所以这里有一些联系。我希望你也能明白，有人允许将粉色肉渣添加到我们的肉中，而牛肉制品有限公司是粉色肉渣的最大的供应商，他们的利润大大提升，在政府方面做出这个决定的人之后成为了董事会的一员，每年从这个公司赚取超过百万美元。

在这一部分，柯尔特阐明了问题，并用数据和专家意见证明了该问题的重要性。

现在我们已经探讨了在我们的碎牛肉中发现的副产品，接下来让我们讨论制作牛肉过程中不健康的过程。牛吃草，并且几个世纪以来，甚至有可能是上百万年以来，它们都是这样的。那么，我们为什么要用谷物来喂养它们呢？原因是，为了尽可能快速地产生足够的肉。我们希望使这些牛变得肥壮起来，所以较大的碎牛肉生产商断

通过简短地重述他的观点，之后告诉观众他接下来将要讨论的内容，柯尔特提供了衔接到他的下一观点的流畅的过渡。

定，如果喂给它们谷物，它们就能更迅速地变肥壮，这样我们就能屠宰它们并从每头牛身上获得更多的肉。但是根据忧思科学家联盟的研究，牛类进行谷物类饮食会导致更多的健康问题。

跟着我继续。对于牛来说，因为产生了更多的健康问题，所以要使用更多的抗生素来治疗它们；在给它们使用了更多的抗生素之后，也就意味着，一旦我们吃了这些肉，就会有更多的抗生素从牛的身上转移到我们的饭菜中。如今，如果我们生病了，我们通常会使用抗生素来抵御感染；如果我们已经从我们食用的肉类中获得了这些抗生素，那么当我们需要这些抗生素来对抗疾病时，你知道，它们就会变得不那么有效了。

在这一部分中，柯尔特使用了事实、数据以及专家意见来得出他的主要结论。他还使用了头韵法来以一种令人难忘的方式表达他的信息。

除此之外，**谷物**，也是一个相当具有主观性的术语。在做研究的时候，我发现一些被视为谷物的有趣的事物。那些喂给牛吃的谷物，也就是之后转化为我们的食物的东西，包括羽毛、头发以及从其他动物身上熔化的骨髓，还包括猪的废料，或粗俗一点说，就是猪粪，以及伤残病死的动物，如鹿和麋鹿的尸体。

谷物的种类还会更加多样。除此之外，你有没有想过，如果在农场中，一只老鼠或一只蟑螂或一只小鸟进入食物当中并糟蹋了食物，这之后会发生什么？也许它们吃掉了一些食物，也许它们精疲力竭地躲在食物中。那么这些食物会被如何处理？会被扔掉吗？不，它们会被熔化、喷洒并进行热处理，因为这样能够杀死细菌。之后这些食物还是会喂给牛，当然最后也会变成我们的饭菜。所以，从长远看，我们距离吃老鼠和蟑螂的粪便只有一步之遥。大部分人都不会考虑我们的餐盘中的食物到底是怎么来的，当你想到这一现实情况时，会感到非常不可思议。

柯尔特使用了有效的描述和解释来进一步放大这一他试图避免的问题的重要性。

现在我已经引起了你们的食欲，接下来我想谈谈草饲牛肉，并将其作为你们不再继续进食谷饲牛肉的一种可能的解决方案。根据《营养学杂志》的报道，草饲牛肉中不含粉色肉渣，而且草饲牛肉中的脂肪和胆固醇含量较谷饲牛肉要少。实际上，这不仅仅是最近的研究结果，这是一项长达30年的研究的结论。研究人员一致发现，草饲牛肉拥有更好的，或者更确切地说，较低的脂肪，低含量的胆固醇，并且不含有填充肉。除此之外，同样的研究还指出，在草饲牛肉中还含有更多的维生素A和维生素E以及更多的抗氧化剂。而草饲牛肉中的欧米伽3和欧米伽6脂肪酸的比例也更高，这对于大脑健康非常重要。所以很多人也会将草饲牛肉误认为是“哦，这只是嬉皮士会做的事情”，或者“我并不是很喜欢有机的东西”。好吧，让我来提供这个有趣的事实。现代保守主义的代言人罗纳德·里根总统要求，他在担任美国总统的期间只吃有机牛肉。所以，即使是罗纳德·里根也接受了草饲牛肉。

柯尔特通过比较，指出更为积极的结果，并以此同问题的消极方面进行对比。他想让你看到他提出的解决方案的优点。吃草饲牛的牛肉。

今天我们探讨了添加到谷饲牛肉中的不健康的副产品、粉色肉渣，以及它是如何添加到牛肉中的背后的故事。我们还讨论了喂养谷饲牛

在他进入演讲的结语部分时，他总结了其关键论据。

的不健康的过程，包括喂给它们抗生素以及由非真正谷物组成的“谷物”。这些饲料中更多的不是谷物而是动物的尸体。我们还提供了简单的解决方案，那就是至少尝试去杂货店购买一次有机草饲牛肉。

至少尝试一次。我们今天要求的不是做出再也不吃管状的谷饲牛肉这种改变生活方式的决定，而只是希望大家至少尝试一次有机草饲碎牛肉。

他以具体的行动呼吁结束了演讲，鼓励其观众为解决他所描述的问题迈出小小的一步。

当你的观点受到攻击时，你很可能会使用反驳作为你的组织策略。或者，如果你知道观众对说服性建议的主要反对意见，你也可以围绕着观众所持有的论据组织你的演讲。

研究表明，在大多数情况下，把提议的优缺点都说出来要比只说优点更好。即使你不认同观众曾经听说过的论据，他们无论如何也还是可能会想到这些。

在提倡器官捐献的演讲中，塔莎[①]使用了反驳策略。她确定了几个谬见，如果人们相信这几个谬见，那它们会阻止人们成为器官捐献者。首先她指出了几个谬见，或者说是错误的观念，之后解释为什么这些谬见并不正确。

I. 谬见 1：如果医生知道我是一名器官捐献者，他们就不会尽力救治我了。
反驳：医生保证，在“希波克拉底誓言”的约束下，救治你的生命是他们的首要任务。此外，只能在病人被宣告脑死亡之后取走他（她）的器官。

II. 谬见 2：如果我捐献了器官，我的家人还要支付手术费用。
反驳：如果你捐献了器官，你的家人不用支付任何费用。

III. 谬见 3：如果我是一名器官捐献者，我就不能拥有一场开棺葬礼。
反驳：捐献者的遗体会穿上衣服，因此人们不会看到因捐献而留下的可见的痕迹。

IV. 谬见 4：我不能捐献我的身体，因为我年纪太大了。
反驳：对于器官捐献并不存在具体的年龄界限。最终的决定取决于器官的总体健康程度，而非年龄。

塔莎可以使用反驳策略来组织她的整个演讲，或者，反驳策略也可以用作如问题-解决方案模式这样较大的组织策略中的一部分。

如果在你使用了反驳策略完成说服性演讲之后还有问答环节，你应该提前做好

---

① 塔莎·卡尔森（Tasha Carlson）：《拯救生命的许可证》。摘自《成功的演说，2009》，州际演讲协会，2009 年。经许可引用。——原注

回答问题的准备。当你知道观众并不支持你的说服性目标，但你想要说服他们时，可信的证据、事实以及数据将会比单独的情感论据更加有效。在你的演讲结束后的环节中，如果你的逻辑合理性受到批评或攻击，可以使用反驳技巧来维持观众对信息的支持态度。

因果模式

如同与之紧密相关的问题-解决方案模式一样，在第八章中介绍的因果模式也是一种有效的组织策略。使用因果模式的一种方法是以结果，或是一个问题开始，之后确定问题的原因，努力说服你的观众这一问题非常重要。关于日益增长的帮派问题的演讲可能会关注贫穷、毒品问题以及财政系统瘫痪的学校。

你还可以通过指明问题，接着阐明问题带来的结果这种方式组织你的信息。如果你认为问题是，晚上十一点之后有太多无人看管的青少年在社区的街道上闲逛，那么你可以组织一场演讲，说明这一问题给社区公民们造成的影响。

在说服性演讲中使用因果模式的目标是使观众认同是一个事件导致了另一事件的发生。例如，你可能推断，你们州的学生在标准化考试中成绩不理想是因为老师教得不好。当然，你必须证明较低的考试成绩不能归因于其他的因素。考分低也可能不是老师的原因，或许是因为缺少父母的参与或者其他的因素。

使用因果模式组织策略的挑战是**证明**一个事件**导致了**其他事情的发生。仅仅因为两件事同时发生或接连发生并不能证明存在因果关系。之前我们提到过因果谬误（“在此之后，故源于此”）。为了说明要证明一个因果关系并不容易，请思考下面的案例。假设一项研究证明，每天在网上花费几个小时的人存在心理抑郁，但这一发现并不必然**证明**使用互联网会导致抑郁——其他的因素也可能导致抑郁。也许抑郁的人们更可能使用互联网，因为在使用科技时他们会觉得很舒服也很安全。

以下是如何使用因果模式策略组织说服性演讲的示例：

I. 利率的升高和下降存在很大的不确定性。（**原因**）

II. 亚洲、东欧以及拉美的货币市场不稳定。（**原因**）

III. 失业率升高。（**原因**）

IV. 在 20 世纪 20 年代末期的美国，在这三种情况发生之后紧接着就是股市崩盘。如今它们也可能导致另一场崩盘。为了避免损失过多的金钱，你应该减少投入到股市中的金额。（**结果**）

激励序列模式

激励序列模式是一种由五个步骤组成的组织计划，在过去的几十年中，这一模式被证明是很成功的。由艾伦·门罗（Alan Monroe）开发的这一简单而有效的演讲组织策略，结合了已被研究和实践经验证实的原则。[37] 以问题–解决方案模式为基础，它还运用了在第十四章中讨论过的认知失调理论：首先，使观众产生焦虑；之后向他们指出你希望他们采取的具体的改变。这五个步骤是注意、需求、满足需求、想象以及行动。

注意　你的第一个目标是获取观众的注意力。在第九章中我们已经探讨了在演讲的开始抓住观众注意力的具体方法。你可能还记得使用个人的或假设的例子、令人吃惊的陈述、一组不寻常的数据、设问或是措辞巧妙的类比能够带来什么样的效果。注意这一步骤实际上是对演讲的引入。

在获奖演说《停止使用儿童兵》① 的开始，希瑟就以这一引人入胜的引言抓住了观众的注意力：

> 当 12 岁的什梅尔·比亚离开他在塞拉利昂的村庄，在几英里外的一个小镇上进行才艺表演时，他并不知道在短短几天内，他会失去一切——他的家人、朋友，甚至他的童年。他回来后发现，一支叛军杀死了他所有的家人，并摧毁了他的城镇。

需求　在抓住观众的注意力之后，你还需要证明为什么你的主题、问题或议题会让观众担忧。引起认知失调，告诉观众为什么当前的项目、政治家或者任何你试图改变的东西没有起作用。让观众相信他们需要做出改变。你还必须说服观众，改变的需求和他们直接相关。在需求这一步骤中，你应该设计合乎逻辑的论证，并辅之以充足的证据支持你的立场。

为了证明将儿童作为士兵这一问题的重要性以及解决这一问题的迫切性，希瑟提供了具体的证据：

> ……在任何时候，都有 30 万名 18 岁以下的儿童被迫在军事冲突中作战。正如布鲁金斯学会“21 世纪防御计划”的主任彼得·沃伦·辛格所说，儿童战争不仅是人权的扭曲，而且也是对全球安全的巨大威胁。

她用以下方式使这一问题与观众变得息息相关：“显然，这场危机对孩子们、对他们的国家并最终对我们自己的国家会产生巨大的影响。”

满足需求　在你提出问题或需要关心的事情之后，接下来应该简要地说明你的

---

① 希瑟·朱潘尼克（Heather Zupanic）：《停止使用儿童兵》。摘自《成功的演说，2009》，第 363—365 页，州际演讲协会，2009 年。经许可可引用。——原注

计划将如何满足这一需求。你对这一问题的解决方案是什么？在演讲的这一步骤中，你不需要加入过多的细节。呈现足够的信息以使观众对问题的解决有一个全面的认识即可。

希瑟提议，对于儿童被用作士兵这一问题的解决方案，应包括通过联合国采取法律行动强制执行现有的条约，并将此问题提请全世界政府领导人关注。在她的演讲中，她的解决方案——让政府领导人参与其中——还很笼统。直到演讲的结尾她才提供了观众应该采取以实现其解决方案的具体的行为。希瑟还强调了观众需要采取行动的紧迫性。“显然，现在是采取立场反对儿童兵面临暴行的时候了。”

想象 现在，你需要让你的观众知道，如果你的解决方案被采纳或没有被采纳，将会导致什么样的结果。你可以采取**积极想象**方式：用词语描述一幅画面，传递出的内容是，如果你的解决方案被采纳，那么未来将会很美好。你也可以采取**消极想象**方式：告诉你的观众，如果你的解决方案没有被采纳，那么情况将会多么糟糕。如果他们认为现在事情已经很糟糕了，慢慢等吧，事情会变得更加糟糕。

希瑟希望她的观众想象一下，若儿童兵这一问题未被解决，将发生显著的负面结果。她以一个总体介绍为开头，让观众了解到如果不采取行动将在孩子身上导致什么样的后果。

> 儿童战争导致的第一个结果就是，由于他们必须忍受暴力和虐待而留下严重的心理和生理创伤。

她使用了一个具体的情感示例描绘出消极的画面，在这个情感示例中，她描述了额外的后果。

> 来自刚果的 10 岁的雅克描述了梅伊–梅伊民兵组织经常让他们挨饿并狠狠抽打他们。他说：“我看到其他人在我面前死去。我常常感到饥饿，我很害怕。”

希瑟还指出，如果这个问题得不到尽快解决，还会增加其他问题，更多的儿童会受到负面影响。

希瑟只使用了消极想象方法。但是她也可以将消极和积极想象结合起来，以使想象这一步骤更加有力。从正反两个方面来描述前景还能让观众知道，如果你的解决方案被采纳，问题将如何被解决；如果你的解决方案没有被采纳，那么这个世界将会变为多么糟糕的地方。例如，希瑟可能通过描述孩子们与家人们团聚的心酸场景，来帮助观众想象采取行动的功效。同时从正反两个方面展示你在满足需求这个步骤所提出的解决方案直接解决了你在需求那一步骤中所提出的问题。

行动　最后一个步骤为你的结论提供了基础。你告诉观众要实施你的解决方案应该采取什么样的具体行动。明确告诉他们你希望他们做些什么。给他们清晰且简单易行的步骤来实现你的目标。例如，你可以给他们一个电话号码来获取更多的信息，提供一个地址以便他们可以写一封支持信，在你演讲的结尾给他们请愿书让他们签名，或者告诉他们要给谁投票。

为了解决儿童从军的问题，希瑟提供了观众可以采取的具体行动："我们可以采取的第一个步骤是向联合国的成员国请愿执行他们已经签署的协议，我们可以通过参加红手印行动来做到这一点。"她进一步向观众进行解释，使步骤简单易行：

> 你参加这个活动，只需把你的名字写在一封预先写好的信上，然后在这场演讲之后，在一张红色硬纸上印上你的手印。然后我会把你的手印粘贴到你的信上，然后把它们转发给联合国。

最佳的行动步骤明确地阐明了观众应该采取的行动。在此，希瑟告诉她的观众要做什么以及接下来将会发生什么。

你可以根据演讲主题和观众的需求来调整激励序列的顺序。例如，如果你面对的是接受型观众，就不需要在需求这一步骤上花费大量的时间。观众已经认同了这一需求非常重要。然而，他们可能需要了解可以采取的具体的行动来实施这一问题的解决方案。因此，强调满足需求和行动这两个步骤是很明智的。

相反，如果你面对的是带有敌意的观众，你应该花费相当多的时间在需求这一步骤上。使观众相信，这一问题很重大，并且他们应该关注这一问题。你最好不要在行动上描述得过于详细。

如果你的观众是中立或是冷漠的，你需要花时间来吸引他们的注意力，并激发他们在这一问题上的兴趣。注意和需求步骤应该被强调。

激励序列是一种指导原则，而非绝对的公式。使用激励序列模式以及其他的关于演讲的组织结构的建议来帮助你实现自己的具体目标。以观众为中心，使你的信息适应观众。

学习指导 回顾、应用及评估

15.1 提高你的可信度

确定并使用提升最初、继发和最终可信度的策略。

可信度是观众对演讲者的看法。影响可信度的三种因素是能力、可靠性以及活力。最初可信度是在你开始演讲之前观众对你的可信度的看法；继发可信度是在你演讲的过程中他们对你的可信度形成的看法；最终可信度是在你结束演讲后观众对你的可信度的印象。特定的策略可以提升以上三种类型的可信度。

关键词

伦理性思考

凯瑟琳的父亲是一名主流网站的编辑。因此，关于网络新闻学她了解很多。即使凯瑟琳并没有受过作为记者的训练，并且她也没有获得作为记者的职业地位，对凯瑟琳来说，其被介绍为专业的网络记者是否合乎伦理？

评估你以观众为中心的演讲技能

想象你正在公共演讲课上发表学期的最终演讲。你可以采用什么样的具体策略来提升你在同学心中作为公共演讲者的最初、继发以及最终可信度呢？

15.2 使用逻辑和证据进行说服

使用有效推理原则规划一场说服性演讲。

逻辑论证的有效性取决于你所使用的证明。证明包括证据以及你用以从证据中得出结论的推理方法。推理的三种类型是：归纳推理，即从具体的示例推导得出普遍的、可能的结论；演绎推理，即从具有普遍意义的陈述推导得出具体的、更加肯定的结论；因果推理，即将两个或更多的事件联系起来，以得出结论——一个或更多事件导致了其他的事件。归纳推理中的两种较受欢迎的类型是类比推理和迹象推理。你可以使用四种类型的证据：事实、示例、意见以及统计数据。避免使用谬误推理。

关键词

批判性思考

乔西正在对社区业务协会进行演讲，他试图说服邻居应该组织居民联防计划。什么样的逻辑论证以及证据能够帮助他合乎伦理地实现其说服性目标？

伦理性思考

在浏览网页时，托尼只找到了他的说服性演讲中所需要的数据。但是他不知道这些数据的原始来源——只有网址。这对证明统计数字的有效性是否足够？

15.3 使用情感进行说服

在说服性演讲中运用有效的情感诉求技巧。

情绪反应理论确定了对于信息的情感回应的三种维度：愉悦度、激活度以及优势度。激发观众情感的具体的建议包括使用示例，使用激发情感的字词，非语言行为，适当的恐惧诉求，以及诉诸希望、自豪、勇气以及崇敬这类情感。

关键词

伦理性思考

卡尔坚信，大屠杀的悲剧会再次发生。他计划在其公共演讲课上的演讲中展示罕见的、清楚而具体的大屠杀受害者的照片。对受制而不能走开的观众展示清楚而具体的、激发情感的照片是否合乎伦理？

评估你以观众为中心的演讲技能

你计划说服你的观众，他们应该向一个干旱救灾组织进行捐款来帮助农民应对因气候变化而对国家农业造成的影响。什么情感诉求可以既合乎伦理又有效地支持你的立场？

15.4 使观念适应观众、使观众适应观念的策略

调整你的说服性信息以适应接受型、中立型和非接受型观众。

考虑以下策略来使观念适应观众、使观众适应观念：

- **说服接受型观众**：同观众产生共鸣。阐明你的演讲目标，告诉观众你希望他们做些什么。寻求即时的支持表现，有效地使用情感诉求。让观众的行为简单易行。
- **说服中立型观众**：在演讲的早期就通过提及大多数观众共有的观念来吸引其注意力。不仅要将你的主题同观众联系起来，还要将其同他们的家庭、朋友以及爱人联系起来。你所希望实现的目标要现实。
- **说服非接受型观众**：不要立刻宣称你计划改变观众的看法。在讨论双方存在分歧的领域之前，先以双方存在共识的领域开始你的演讲。了解你的观众可能持有的相反的观点。考虑加深理解而非宣扬你的目标。首先提出你最为有力的论据。不要期望带有敌意的观众在态度上会有巨大的转变。

伦理性思考

马蒂卡想要说服同学，也就是目标观众，他们应该参加在校长办公室中的24小时的静坐活动，以此来抗议学费的上涨。校长已经明确表示，任何企图在正常办公时间后占领他办公室的人都将被逮捕。对马蒂卡来说，使用课堂演讲来鼓励她的同学参加静坐是否合适？

评估你以观众为中心的演讲技能

你面对你的公共演讲班级进行演讲，以寻求他们的帮助来清理流经你的社区的一条河。由于你的班级中的大多数学生并不住在你的社区，他们对这一话题并不是很感兴趣，即使在你的观众中有几个人对环境问题很感兴趣。你面对的是什么类型的观众？什么说服性演讲策略能够帮助你实现你的演讲目标？

15.5 组织说服性演讲的策略

确定并使用能有效组织说服性演讲的策略。

组织说服性演讲的四种模式是问题-解决方案模式、反驳模式、因果模式以及激励序列模式。激励序列的五个步骤是注意、需求、满足需求、想象以及行动。使激励序列适应特定的观众以及你的说服性目标。

批判性思考

你计划说服观众支持一项当地法规，该法规对你所在的社区晚十点之后的噪音进行了限制。使用激励序列，吸引他们的注意力，构建需求，确定解决方案，想象这一提议的好处，呈现具体的行动步骤，使他们能够支持你并支持法案通过。

批判性思考

贾妮思正在考虑如何选择其说服性演讲的组织结构，其目标如下：“观众应该支持在公司建立一项健康计划。”根据这一目标构思主要观点，并按照下列组织模式组织演讲内容：问题-解决方案模式、反驳模式、因果模式以及激励序列模式。

16

特殊场合及特殊目的演讲

目标

学完本章后，你应该能做到以下几点：

16.1 确定并解释在工作场合中可能出现的两种演讲情景的要求。

16.2 列出并描述九种类型的礼仪致辞。

16.3 列出并描述在演讲中制造幽默的策略。

这就像在世界职业棒球大赛上唱响《星光灿烂的旗帜》。没有人来这儿听你唱歌。但是如果你不唱，这就不是一场官方活动。

——巴尼·弗兰克（Barney Frank）

公共演讲能够赚钱。许多以演讲为职业的政治家、运动员以及名人的一场演讲能够挣到六到七位数的酬金。

- 美国前总统乔治·W. 布什卸任后，单场演讲收费 15 万美元。[1]
- 美国前副总统及诺贝尔和平奖获得者阿尔·戈尔在一场全球气候变化的演讲中能够收获 15.6 万美元。[2]
- 英国前首相托尼·布莱尔在两场 30 分钟的演讲中就获得了大约 61.6 万美元——1 分钟挣得 1 万美元以上。[3]
- 美国前总统、商人唐纳德·特朗普在 17 场研讨会上每节课的报酬是 150 万美元。[4]
- 美国前总统比尔·克林顿在离开白宫后的第一年就赚取了 4000 万美元的演讲酬金。[5]

但是创下单场演讲最高酬金纪录的仍是美国前总统罗纳德·里根，1989 年，一家日本企业为他的两次仅 20 分钟的演讲支付了 200 万美元。[6]

尽管我们中的大多数人永远不会因为公开演讲而得到如此慷慨的奖励，但在某些时候，我们可能会被要求做一个商业或专业的演讲，或者在某些庆祝、纪念、鼓舞或娱乐的场合中发言。且不论给演讲者带来财富或名誉的可能性，特殊的演讲场合非常重要并且足够频繁，因此值得研究。

在本章中，我们要探讨各种特殊场合下的演讲类型，还会分析每一种场合观众具体的和独特的期望。首先，我们将会讨论在工作场合中可能发生的两种演讲情景。之后我们将注意力转移到几种礼仪致辞以及幽默的餐后演讲上。

确定并解释在工作场合中可能出现的两种演讲情景的要求。

16.1 工作场合中的公共演讲

对于许多职业来说，公共演讲是日常工作的一部分。工作场所的观众可能是三位经理，也可能是满满一个大礼堂的员工。演讲的形式可能是例行的会议，向公司高管的汇报，公司内部的培训研讨会，或者是公司外部的公关演讲。在职业生涯中，你有许多演讲的场合和机会，在工作场合发表一些演讲是很可能的事情。

小组展示

当一个小组做出了一个决定，解决了一个问题或者发现了新的信息时，小组成员通常会向其他成员展示自己的工作成果。在准备一场高效演讲时，个体演讲者会遵循以观众为中心的原则，这一原则同样适用于正在准备口头报告的小组成员。

如图 16.1 中我们熟悉的模型所展示的一样，其核心及最重要的步骤是分析将要听演讲的观众。观众是谁？他们的兴趣和背景是什么？他们需要了解什么？一名企业顾问表示：

> 让你的观众收听 WIIFM 无线电台——这对我来说有什么好处（What’s it in for me，首字母缩写为 WIIFM）。只有告诉观众能够得到什么好处，他们才会听你说的话。[7]

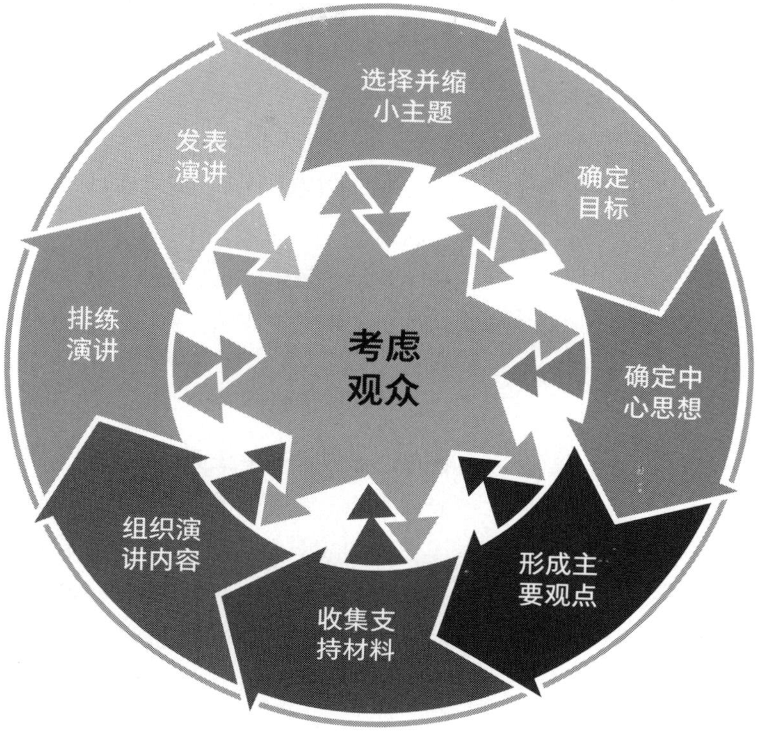

和规划一场个人演讲一样，规划小组展示时也要确保你拥有一个明确的目标，一个能从逻辑上划分成主要观点的中心思想。这是小组工作，所以你也需要确保**每个**小组成员都能清楚地表述目的、中心思想、主要观点、主要支持材料以及演讲的整体提纲。

图 16.1　使用以观众为中心的公共演讲模型来帮助小组设计一场小组展示

资料来源：Copyrighted by Pearson Education, Upper Saddle River, NJ

选择展示方式　除非小组展示的方式已经被指定，否则你们还需要确定用什么形式发表演讲。与观众分享报告及建议的三种主要的方式包括专题研讨会报告、论坛交流以及小组讨论。

- **专题研讨会**是一种公开的讨论方式，在此期间，小组的成员共同承担向观众展示信息的责任。通常主持人以及小组成员会坐在观众的前边，每个小组成员都要准备发表一个简短的报告。每个演讲者都应该知道其他人将要呈现的内容，这样同样的内容就不会出现两次。在演讲的结尾，主持人会总结主要观点。之后观众参与到问答环节或者论坛交流中。
- 在**论坛**交流中，观众直接向小组提问并进行评论，小组成员简短地临场作答。在古罗马，forum 是指市民去购物的集市，在那里他们会讨论当天的热点问题，后来逐渐演变成为一个公众集会、经常举行正式演说的场所。论坛通常在结构化的展示之后出现，如座谈会或某个小组成员准备好的演讲之后。如果所有小组成员都知道议题且为回答问题做好了充分的准备，论坛交流的效果最好。
- **小组讨论**是一种信息性的小组展示。小组成员可以使用记有关键事实或统计

专题研讨会（symposium）
公开的讨论，在此期间一系列简短的演讲将会呈现给观众。

论坛（forum）
问答环节，通常在公共讨论或专题研讨会之后。

小组讨论（panel discussion）
为了告知观众相关议题或问题，或提出建议的群体性讨论。

数据的笔记，但他们不会发表正式的演讲。通常由指定的主席或主持人组织和领导小组讨论。

有效的主持人会让所有的小组成员都参与进来，总结他们的陈述，并且作为一个把关人确保小组中某一成员不会在讨论中占主导地位。小组讨论后常常伴随着问答环节，或者论坛交流。

设计一场小组展示 在小组中工作需要协调的团队合作。如果你习惯于自己准备报告或演讲，那么在团队作业中同其他人一起工作将会是一种挑战。考虑以下建议来加强团队合作：

- **确保小组成员理解任务或分派的工作，并共同努力确定一个主题。**花费一点时间来用语言表达出任务的目的及目标。不要因为急于赶往下一堂课或匆忙去完成下一个任务就立即投入工作状态并尝试分派工作任务。
- **如果你的小组任务是解决问题或告知观众具体的问题，尝试通过头脑风暴来产生一个主题或提出问题**（见第六章）。之后评估观众的兴趣以及小组成员的兴趣及天赋所在，以此来帮助你们在众多想法中进行选择。

- **给小组成员分派个人任务。**在确定了小组展示的主题之后，对研究问题所涉及的任务进行划分。同样，还要制定一个计划，让成员之间经常定期联系，以便分享信息、交流思想。
- **制定小组提纲。**在小组成员完成关键议题的研究之后，要开始起草小组展示的提纲。展示应该包括引言以及结语，以此来体现你们的小组作为一个综合性问题解决团队所做出的努力。确定呈现提纲中每一部分的小组成员。
- **排练演讲。**就像你在个人演讲中所做的一样，排练演讲。如果要使用视觉辅助工具，确保将它们加入到了排练之中。在排练时一定也要测定展示的时间。
- **在进行小组展示时，要加入有效的以观众为中心的公共演讲的原则和技巧。**适应观众。你们的演说方式应该流畅自然，内容应该条理清晰。你们的视觉辅助工具应该清晰易见，具有吸引力，能够为你们的展示增色。

进行小组展示 至此，我们清楚地看到，进行小组展示所需的技能正是我们贯穿本书提出的技能。但是，由于小组演示会带来与其他小组或团队成员协调沟通工作等其他挑战，因此请在提出结论或建议时牢记以下提示。

- **阐明你的目标。**就如同在个人演讲中一样，对观众来说，了解小组的演讲目标以及理解你们为什么要呈现给他们这些信息是非常重要的；对每个小组成员来说，牢记展示的首要目标也是非常重要的。如果第一个发言人能够让观众很好地理解小组的目标，那将是很有帮助的。如果你的小组正在对具体的问题进行回应，将问题或真实的目标写在黑板、白板、活动挂图或幻灯片上是很有益处的。

- **有效地使用演示辅助工具**。你不仅可以使用演示辅助工具来阐明你的目标，还可以用它来总结重要观点和建议。视觉辅助工具在统一小组演讲中发挥着重要的作用。如果你们小组使用幻灯片作为视觉辅助工具，考虑让所有的小组成员使用同样的模板以及字体来加强你们的展示在外观和感觉上的协调性。
- **选择某人作为协调者或主持人**。小组需要结构和互动之间的平衡。没有合适的结构，话题就会在成员之间跳来跳去，演讲就会缺少清晰的焦点。主持人可以通过介绍主题和小组成员来帮助提供小组展示所需要的结构。主持人还可以帮助掌握时间，这样可以确保不会有人主导讨论或没有机会表达。
- **做好回答问题的准备**。沟通，如我们所强调的，并不只是给予人们信息，它还包括对来自观众的反馈和问题的回应。小组展示通常包括展示之后的问答环节（论坛）。除了了解你的主题之外，仔细阅读小组分发的各种文字资料是明智的选择。

概述

成功的小组展示的建议

作为一个团队：

- 理解任务。
- 进行头脑风暴，讨论出问题的解决方案。
- 选择展示方式。
- 列出提纲并对展示进行排练。
- 进行展示并回答问题。

各司其职：

- 完成你的任务。
- 参与会议及排练。
- 参与到展示中去。

在第十一章中，我们提出了回答问题的策略，包括关于如何回答带有敌意的问题的建议。如果某人询问了一个已经被提出或已经被回答过的问题，或者询问了无关或措辞不当的问题，不要指责提问者。要礼貌、得体、谦和。不要自以为是地说“这是一个愚蠢的问题”或“有人已经问过这个了”，而要平静地提供答案并继续推进。如果你没有理解这个问题，寻求更进一步的说明。但不要让提问者开始滔滔不绝，如同进行了一场演讲。如果你发现提问者似乎在利用问答环节发表演讲，彬彬有礼地打断并询问“那么您的问题是什么呢？”或者“我们怎样才能帮助您呢？”。这样做能引出一个问题，你可以回答这个问题，并将沟通过程的主导权重新掌握在小组手中。

公关演讲

那些为专业协会、血库、公用事业公司、政府机构、大学、教堂或慈善机构工作的人，以及受雇于企业的人，经常被要求向观众讲述他们的组织所做的工作或所承担的特殊项目。这些演讲就是**公关演讲**。它们旨在告知公众相关情况并改善与他们的关系——无论是从总的方面，还是由于某个特定的计划或情况引发了问题。

公关演讲（public-relations speeches） 旨在告知公众相关情况，强化同他们之间的联系，以及在某些情况下宣传政策建议的演讲。

时机（kairos）
演讲的周围环境或演讲的场合。

礼仪致辞，
或辞藻华丽的演讲
（ceremonial speech；epideictic speech）
在庆祝、感恩、赞扬或哀悼的特殊场合下发表的演讲。

介绍词（speech of introduction）
提供另一个演讲者的信息的演讲。

公关演讲者首先要讨论演讲针对的需求或问题。接下来他（她）会解释公司或组织如何满足需求或解决问题，或是为什么应该相信公司或组织不存在问题。

在公关演讲中对批评进行预测是非常重要的。演讲者可能会承认潜在问题并反驳异议，特别是当前面的发言人的政策或计划遭到反对时尤其如此。演讲者应该强调政策或计划的积极方面，注意不要采取过于保守的态度。他（她）希望留下这样的印象，即公司或组织已经仔细地研究了潜在的缺陷和弊端。值得注意的是，并非所有的公关演讲都提出政策建议，许多公关演讲只是简单地为需要了解信息的人总结信息。

例如，本地开发商杰克·布鲁克斯清楚地意识到，出席市议会会议的许多成员都反对他在受欢迎的史密森溪绿地地区开发土地。他并没有无视这些反对意见，而是慎重仔细地对其进行了处理：

> 今晚在座的大部分人在孩童时期都曾在史密森溪绿地中玩耍。在那里你们学会了游泳，在那里你们和朋友一起远足。我，同样也拥有对这些经历的记忆。
>
> 我想向你们保证，我拟议的发展规划实际上能够帮助保护这片绿色地带。我们将为所开发的每一英亩的土地都永久地奉献一英亩未被破坏的绿地。此外，我们还雇佣一位专家进行监督，力求保护这些未被破坏的土地。
>
> 就目前的情况来看，我们有因污染和不受控制的使用而失去整个绿地的风险。我可以承诺进行合理的住宅开发，并且还将对至少一半的自然环境进行保护。

列出并描述九种类型的礼仪致辞。

16.2 礼仪致辞

时机（kairos）是一个希腊词，用来描述演讲的周围环境或演讲的场合。如果这个场合是将人们聚集在一起庆祝、感谢、赞扬某人或进行哀悼的场合，那么在这种场合下发表的演讲就被称为**礼仪致辞**或**辞藻华丽的演讲**。我们将探讨九种类型的礼仪致辞：主持人介绍词、祝酒词、颁奖词、提名词、领奖词、基调发言、毕业致辞、纪念演说和赞颂词，以及悼词。

主持人介绍词

我们中的大多数人都曾听到过很糟糕的介绍词。紧张的演讲主持人站起身做**介绍词**并念错了主讲人的名字。或者在将舞台交给主讲者之前，介绍者先进行了五到十分钟的演讲。

介绍词很像信息性演讲。演讲者以此来向观众提供主讲人的信息。

但是，介绍的最终目标是引起对主讲人及其演讲主题的兴趣。事实上，当你被要求介绍一名特定的演讲者或一位受尊敬的客人时，你的目标同优秀的演讲引言的目标相似：你需要获得观众的注意力，建立起演讲者的可信度，介绍演讲的大致内容。在为演讲者营造欢迎氛围的同时，你还需要展现一些演讲者的个人品质，这样观众会觉得他们更深入地了解了这名演讲者。以下是发表介绍词的两点基本规则：

自信地同你的观众建立联系

寻找不同的演讲机会

公共演讲的经历越丰富，你在演讲时就越会感到自信。将新的演讲情景作为提升你的自信的机会，这样在你演讲时，沟通恐惧就不再是一种障碍了。

简洁　观众来这里是为了听主讲人或演讲嘉宾进行演讲的，而不是为了听你演讲。

准确　对于演讲者来说，没有什么事情比不得不在演讲的开始纠正介绍人的话更让人心烦了。如果你将要在会议或晚宴上介绍某人，事先请求其为你提供传记式资料。如果其他人为你提供了演讲者的背景资料，一定要确保信息的准确性。确认你知道演讲者和其他人的姓名或是你要提到的术语的发音。

以下这个简短的介绍词遵守了以上两个标准：它很简洁也很准确。

我的朋友们，今夜，我们有幸可以听到我们社区历史上最具有创新精神的一位市长的讲话。早在去年，她以压倒性的优势当选市长之前，玛丽·诺里斯便凭借自己在经营房地产方面的经验，通过推行一种新方法吸引企业来我们社区进行投资。最近，她被“良好政府联盟”认定为本州最成功的市长。她不仅是我们城市的富有经验的管理者和代言人，还是一位热情且有同情心的人。我很高兴介绍我的朋友玛丽·诺里斯。

最后，要一直将观众的需求牢记在脑海之中。如果你打算介绍的人根本不需要向观众做出介绍，那就不要发表介绍词！只要对演讲者表示欢迎然后退到一边就好。

祝酒词

大多数人都会在某一时刻被要求为某个重要场合行**祝酒词**——婚礼、婴儿诞生庆祝会、朋友聚会、商业风险投资庆功会。祝酒词是对这种场合的简短的致辞，通常伴随着一轮敬酒或是紧跟着举杯或碰杯。据说这种风俗得名于将面包或面包屑扔进饮品中调味的古老习俗。[8]“喝浸有烤面包的酒”（drinking the toast）有点像吃浸泡过的甜甜圈。

祝酒词（toast）
在重大场合下的简短的致辞。

现代的祝酒词通常很短——最多只有几句话。有些祝酒词非常私人，例如，同为新娘和新郎的亲密好友的婚礼宾客发表的祝酒词：

> 关于这对夫妻，我想说几句话。你们知道，我在蕾切尔和本还没有谈恋爱的时候就已经认识他们了。我第一次见到蕾切尔的时候是我们成为高中新生的时候。从那以后，她那带有讽刺意味的幽默就常常使我发笑。[9]

相反，由不熟悉嘉宾的仪式主持人发表的祝酒词可能更为通用。以下是一个通用的婚礼祝酒词的示例：

> 当你爱的熊熊火焰燃烧到余烬时，你会发现你已经和你最好的朋友结婚了。[10]

如果你受邀即兴发表祝酒词，根据观众和场合来决定自己该说什么。真诚比措辞更加重要。几年前本书的作者在莫斯科参加一场晚宴，所有的宾客都被要求在用餐的某一时刻发表祝酒词。虽然这一俄罗斯风俗让我们感到很惊讶，但是我们当中的一个朋友给出了如下衷心的、受欢迎的祝酒词：

> 在过去一周中，我们欣赏了贵国旖旎的自然风光以及人造的建筑奇观，我们参观了精美的沙皇宫殿，我们惊异地站在一些伟大的世界艺术珍品面前；但我们发现，俄罗斯最为珍贵的国家财富是这个国家人民的热情。为我们新鲜且持久的友谊干杯。

我们的俄罗斯东道主对她大加赞赏。我们其余人也非常感动。玛丽的祝酒词是一次巨大的成功，因为她真诚地谈及了观众以及当前的场合。

颁奖词

颁奖有点像介绍一名演讲者或嘉宾：要记住，观众不是来听你讲话的，他们是来看奖项获得者并听他们讲话的。但是，**颁奖词**是与授予奖项一同发生的演讲，是一项重要的职责。颁奖词有几个独特的组成部分。

提及颁奖场合 首先，在颁奖时，你应该提及颁奖场合。颁发奖项通常是为了庆祝某一特殊事件的纪念日，一项长期任务的圆满完成，终身成就的取得，或是在某一领域取得的杰出贡献。

解释奖项的历史以及重要意义 接下来，你应该讨论奖项的历史及其重要意义。如果观众不太了解这一奖项，那么演讲的这一部分应该相对长一点；如果观众已经很熟悉奖项的历史和目的，那么就应该简短一点。不论奖项是什么，对其重要

颁奖词（award presentation） 与授予奖项一同发生的演讲。

意义的讨论将增加其对获奖人的意义。

说出奖项获得者的姓名　最后，你将说出被授予这一奖项的人的姓名。演讲中最长的部分是对获奖成就的热情洋溢的描述。如果获得该奖项的人的名字已经被公开，你可以在你的描述中提到他（她）的名字。如果你要第一次宣布这个人的名字，你很可能想要把取得的成就先说一遍，然后把此人的名字保留到最后。尽管有些观众可能会从你的描述中辨认出获奖者，但你还是应该把实际宣布的戏剧性场面保留到最后一刻。

提名词
（**nomination speech**）
正式将某人提名为公职或其他职位候选人的演讲。

领奖词
（**acceptance speech**）
对获奖、提名或其他荣誉表示感谢的演讲。

提名词

提名词同颁奖词很相似。它也涉及交代场合并描述在这种情况下候选人要竞逐的公职的重要意义。提名词应该清楚地说明候选人有哪些技能、才识以及成就使其具有资格获得该提名，而提名应该在演讲的最后进行。

1964 年，当参议院少数党领袖阿弗里特·迪克森（Everett Dirksen）提名巴里·戈德华特（Barry Goldwater）为共和党总统候选人时，他强调了那些他认为会吸引观众的个人品质：

> 无论在贸易业还是金融业，商业界还是工业界，私人领域还是公共服务领域，都存在能力这种东西……巴里·戈德华特在每项活动中一次又一次地证明了这一点。作为他所在州的国民警卫队的首领，在第二次世界大战结束后不久、民权尚未成为热点问题之前，他就提出要废除种族隔离制度。他整合了自己的零售企业，他为自己的员工设立了每周五天工作制度并建立了健康和人寿保险计划。他所做的这些事情都不是大张旗鼓地进行的。[11]

迪克森以提名本身结束了演讲：

> 我提名我的朋友及同事巴里·戈德华特作为美国共和党总统候选人。

领奖词

当某人接受一个奖项或一项提名时，通常会做一个简短的**领奖词**作为回应。领奖词可能已经声名狼藉，因为每年在黄金时间，电视台都会播出由奥斯卡金像奖的获奖者发表的冗长、情绪化、散漫、枯燥的演讲。已故的幽默作家埃尔玛·博姆贝克（Erma Bombeck）曾经讽刺地指出：

> 人们在三十秒内交换结婚誓言……你只需三十秒来想出《危险边

> 缘》① 的最终答案。我的孩子们在三十秒内就能吃掉一个披萨。
>
> 那么，说一声“谢谢”需要多长时间呢？[12]

对冗长的演讲感到不满的观众会更欣赏一种简短的、发自内心的感谢。事实上，简短的获奖感言可以很有见地，甚至是鼓舞人心，也能让观众觉得这一奖项实至名归。1979年，演员约翰·韦恩（John Wayne）在去世前两个月接受奥斯卡终身成就奖时说过下面这段感人肺腑的话：

> 女士们、先生们，谢谢你们。你们的掌声是这个老家伙所需要的唯一的药物。我很高兴今晚我能从容不迫地出现在这里。奥斯卡和我有一些共同之处。1928年奥斯卡奖首次在好莱坞露面，而我也是。我们都饱经风霜，但是我们仍然在这里并计划继续走下去。[13]

如果你要发表领奖词，它可能是一场即兴演讲，因为在奖项颁发之前你不知道你获得了这一奖项。有一些非常简单的规则可以帮助你在现场创作出精彩的领奖词。

表达感谢　首先，你应该感谢颁奖人及其所代表的组织。感谢那些对你的成功有着巨大贡献的人表明你很有礼貌，但是没必要感谢你认识的每一个人，乃至你们家的那条狗。

评论奖项对你的意义　接下来，你应该说明一下这一奖项对你的意义或重要性。你还可以说明这一奖项对于人类的崇高意义及其所表现的理想，就如奥巴马在2009年获得诺贝尔和平奖时所做的那样：

> 获此殊荣，我深怀感激并深表谦恭。这个奖表达出我们的最高理想——尽管这个世界存在种种残暴和困苦，但我们并不任命运摆布。我们的行动是有作用的，能够推动历史向正义方向发展。[14]

讨论这一奖项同观众的关联性　最后，尝试着为你的观众（那些尊重你的成就及自己也在追求类似成就的人）寻找到这一奖项的意义所在。1950年小说家威廉·福克纳在荣获诺贝尔文学奖时发表了一篇日后最常被人们引用的颁奖词，他将所获的诺贝尔文学奖献给

> 已经献身于同样的心灵煎熬与劳苦的青年男女们，未来的某一天他们中的一个将会站在我今天所站的地方。[15]

---

① *Jeopardy!*，一档美国最受欢迎的智力竞答节目。

基调发言

基调发言通常在会议或讨论会的开始或临开始的时候进行。基调强调了主题的重要性或会议的目的，鼓励观众了解更多或更努力工作，并为其他演讲者和活动设定主题和基调。

基调发言的最为困难的任务是引起观众的兴趣。传奇音乐家布鲁斯·斯普林斯汀（Bruce Springsteen）在得克萨斯州奥斯汀的“西南偏南”音乐节上发表基调演讲时就完成了这一任务。

基调演讲者引起及激发兴趣的一种方式是加入与观众相关的示例和说明。已故的得克萨斯州国会议员芭芭拉·乔丹曾在两次民主党全国代表大会上发表基调发言，一次是 1976 年，一次是 1992 年。注意在下面对 1992 年发言的摘录中，她是如何使用具体示例的：

> 美国梦……正从大多数人身上溜走。它从许多黑色和棕色皮肤的妈妈及她们的孩子身上溜走，从各种肤色、无家可归的男人和女人们身上溜走，从居住在没有供水系统也没有污水排放系统的乡村的移民身上溜走。美国梦正从工人身上溜走，他们的工作已经不存在了，因为我们更擅长制造仓库里的作战装备，而不是建造体面的住房。[16]

毕业致辞

漫画家加里·特鲁多（Garry Trudeau）曾说，**毕业致辞**被发明

> 在很大程度上是为了让即将走出校园的大学生在进入社会之前适当地镇静下来。[17]

不幸的是，大多数毕业致辞都不能满足特鲁多的这种期望。通常在需要和应该以观众为中心的情况下，毕业致辞的演讲者却似乎对他们的观众不那么关注。近年来的一些的毕业致辞被描述为

> 更加个人化，充满自嘲式幽默和粗俗的题外话，以及提及演讲者自身卑微或遥远的出身。[18]

以观众为中心的毕业致辞应该满足两点重要功能。

赞扬毕业生　第一，毕业致辞演讲者应该赞扬毕业班级。由于观众中包括毕业生的家人和朋友，毕业致辞演讲者可以通过指出毕业生成就的重要性来获取他们的好

基调发言（**keynote addresses**）
为会议或讨论会奠定主题和基调的发言。

毕业致辞（**commencement address**）
在毕业典礼或学位授予典礼上发表的演讲。

感（同样也获得毕业生自身的好感）。纽约市长迈克尔·彭博（Michael Bloomberg）用以下称颂祝贺了斯坦福大学 2013 年的毕业班级：

> 毫无疑问，2013 级是……“斯坦福大学历史上最为伟大的一级！”[19]

关注将来 第二，以观众为中心的毕业致辞演讲者应该让毕业生转向未来。毕业致辞并不是一个适合哀叹世界不可抗拒的破坏性或当今毕业生的黯淡的经济前景的地方。相反，毕业致辞演讲者应该提出一些光明的新目标，并试图激励毕业生去争取它们，正如海洋学家西尔维娅·厄尔（Sylvia Earle）所说的那样：

> 在你的桌面上，在你的笔记本电脑中，你可以将世界掌握在自己手中。你可以使用“谷歌地球”。你可以以一种史无前例的方式潜入海洋。毫不夸张地说，你，将世界掌握在手中。[20]

想要成为以观众为中心的毕业致辞者，可以从惠普公司前首席执行官卡丽·S. 菲奥莉娜（Carly S. Fiorina）身上获得其他的窍门，她在进行毕业致辞之前曾通过邮件咨询过麻省理工学院的毕业班级。她发现，学生们期望一场以生活经验而非理论为基础的演讲，以及他们希望听到在生活中遇到问题时如何做出决策的建议。菲奥莉娜补充道：“有一点是毫无争议的：不要超时。”[21]

纪念演说

纪念演说是为纪念过去的活动而在举行的仪式上发表的演讲，经常和对一个或一些人的赞颂词一起使用。例如，在 7 月 4 日发表的演讲都是为了纪念《独立宣言》的签订，以及向那些签字的人致敬。小镇的 150 周年纪念活动不但庆祝了小镇的建立，也纪念了小镇的创建者们。如果你被要求在招待会上为祖父母的 50 周年结婚纪念日发表演讲，你可能会回顾他们讲述的有关他们结婚当天发生的事情，并接着赞扬他们 50 年风雨同舟、相濡以沫的经历。

纪念演说（commemorative address） 在为纪念过去的活动或向有关人士致敬而举行的仪式上发表的演讲。

纪念演说者在某种程度上也是信息性演讲者。他（她）需要呈现一些关于被庆祝事件或人物的相关事实。之后演讲者基于这些事实，敦促观众以过去的成就激励他们实现新的目标。

悼词

悼词（eulogy） 某人逝世时所发表的颂词。

悼词——某人去世时发表的颂词——是纪念演讲中最为重要、最令人印象深刻也是最具有挑战性的演讲形式之一。正如一位最近整理悼词集的编辑说的那样：

> 一篇好的悼词可以是……存在于生者和逝者之间、我们和他们之间、纪念和不朽之间的桥梁。回忆起的往事越具体、越真实，桥梁就越坚固。[22]

当你发表悼词时，你应该提及（甚至重点谈论）你所赞颂之人所获得的不平凡的成就，当然，还应该表达出一种失落感。2012年，在康涅狄格州纽敦镇的校园枪击事件中丧生的孩子的母亲，悲痛地以令人心疼的词句开始了对孩子的悼念：

> 天空正在哭泣，旗帜降为半旗。它们在诉说，真是悲伤的日子。[23]

概述

礼仪致辞的类型

- 介绍词
- 祝酒词
- 颁奖词
- 提名词
- 领奖词
- 基调发言
- 毕业致辞
- 纪念演说及赞颂词
- 悼词

然而，在悼词中包含关于逝者的个人的甚至是幽默的回忆也是可以的。在对挚爱的贝蒂姑妈的悼词中，小约翰·马斯特森（John T. Masterson, Jr.）提到了这个幽默的故事：

> 在圣诞节和生日的时候，其他的亲戚会寄书、衣服或一些有意义的玩具，而贝蒂姑妈则倾向于不寻常的礼物……有一年，她（或邮购公司）搞错了订单号码，在圣诞节的时候给我寄来了反光车道标志。关于贝蒂姑妈最重要的一点就是，如果你收到了这样的礼物，你不会认为这是一个错误；相反，我和我的家人围坐在圣诞树周围，试图弄明白这个笑话！[24]

最后，转向生者，鼓励他们超越悲痛和失落感，代之以感激，感激逝者曾活在他们之中。

16.3 餐后演讲：有效使用幽默

列出并描述在演讲中制造幽默的策略。

> 如果你是人类，或甚至是一株相当敏感的灌木，那么早晚都会有俱乐部或组织来邀请你发表演讲。美国到处都是俱乐部和社团，人们不断参加各种有价值的团体活动，如：（1）吃午餐；（2）吃晚餐；（3）吃早餐；（4）举行宴会。结果就是对餐后演讲者的需求源源不断，因为不这样的话你听到的就将是消化的声音了。[25]

专栏作家戴维·贝利（Dave Barry）以其典型的玩世不恭的妙语，开始了他对“餐后演讲”的评论。当然，他对其中一件事的看法是正确的：商业、专业组织和

餐后演讲（**after-dinner speech**）
幽默的演讲，通常在就餐时间的会议或宴会上发表。

服务俱乐部流行举办就餐时间的会议和宴会。这样的会议不可避免地需要一个幽默的**餐后演讲**。

有趣的是，餐后演讲并不总是发生在**晚餐**之后（如贝利所指，进餐也可能是早餐和午餐），而且也不总是在某事**之后**进行。餐后演讲也可以在餐前或就餐中进行。

美国前第一夫人芭芭拉·布什在安排国宴时喜欢把演讲安排在宴会之前。这种做法还有一种版本，在为纪念哲学家亚历西斯·德·托克维尔举行的晚宴上，国会图书馆馆长詹姆斯·比林顿（James Billington）利用每道菜上菜的间隙发表演讲，"因此，必须先听一听前面的演讲才能吃到下一道菜"。[26] 不管有什么样的变化，餐后演讲都是一种惯例，一种公共演讲者应该准备好应对的惯例。

餐后演讲可能会提供信息，也可能是进行说服，但是其最主要的目标是为了娱乐——可以说是我们在第六章中探讨的三种总目标当中最以观众为中心的一个目标。我们将在表 16.1 中总结几点利用幽默娱乐观众的策略，并会在之后对其进行详细的讨论。

表 16.1　在餐后演讲中实现幽默的策略

幽默的主题	本身有趣的主题或以幽默的方式对待较为严肃的主题
幽默的故事	有趣的奇闻逸事
幽默的语言策略	
文字游戏	故意的错误，如双关语、首音误置以及文字误用
夸张法	夸大之词
轻描淡写	淡化事实或事件
反语	与本来意思正好相反
反转	在事实或事件的结尾出现意想不到的转折
幽默的非语言策略	肢体或语音要素，如手势、姿势、停顿以及声调

资料来源：Copyrighted by Pearson Education, Upper Saddle River, NJ

幽默的主题

考虑观众

由于幽默是以观众为中心的，餐后演讲者在寻找主题时的中心问题则是：观众认为什么是有趣的呢？

位于美国得克萨斯州奥斯汀市的一家喜剧学院是一所培养有志向做喜剧演讲的演讲者的学校，倡导演讲者从"他们自身，他们自己的生活，令他们发笑的事物"开始。[27] 观众通常都喜欢听演讲者自我解嘲。喜剧作家约翰·马克斯（John Macks）指出，自嘲式的幽默是"一种迅速与观众建立融洽关系的方式"。[28]

即使是严肃的主题也有幽默的成分。一位演讲撰稿人指出，幽默可以帮助演讲者与观众建立融洽的关系，并能帮助观众记住演讲者的信息：

如果你能找到一种幽默的方式来提出观点，你就增加了让你的信息长久留存的几率。例如，假设你希望增加税收，并且你希望让观众知道。你可能会说："好吧，看来对于如何分馅饼，国会已经做出了最后的决定；但问题是，我们就是那块馅饼。"[29]

增长的税收本身并不是一个幽默话题，但仍可以以幽默待之。所以其他的严肃的话题也可以这样。在本章的前面部分，我们已经讨论了在悼词中对幽默的使用。枪支管制、美国医疗保健行业以及资本主义——这些都是迈克尔·摩尔（Michael Moore）在《科伦拜校园事件》《医疗内幕》以及《资本主义：一个爱情故事》这三部纪录片中所处理的主题——都是很严肃的话题，但通过幽默能让观众更容易接受。例如，在《医疗内幕》中，

保险公司用来拒绝潜在申请人的、预先写好的有关医疗条件的滚动文本被设置为《星球大战》主题中的外太空背景。[30]

虽然摩尔的媒介是电影而非演讲，但适用的原理是一样的：许多严肃的主题都能以幽默处理。

是否存在不适合餐后演讲的主题？几年前，喜剧演员罗宾·威廉姆斯（Robin Williams）在深夜电视脱口秀节目中谈论一部电影，他在片中扮演了一位新教牧师。威廉姆斯从这个角色开始谈起，对天主教神父中的恋童癖问题进行了喜剧式处理，这引起了教会会众的愤怒。

威廉姆斯的喜剧表演经常打破礼节和品味的界限，但以观众为中心的公共演讲者应该更加克制。因为"决定幽默成败"[31]的是观众，那些可能会对特定观众产生大量情感干扰（如悲痛或愤怒）的话题就不适合以幽默的手法进行处理。对儿童癌症的喜剧化处理很可能只会让那些失去了孩子的父母们感到痛苦。

幽默的故事

幽默的故事应该是简单的故事。复杂的故事和玩笑很少能让观众认为有趣。杰·雷诺（Jay Leno）指出：

容易理解的笑话是最好的笑话。[32]

作家迈克尔·布拉斯兰德（Michael Blastland）以及戴维·施皮格哈尔特（David Spiegelhalter）赞成并补充道：

如果在故事中什么也没有发生，那这通常不是故事，而是一个笑话。[33]

成功的餐后演讲还需要很多笑话、幽默的奇闻逸事以及俏皮话。有人说，为了写成一篇演讲稿，她要准备大约 25 到 30 个素材。[34] 她解释道，

这些将会缩减为最好且最合适的 6 到 7 个素材，但在刚开始时人们需要准备尽可能多的素材。

最后，熟知你的奇闻逸事非常重要。没有什么事情会比讲到一半时说“噢，我忘了告诉你们……”更让一个幽默故事的效果大打折扣了。练习你的笑话。只有熟悉了材料，你才能在最恰当的时机以最恰当的语调说出来，以此达到最佳的幽默效果。

幽默的语言策略

有趣的故事或者俏皮话都可能依赖于以下语言策略来达到幽默的效果。

双关语 我们中的大部分都很熟悉**双关语**，其依赖于词语的双重含义来制造幽默。例如，在一个老笑话中，一个愤怒的演讲者试图解释“hide”的含义，他喊道：“Hide! Hide! A cow’s outside!”（意思是“兽皮！兽皮！牛的表皮！”，还可以理解为“藏起来！藏起来！一只牛在外边！”）这引起了回应：“我并不怕牛。”这个笑话依赖于 hide 这个词的双重含义：隐藏以及动物的表皮。

首音误置 另一种文字游戏是**首音误置**，以威廉·斯普纳（William Spooner）的名字命名。他是 19 世纪 30 年代牛津大学的教授，常常使用这种文字游戏（对他人而言是无心的使用）。当某人将一个短语中的单词的第一个发音进行调换，就发生了首音误置，例如以“subilc peaking”代替“public speaking”。在一个以首音误置为基础的笑话中，查塔努加火车（Chatanooga Choo-Choo）变为了“在咀嚼新鞋子的猫”（cat who chewed the new shoes）。许多恶搞和讽刺作品使用首音误置以避免对于诽谤或侵犯版权的指控；首音误置还能够用以命名一个魔法男童“Perry Hotter”。

文字误用 以理查德·布林斯利·谢里丹（Richard Brinsley Sheridan）18 世纪的戏剧代表作《造谣学校》中不走运的角色马乐普夫人（Mrs. Malaprop）的名字命名，**文字误用**（malapropism）是对于和目标词语发音很像的词语的误用。例如，“洗澡”和“洗枣”。

夸张法 夸大，或**夸张**，通常很有趣。在一场关于“字母表和简化的拼写”的餐后演讲上，马克·吐温说道：

双关语（pun）
为了制造幽默而使用双重含义。

首音误置（spoonerism）
单词的第一个发音进行了调换的短语。

文字误用（malapropism）
对和目标词语发音很像的词语的误用。

夸张法（hyperbole）
夸大。

> 简化的拼写带来了太阳黑子、旧金山的地震以及最近的经济萧条，如果我们将拼写抛诸脑后，这些事情就永远不会发生啦。[35]

当然，拼写不会导致这样的灾难，但是通过使用夸张，吐温以一种幽默的方式建立了他的论点。

轻描淡写　夸张的反义词**轻描淡写**指的是淡化事实和事件。微软创始者及哈佛大学辍学生比尔·盖茨在对一所常青藤学校的毕业班级进行演讲时，对他快速的成功进行了淡化：

> 我只是在失败者中做得最好的一个。[36]

反语　使用**反语**的演讲者会使用与其真实意思相反的表达。学生演讲者克里斯·奥基弗（Chris O'Keefe）以下面这句话为开始，讲述了自己对莎士比亚作品的读后感：

> 在我生命中的某个时刻，我意识到我想要尽毕生的努力去成为一名伟大的剧作家。[37]

当他继续时，克里斯使用了反语，

> 现在已经过了一个半小时了，这种感觉还是很强烈。

反转　为了实现幽默，最常使用的语言策略之一是对**反转**的使用：讲述一个事件时以一个出乎意料的转折为结尾。研究表明诙谐的幽默能够增强演讲者的可信度。[38] 在接受 2007 年奥斯卡最佳女演员奖项时，海伦·米伦（Helen Mirren）向她在影视作品《女王》中所扮演的女王表达了敬意：

> 50 多年来，伊丽莎白·温莎一直保持着她的尊严、责任心以及她的发型。[39]

反转发生在最后的短语“她的发型”之中，它使期待着另一种庄严属性的观众有点措手不及。

轻描淡写（**understatement**）淡化事实或事件。

反语（**verbal irony**）使用与其真实意思相反的表达。

反转（**wit**）讲述一个事件时以一个出乎意料的转折为结尾。

幽默的非语言策略

餐后演讲通常会通过非语言暗示来制造幽默，如手势、姿势以及声音。对于餐

后演讲者来说，恰到好处的停顿是尤其需要掌握的重要的演讲技能。一个经验丰富的餐后演讲者建议，

> 在笑点之前轻微的停顿，之后在观众大笑的时候进行停顿。[40]

确实有些人看起来“自然而然”就很有趣。如果你并不是这种人（例如，如果最好笑的笑话你也很难笑出来），你仍然可以使用上述列出的策略来准备并发表一场即使不能令人捧腹大笑但也轻松且巧妙的餐后演讲。这样的演讲也是一种成功。

学习指导 回顾、应用及评估

16.1 工作场合中的公共演讲

确定并解释在工作场合中可能出现的两种演讲情景的要求。

在工作场合做小组展示或代表公司和行业在公众面前进行演讲时经常需要公共演讲技能。小组展示的类型包括专题研讨会、论坛以及小组讨论。小组成员应该各司其职，也应一起合作计划并进行小组展示。公关演讲可以为公众提供信息，并提升组织同公众的关系。

关键词

专题研讨会……369
论坛……369
小组讨论……369
公关演讲……371

评估你以观众为中心的演讲技能

一个朋友准备向工作单位的同事做第一次演讲，她向你征询意见。解释一下，她如何在她的工作演讲中使用你在本书中学习过的一些原则和技巧。

16.2 礼仪致辞

列出并描述九种类型的礼仪致辞。

有时你可能会被叫起来为某种场合做出演讲，为庆祝、纪念、鼓舞或者为了娱乐。这些特殊场合的演讲要求你将你的演讲技能应用于独特的场合之中。本章提供了进行礼仪致辞的建议，这些致辞包括介绍词、祝酒词、颁奖词、提名词、领奖词、基调发言、毕业致辞、纪念演说及赞颂词、悼词。

关键词

时机……372
礼仪致辞，或辞藻华丽的演讲……372
介绍词……372
祝酒词……373
颁奖词……374
提名词……375
领奖词……375
基调发言……377
毕业致辞……377
纪念演说……378
悼词……378

伦理性思考

有些网站提供悼词书写服务或提供预先写好的通用悼词，如“给祖母”的悼词，价格大约是30—40美元。如果你受邀发表一场悼词，购买这样的演讲稿是否合乎伦理？

评估你以观众为中心的演讲技能

你应邀在学校介绍一位普利策奖获奖诗人，她将会朗读自己的作品。你将做些什么以确保你遵循了主持人介绍词的两个基本规则？

16.3 餐后演讲：有效使用幽默

列出并描述在演讲中制造幽默的策略。

餐后演讲是一种惯例，演讲者通过对幽默的主题和故事、幽默的语言策略以及幽默的非语言策略的使用来娱乐大家。

关键词

餐后演讲……380
双关语……382
首音误置……382
文字误用……382
夸张法……382
轻描淡写……383
反语……383
反转……383

附录 A　小组演讲

小组是我们生活中的必不可少的一部分。工作小组、家庭小组、医疗小组、委员会以及班级课题小组是我们在这样或那样的时刻所参加的一些小组。你可能有丰富的小组沟通经验。

为什么在公共演讲课程中要学习小组沟通的知识？两千多年前，亚里士多德写下“修辞学与辩证法颇为类似”之时，他就已经确定了公共演讲和小组沟通之间的联系。他的意思是，我们说服别人的努力同我们的小组探寻真相的努力有密切的联系。

在亚里士多德的时代，人们聚在一起以民主的方式讨论并解决公共争议。今天，我们仍然求助于委员会、陪审团或者特别工作组来获得事实和建议。我们仍旧以小组为单位“探求真理”。并且，和古代的雅典一样，一旦我们相信我们寻找到了真理，我们会以演讲或讲座的形式将信息呈现给他人。

在这一附录中，你将学习基本的沟通原则和技巧来帮助你成为小组中具有建设性的一员。具体来说，你将会搞清楚什么是小组沟通，学习到提升小组解决问题效率的方式，增强你的领导技能，并且成为有效的小组参与者或者是小组领导者。[1]

什么是**小组沟通**？它是拥有同样的目标，具有对这个团体的归属感以及能够相互影响的 3—12 人之间的互动交流。在多于 12 人的团体中的沟通通常更类似于公共演讲而非小组沟通。

团队是小组的一种特殊类型。它是一个协调的小组，人们组织起来一起工作，并且明确地定义了角色和职责，明确地规定了操作的规则和清晰的目标。[2] 所有的团队都是小组，但并非所有的小组都是团队。一个团队，如我们的定义所指明的那样，通过明确规定的各司其职的结构来协调个人的努力。想一下运动团队，成员们按照规则比赛，有着固定的角色，并拥有明确的目标——赢得比赛。工作团队也通过界限清晰的程序来完成任务。团队因各种各样的原因而形成，如售卖产品、选举政治候选人或者建立国际空间站。

在团队或小组中工作与独自工作相比有几点优势。小组通常会做出比个人更高质量的决策，原因如下：[3]

- 小组通常拥有更多可用信息；
- 小组通常更加有创造性，其他人的参与可以激发创新；
- 当你在小组中工作时，你更可能记得你们讨论的内容，因为你很积极地参与

小组沟通（small group communication） 拥有同样的目标，具有对这个团体的归属感以及相互影响的 3—12 人之间的互动交流。

团队（team） 一个协调的小组，人们组织起来一起工作，并且明确地定义了角色和职责，明确地规定了操作的规则和清晰的目标。

到处理信息的过程中；
- 比起别人告诉他们去做些什么，小组参与通常会使小组成员对于结果更加满意。

虽然我们将在小组中的工作描述为一种积极的经验，你也应该知道在团体中工作是富有挑战性的，主要出于以下几种原因：[4]

- 小组成员可能会过度施压让组员肯定他的观点；
- 有人可能会在讨论中占主导地位；
- 有些小组成员可能太依赖其他人且不完成自己部分的工作；
- 小组工作更费时间（许多人都认为这是最大的缺陷）。

本附录的目标就是帮助减少同他人一起工作的缺点并增加同他人一起工作的优势。

在小组和团队中解决问题

许多小组和团队的核心目标就是解决问题。问题的解决就是找寻克服障碍的方式以实现所预期的目标的过程：我们如何才能为新图书馆筹集钱款呢？应该做些什么来振兴当地经济？如何才能让我们州中的每个人都能负担得起高等教育？以上每一个问题都意味着，存在一个障碍（缺钱）阻止预期目标（新图书馆、更强的当地经济、负担得起的教育）的实现。

想象一下，你被要求为使高等教育负担得起提供建议。问题是：高昂的高等教育收费让很多人上不了大学。你如何着手成立一个小组来解决这个问题？1910 年，哲学家及教育学家约翰·杜威确定了一种解决问题的方法，他将其称为**反省思维**。[5]其多级步骤法已被许多小组调整为一种组织解决问题的讨论的方法。以下是杜威提出的步骤：

反省思维
（**reflective thinking**）
组织问题-解决方案模式的讨论的一种方法，包括：（1）识别并定义问题；（2）分析问题；（3）产生可能的解决方案；（4）选择最佳的解决方案；（5）测试并实施解决方案。

- 识别并定义问题；
- 分析问题并制定标准；
- 产生可能的解决方案；
- 选择最佳的解决方案；
- 测试并实施解决方案。

虽然并非所有的问题-解决方案模式的讨论都要遵循这些步骤，但反省思维的确提供了一个有用的蓝本，可以降低小组在解决问题时的不确定性。

识别并定义问题 在解决问题的过程中，如果小组成员能尽早、清楚地阐明问题，小组的工作效果最佳。为了实现清晰的定义，小组应考虑以下问题：

- 我们关心的具体问题是什么？
- 为了解决这个问题，我们需要理解什么术语、概念或是观点？
- 谁会受到问题的伤害？
- 有害的后果何时发生？

政策性问题不但有助于定义问题，也有助于找出解决这一问题应该采取的行动。回忆第十四章的内容，政策性问题通常以"关于……应该做些什么"或者"应该做些什么来改进"的形式提出。以下是几个示例：

- 应该做些什么来提升美国机场的安全性？
- 应该做些什么来增加我们国家的就业率？
- 应该采取什么行动来促进美国同其他国家之间的贸易平衡？

例如，如果你的小组正在调查高昂的大学学费，在明确了关键词"高等教育"以及"大学"并收集了关于这一问题重要性的数据之后，你可以用这种方式表述你的政策性问题："应该做些什么来降低高昂的大学学费？"

分析问题并制定标准 麦当劳的创始人雷·克洛克（Ray Kroc）曾说过："如果你将事情化整为零，没有什么事情是非常困难的。"一旦小组理解了问题并将问题措辞得当地表述出来，下一步就是要分析这一问题。**分析**是仔细观察原因、结果、特征、历史以及其他背景信息的过程，这将有助于小组找到解决方案。分析能将大问题化为更小的问题。当分析一个问题时，小组应该思考以下问题：

- 问题的历史是什么？
- 问题的普遍程度？
- 问题的原因、结果以及特征是什么？
- 问题是否还能被细分以便做进一步的定义和分析？
- 我们已经拥有何种解决问题的方法，它们的局限是什么？
- 阻止我们找到解决方案的障碍是什么？

分析（analysis） 为了更好地理解问题而对其原因、结果以及历史的审视。

为了分析接受大学教育的高成本问题，你的讨论小组将不得不开展对问题的历史以及已有解决方案的研究（见第七章）。

分析问题的过程中还需要确定标准。**标准**是用来评判解决方案是否令人满意的指标，这些指标有助于你识别一个解决方案的好坏；标准还能有助于小组专注于自己的目标。一个可接受的解决方案的典型标准是，这一解决方案应该能够按计划实施，被所有的小组成员所赞同，能在给定的预算中实现，并且移除了导致问题的障碍。

产生可能的解决方案 当你的讨论小组已经识别、定义并分析了问题，那么你已经准备好利用头脑风暴法来产生可能的解决方案了。有效地进行小组内的头脑风暴的指导准则，同在第六章中提出的关于演讲主题的头脑风暴的指导原则相似。

- **抛开判断和批判**。批判和挑剔会扼杀创造性。如果小组成员认为不作判断很困难，那你可以让成员个人先在纸上写下建议，然后同小组成员分享想法，或者使用相关的电子应用程序，使参与者可以不记名地分享自己的想法。
- **尽你所能想出更多的问题解决方案**。所有的想法都可以被接受，即使是狂野且疯狂的想法。相互借鉴各自的想法。所有的成员都应该提出至少一个想法。
- **请小组中的一个成员记录所有提及的想法**。在现场的集体讨论中使用活动挂图或黑板，或使用应用程序或协作工具进行线上的头脑风暴，这样所有的小组成员都可以看见并对想法进行回应。
- **规定的时间结束后，使用小组之前建立的标准评估这些想法**。积极地看待解决方案。不要急于否定一个想法，但要表达出任何你所拥有的担忧或疑问。如果需要更多的创造性的想法，稍后小组可以再次进行头脑风暴。

正如我们所提及的，一些小组发现使用技术方法对他们产生备选解决方案很有帮助。[6]除了应用程序和协助工具之外，一种简单的方法是，小组成员可以单独想出解决问题的办法，并通过电子邮件发送给其他成员；或者小组的领导者收集所有的想法，排除重复的想法之后将其分享给小组成员。研究表明，如果先让小组成员单独进行思考，之后再进行合作，小组可以收获更多的想法。[7]

选择最佳的解决方案 接下来，小组要选择最符合标准且能解决问题的方案。这时，小组可能需要修改其标准，甚至修改对问题的定义。

研究表明，缩小备选解决方案的范围之后，最有效的方法是小组成员要仔细分析每一种解决方案的优缺点。[8]而没有做到这一点的小组常常会做出糟糕的决定，因为他们没能仔细评估解决方案会带来的影响，他们没有做到三思而后行。

为了帮助更好地评估解决方案，请思考以下问题：

标准（criteria）
用来评判某一问题的解决方案是否令人满意的指标。

- 在提出的解决方案中，哪一个方案最能消除障碍？
- 这一解决方案是否能既在短期也在长期解决问题？
- 提出的解决方案的优点和缺点分别是什么？
- 解决方案是否符合已有的标准？
- 小组是否应该修正其标准？
- 实行解决方案需要什么条件？
- 小组何时能实施解决方案？
- 什么样的结果表示取得了成功？

概述

问题解决步骤

- 识别并定义问题；
- 分析问题并制定标准；
- 产生可能的解决方案；
- 选择最佳的解决方案；
- 测试并实施解决方案。

如果小组想要就解决方案达成一致，那么一些小组成员就需要为了整个小组的整体利益而舍弃他们自己的观点。研究如何达成**共识**（所有成员都支持最终的决定）的专家表示，经常做总结并让整个小组以目标为主导是很有帮助的。强调小组成员之间的共同点，澄清误解，写下已知的事实让所有的成员都能看见，把讨论集中在问题上而非情绪上，这些都是促进小组达成共识的策略。[9]

测试并实施解决方案 确定解决方案后，小组的工作也还没有结束。最重要的问题“我们如何将解决方案付诸实践？”以及“我们如何评估解决方案的效果？”的答案尚未明确。小组需要制定一份描述实施解决方案的步骤的计划、实施解决方案的时间进度表以及一份负责具体任务的个人的名单。

参与小组工作

要成为有效的小组参与者，你必须了解如何管理问题解决流程。但是仅了解这些步骤还不够，你还需要准备会议，评估证据，有效地总结小组的工作进度，谦恭地倾听以及对冲突保持敏感。

为小组讨论做好准备

为了更好地参与小组会议，你需要了解会议的议题。通过研究议题来为小组讨论做一些准备。例如，如果小组面对的议题是从学校建筑中移除老旧的石棉，那你需要研究有关各种移除方法的最新的科学发现。第七章中描述了怎样利用网络和图书馆资源为你的演讲收集信息。在准备小组讨论时使用这些策略。将研究笔记带到小组中，在讨论时不要仅仅依靠你的记忆或者你个人的意见。如果没有经过研究，你就不能充分地分析问题。

在分析问题之前不要提出解决方案

研究表明，在尝试研究解决方案之前，你需要首先对问题进行透彻的分析。[10]

共识（consensus）
所有小组成员对小组决策的支持和承诺。

在小组系统地研究问题的原因、影响、历史和特征之前，不要急于确定一个解决方案。

评估证据

一项研究发现，做出成功决策的小组和没有做出成功决策的小组之间最为关键的不同在于小组成员检测和评估证据的能力。[11] 效率低下的小组更可能在没有考虑证据的正确性（或有时根本没有证据）的情况下便快速地做出了决策。这样的小组通常会得出有瑕疵的结论。

协助总结小组的工作进度

由于小组讨论很容易偏离主题，小组成员经常需要总结已经完成的任务，并指引小组朝着目标或当前任务前进。一项研究表明，定期总结讨论的进展有助于小组的讨论不游离于主题之外。[12] 询问关于讨论进程的问题，而不要询问正在讨论的主题是什么：我们现在处于什么阶段？有没有人能够总结一下我们已经完成了什么？我们是不是偏离主题了？

谦恭地倾听和回应他人的建议

当你在小组中工作时，第四章中关于提升倾听技巧的建议会有所帮助，但是仅理解他人所说还不够。你还需要尊重他们的观点。即使你不同意某人的想法，也要控制自己的情绪并谦恭地进行回应。心胸狭隘和戒心十足通常会滋生小组冲突。

协助管理冲突

在交换关于争议性议题的想法和观点的过程中，分歧必然会发生。[13] 你可以通过以下步骤来防止冲突破坏解决问题的过程：

- 让讨论聚焦在问题上，而非个人上；
- 证据要立足于事实而非个人观点；
- 寻找和解的方法，不要认为必须存在胜利者和失败者；
- 尝试澄清含义中的误解；
- 要有描述性，而非评价性和判断性；
- 控制情绪。

如果你可以运用这些基本原则，你就可以帮助小组成为有效的问题解决团队。

领导小组

鲁德亚德·吉卜林（Rudyard Kipling）曾写道：“狼群的力量来源于狼，而狼的力量也来源于狼群。”小组成员通常需要一个领导者来帮助小组进行有效且适当的合作，而领导者则需要追随者来进行领导。本质上来说，**领导力**就是通过沟通影响他人的过程。有些人认为领导者是一个有权委派工作并管理小组的个人。但实际上，小组领导力往往是共享的。

领导力（leadership） 通过沟通影响他人的过程。

领导责任

领导者需要协助完成任务并为小组维持健康的人际关系氛围。表 A.1 中列出了**任务型**领导者和**维护型**领导者的具体角色。即使领导是被正式任命或被选举出来的，他也很少承担所有的领导责任。在大多数情况下，每个小组成员都将根据自己的个性、技能、敏感性和小组的需求来承担一些特定的领导任务。如果你认为需要让小组在工作中目标更加明确或者你自己需要发挥维护的作用，你应该以适当的方式影响小组，帮助小组以一种积极、有效的方式完成工作。对于人数更多、更正式的小组，领导者会采用议事程序让会议进行得井井有条。如果你发现自己正处于这样的领导地位，像罗伯特议事法则（www.robertsrules.com）这样的网站可以帮助你执行议事程序。

表 A.1 小组和团队中的领导角色

<table>
<tr><th></th><th colspan="2">领导角色描述</th></tr>
<tr><td rowspan="11">任务型领导者
帮助完成任务</td><td>议程设定人</td><td>帮助制定小组议程。</td></tr>
<tr><td>秘书</td><td>在会议中记录工作，在会议前及会议过程中分发书面材料。</td></tr>
<tr><td>发起者</td><td>为问题的解决提出新想法或新方法。</td></tr>
<tr><td>资讯寻求者</td><td>寻找事实或有助于团队解决问题的其他信息，也可能寻求对观点或模糊不清事实的说明。</td></tr>
<tr><td>意见寻求者</td><td>请求小组成员对表达的含义或观点作出说明。</td></tr>
<tr><td>信息提供者</td><td>提供信息、示例、数据以及有助于小组完成任务的其他证据。</td></tr>
<tr><td>意见提供者</td><td>对当前讨论的观点提供意见。</td></tr>
<tr><td>详尽阐述者</td><td>提供示例、说明观点或提议如何运作。</td></tr>
<tr><td>评估员</td><td>评判证据及小组得出的结论。</td></tr>
<tr><td>推进者</td><td>设法促使小组进一步采取措施和提高工作效率。</td></tr>
</table>

续表

	领导角色描述	
小组维护型领导者 帮助维持健康的人际关系	鼓励者	对他人的观点表示赞扬、理解以及赞同。
	协调者	调解发生在小组成员间的分歧。
	调停员	试图通过在存在分歧的小组中找出可接受的中间地带来解决冲突。
	平衡者	鼓励不爱说话的小组成员积极参与，并试图限制其他团队成员的较长的发言。

资料来源：Based on Kenneth D. Benne and Paul Sheats, "Functional Roles of Group Members," *Journal of Social Issues* 4 (Spring 1948): 41–49

领导风格

可以用其在影响小组以帮助实现小组目标时表现出来的行为类型或领导风格来描述领导者。当你被要求担任领导者时，你是否会发号施令并期望别人听从于你？或者你是否会要求团队为将要采取的行动进行投票表决？或者你可能根本不想去影响小组，你更喜欢退居二线，让小组自己解决问题。

这些策略描述了三种常见的领导类型：**独裁型**、**民主型**以及**放任型**。[14] 独裁型领导者拥有优越的地位，发号施令并控制小组的活动。虽然独裁型领导者能够高效地组织小组活动，并且几乎消除了关于“谁该干什么”的不确定性，但大多数问题解决小组更倾向于民主型领导者。

与独裁型领导者相比，民主型领导者拥有更多忠诚的成员，在决策过程中他们会让小组成员参与进来，而不是自己决定应该做什么。比起发号施令，民主型领导者更注重引导讨论。

放任型领导者允许小组成员在决策制定过程的各个方面都拥有完全的自由。他们对小组实现目标帮助不大。这种领导风格（或者说无领导）通常会让小组感到沮丧，因为他的小组缺乏指导而不得不挣扎在组织工作之中。表 A.2 比较了这三种领导风格。

表 A.2　领导风格

	独裁型领导者	民主型领导者	放任型领导者
制定小组政策	所有的政策都由领导者做出决定。	所有的政策都是经过小组讨论后决定的；领导者将工作分配到个人并鼓励小组讨论和制定决策。	领导者完全不参与政策决议。

续表

	独裁型领导者	民主型领导者	放任型领导者
开展小组活动	小组采用的技术和开展的活动都由领导者决定，一次发布一个指令；未来的步骤对于小组成员来说基本是未知的。	通过讨论对小组目标提出广泛的视角和总体步骤；当需要技术性建议时，领导者会提供可供选择的方案。	领导者提供需要的材料，并清楚地表明在需要的时候他（她）可以提供信息，但不会参与到讨论之中。
工作任务的来源	领导者决定具体的工作任务和工作团队；除了指导活动之外，领导者通常不喜欢积极地参与小组讨论。	成员自由地同他人一起工作；小组一同决定任务的分配。	在选择上小组和个人都有完全的自由；领导者参与最小化。
赞扬 / 批评	领导者对每个人的赞扬或者批评都掺杂着个人因素。	在赞扬和批评方面领导者是客观且实事求是的，试图在心态上把自己当作一个普通的小组成员，不多加干涉。	领导者很少当场对成员的行为做出评论，也不去尝试评估或控制事情的进展。

资料来源：Copyrighted by Pearson Education, Upper Saddle River, NJ

变革型领导（transformational leadership） 一种影响他人的过程，通过建立对未来共同的愿景，激励他人的愿望，同他人发展高质量的个人关系以及帮助人们了解他们所做的事情在多大程度上同更大的框架或体系相关联。

什么是最有效的领导风格？研究表明，没有一种领导风格适用于所有类型的小组。有时，一个小组需要强有力的独裁型领导者来迅速做出决定，这样小组才能实现其目标。虽然有些小组更喜欢民主的领导风格，但是领导者有时需要维护其权威以使工作完成。最好的领导风格取决于小组任务的性质、领导者的能力以及领导者与其追随者之间的关系。

概述

小组的领导者

- 在任务和维护方面起作用；
- 使其领导风格适应小组需求；
- 致力于变革型领导。

一种现代的领导方法是变革型领导。变革型领导并不是一种特定的领导风格，因为这是一种同他人相联系的特性和特点。[15] **变革型领导**是一种影响他人的过程，通过建立对未来共同的愿景，激励他人的愿望，同他人发展高质量的个人关系以及帮助人们了解他们所做的事情在多大程度上同更大的框架或体系相关联。要成为变革型领导者，不仅要完成特定的工作或技能，还要拥有帮助他人看清大局的哲学，并鼓励他们将未来的愿景变为现实。[16] 变革型领导者是优秀的沟通者，他们喜欢支持并鼓励他人，而不是贬低或苛责他们。

附录 B　用于分析探讨的演讲

演讲、演讲者、观众[1]

丹尼尔·罗斯，2012 年 10 月 15 日

> 各位朋友，各位罗马人，各位同胞，请你们听我说。我是来埋葬恺撒，不是来赞美他的。人们做了恶事，死后免不了遭人唾骂，可是他们所做的善事，往往随着他们的尸骨一起入土。让恺撒也是这样吧。

这是莎士比亚戏剧中一场最为伟大的演讲的开场白。多么美妙的开端！

> 而这会儿正躺在床上的英格兰绅士以后将会埋怨自己的命运，悔恨怎么轮不到他上这儿来；而且以后只要听到哪个在圣克里斯宾节跟我们一起打过仗的人说话，就会面带愧色，觉得自己够不上当个大丈夫。

这就是莎士比亚戏剧中另一场令人难忘的演讲的结尾。

> 在这场斗争中，我不知道别人会如何行事，至于我，不自由，毋宁死！

帕特里克·亨利演讲的结语是我们国家遗产的一部分。

这就是伟大的演讲的结构。强有力的开场、令人信服的正文和振奋人心的结尾，由一位具有权威的演讲家充满自信地发表，以说服观众保持开放心态接受劝说为目标。而此刻，这似乎是一种失落的艺术。今年共和党和民主党的国会演讲——除了比尔·克林顿激动人心的表现以及其他一些演讲——反映出了美国公共演讲的情况。愤怒的论战、粗俗的表达，向已经转变思想的党徒发表演讲，这是常见的情况。一个受到林肯葛底斯堡演讲、罗斯福炉边谈话、杰克·肯尼迪问我们能为国家做些什么，以及林登·约翰逊宣称“我们应该克服”触动的国家会发展得更好。

有效的公共演讲不是高深的难事。2000 多年前，亚里士多德观察到，信誉证明、逻辑证明和情感证明是所有优秀演讲的基础，生动的画面以及对形象的恰当使用能够直达目标观众的心灵和思想。我们中很少有人会像1940年的温斯顿·丘吉尔那样被要求重振一个国家的自信，或者像圣女贞德一样，在被绑在火刑柱上受到火烧的过程中仍然鼓励其同胞。我们可能是新娘的父亲或伴娘、葬礼上的悼念者、毕业典礼上的演讲者或荣誉的获得者，但基本的原则却是相同的。

根据场合发表言谈是一种常识（古人称之为“礼仪”），但许多伴郎并没有意识到在单身派对上获得赞誉的粗俗笑话，若在婚礼上出现则代表了糟糕的品位；或者像米特·罗姆尼发现的那样，有47%在“忠实的支持者”中得到了很好的回应的评论，在规模更大的观众面前却是一场灾难。

良好的“演说方式”——德摩斯梯尼称之为伟大演讲的第一、第二和第三点要求——在美国人的生活中已经变得罕见。我们十个人中有九个都向前排观众喃喃耳语，而非面对后排观众声音洪亮地进行演讲。许多人在观众面前很紧张并快速地讲话，却不去使用专家推荐的较慢速度。优秀的演讲者使用合理的停顿来强调和产生戏剧性的影响，提高或降低声音来作为指示标识。

专家所使用的一些技巧对业余者来说可能是比较冒险的。例如，在卡特和里根竞选总统的辩论中，当卡特激烈地抨击里根对其猛烈的攻击时，里根轻笑起来，把头往后一甩，说道：“你又来了！”观众爆发出笑声，选举结束了。一个业余演讲者不应该尝试这个。辩论、散文和演讲是不同的艺术形式。在第一次总统竞选辩论中，因大会获奖感言而让公众感到厌烦的米特·罗姆尼却给观众带来了活力，这与奥巴马总统的情况恰恰相反。罗纳德·里根和比尔·克林顿擅长辩论和演讲这两种形式，但却都不能写出体面的文章。

在1963年的春天，当我们的朋友贝雅·拉斯丁邀请我和我的妻子同他以及马丁·路德·金共进晚餐时，我们刚刚阅读了马丁·路德·金的《伯明翰狱中书》并被其深深地打动，这是有史以来最强有力且最有说服力的信件之一。在牢房里，金博士被禁止使用文具，他将自己的想法倾注在厕纸和报纸的边缘，而伯明翰警察局长“公牛”康纳（名字源于王政复辟时期的喜剧）却把消防水管和警犬使用在非暴力的抗议者身上。金的信是对八位白人神职人员的回复，他们称他的行为是“不明智和不合时宜的”。金对使徒保罗和苏格拉底、阿奎那和马丁·布伯的引用，他援引的沙得拉、米煞、亚伯尼歌拒绝遵守尼布甲尼撒的法律的故事，以及他对南方黑人儿童的恐怖和绝望的描绘，是每一所美国学校都应该要求阅读的内容。

那年夏天，当我们帮助策划华盛顿的抗议活动时，我隐藏了自己的恐惧：将大量的民权活动人士和易怒的南方警察聚集在一起，可能会引发一场适得其反的骚乱。金却确信，这一事件关乎的是精神。他的《我有一个梦想》的演讲成为我们国家最伟大的演讲之一。《我有一个梦想》被称为20世纪最重要和最有影响力的演讲。面对震惊的观众，坚定地站在林肯纪念堂之前，金先生开始了他的演讲："一百年前，一位伟大的美国人签署了《解放奴隶宣言》，今天我们就在他的雕像前集会。"多么伟大的人！多么伟大的背景！多么震撼的开场！

在将《独立宣言》和宪法比作"空头支票"后，他宣称美国没有实践诺言，支票上盖上"资金不足"的戳子后便退了回来，并且就像《旧约》中的阿摩司，他宣布直到"正义和公正犹如江海之波涛，汹涌澎湃，滚滚而来"时他才会满足。他继续描述他的梦想（"深深扎根于美国梦"），呼应《旧约・以赛亚书》的强大力量。他引用了"我的祖国"，并以一首古老的黑人灵歌结束演讲："自由啦！自由啦！感谢全能上帝，我们终于自由啦！"国家做出的回应是支持林登・约翰逊的民权立法。

在古希腊，埃斯基涅斯就来自马其顿腓力二世的威胁向雅典议会发出了警告，之后每个人都对埃斯基涅斯富有表现力的演讲进行评论。然后，德摩斯梯尼发表了抨击性演说《反腓力辞》，之后议会高喊："让我们向腓力进攻！"

学习令人难忘的演讲不仅很有益处，并且具有教育意义。2400年前，伯里克利发表的葬礼演说是有史以来最伟大的不朽言论，它传达出的思想至今都值得我们思考。想想我们的百万富翁议会——伯里克利说："在公共生活中，担任公共职务优先考量的是个人的才能，而不是他的群体地位、身份，不是他属于何种阶层。任何人，只要他能够对国家有所贡献，就绝对不会因为贫穷而在政治上湮没无闻。"想想我们的政治右派中对冲基金投资者的超级游艇，正如伯里克利所说，"我们把财富当作可以适当利用的东西，而没有把它当作可以夸耀自己的本钱"。在我们的政治左派中，有多少人会质疑他的观点——"至于贫穷，谁也不必以承认自己的贫穷为耻，真正的耻辱是为避免贫穷而不择手段"。

卢・格里克的告别棒球的演说，在我的青年时代让我感动落泪，他对生活给予他的美好事物表示了谦虚和感激，这对我们今天的"角斗士"运动员来说是不可想象的。

向失败——或失去机会——学习对容易出错的业余者来说可能更有帮助。学习伟大的"救险演讲"也是很有帮助的。例如，理查德・尼克松的煽情的"跳棋"演讲，实际上结束了关于令人尴尬的"尼克松丑闻基金"的讨论。在2012年的第一场总统辩论中，米特・罗姆尼展现出了自信和权威，他与观众进行眼神交流，并且给予对手以微笑，但在观众看来，这些都是为了克服他的论点的缺陷。

奥巴马的顾问们在第一次辩论中没有进行充分的准备，这在政治史上是非常值得注意的。奥巴马的高级顾问戴维・阿克塞尔罗德在辩论后指出："总统出现的目的是回答问题并进行讨论。罗姆尼出现则是为了进行表演，并且他的表演非常出色。"里根的演讲撰稿人佩吉・诺南多年前说过，"演讲的一部分是戏剧，一部分是政治宣言"，阿克塞尔罗德真应该听听这一意见。当阿克塞尔罗德被问到为什么奥巴马没有提出罗姆尼的“47%”的失言①问题时，他回答说：“总统显然没有找到合适的机会。”合适的机会？奥巴马的开场白可以是：“罗姆尼州长担心我们中的一部分人；而我担心所有的美国人，包括其中47%的人。”

奥巴马的演讲继续进行。我对结语的建议是：“我们已经开始从我们接手的灾难中恢复过来；在你们的支持下，我们将能够完成这一任务。”米歇尔·奥巴马在大会上的演讲得到了广泛的赞誉，观众们都觉得这位好女人很爱她的丈夫。必要但不充分！如果是我，我会补充道：“与我一起生活的那个人看起来很平静，但他因伊拉克和阿富汗的伤亡度过了不眠之夜，为那些找不到工作的学生、保险已经用完的失业工人感到痛苦。”

马丁·路德·金自己写出了布道词和演讲词。约翰·肯尼迪的演讲稿是由泰德·索伦森写的，罗纳德·里根的演讲稿是佩吉·诺南写的，巴拉克·奥巴马的演讲稿则是由乔恩·法弗罗所写。富兰克林·罗斯福纠正了自己的错误，但第一批草稿是由熟练的作家如塞缪尔·罗森曼、罗伯特·舍伍德、阿齐博尔德·麦克利什等人撰写的。如果在重要演讲时有人会为你提供帮助，或者有人为你准备草稿，那么你就拥有一个很棒的团队。但是撰写自己的稿件不仅很有趣，而且还具有教育意义，E. M. 福斯特的评论阐述得很明白：“在我听到我说的话之前，我怎么知道我在想什么？”

热情地投入，撰写自己的作品，但同时请记住亚里士多德的“信誉证明”“逻辑证明”以及“情感证明”，西塞罗的“礼仪”，德摩斯梯尼的“演说方式”，以及所有伟大演讲的共同属性——说一些值得说的话！

埃尔维斯 2

安杰莉塔·阿米霍，得克萨斯州立大学

你能想象，一个歌手发了150张（首）不同的唱片和单曲，并且都是黄金、白金或多白金唱片吗？我不能。但根据Elvis.com所述，这些对埃尔维斯来说，却都是事实。

虽然埃尔维斯已经不在了，但他对摇滚业的影响至今仍然存在。毕竟，他为披头士、齐柏林飞艇等乐队铺平了道路。从我记事起，我就是埃尔维斯的粉丝。他伴我长大，我拥有很多他的专辑CD、录音带和黑胶唱片。我还拥有他曾经主演过的每一部电影，包括他的一些电视节目，这些稍后我会谈到。

---

① 罗姆尼在一次筹款集会上称47%的美国人依赖政府，认为自己是受害者，认为政府有责任照顾他们，还不缴个人所得税。这段言论被曝光后，罗姆尼承认失言，并向公众道歉。

埃尔维斯是一个美国小孩，在错误的轨道上成长，后来成了摇滚之王。要更好地理解埃尔维斯，你需要了解他成名之前的早期生活，他早期的职业生涯，以及贯穿于他的一生的职业重心的转变。

让我们从埃尔维斯卑微的降生开始。埃尔维斯出生在一个贫穷的家庭，但他一直关注着他的梦想和对音乐的热爱。“猫王”埃尔维斯·普雷斯利于 1935 年 1 月 8 日生于密西西比州的图佩罗，是格拉迪斯和弗农·普雷斯利的孩子。事实上，根据 A&E 电视网的信息，埃尔维斯出生的时候是双胞胎，但他的哥哥杰西·加隆在出生时就去世了，这使得埃尔维斯得以作为独生子成长起来。同样根据 A&E 电视网的信息，埃尔维斯非常热爱他的家人，特别是他的母亲，他很爱他的母亲。他的家人鼓励他积极参与教会活动，他是在教堂中发现了对歌唱和音乐的热爱。在他十岁时，他收到了他的第一把吉他，并且在童年和青年时期参与了很多才艺表演。

根据 Elvis.com 的说法，这个家庭于 1948 年搬到孟菲斯去寻求经济和工作保障。1953 年，在孟菲斯高中毕业后不久，埃尔维斯就成了一名卡车司机。正是在他作为卡车司机期间，埃尔维斯为庆祝母亲的生日录制了几首歌曲。他的职业生涯始于太阳唱片公司，因为山姆·菲利普斯带着找到一位明星的希望，要求他录制更多的歌曲。

现在你已经了解了埃尔维斯早期的生活，我们可以讨论他的成名和早期的成功。埃尔维斯的职业生涯始于太阳唱片公司，随后粉丝们也希望他能出现在舞台、电视和银幕上，他的职业生涯开始大放异彩。据《滚石》杂志报道，山姆·菲利普斯要求埃尔维斯录制的第一首歌曲是《没关系，妈妈》，时间是 1954 年，这成为埃尔维斯的第一首单曲。这一首以及许多其他的单曲都受到了他在孟菲斯发现的布鲁斯音乐的熏陶。到 1955 年，埃尔维斯与一家顶级唱片公司 RCA 签约。1956 年，他发行了首张专辑，《埃尔维斯·普雷斯利》。根据 Elvis.com 上的信息，这张专辑在美国 Billboard 榜单上连续十周排名第一，这也是埃尔维斯的第一张黄金唱片，销量超过 100 万张。

在 50 年代的剩余时间里，埃尔维斯出现在许多综艺节目中，如《沙利文秀》，并出演了他的第一部电影《铁血柔情》。1960 年，在军队服役两年后，埃尔维斯录制了弗兰克·辛纳屈的电视特别节目《欢迎回家猫王版》。他在节目中获得 12.5 万美元的酬劳——根据 Elvis.com 的资料，这在当时创造了出场费的纪录。根据网络电影资料库的资料，埃尔维斯在 60 年代共出演了 27 部电影。这显然是他当时的职业重点。他还为这些电影推出了许多配乐，其中包括《参军乐》《蓝色夏威夷》，以及《拉斯维加斯万岁》。

在介绍了埃尔维斯的早期生涯和职业生涯后，我们现在可以讨论他的职业变化了。从电影到音乐的重心转变来自埃尔维斯 1968 年的“回归演唱会”，其最初名为“埃尔维斯”。埃尔维斯利用“回归演唱会”来更加认真地对待音乐，并且他从个人的角度，以《如果我可以梦想》这首歌作为演唱会的结尾，结束了这一特殊巡回演唱会。这首歌曲是为了回应 1960 年代发生的悲剧，比如肯尼迪总统、马丁·路德·金以及鲍比·肯尼迪的遇刺事件，这些人都是埃尔维斯所尊敬的人。这是他准备好更加认真地对待音乐的一种标志。他参演的电影也发生了改变，他用一些不那么俗气、有更严肃情节的电影完成了他的演艺生涯。

1973 年，埃尔维斯创造了历史。根据 Elvis.com 的信息，他的《欢迎来到夏威夷》特别版通过卫星向 40 个国家播出，并被 1 亿至 1.5 亿人观看。根据 Elvis.com 的统计，有 51% 的美国人观看了《欢迎来到夏威夷》特别版。这意味着，收看他这个节目的美国家庭比收看在月球上行走的直播节目的还要多！埃尔维斯在麦迪逊广场花园和拉斯维加斯的演出门票总是销售一空，直到 1977 年他的职业生涯以他的离世告终。

你可以看到，猫王的人生是历史书的一部分。他出身卑微，但事业蒸蒸日上，成为摇滚之王。现在你了解了他在成名之前、成名前期、成为明星时期，以及职业重点转变时期的生活。现在，我想说的就如同埃尔维斯会说的那样——“谢谢你，非常感谢”。

注　释

第一章　自信地演讲

1. Louis Nizer, *Reflections Without Mirrors*, quoted in Jack Valenti, *Speak Up with Confidence: How to Prepare, Learn, and Deliver Effective Speeches* (New York: Morrow, 1982) 34.
2. Judy C. Pearson, Jeffrey T. Child, and David H. Kahl, Jr., "Preparation Meeting Opportunity: How Do College Students Prepare for Public Speeches?" *Communication Quarterly* 54.3 (Aug. 2006): 351.
3. Pearson, Child, and Kahl, "Preparation Meeting Opportunity," 355.
4. James C. Humes, *The Sir Winston Method: Five Secrets of Speaking the Language of Leadership* (New York: Morrow, 1991) 13–14.
5. Charles Schwab, as quoted in Brent Filson, *Executive Speeches: Tips on How to Write and Deliver Speeches from 51 CEOs* (New York: Wiley, 1994) 45.
6. Value investors portal. "Warren Buffett on Communication Skills." *YouTube.* 6 December 2010. Web. http://www.youtube.com/watch?v=tpgcEYpLzP0 Accessed May 14, 2013.
7. Dee-Ann Durbin, "Study: Plenty of Jobs for Graduates in 2000," *Austin American-Statesman* (5 Dec. 1999): A28.
8. Dan B. Curtis, Jerry L. Winsor, and Ronald D. Stephens, "National Preferences in Business and Communication Education," *Communication Education* 38 (Jan. 1989): 6–14. See also Iain Hay, "Justifying and Applying Oral Presentations in Geographical Education," *Journal of Geography in Higher Education* 18.1 (1994): 44–45.
9. Jerry L. Winsor, Dan B. Curtis, and Ronald D. Stephens, "National Preferences in Business and Communication Education: A Survey Update," *Journal of the Association for Communication Administration* (3 Sept. 1997): 174.
10. University of Wisconsin–River Falls, Career Services, "What Skills and Attributes Employers Seek When Hiring Students." 4 June 2007 <http://www.uwrf.edu/ccs/skills/htm>.
11. Camille Luckenbaugh and Kevin Gray, "Employers Describe Perfect Job Candidate," National Association of Colleges and Employers Survey. 4 June 2007 <http://www.naceweb.org/press/display.asp?year=2003&prid=169>.
12. Randall S. Hansen and Katharine Handsen, "What Do Employers Really Want? Top Skills and Values Employers Seek from Job-Seekers." 4 June 2007 <http://www.quintcareers.com/job_skills_values.html>.
13. L. M. Boyd, syndicated column, *Austin American-Statesman* (8 Aug. 2000): E3.
14. Herman Cohen, *The History of Speech Communication: The Emergence of a Discipline: 1914–1945* (Annandale, VA: Speech Communication Association, 1994) 2.
15. Barack Obama, "Remarks by the President at Sandy Hook Interfaith Prayer Vigil," *The White House Briefing Room.* 16 Dec 2012. Web. 5 July 2013 <http://www.whitehouse.gov/the-press-office/2012/12/16/remarks-president-sandy-hookinterfaith-prayer-vigil>.
16. Survey conducted by R. H. Bruskin and Associates, *Spectra* 9 (Dec. 1973): 4; D. Wallechinsky, Irving Wallace, and Amy Wallace, *The People's Almanac Presents the Book of Lists* (New York: Morrow, 1977).
17. K. K. Dwyer and M. M. Davidson, "Is Public Speaking Really More Feared Than Death?" *Communication Research Reports* 29, 2 (April–June 2012): 99–107.
18. Steven Booth Butterfield, "Instructional Interventions for Reducing Situational Anxiety and Avoidance," *Communication Education* 37 (1988): 214–23; also see Michael Motley, *Overcoming Your Fear of Public Speaking: A Proven Method* (New York: McGraw-Hill, 1995).

19. Joe Ayres and Theodore S. Hopf, "The Long-Term Effect of Visualization in the Classroom: A Brief Research Report," *Communication Education* 39 (1990): 75–78.
20. John Burk, "Communication Apprehension among Masters of Business Administration Students: Investigating a Gap in Communication Education," *Communication Education* 50 (Jan. 2001): 51–58; Lynne Kelly and James A. Keaten, "Treating Communication Anxiety: Implications of the Communibiological Paradigm," *Communication Education* 49 (Jan. 2000): 45–57; Amber N. Finn, Chris R. Sawyer, and Ralph R. Behnke, "Audience-Perceived Anxiety Patterns of Public Speakers," *Communication Education* 51 (Fall 2003): 470–81.
21. Judy C. Pearson, Lori DeWitt, Jeffery T. Child, David H. Kahl, and Vijay Dandamudi, "Facing the Fear: An Analysis of Speech-Anxiety Content in Public-Speaking Textbooks," *Communication Research Reports* 24 (2007): 159–68; G. D. Bodie, "A Racing Heart, Rattling Knees, and Ruminative Thoughts: Defining and Explaining Public Speaking Anxiety," *Communication Education* 59 (2010): 70–105.
22. Kay B. Harris, Chris R. Sawyer, and Ralph R. Behnke, "Predicting Speech State Anxiety from Trait Anxiety, Reactivity, and Situational Influences," *Communication Quarterly* 54 (2006): 213–26; M. J. Beatty, A. D. Heisel, R. J. Lewis, M. E. Pence, A. Reinhart, and Y. Tian, "Communication Apprehension and Resting Alpha Range Asymmetry in the Anterior Cortex," *Communication Education* 60, 4 (2011): 441–60.
23. Amy M. Bippus and John A. Daly, "What Do People Think Causes Stage Fright? Naïve Attributions About the Reasons for Public-Speaking Anxiety," *Communication Education* 48 (1999): 63–72.
24. Yang Lin and Andrew S. Rancer, "Sex Differences in Intercultural Communication Apprehension, Ethnocentrism, and Intercultural Willingness to Communicate," *Psychological Reports* 92 (2003): 195–200.
25. S. Shimotsu and T. P. Mottet, "The Relationships Among Perfectionism, Communication Apprehension, and Temperament," *Communication Research Reports* 26, 3 (2009): 188–97.
26. Bodie, "A Racing Heart, Rattling Knees, and Ruminative Thoughts: Defining, Explaining, and Treating Public Speaking Anxiety."
27. Amber N. Finn, Chris R. Sawyer, and Paul Schrodt, "Examining the Effect of Exposure Therapy on Public Speaking State Anxiety," *Communication Education* 58 (2009): 92–109.
28. Michael J. Beatty, James C. McCroskey, and A. D. Heisel, "Communication Apprehension as Temperamental Expression: A Communibiological Paradigm," *Communication Monographs* 65 (1998): 197–219; Michael J. Beatty and Kristin Marie Valencic, "Context-Based Apprehension Versus Planning Demands: A Communibiological Analysis of Anticipatory Public Speaking Anxiety," *Communication Education* 49 (Jan. 2000): 58–71; Valerie A. MacIntyre, P. D. MacIntyre, and G. Carre, "Heart Rate as a Predictor of Speaking Anxiety," *Communication Research Reports*, 27, 4 (2010): 286–97; Michael J. Beatty, A. D. Heisel, R. J. Lewis, M. E. Pence, A. Reinhart, and Y. Tian, "Communication Apprehension and Resting Alpha Range Asymmetry in the Anterior Cortex," *Communication Education* 60, 4 (2011): 441–60.
29. Kay B. Harris, Chris R. Sawyer, and Ralph R. Behnke, "Predicting Speech State Anxiety from Trait Anxiety, Reactivity, and Situational Influences," *Communication Quarterly* 54 (May 2006): 213–26.
30. Kelly and Keaten, "Treating Communication Anxiety."
31. Maili Porhola, "Orientation Styles in a Public-Speaking Context," paper presented at the National Communication Association convention, Seattle, Washington, Nov. 2000; Ralph R. Behnke and Michael J. Beatty, "A Cognitive-Physiological Model of Speech Anxiety," *Communication Monographs* 48 (1981): 158–63.
32. Shannon C. McCullough, Shelly G. Russell, Ralph R. Behnke, Chris R. Sawyer, and Paul L. Witt, "Anticipatory Public Speaking State Anxiety as a Function of Body Sensations and State of Mind," *Communication Quarterly* 54 (2006): 101–09.
33. Ralph R. Behnke and Chris R. Sawyer, "Public Speaking Anxiety as a Function of Sensitization and Habituation Processes," *Communication Research Reports* 53 (Apr. 2004): 164–73.
34. Paul L. Witt and Ralph R. Behnke, "Anticipatory Speech Anxiety as a Function of Public Speaking Assignment Type," *Communication Education* 55 (2006): 167–77.
35. Maili Porhola, "Arousal Styles During Public Speaking," *Communication Education* 51 (Oct. 2002): 420–38.
36. Kelly and Keaten, "Treating Communication Anxiety."

37. M. J. Beatty, A. D. Heisel, R. J. Lewis, M. E. Pence, A. Reinhart, and Y. Tian, "Communication Apprehension and Resting Alpha Range Asymmetry in the Anterior Cortex," *Communication Education* 60, 4 (2011): 441–60.
38. Leon Fletcher, *How to Design and Deliver Speeches* (New York: Longman, 2001 following) 3.
39. Research suggests that because public-speaking anxiety is complex (both a trait and a state), with multiple and idiosyncratic causes, using a combination of intervention strategies may be best in attempting to manage communication apprehension. See Bodie, "A Racing Heart, Rattling Knees, and Ruminative Thoughts."
40. Desiree C. Duff, Timothy R. Levine, Michael J. Beatty, Jessica Woolbright, and Hee Sun Park, "Testing Public Anxiety Treatments Against a Credible Placebo Control," *Communication Education* 56 (2007): 72–88.
41. Peter D. MacIntyre and J. Renee MacDonald, "Public-Speaking Anxiety: Perceived Competence and Audience Congeniality," *Communication Education* 47 (Oct. 1998): 359–65.
42. Ralph R. Behnke and Chris R. Sawyer, "Public-Speaking Procrastination as a Correlate of Public-Speaking Communication Apprehension and Self-Perceived Public-Speaking Competence," *Communication Research Reports* 16 (1999): 40–47.
43. Quoted by Petula Dovrak, "Channeling the Grief," *Austin American-Statesman* (14 Oct., 2009): A9.
44. Dovrak, "Channeling the Grief."
45. Joe Ayres, Terry Schliesman, and Debbie Ayres Sonandre, "Practice Makes Perfect but Does It Help Reduce Communication Apprehension?" *Communication Research Reports* 15 (Spring 1998): 170–79.
46. Melanie Booth-Butterfield, "Stifle or Stimulate? The Effects of Communication Task Structure on Apprehensive and Non-Apprehensive Students," *Communication Education* 35 (1986): 337–48; Charles R. Berger, "Speechlessness: Causal Attributions, Emotional Features, and Social Consequences," *Journal of Language & Social Psychology* 23 (June 2004): 147–79.
47. Joe Ayres, Tim Hopf, and Elizabeth Peterson, "A Test of Communication-Orientation Motivation (COM) Therapy," *Communication Reports* 13 (Winter 2000): 35–44; Joe Ayres and Tanichya K. Wongprasert, "Measuring the Impact of Visualization on Mental Imagery: Comparing Prepared Versus Original Drawings," *Communication Research Reports* 20 (Winter 2003): 45–53.
48. Joe Ayers and Theodore S. Hopf, "Visualization: A Means of Reducing Speech Anxiety," *Communication Education* 34 (1985): 318–23. Although researchers have found evidence that visualization is helpful, some question whether visualization techniques work better than just gaining experience in public speaking. Critics of systematic desensitization argue that there may be a placebo effect: Just thinking that a treatment will reduce apprehension may contribute to reduced apprehension. See Duff, Levine, Beatty, Woolbright, and Park, "Testing Public Anxiety Treatments Against a Credible Placebo Control."
49. Ayres and Wongprasert, "Measuring the Impact of Visualization on Mental Imagery."
50. Ayres and Wongprasert, "Measuring the Impact of Visualization on Mental Imagery."
51. Joe Ayres and Debbie M. Ayres Sonandre, "Performance Visualization: Does the Nature of the Speech Model Matter?" *Communication Research Reports* 20 (Summer 2003): 260–68.
52. Duff, Levine, Beatty, Woolbright, and Park, "Testing Public Anxiety Treatments Against a Credible Placebo Control."
53. Joe Ayres and Brian L. Heuett, "An Examination of the Impact of Performance Visualization," *Communication Research Reports* 16 (1999): 29–39.
54. Penny Addison, Ele Clay, Shuang Xie, Chris R. Sawyer, and Ralph R. Behnke, "Worry as a Function of Public Speaking State Anxiety Type," *Communication Reports* 16 (Summer 2003): 125–31.
55. Chad Edwards and Suzanne Walker, "Using Public Speaking Learning Communities to Reduce Communication Apprehension," *Texas Speech Communication Journal* 32 (2007): 65–71; also see Chia-Fang (Sandy) Hsu, "The Relationship of Trait Anxiety, Audience Nonverbal Feedback, and Attributions to Public Speaking State Anxiety," *Communication Research Reports* 26.3 (August 2009): 237–46.
56. Diane Honour, "Speech Performance Anxiety for Non-Native Speakers," *The Florida Communication Journal* 36 (2007): 57–66.
57. Finn, Sawyer, and Schrodt, "Examining the Effect of Exposure Therapy on Public Speaking State Anxiety."
58. Lisa M. Schroeder, "The Effects of Skills Training on Communication Satisfaction and Communication

Anxiety in the Basic Speech Course," *Communication Research Reports* 19 (2002): 380–88; Alain Morin, "History of Exposure to Audiences as a Developmental Antecedent of Public Self-Consciousness," *Current Research in Social Psychology* 5 (Mar. 2000): 33–46.

59. MacIntyre and MacDonald, "Public-Speaking Anxiety" ; Peter D. MacIntyre and K. A. Thivierge, "The Effects of Audience Pleasantness, Audience Familiarity, and Speaking Contexts on Public-Speaking Anxiety and Willingness to Speak," *Communication Quarterly* 43 (1995): 456–66; Peter D. MacIntyre, K. A. Thivierge, and J. Renee MacDonald, "The Effects of Audience Interest, Responsiveness, and Evaluation on Public-Speaking Anxiety and Related Variables," *Communication Research Reports* 14 (1997): 157–68.
60. MacIntyre and MacDonald, "Public-Speaking Anxiety" ; R. B. Rubin, A. M. Rubin, and F. F. Jordan, "Effects of Instruction on Communication Apprehension and Communication Competence," *Communication Education* 46 (1997): 104–14.
61. G. M. Hodis, N. R. Bardhan, and F. A. Hodis, "Patterns of Change in Willingness to Communicate in Public Speaking Contexts: A Latent Growth Modeling Analysis," *Journal of Applied Communication Research* 38, 3 (2010): 248–67.

第二章　呈现你的首次演讲

1. The late Waldo Braden, longtime professor of speech communication at Louisiana State University, presented a memorable speech at the 1982 meeting of the Florida Speech Communication Association in which he emphasized "The audience writes the speech" to indicate the importance and centrality of being an audience-centered speaker.
2. Patricia A. Sullivan, "Signification and African-American Rhetoric: A Case Study of Jesse Jackson's 'Common Ground and Common Sense' Speech," *Communication Quarterly* 41.1 (1993): 1–15.
3. Adetokunbo F. Knowles-Borishade, "Paradigm for Classical African Orature," Christine Kelly et al., eds., *Diversity in Public Communication: A Reader* (Dubuque, IA: Kendall-Hunt, 1994): 100.
4. J. C. Pearson, J. T. Child, and D. H. Kahl, Jr., "Preparation Meeting Opportunity: How Do College Students Prepare for Public Speeches?" *Communication Quarterly*, 54:3 (Aug. 2006): 351–66.
5. Clifford Stoll, as cited in Kevin A. Miller, "Capture: The Essential Survival Skill for Leaders Buckling Under Information Overload," *Leadership* (Spring 1992): 85.
6. Don Hewitt, interview broadcast on *60 Minutes*, 24 Jan. 2010.
7. Greg Winter, "The Chips Are Down: Frito-Lay Cuts Costs with Smaller Servings," *Austin American-Statesman* 2 Jan. 2001: A6.
8. These statistics are from an Allstate Insurance advertisement, *The New York Times* 17 Feb. 2010: A24.
9. We thank Barbara Patton of Texas State University for sharing her speech outline with us.
10. Pearson, Child, and Kahl, "Preparation Meeting Opportunity."
11. Grace Hildenbrand, "Cinderella," Texas State University student speech, 2013.

第三章　合乎伦理地演讲

1. Jason Pontin, "Free Speech in the Era of Its Technological Amplification," *MIT Technology Review* 116.2 (March/April 2013): 62.
2. National Communication Association, "NCA Credo for Communication Ethics," 1999. 27 June 2001.
3. Walker, *Hate Speech*, 2.
4. Daniel Downs and Gloria Cowan, "Predicting the Importance of Freedom of Speech and the Perceived Harm of Hate Speech," *Journal of Applied Social Psychology* 42.6 (June 2012): 1372.
5. Edwin R. Bayley, *Joe McCarthy and the Press* (Madison: Wisconsin U P, 1981) 29.
6. Chidsey Dickson, "Re: question." Online posting. 27 Oct. 2005. WPA Listserv.
7. "Spurlock Sorry for Speech," *Austin American-Statesman* (29 Mar. 2006): A2.
8. Kathy Fitzpatrick, "U.S. Public Diplomacy," *Vital Speeches of the Day* (April 2004): 412–17.
9. *Publication Manual of the American Psychological Association*, 6th ed. (Washington, DC: American Psychological Association, 2010): 16.

10. Scott Jaschik, "Graduation Shame." Insidehighered.com. 22 Apr. 2010.
11. Eodice, Michele, "Plagiarism, Pedagogy, and Controversy: A Conversation with Rebecca Moore Howard." *Issues in Writing* 13.1 (Fall/Winter 2002).
12. "75 to 98 Percent of College Students Have Cheated," *Educationportal. com (*June 29, 2011).
13. www.non-plagiarized-termpapers.com.
14. Todd Holm, "Public Speaking Students' Perceptions of Cheating," *Communication Research Reports* (Winter 2002): 70.
15. Waldo W. Braden, *Abraham Lincoln, Public Speaker* (Baton Rouge: Louisiana State U P, 1988): 90.

第四章 倾听演讲

1. Study conducted by Paul Cameron, as cited in Ronald B. Adler and Neil Town, *Looking Out/Looking In: Interpersonal Communications* (New York: Holt, Rinehart and Winston, 1981): 218.
2. L. Boyd, Syndicated column, *Austin American-Statesman* 7 Dec. 1995: E7.
3. John T. Masterson, Steven A. Beebe, and Norman H. Watson, *Invitation to Effective Speech Communication* (Glenview, IL: Scott, Foresman, 1989): 4.
4. B. R. Brunner, "Listening, Communication & Trust: Practitioners' Perspectives of Business/Organizational Relationships," *The International Journal of Listening* 22 (2008): 123–32.
5. Laura Ann Janusik, "Building Listening Theory: The Validation of the Conversational Listening Span," *Communication Studies* 58. 2 (2007): 139–56.
6. Frank E. X. Dance, *Speaking Your Mind: Private Thinking and Public Speaking* (Dubuque, IA: Kendall/Hunt, 1994).
7. Ralph G. Nichols and Leonard A. Stevens, "Six Bad Listening Habits," in *Are You Listening?* (New York: McGraw-Hill, 1957).
8. Albert Mehrabian, *Nonverbal Communication* (Hawthorne, NY: Aldine, 1972).
9. Paul Ekman and Wallace Friesen, "Head and Body Cues in the Judgement of Emotion: A Reformulation," *Perceptual and Motor Skills* 25 (1967): 711–24.
10. K. K. Halone and L. L. Pecchioni, "Relational Listening: A Grounded Theoretical Model*," Communication Reports* 14 (2001): 59–71.
11. Halone and Pecchioni, "Relational Listening."
12. Paul Rankin, "Listening Ability: Its Importance, Measurement and Development," *Chicago Schools Journal* 12 (Jan. 1930): 177–79.
13. R. Emmanuel, J. Adams, K. Baker, E. K. Daufin, C. Ellington, F. Fits, J. Himsel, L. Holladay, and David Okeowo, "How College Students Spend Their Time Communicating," *International Journal of Listening* 22 (2008): 13–28.
14. Nichols and Stevens, "Six Bad Listening Habits."
15. Kitty W. Watson, Larry L. Barker, and James B. Weaver, *The Listener Style Inventory* (New Orleans: LA SPECTRA, 1995).
16. G. D. Bodie, D. L. Worthington, and C. C. Gearhart, "The Listening Styles Profile-Revised (LSP-R): A Scale Revision and Evidence for Validity," *Communication Quarterly* 16 (2013); 72–90; S. L. Sargent and James B. Weaver, "Correlates Between Communication Apprehension and Listening Style Preferences," *Communication Research Reports* 14 (1997): 74–78.
17. See Larry L. Barker and Kitty W. Watson, *Listen Up* (New York: St. Martin's Press, 2000); also see M. Imhof, "Who Are We as We Listen? Individual Listening Profiles in Varying Contexts," *International Journal of Listening* 18 (2004): 36–45.
18. Sargent and Weaver, "Correlates Between Communication Apprehension and Listening Style Preference."
19. D. L. Worthington, "Exploring the Relationship Between Listening Style Preferences and Personality," *International Journal of Listening* 17 (2003): 68–87.
20. M. D. Kirtley and J. M. Honeycutt, "Listening Styles and Their Correspondence with Second Guessing," *Communication Research Reports* 13 (1996): 174–82.
21. Harold Barrett, *Rhetoric and Civility: Human Development, Narcissism, and the Good Audience* (Albany:

SUNY, 1991) 154.
22. Chad Edwards and Suzanne Walker, "Using Public Speaking Learning Communities to Reduce Communication Apprehension," *Texas Speech Communication Journal* 32 (2007): 65–71.
23. Patricia Sullivan, "Signification and African-American Rhetoric: A Case Study of Jesse Jackson's 'Common Ground and Common Sense' Speech," *Communication Quarterly* 41.1 (1993): 11.
24. Cited in Marie Hochmuth, ed., *A History and Criticism of American Public Address*, Vol. 3 (New York: Longmans, Green, 1955) 4; and in James R. Andrews, *The Practice of Rhetorical Criticism* (New York: Macmillan, 1983): 3–4.
25. Mike Allen, Sandra Berkowitz, Steve Hunt, and Allan Louden, "A Meta-Analysis of the Impact of Forensics and Communication Education on Critical Thinking," *Communication Education* 48 (Jan. 1999): 18–30.
26. For a comprehensive list of definitions of rhetoric, see Patricia Bizzell and Bruce Herzberg, eds., *The Rhetorical Tradition: Readings from Classical Times to the Present* (Boston: Bedford, 1990).
27. Aristotle, *On Rhetoric*. Translated by George A. Kennedy (New York: Oxford University Press, 1991): 14.
28. Isocrates, *Isocrates*, Vol. II. Translated by George Norlin (Cambridge, MA: Harvard University Press, 1929). Also see "Isocrates," in Bizzell and Herzberg, *The Rhetorical Tradition.*
29. Kenneth Burke, *A Rhetoric of Motives* (Berkeley: University of California Press, 1950). Also see Barry Brummett, *Reading Rhetorical Theory* (Fort Worth, TX: Harcourt College Publishers, 2000): 741.
30. Andrews, *The Practice of Rhetorical Criticism.*
31. Masterson, Beebe, and Watson, *Invitation to Effective Speech Communication.*
32. Robert Rowland, *Analyzing Rhetoric: A Handbook for the Informed Citizen in a New Millennium* (Dubuque, IA: Kendall/ Hunt, 2002): 17–28.

第五章　分析观众

1. Robert H. Farrell, ed., *Off the Record: The Private Papers of Harry S Truman* (New York: Harper & Row, 1980): 310.
2. For background information about this quotation see http://answers.google.com/answers/threadview?id=398104.
3. N. Howe and W. Strauss, *Millennials Rising: The Next Great Generation* (New York: Vintage, 2000). Also see Hank Karp, Connie Fuller, and Danilo Sirias, *Bridging the Boomer–Xer Gap: Creating Authentic Teams for High Performance at Work* (Palo Alto, CA: Davies-Black, 2002).
4. For an excellent review of gender and persuasibility research see Daniel J. O'Keefe, *Persuasion: Theory and Research* (Newbury Park, CA: Sage, 1990): 176–77. Also see James B. Stiff, *Persuasive Communication* (New York: Guilford Press, 1994): 133–36.
5. O'Keefe, *Persuasion.*
6. O'Keefe, *Persuasion.*
7. Gregory Herek, "Study Offers 'Snapshot' of Sacramento-Area Lesbian, Gay, and Bisexual Community." 23 July 2001 <http://psyweb.ucdavis.edu/rainbow/html/sacramento_study.html>. For an excellent literature review about sexual orientation and communication, see T. P. Mottet, "The Role of Sexual Orientation in Predicting Outcome Value and Anticipated Communication Behaviors," *Communication Quarterly* 48 (2000): 233–39.
8. See R. Lewontin, "The Apportionment of Human Diversity," *Evolutionary Biology* 6 (1973): 381–97; H. A. Yee, H. H. Fairchild, F. Weizmann, and E. G. Wyatt, "Addressing Psychology's Problems with Race," *American Psychologist* 48 (1994): 1132–40; D. Matsumoto and L. Juang, *Culture and Psychology* (Belmont, CA: Wadsworth/Thompson, 2004): 16.
9. The research summarized here is based on pioneering work by Geert Hofstede, *Culture's Consequences: International Differences in Work-Related Values* (Beverly Hills, CA: Sage, 1984). Also see Edward T. Hall, *Beyond Culture* (New York: Doubleday, 1976).
10. Richard Perez-Pena, "U.S. Bachelor Degree Rate Passes Milestone," *The New York Times*, 23 February 12 <http://www.nytimes.com/2012/02/24/education/census-finds-bachelorsdegrees-at-record-level.html?_r=0>.
11. M. E. Ryan, "Another Way to Teach Migrant Students," *Los Angeles Times*, March 31, 1991: B20, as cited

by M. W. Lustig and J. Koester, *Intercultural Competence: Interpersonal Communication Across Cultures* (Boston: Allyn & Bacon, 2003): 11.

12. G. Chen and W. J. Starosta, "A Review of the Concept of Intercultural Sensitivity," *Human Communication* 1 (1997): 7.
13. Susan Saulny, "Black? White? Asian? More Young Americans Choose All of the Above," *The New York Times*, 30 January 2011: 1, 20–21.
14. *Newsweek*, 12 July 1999, 51.
15. United States Census Bureau. 8 Feb. 2010. <http://www.prb.org/AmeristateTemplate>.
16. United States Census Bureau, <http://www.census.gov/hewsroom/releases/archives/population/cb12-243.html>.
17. David W. Kale, "Ethics in Intercultural Communication," *Intercultural Communication: A Reader*, 6th ed., eds. Larry A. Samovar and Richard E. Porter (Belmont, CA: Wadsworth, 1991): 423; also see discussion in Lustig and Koester, *Intercultural Competence*.
18. Donald E. Brown, "Human Universals and Their Implications," in N. Roughley, ed., *Being Humans: Anthropological Universality and Particularity in Transdisciplinary Perspectives* (New York: Walter de Gruyter, 2000). For an applied discussion of these universals, see Steven Pinker, *The Blank Slate: The Modern Denial of Human Nature* (London: Penguin Books, 2002).
19. Larry A. Samovar and Richard E. Porter, *Communication Between Cultures.* (Stamford, CT: Wadsworth and Thomson Learning, 2006): 29.
20. Brianne Geise, "Access Is Not Enough: Requiring Counsel with University Sale of the Morning-After Pill," Texas State University, 2013.
21. Sweets, "Mark Twain in India," *The Fence Painter: Bulletin of the Mark Twain Boyhood Home Associates* 26 (Winter 1996): 1.
22. For an excellent discussion of how to adapt to specific audience situations, see Jo Sprague and Douglas Stuart, *The Speaker's Handbook* (Belmont, CA: Wadsworth and Thompson, 2005): 345.
23. Devorah Lieberman, *Public Speaking in the Multicultural Environment* (Boston: Allyn & Bacon, 2000). Also see Edward T. Hall, *Silent Language* (Greenwich, CT: Fawcett, 1959); and Edward T. Hall, *The Hidden Dimension* (Garden City, NY: Doubleday, 1966).

第六章 规划演讲

1. Mary Carmichael, "Speeches Strike a Similar Tone," *The Boston Globe* 8 June 2012.
2. Carmichael.
3. Roger Fringer, "Choosing a Speech Topic," in Tasha Van Horn, Lori Charron, and Michael Charron, *Allyn & Bacon Video II User's Guide*, 2002.
4. Bruce Gronbeck, from his presidential address delivered at the annual conference of the Speech Communication Association, Nov. 1994.
5. Henry H. Sweets III, "Mark Twain's Lecturing Career Continuation—Part II," *The Fence Painter* (Winter 2000–2001).
6. Alex F. Osborn, *Applied Imagination* (New York: Scribner's, 1962).
7. Monique Russo, "The 'Starving Disease' or Anorexia Nervosa," student speech, University of Miami, 1984.
8. Brian Sosnowchik, "The Cries of American Ailments," *Winning Orations 2000* (Mankato, MN: Interstate Oratorical Association, 2000): 114.
9. Judith Humphrey, "Taking the Stage: How Women Can Achieve a Leadership Presence," *Vital Speeches of the Day* (May 2001): 437.
10. Adapted from Erin Gallagher, "Upholstered Furniture Fires: Sitting in the Uneasy Chair," *Winning Orations 2000* (Mankato, MN: Interstate Oratorical Association, 2000): 99–101.
11. "Shuttle Missions." *Space Shuttle*. Nasa.gov, 29 August 2011.
12. Adapted from Nicole Tremel, "The New Wasteland: Computers," *Winning Orations 2000* (Mankato, MN: Interstate Oratorical Association, 2000): 37–40.

13. Patrick Martin, "The Energy Cure that Kills: Hydraulic Fracturing for Natural Gas," *Winning Orations 2011* (Mankato, MN: Interstate Oratorical Association, 2011): 147.

第七章 收集并使用支持材料

1. "Types of Web Sites," Xavier University Library, 2010.
2. Elizabeth Kirk, "Practical Steps in Evaluating Internet Resources." 7 May 2001.
3. Ralph R. Behnke and Chris R. Sawyer, "Public-Speaking Procrastination as a Correlate of Public-Speaking Communication Apprehension and Self-Perceived Public-Speaking Competence," *Communication Research Reports* 16(1999): 40-47; J. C. Pearson, J. T. Child, and D. H. Kahl, Jr., "Preparation Meeting Opportunity: How Do College Students Prepare for Public Speeches?" *Communication Quarterly* 54.3 (Aug. 2006): 351-66.
4. Charles Osgood, "On Civility in the Media," *Vital Speeches of the Day* (September 2011): 316–18.
5. Michael Cunningham, quoted in Dinitia Smith, "In the Age of the Overamplified, a Resurgence for the Humble Lecture," *New York Times* 17 Mar. 2006: B1, B5.
6. Sandra Zimmer, quoted in Vickie K. Sullivan, "Public Speaking: The Secret Weapon in Career Development," *USA Today* 24–25 May 2005: 133.
7. Hillary Rodham Clinton, "Women's Progress Is Human Progress," *Vital Speeches of the Day* (May 2010): 199–203.
8. Kevin Rudd, "The Apology to the Forgotten Australians," *Vital Speeches of the Day* (January 2010): 2–6.
9. Olli-Pekka Kallasvuo, "Connecting the Next Billion: The New Frontier of Upward Mobility," *Vital Speeches of the Day* (March 2010): 130–33.
10. Professor Frazer White, University of Miami.
11. Tunette Powell, "It's Not the Addict, It's the Drug: Redefining America's War on Drugs," *Winning Orations 2012* (Mankato, MN: Interstate Oratorical Association, 2012): 102.
12. Andrew B. Wilson, "How to Craft a Winning Speech," *Vital Speeches of the Day* (September 2005): 685–89
13. David Cameron, "I'm for a Referendum on British Membership in the EU," *Vital Speeches of the Day* (February 2013): 34–35.
14. Alexandria Wisner, "Lithium Cell Batteries: The Power to Kill," *Winning Orations 2011* (Mankato, MN: Interstate Oratorical Association, 2011): 30.
15. Matthew Cossolotto, "An Urgent Call to Action for Study Abroad Alumni to Help Reduce Our Global Awareness Deficit," *Vital Speeches of the Day* (December 2009): 564–68.
16. Patrick Martin, "The Energy Cure that Kills: Hydraulic Fracturing for Natural Gas," *Winning Orations 2012* (Mankato, MN: Interstate Oratorical Association, 2012): 147.
17. Nicole Platzar, "Rated 'D' for Deficiency: The Sunshine Vitamin," *Winning Orations 2012* (Mankato, MN: Interstate Oratorical Association, 2012): 71.
18. James Stanfill, "Entomophagy: The Other Other White Meat," *Winning Orations 2009* (Mankato, MN: Interstate Oratorical Association, 2009): 24.
19. Throbjørn Jagland, "May Good Government Win in Europe," *Vital Speeches of the Day* (February 2013): 52–54.
20. Indra Nooyi, "Short-Term Demands vs. Long-Term Responsibilities," *Vital Speeches of the Day* (June 2010): 246–50.
21. Ivan Seidenberg, "How the Government Can Promote a Healthy, Competitive Communications Industry," *Vital Speeches of the Day* (1 Dec. 2009): 540–43.
22. "Sorry, You've Got the Wrong Number," *New York Times* 26 May 2001: A17.
23. Michael Blastland and David Spiegelhalter, *The Norm Chronicles: Stories and Numbers about Danger* (London: Profile Books, 2013): 47.
24. Daniel Hinderliter, "Collaborative Consumption," *Winning Orations 2012* (Mankato, MN: Interstate Oratorical Association, 2012): 140.
25. A. Barry Rand, "Rebuilding the Middle Class: A Blueprint for the Future," *Vital Speeches of the Day* (March 2013): 72–76.
26. Andie Malterud, "Dropping the Bomb on Water Fluoridation," *Winning Orations 2012* (Mankato, MN:

Interstate Oratorical Association, 2012): 151.
27. Dena Craig, "Clearing the Air about Cigars," *Winning Orations 1998* (Mankato, MN: Interstate Oratorical Association, 1998): 13.
28. Sergio Marchionne, "Navigating the New Automotive Epoch," *Vital Speeches of the Day* (1 Mar. 2010): 134–37.
29. Kevin King, "Blue Zones," prepared for Individual Events/Informative Speaking Competition, The University of Texas, Spring 2013. Reprinted by permission of Kevin King.
30. Michael Kelley, "The New *Catch-22*: Unemployment Discrimination," *Winning Orations 2012* (Mankato, MN: Interstate Oratorical Association, 2012): 57.

第八章 组织并概述你的演讲

1. Joel Ayres, "The Impact of Time, Complexity, and Organization on Self-Reports of Speech Anxiety," *Communication Research Reports* 5.1 (June 1988): 58-63.
2. Information in this example comes from National Institutes of Health, "Stem Cells: A Primer," May 2000.
3. Adapted from John Kuehn, untitled speech, *Winning Orations 1994* (Mankato, MN: Interstate Oratorical Association, 1994): 83–85.
4. Dennis Lloyd, "Instant Expert: A Brief History of iPod," *iLounge* 26 June 2004; "Apple iPod, History of an Icon," *ipod games* 20 June 2007.
5. Beth Survant, "Let There Be Light," *Winning Orations 2011* (Mankato, MN: Interstate Oratorical Association, 2011): 53.
6. Sarah Perez, "YouTube Reaches 4 Billion Views Per Day," techcrunch.com 23 January 2012; Glenn Chapman, "YouTube Serving Up Two Billion Videos Daily," *Google News* 16 May 2010.
7. Philip Shenon, "A Showcase for Indian Artifacts," *New York Times* 29 Aug. 2004: TR 3.
8. Adapted from Vonda Ramey, "Can You Read This?" *Winning Orations 1985* (Mankato, MN: Interstate Oratorical Association, 1985): 32–35.
9. Adapted from Joseph Jones, "The Facts About For-Profit Universities," *Winning Orations 2011* (Mankato, MN: Interstate Oratorical Association, 2011): 74.
10. Cynthia Starks, "How to Write a Speech," *Vital Speeches of the Day* (April 2010).
11. The following information is adapted from Deborah A. Lieberman, *Public Speaking in the Multicultural Environment* (Englewood Cliffs, NJ: Prentice Hall, 1994).
12. Martin Medhurst, "The Text(ure) of the World in Presidential Rhetoric," *Vital Speeches of the Day* (June 2012).
13. John Seffrin, "The Worst Pandemic in the History of the World," *Vital Speeches of the Day* (April 2004).
14. Anastasia Danilyuk, "Alternatives to Imprisonment," *Winning Orations 2011* (Mankato, MN: Interstate Oratorical Association, 2011): 97.
15. Nichole Olson, "Flying the Safer Skies," *Winning Orations 2000* (Mankato, MN: Interstate Oratorical Association, 2000): 122.
16. Adapted from "Student Dies in Beach Sand Pit: Experts Warn of Suffocation Danger," *The Christian Science Monitor* 24 August 2012.
17. Robert Gore, untitled speech, *Winning Orations 2012* (Mankato, MN: Interstate Oratorical Association, 2012): 87.
18. Molly A. Lovell, "Hotel Security: The Hidden Crisis," *Winning Orations 1994* (Mankato, MN: Interstate Oratorical Association, 1994): 18.
19. Neela Latey, "U.S. Customs Procedures: Danger to Americans' Health and Society," *Winning Orations 1986* (Mankato, MN: Interstate Oratorical Association, 1986): 22.
20. Susan Stevens, "Teacher Shortage," *Winning Orations 1986* (Mankato, MN: Interstate Oratorical Association, 1986): 27.
21. Nicole Platzar, "Rated 'D' for Deficiency: The Sunshine Vitamin," *Winning Orations 2012* (Mankato, MN: Interstate Oratorical Association, 2012): 73.
22. Ben Crosby, "The New College Disease," *Winning Orations 2000* (Mankato, MN: Interstate Oratorical

Association, 2000): 133.
23. Lori Van Overbeke, "NutraSweet," *Winning Orations 1986* (Mankato, MN: Interstate Oratorical Association, 1986): 58.
24. John O'Brien, quoted in Brent Filson, *Executive Speeches* (New York: Wiley, 1994) 144–45.
25. Charles Parnell, "Speechwriting: The Profession and the Practice," *Vital Speeches of the Day* (15 Jan. 1990): 56.
26. The sample outline in this chapter is adapted from Brianne Geise, "Access Is Not Enough: Requiring Counsel with University Sale of the Morning-After Pill," Texas State University, 2013.
27. Clive Thompson, "PowerPoint Makes You Dumb," *New York Times Magazine* 14 December 2003: 88.

第九章 引入并总结你的演讲

1. K. Phillip Taylor, "Speech Teachers' Pet Peeves: Student Behaviors That Public Instructors Find Annoying, Irritating, and Unwanted in Student Speeches," *Florida Communication Journal* 33.2 (2005): 56.
2. Lauren Holstein, "Slavery in the Sunshine State," *Winning Orations 2012* (Mankato, MN: Interstate Oratorical Association, 2012): 34.
3. Sheena Holliday, "Uninvited Visitor," *Winning Orations 2003* (Mankato, MN: Interstate Oratorical Association, 2003): 84.
4. Edwin Pittock, "America's Crisis in Aging," *Vital Speeches of the Day* (February 2004).
5. Charles W. Chesnutt, *Frederick Douglass*. Electronic edition published by Academic Affairs Library, University of North Carolina at Chapel Hill, 2001.
6. Cadie Thompson, "Twitter CEO Dick Costolo Gives New Grads Advice to Be 'Bold,' " *CNBC* 6 May 2013.
7. Jennifer Sweeney, "Racial Profiling," *Winning Orations 2000* (Mankato, MN: Interstate Oratorical Association, 2000): 1.
8. Matt Miller, "A Situational Speech: Bisphenol A," *Winning Orations 2009* (Mankato: MN: Interstate Oratorical Association, 2009).
9. Statistics from "Which Law School Graduates Have the Most Debt?" *U.S. News and World Report Best Law Schools*, 2013.
10. Terrika Scott, "Curing Crisis with Community," *Winning Orations 1995* (Mankato, MN: Interstate Oratorical Association, 1995): 11.
11. Theresa Clinkenbeard, "The Loss of Childhood," *Winning Orations 1984* (Mankato, MN: Interstate Oratorical Association, 1984): 4.
12. Thad Noyes, "Dishonest Death Care," *Winning Orations 1999* (Mankato, MN: Interstate Oratorical Association, 1999): 73.
13. Marvin Olasky, "Responding to Disaster," *Vital Speeches of the Day* (November 2006): 744.
14. Joe Griffith, *Speaker's Library of Business Stories, Anecdotes, and Humor* (Englewood Cliffs, NJ: Prentice Hall, 1990): 335.
15. Douglas MacArthur, "Farewell to the Cadets," address delivered at West Point, 12 May 1962. Reprinted in Richard L. Johannesen, R. R. Allen, and W. A. Linkugel, eds., *Contemporary American Speeches*, 7th ed. (Dubuque, IA: Kendall/Hunt, 1992): 393.
16. Muhtar Kent, "Are We Ready for Tomorrow, Today?" *Vital Speeches of the Day* (March 2010): 117–21.
17. Richard Propes, "Alone in the Dark," *Winning Orations 1985* (Mankato, MN: Interstate Oratorical Association, 1985): 22.
18. Luis Proenza, "Relevance, Connectivity and Productivity." *Vital Speeches of the Day* (February 2010): 89–92.
19. Cynthia Starks, "How to Write a Speech," *Vital Speeches of the Day* (April 2010): 153–56.
20. Adam Winegarden, "The After-Dinner Speech," in Tasha Van Horn, Lori Charron, and Michael Charron, eds., *Allyn & Bacon Video II User's Guide*, 2002.
21. William G. Durden, "Just Do Science," *Vital Speeches of the Day* (March 2013): 67–71.
22. Chris Miller, "Remember Both the Art and the Business Involved in Collision Repair," *Vital Speeches of the Day* (May 2010): 203–13.

23. Chris Christie, "The Adults Are in Charge," *Vital Speeches of the Day* (March 2013): 82–87.
24. Student speech, University of Miami, 1981.
25. Lou Gehrig, "Farewell Speech," *Lou Gehrig: The Official Web Site* 23 June 2007.
26. Robert Lehrman, "Victory Speeches," *The New York Times* 7 November 2012.
27. John Ryan, "Emissions Tampering: Get the Lead Out," *Winning Orations 1985* (Mankato, MN: Interstate Oratorical Association, 1985): 63.
28. Melanie Loehwing, untitled speech, *Winning Orations 2003* (Mankato, MN: Interstate Oratorical Association, 2003): 23–24.
29. Richard Kelley, "Ready, Aim, Thrive: Strategies for 2007," *Vital Speeches of the Day* (December 2006): 763–67.
30. Bono, "Because We Can, We Must." University of Pennsylvania, *Almanac Between Issues* 19 May 2004.
31. Miller, "A Situational Speech: Bisphenol A."
32. James W. Robinson, "Create a Fireworks Finale," *Executive Speeches* (April 1989): 41–44.
33. Tyler Kingkade, "Brian Williams Elon Commencement Speech Included Heartwarming Message to His Son," *The Huffington Post* 28 May 2013.

第十章 有效地运用语言：演讲者的语言及风格

1. David Crystal, "Speaking of Writing and Writing of Speaking," *Longman Dictionaries: Express Yourself with Confidence!* (Pearson Education, 2005).
2. Nemanja Savic, "Hope—in the Voices of Africa," speech delivered at Wake Forest University, 14 May 2006. *Window on Wake Forest*. 15 May 2006.
3. Max Woodfin, "Three among Many Lives Jordan Touched," *Austin American-Statesman* 20 January 1996: A13.
4. Paul Roberts, "How to Say Nothing in Five Hundred Words," in William H. Roberts and Gregoire Turgeson, eds., *About Language* (Boston: Houghton Mifflin, 1986): 28.
5. George Orwell, "Politics and the English Language," in William H. Roberts and Gregoire Turgeson, eds., *About Language* (Boston: Houghton Mifflin, 1986): 282.
6. Erma Bombeck, "Missing Grammar Genes Is, Like, the Problem," *Austin American-Statesman* 3 March 1992.
7. Sik Ng & James J. Bradac, *Power in Language: Verbal Communication and Social Influence. Language and Language Behaviors,* Vol. 3. (1993). http://psycnet.apa.org/psycinfo/1993-98279-000.
8. John Lister, quoted in "At the End of the Day, It Annoys." Associated Press. 24 March 2004.
9. Shelley Matheson, "The Most Annoying Clichés Ever," *The Scottish Sun* 8 January 2010.
10. William Safire, "Words at War," *New York Times Magazine* 30 September 2001.
11. John S. Seiter, Jarrod Larsen, and Jacey Skinner, "'Handicapped' or 'Handicapable?': The Effects of Language about Persons with Disabilities on Perceptions of Source Credibility and Persuasiveness," *Communication Reports* 11:1 (1998): 21–31.
12. Peggy Noonan, *What I Saw at the Revolution* (New York: Random House, 1990): 71.
13. Michael M. Klepper, *I'd Rather Die Than Give a Speech* (New York: Carol Publishing Group, 1994): 45.
14. We acknowledge the following source for several examples used in our discussion of language style: William Jordan, "Rhetorical Style," *Oral Communication Handbook* (Warrensburg, MO: Central Missouri State U, 1971–1972): 32–34.
15. Eric Stolhanske, "Advice from a Kid with a Wooden Leg," *Vital Speeches of the Day* (July 2012): 211–16.
16. Scott Davis, "Class Begins Today," *Vital Speeches of the Day* (August 2011): 279–80.
17. Samuel Hazo, "Poetry and Public Speech," *Vital Speeches of the Day* (April 2007): 685–89.
18. Michiko Kakutani, "Struggling to Find Words for a Horror Beyond Words," *New York Times* 13 September 2001: E1.
19. Franklin Roosevelt, inaugural address of 1933 (Washington, DC: National Archives and Records Administration, 1988): 22.
20. George F. Will, "'Let Us ...'? No, Give It a Rest," *Newsweek* 22 January 2001: 64.

21. John F. Kennedy, inaugural address, 20 Jan. 1961, in Bower Aly and Lucille F. Aly, eds., *Speeches in English* (New York: Random House, 1968): 272.
22. Barack Obama, “Can We Honestly Say We’re Doing Enough?” *Vital Speeches of the Day* (February 2013): 34–35.
23. Garrison Keillor, *The Writer's Almanac*. 20 August 2012.
24. Barack Obama, “Look at the World Through Their Eyes,” *Vital Speeches of the Day* (May 2013): 138–42.
25. Roosevelt, inaugural address of 1933.
26. William Faulkner, speech in acceptance of the Nobel Prize for Literature, delivered 10 Dec. 1950, in Houston Peterson, ed., *A Treasury of the World's Great Speeches* (New York: Simon & Schuster, 1965): 814–15.
27. David Brooks, baccalaureate address at Sewanee: The University of the South. *Sewanee Today* 11 May 2013.
28. Roosevelt, inaugural address of 1933.
29. Winston Churchill, address to the Congress of the United States, delivered on 26 Dec. 1941, in Bower Aly and Lucille F. Aly, eds., *Speeches in English* (New York: Random House, 1968): 233.
30. Barack Obama, inaugural address of 2013. washingtonpost.com 21 January 2013.
31. Adapted from Jordan, *Oral Communication Handbook,* 34.
32. Kennedy, inaugural address.
33. “Reference to Rape Edited from Graduation Speech,” *Kansas City Star* 5 June 1995: B3.
34. “Dear Abby,” *San Marcos Daily Record* 5 January 1993: 7.
35. Activity developed by Loren Reid, *Speaking Well* (New York: McGraw-Hill, 1982): 96.

第十一章　发表演讲

1. For an excellent discussion of the importance of speaker delivery according to both classical and contemporary rhetoricians, see J. Fredal, “The Language of Delivery and the Presentation of Character: Rhetorical Action in Demosthenes’ ‘Against Meidias,’ ” *Rhetoric Review* 20 (2001): 251–67.
2. James W. Gibson, John A. Kline, and Charles R. Gruner, “A Reexamination of the First Course in Speech at U.S. Colleges and Universities,” *Speech Teacher* 23 (Sept. 1974): 206–14.
3. Ray Birdwhistle, *Kinesics and Context* (Philadelphia: University of Pennsylvania, 1970).
4. Judee K. Burgoon and Beth A. Le Poire, “Nonverbal Cues and Interpersonal Judgments: Participant and Observer Perceptions of Intimacy, Dominance, Composure, and Formality,” *Communication Monographs* 66 (1999): 105–24; Beth A. Le Poire and Stephen M. Yoshimura, “The Effects of Expectancies and Actual Communication on Nonverbal Adaptation and Communication Outcomes: A Test of Interaction Adaptation Theory,” *Communication Monographs* 66 (1999): 1–30.
5. Albert Mehrabian, *Nonverbal Communication* (Hawthorne, NY: Aldine, 1972).
6. D. Lapakko, “Three Cheers for Language: A Closer Examination of a Widely Cited Study of Nonverbal Communication,” *Communication Education* 46 (1997): 63–67.
7. Steven A. Beebe and Thompson Biggers, “The Effect of Speaker Delivery upon Listener Emotional Response,” paper presented at the International Communication Association meeting, May 1989.
8. Elaine Hatfield, J. T. Cacioppo, and R. L. Rapson, *Emotional Contagion* (New York: Cambridge University Press, 1994); also see John T. Cacioppo, Gary G. Berntson, Jeff T. Larsen, Kirsten M. Poehlmann, and Tiffany A. Ito, “The Psychophysiology of Emotion,” in Michael Lewis and Jeannette M. Haviland-Jones, eds., *Handbook of Emotions*, 2nd ed. (New York: Guilford Press, 2004): 173–91.
9. Paul Ekman, Wallace V. Friesen, and K. R. Schere, “Body Movement and Voice Pitch in Deception Interaction,” *Semiotica* 16 (1976): 23–27; Mark Knapp, R. P. Hart, and H. S. Dennis, “An Exploration of Deception as a Communication Construct,” *Human Communication Research* 1 (1974): 15–29.
10. Roger Ailes, *You Are the Message* (New York: Doubleday, 1989): 37–38; Gellis Communications, “Top Tips for Preparing and Delivering a Manuscript Speech.” 4 Nov. 2011. http://www.gellis.com/blog/top-tips-preparing-and-deliveringmanuscript-speech; David W. Richardson, “Delivering a Manuscript Speech.” 2013. http://www.richspeaking.com/ articles/manuscript_speech.html.
11. David Gates, “Prince of the Podium,” *Newsweek* 14 June 1996: 82.

12. *Austin-American Statesman*, 15 Jan. 2007: A11.
13. Eric J. Sundquist, *King's Dream* (New Haven: Yale University Press, 2009): 14.
14. Sundquist, *King's Dream,* 2.
15. Cicero, *De Oratore,* vol. 4, translated by E. W. Sutton (Cambridge: Harvard University Press, 1988).
16. Steven A. Beebe, "Eye Contact: A Nonverbal Determinant of Speaker Credibility," *Speech Teacher* 23 (Jan. 1974): 21–25; Steven A. Beebe, "Effects of Eye Contact, Posture and Vocal Inflection upon Credibility and Comprehension," *Australian Scan Journal of Nonverbal Communication* 7–8 (1979–1980): 57–70; Martin Cobin, "Response to Eye Contact," *Quarterly Journal of Speech* 48 (1963): 415–19.
17. Beebe, "Eye Contact," 21–25.
18. Khera Communications, "Business Tips for India," *More Business*, 2001. 8 June 2004. www.morebusiness.com/running_your_ business/management/d930585271.brc? highlightstring=Business+Tips+for+India.
19. Brent Filson, *Executive Speeches: Tips on How to Write and Deliver Speeches from 51 CEOs* (New York: Wiley, 1994).
20. Albert Mehrabian, *Silent Messages* (Belmont, CA: Wadsworth, 1971).
21. For a comprehensive review of immediacy in an instructional context, see Virginia P. Richmond, Derek R. Lange, and James C. McCroskey, "Teacher Immediacy and the Teacher-Student Relationship," in Timothy P. Mottet, Virginia P. Richmond, and James C. McCroskey, *Handbook of Instructional Communication: Rhetorical and Relational Perspectives* (Boston: Allyn & Bacon, 2006): 167–93.
22. See Virginia P. Richmond, Joan Gorham, and James C. McCroskey, "The Relationship Between Selected Immediacy Behaviors and Cognitive Learning," in M. McLaughlin, ed., *Communication Yearbook* 10 (Beverly Hills, CA: Sage, 1987): 574–90; Joan Gorham, "The Relationship Between Verbal Teacher Immediacy Behaviors and Student Learning," *Communication Education* 37 (1988): 40–53; Diane M. Christophel, "The Relationship Among Teacher Immediacy Behaviors, Student Motivation, and Learning," *Communication Education* 39 (1990): 323–40; James C. McCroskey, Virginia P. Richmond, Aino Sallinen, Joan M. Fayer, and Robert A. Barraclough, "A Cross-Cultural and Multi-Behavioral Analysis of the Relationship Between Nonverbal Immediacy and Teacher Evaluation," *Communication Education* 44 (1995): 281–90; Timothy P. Mottet and Steven A. Beebe, "Relationships Between Teacher Nonverbal Immediacy, Student Emotional Response, and Perceived Student Learning," *Communication Research Reports* 19 (Jan. 2002).
23. Michael J. Beatty, "Some Effects of Posture on Speaker Credibility," library paper, University of Central Missouri, 1973.
24. Albert Mehrabian and M. Williams, "Nonverbal Concomitants of Perceived and Intended Persuasiveness," *Journal of Personality and Social Psychology* 13 (1969): 37–58.
25. Paul Ekman, Wallace V. Friesen, and S. S. Tomkins, "Facial Affect Scoring Technique: A First Validity Study," *Semiotica* 3 (1971).
26. Paul Ekman and Wallace Friesen, *Unmasking the Face* (Englewood Cliffs, NJ: Prentice Hall, 1975); D. Keltner and P. Ekman, "Facial Expression of Emotion," in M. Lewis and J. M. Haviland-Jones, eds., *Handbook of Emotions* (New York: Gilford, 2000): 236–49; D. Keltner, P. Ekman, G. S. Gonzaga, and J. Beer, "Facial Expression of Emotion," in R. J. Davidson, K. R. Scherer, and H. H. Goldsmith, eds., *Handbook of Affective Sciences* (New York: Oxford University Press, 2003): 415–32.
27. Adapted from Lester Schilling, *Voice and Diction for the Speech Arts* (San Marcos: Southwest Texas State University, 1979).
28. Mary M. Gill, "Accent and Stereotypes: Their Effect on Perceptions of Teachers and Lecture Comprehension," *Journal of Applied Communication* 22 (1994): 348–61.
29. Kenneth K. Sereno and G. J. Hawkins, "The Effects of Variations in Speakers' Nonfluency upon Audience Ratings of Attitude Toward the Speech Topic and Speakers' Credibility," *Speech Monographs* 34 (1967): 58–74; Gerald R. Miller and M. A. Hewgill, "The Effect of Variations in Nonfluency on Audience Ratings of Source Credibility," *Quarterly Journal of Speech* 50 (1964): 36–44; Mehrabian and Williams, "Nonverbal Concomitants of Perceived and Intended Persuasiveness."
30. These suggestions were made by Jo Sprague and Douglas Stuart, *The Speaker's Handbook* (Fort Worth, TX: Harcourt Brace Jovanovich, 1992): 331, and were based on research by Patricia A. Porter, Margaret Grant,

and Mary Draper, *Communicating Effectively in English: Oral Communication for Non-Native Speakers* (Belmont, CA: Wadsworth, 1985).
31. James W. Neuliep, *Intercultural Communication: A Contextual Approach* (Boston: Houghton Mifflin, 2000): 247.
32. Stephen Lucas, *The Art of Public Speaking* (New York: Random House, 1986): 231.
33. Research cited by Leo Fletcher, *How to Design and Deliver Speeches* (New York: Addison Wesley Longman, 2001): 73.
34. "Comment," *The New Yorker* 1 Mar. 1993.
35. John S. Seiter and Andrea Sandry, "Pierced for Success? The Effects of Ear and Nose Piercing on Perceptions of Job Candidates' Credibility, Attractiveness, and Hirability," *Communication Research Reports* 20.4 (2003): 287–98.
36. For an excellent review of the effects of immediacy in the classroom, see Mehrabian, *Silent Messages*; also see James C. McCroskey, Aino Sallinen, Joan M. Fayer, Virginia P. Richmond, and Robert A. Barraclough, "Nonverbal Immediacy and Cognitive Learning: A Cross-Cultural Investigation," *Communication Education* 45 (1996): 200–11.
37. Larry A. Samovar and Richard E. Porter, *Communication Between Cultures* (Stamford, CT: Thomson Learning, 2001): 166.
38. William B. Gudykunst, *Bridging Differences: Effective Intergroup Communication* (Thousand Oaks, CA: Sage, 1998): 12.
39. Kent E. Menzel and Lori J. Carrell, "The Relationship Between Preparation and Performance in Public Speaking," *Communication Education* 43 (1994): 17–26; Tony E. Smith and Ann Bainbridge Frymier, "Get 'Real': Does Practicing Speeches Before an Audience Improve Performance?" *Communication Quarterly* 54.1 (Feb. 2006): 111–25; Judy C. Pearson, Jeffrey T. Child, and David H. Kahl, Jr., "Preparation Meeting Opportunity: How Do College Students Prepare for Public Speeches?" *Communication Quarterly* 54.3 (Aug. 2006): 351–66.
40. Filson, *Executive Speeches*.
41. Filson, *Executive Speeches*.

第十二章　使用演示辅助工具

1. Brent Filson, *Executive Speeches: Tips on How to Write and Deliver Speeches from 51 CEOs* (New York: Wiley, 1994): 212.
2. Emil Bohn and David Jabusch, "The Effect of Four Methods *Journal of Speech Communication* 46 (Summer 1982): 253–65.
3. J. S. Wilentz, *The Senses of Man* (New York: Crowell, 1968).
4. Michael E. Patterson, Donald F. Dansereau, and Dianna Newbern, "Effects of Communication Aids and Strategies on Cooperative Teaching," *Journal of Educational Psychology* 84 (1992): 453–61.
5. Louise Rehling, "Teaching in a High-Tech Conference Room: Academic Adaptations and Workplace Simulations," *Journal of Business and Technical Communication* 19.1 (Jan. 2005): 98–113.
6. Richard E. Mayer and Valerie K. Sims, "For Whom Is a Picture Worth a Thousand Words? Extensions of a Dual-Coding Theory of Multimedia Learning," *Journal of Educational Psychology* 86 (1994): 389–401.
7. Dale Cyphert, "The Problem of PowerPoint: Visual Aid or Visual Rhetoric?" *Business Communication Quarterly* (Mar. 2004): 80–84.
8. Andrew Wilson, "In Defense of Rhetoric," *Toastmaster* 70.2 (Feb. 2004): 8–11.
9. Roxanne Parrott, Kami Sikl, Kelly Dorgan, Celeste Condit, and Tina Harris, "Risk Comprehension and Judgments of Statistical Evidentiary Appeals: When a Picture Is Not Worth a Thousand Words," *Human Communication Research* 31 (July 2005): 423–52.
10. Rebecca B. Worley and Marilyn A. Dyrud, "Presentations and the PowerPoint Problem," *Business Communication Quarterly* 67 (Mar. 2004): 78–80.
11. We acknowledge Dan Cavanaugh's excellent supplement *Preparing Visual Aids for Presentation* (Boston: Allyn & Bacon/Longman, 2001) as a source for many of our tips and suggestions.

12. Filson, *Executive Speeches*.
13. For a good discussion of how to develop and use PowerPoint visuals, see Jerry Weissman, *Presenting to Win: The Art of Telling Your Story* (Upper Saddle River, NJ: Financial Times/ Prentice Hall, 2003).
14. We thank Stan Crowley, a student at Texas State University, for his permission to use his speech outline.

第十三章 信息性演讲

1. John R. Johnson and Nancy Szczupakiewicz, "The Public Speaking Course: Is It Preparing Students with Work-Related Public Speaking Skills?" *Communication Education* 36 (Apr. 1987): 131–37.
2. Pamela J. Hinds, "The Curse of Expertise: The Effects of Expertise and Debiasing Methods on Predicting Novice Performance," *Journal of Experimental Psychology: Applied* 5 (1999): 205–21. Research summarized in Chip Heath and Dan Heath, *Made to Stick: Why Some Ideas Survive and Others Die* (New York: Random House, 2007): 19–21.
3. Joseph L. Chesebro, "Effects of Teacher Clarity and Nonverbal Immediacy on Student Learning, Receiver Apprehension, and Affect," *Communication Education* 52 (Apr. 2003): 135–47.
4. Malcolm Knowles, *The Adult Learner: A Neglected Species*, 3rd ed. (Houston: Gulf Publishing, 1990).
5. Steven A. Beebe, Timothy P. Mottet, and K. David Roach, *Training and Development: Communicating for Success* (Boston: Pearson, 2013).
6. Katherine E. Rowan, "A New Pedagogy for Explanatory Public Speaking: Why Arrangement Should Not Substitute for Invention," *Communication Education* 44 (1995): 236–50.
7. Philip Yancy, *Prayer: Does It Make Any Difference?* (Grand Rapids, MI: Zondervan, 2006): 20.
8. Michael A. Boerger and Tracy B. Henley, "The Use of Analogy in Giving Instructions," *Psychological Record* 49 (1999): 193–209.
9. Heath and Heath, *Made to Stick,* 63–64.
10. Marcie Groover, "Learning to Communicate: The Importance of Speech Education in Public Schools," *Winning Orations 1984* (Mankato, MN: Interstate Oratorical Association, 1984): 7.
11. As cited by Eleanor Doan, *The New Speaker's Sourcebook* (Grand Rapids, MI: Zondervan, 1968).
12. C. S. Lewis, "On Stories," *Essays Presented to Charles Williams*, C. S. Lewis, ed. (Oxford: Oxford University Press, 1947); also see Walter R. Fisher, *Communication as Narration: Toward a Philosophy of Reason, Value, and Action* (Columbia: University of South Carolina Press, 1987).
13. Christopher Booker, *The Seven Basic Plots: Why We Tell Stories* (London: Continuum, 2004). The theory that all stories are about "finding home" is from Steven A. Beebe, *C. S. Lewis: Chronicles of a Master Communicator* (San Marcos, TX: Texas State University, 2013).
14. Heath and Heath, *Made to Stick*.
15. See Bruce W. A. Whittlesea and Lisa D. Williams, "The Discrepancy-Attribution Hypothesis II: Expectation, Uncertainty, Surprise, and Feelings of Familiarity," *Journal of Experimental Psychology: Learning, Memory, and Cognition* 2 (2001): 14–33; also see Suzanne Hidi, "Interest and Its Contribution as a Mental Resource for Learning," *Review of Educational Research* 60 (1990): 549–71; Mark Sadoski, Ernest T. Goetz, and Maximo Rodriguez, "Engaging Texts: Effects of Concreteness of Comprehensibility, Interest, and Recall in Four Text Types," *Journal of Educational Psychology* 92 (2000): 85–95.
16. Heath and Heath, *Made to Stick,* 51–52.
17. George Miller, "The Magical Number Seven, Plus or Minus Two," *Psychological Review* 63 (1956): 81–97.
18. D. K. Cruickshank and J. J. Kennedy, "Teacher Clarity," *Teaching & Teacher Education* 2 (1986): 43–67.

第十四章 理解说服性演讲的原则

1. Martin Fishbein and I. Ajzen, *Belief, Attitude, Intention, and Behavior: An Introduction to Theory and Research* (Reading, MA: Addison-Wesley, 1975).
2. Aristotle, *On Rhetoric*, translated by George A. Kennedy (New York: Oxford University Press, 1991): 14.
3. For a discussion of motivation in social settings, see Douglas T. Kenrick, Steven L. Neuberg, and Robert B. Cialdini, *Social Psychology: Unraveling the Mystery* (Boston: Allyn & Bacon, 2002).

4. For a discussion of the elaboration likelihood model, see R. Petty and D. Wegener, "The Elaboration Likelihood Model: Current Status and Controversies," in S. Chaiken and Y. Trope, eds., *Dual Process Theories in Social Psychology* (New York: Guilford, 1999): 41–72; also see R. Petty and J. T. Cacioppo, *Communication and Persuasion: Central and Peripheral Routes to Attitude Change* (New York: Springer-Verlag, 1986).
5. Leon Festinger, *A Theory of Cognitive Dissonance* (Evanston, IL: Row, Peterson, 1957).
6. For additional discussion, see Wayne C. Minnick, *The Art of Persuasion* (Boston: Houghton Mifflin, 1967).
7. Abraham H. Maslow, "A Theory of Human Motivation," in *Motivation and Personality* (New York: Harper & Row, 1954), chapter 5.
8. John Ryan, "Emissions Tampering: Get the Lead Out," *Winning Orations 1985* (Mankato, MN: Interstate Oratorical Association, 1985): 50.
9. For a discussion of fear appeal research, see Irving L. Janis and Seymour Feshbach, "Effects of Fear-Arousing Communications," *Journal of Abnormal and Social Psychology* 48 (January 1953): 78–92; Frederick A. Powell and Gerald R. Miller, "Social Approval and Disapproval Cues in Anxiety-Arousing Situations," *Speech Monographs* 34 (June 1967): 152–59; Kenneth L. Higbee, "Fifteen Years of Fear Arousal: Research on Threat Appeals, 1953–68," *Psychological Bulletin* 72 (December 1969): 426–44.
10. Paul A. Mongeau, "Another Look at Fear-Arousing Persuasive Appeals," in Mike Allen and Raymond W. Preiss, eds., *Persuasion: Advances Through Meta-Analysis* (Cresskill, NJ: Hampton Press, 1998): 65.
11. K. Witte, "Putting the Fear Back into Fear Appeals: The Extended Parallel Process Model," *Communication Monographs* 59 (1992): 329–47.
12. See discussions in Myron W. Lustig and Jolene Koester, *Intercultural Competence: Interpersonal Communication Across Cultures* (Boston: Allyn & Bacon, 2012): 347; Larry A. Samovar and Richard E. Porter, *Communication Between Cultures* (Stamford, CT: Wadsworth and Thomson Learning, 2010): 29.
13. C. W. Sherif, M. Sherif, and R. E. Nebergall, *Attitudes and Attitude Change: The Social Judgment-Involvement Approach* (Philadelphia: Saunders, 1965).

第十五章　使用说服性策略

1. Donald C. Bryant, "Rhetoric: Its Functions and Its Scope," *Quarterly Journal of Speech* 39 (December 1953): 26.
2. J. C. Reinard, "The Empirical Study of the Persuasive Effects of Evidence: The Status after Fifty Years of Research," *Human Communication Research* 15 (1988): 3–59.
3. James C. McCroskey and R. S. Rehrley, "The Effects of Disorganization and Nonfluency on Attitude Change and Source Credibility," *Speech Monographs* 36 (1969): 13–21.
4. John F. Kennedy, "Inaugural Address (January 20, 1961)," in Bower Aly and Lucille F. Aly, eds., *Speeches in English* (New York: Random House, 1968): 272.
5. Judee K. Burgoon, T. Birk, and M. Pfau, "Nonverbal Behaviors, Persuasion, and Credibility," *Human Communication Research* 17 (1990): 140–69.
6. Segrin, "The Effects of Nonverbal Behavior on Outcomes of Compliance Gaining Attempts."
7. Robin L. Nabi, Emily Moyer-Guse, and Sahara Byrne, "All Joking Aside: A Serious Investigation into the Persuasive Effect of Funny Social Issue Messages," *Communication Monographs* 74 (March 2007): 29–54.
8. For a discussion of the perceived link between inductive and deductive reasoning, see Evan Heit and Caren M. Rotello, "Relations Between Inductive Reasoning and Deductive Reasoning," *Journal of Experimental Psychology* 36 (2010): 805–12.
9. For an excellent discussion of the influence of culture on public speaking, see Devorah A. Lieberman, *Public Speaking in the Multicultural Environment* (Englewood Cliffs, NJ: Prentice Hall, 1994): 10.
10. Devorah Lieberman and G. Fisher, "International Negotiation," in Larry A. Samovar and Richard E. Porter, eds., *Intercultural Communication: A Reader* (Belmont, CA: Wadsworth, 1991): 193–200.
11. Lieberman and Fisher, "International Negotiation."
12. Jeffrey E. Jamison, "Alkali Batteries: Powering Electronics and Polluting the Environment," *Winning Orations 1991* (Mankato, MN: Interstate Oratorical Association, 1991): 43.

13. H. B. Brosius and A. Bathelt, "The Utility of Exemplars in Persuasive Communications," *Communication Research* 21 (1994): 48–78.
14. Lisa L. Massi-Lindsey and Kimo Ah Yun, "Examining the Persuasive Effect of Statistical Messages: A Test of Mediating Relationships," *Communication Studies* 54 (Fall 2003): 306–21; D. C. Kazoleas, "A Comparison of the Persuasive Effectiveness of Qualitative versus Quantitative Evidence: A Test of Explanatory Hypotheses," *Communication Quarterly* 41 (1993): 40–50; also see M. Allen and R. W. Preiss, "Comparing the Persuasiveness of Narrative and Statistical Evidence Using Meta-Analysis," *Communication Research Reports* (1997): 125–31.
15. Franklin J. Boster, Kenzie A. Cameron, Shelly Campo, Wen-Ying Liu, Janet K. Lillie, Esther M. Baker, and Kimo Ah Yun, "The Persuasive Effects of Statistical Evidence in the Presence of Exemplars," *Communication Studies* 51 (Fall 2000): 296–306; also see E. J. Baesler and Judee K. Burgoon, "The Temporal Effects of Story and Statistical Evidence on Belief Change," *Communication Research* 21 (1994): 582–602.
16. Reinard, "The Empirical Study of the Persuasive Effects of Evidence," 37–38.
17. William L. Benoit and I. A. Kennedy, "On Reluctant Testimony," *Communication Quarterly* 47 (1999): 376–87. Although this study raises questions about whether reluctant testimony is persuasive, reluctant testimony as well as neutral testimony is better than testimony perceived to be obviously biased.
18. E. J. Baesler, "Persuasive Effects of Story and Statistical Evidence," Argumentation and Advocacy 33 (1997): 170–75.
19. Myron W. Lustig and Jolene Koester, *Intercultural Competence: Interpersonal Communication Across Cultures* (Boston: Allyn & Bacon, 2009).
20. K. Ah Yun and L. L. Massi, "The Differential Impact of Race on the Effectiveness of Narrative versus Statistical Appeals to Persuade Individuals to Sign an Organ Donor Card," paper presented at the meeting of the Western States Communication Association, Sacramento, CA; cited by Massi-Lindsey and Ah Yun, "Examining the Persuasive Effect of Statistical Messages."
21. Lustig and Koester, *Intercultural Competence,* 241.
22. Jamie Frater, "Top 10 Great Historic Speeches," http://listverse.com/2008/06/01/top-10-great-historic-speeches/ accessed June 14, 2013.
23. Albert Mehrabian and J. A. Russell, *An Approach to Environmental Psychology* (Cambridge: MIT Press, 1974); T. Biggers and B. Pryor, "Attitude Change as a Function of EmotionEliciting Qualities," *Personality and Social Psychology Bulletin* 8 (1982): 94–99; Steven A. Beebe and T. Biggers, "Emotion Eliciting Qualities of Speech Delivery and Their Effect on Credibility and Comprehension," paper presented at the annual meeting of the International Communication Association, New Orleans, May 1989.
24. Donald Dean Morely and Kim B. Walker, "The Role of Importance, Novelty, and Plausibility in Producing Belief Change," *Communication Monographs* 54 (1987): 436–42; also see Chip Heath and Dan Heath, *Made to Stick: Why Some Ideas Survive and Others Die* (New York: Random House, 2007): 63–97.
25. John W. Bowers and Michael M. Osborn, "Attitudinal Effects of Selected Types of Concluding Metaphors in Persuasive Speeches," *Speech Monographs* 33 (1966): 147–55; James C. McCroskey and W. H. Combs, "The Effects of the Use of Analogy on Attitude Change and Source Credibility," *Journal of Communication* 19 (1969): 333–39; N. L. Reinsch, "An Investigation of the Effects of the Metaphor and Simile in Persuasive Discourse," *Speech Monographs* 38 (1971): 142–45.
26. Pradeep Sopory and James Price Dillard, "The Persuasive Effects of Metaphor: A Meta-Analysis," *Human Communication Research* 28 (July 2002): 382–419.
27. See Irving Janis and S. Feshback, "Effects of Fear-Arousing Communication," *Journal of Abnormal and Social Psychology* 48 (1953): 78–92; Fredric A. Powell, "The Effects of AnxietyArousing Message When Related to Personal, Familial, and Impersonal Referents," *Speech Monographs* 32 (1965): 102–06.
28. Donald C. Bryant, "Rhetoric: Its Functions and Its Scope," *Quarterly Journal of Speech* 39 (December 1953): 26.
29. William L. Benoit, "Forewarning and Persuasion," in Mike Allen and Raymond W. Preiss, eds., *Persuasion: Advances Through Meta-Analysis* (Cresskill, NJ: Hampton Press, 1998): 139–54.
30. Karmen Kirtley, "Grave Matter: The High Cost of Living," *Winning Orations 1997* (Mankato, MN: Interstate Oratorial Association, 1997).

31. Benoit, "Forewarning and Persuasion."
32. Mike Allen, "Comparing the Persuasive Effectiveness of Oneand Two-Sided Messages," in Mike Allen and Raymond W. Preiss, eds., *Persuasion: Advances Through Meta-Analysis* (Cresskill, NJ: Hampton Press, 1998): 87–98.
33. Katherine E. Rowan, "A New Pedagogy for Explanatory Public Speaking: Why Arrangement Should Not Substitute for Invention," *Communication Education* 44 (1995): 236–50.
34. Carl I. Hovland, Arthur A. Lunsdaine, and Fred D. Sheffield, "The Effects of Presenting 'One Side' versus 'Both Sides' in Changing Opinions on a Controversial Subject," in *Experiments on Mass Communication* (Princeton: Princeton University Press, 1949). Also see Arthur Lunsdaine and Irving Janis, "Resistance to 'Counter Propaganda' Produced by a One-Sided versus a Two-Sided 'Propaganda' Presentation," *Public Opinion Quarterly* (1953): 311–18.
35. N. Miller and Donald T. Campbell, "Recency and Primacy in Persuasion as a Function of the Timing of Speeches and Measurements," *Journal of Abnormal and Social Psychology* 59 (1959): 1–9; Adrian Furnham, "The Robustness of the Recency Effect: Studies Using Legal Evidence," *Journal of General Psychology* 113 (1986): 351–57; R. Rosnow, "Whatever Happened to the 'Law of Primacy'?" *Journal of Communication* 16 (1966):10–31.
36. Robert B. Ricco, "Analyzing the Roles of Challenge and Defense in Argumentation," *Argumentation and Advocacy* 39 (Summer 2002): 1–22.
37. Douglas Ehninger, Bruce E. Gronbeck, Ray E. McKerrow, and Alan H. Monroe, *Principles and Types of Speech Communication* (Glenview, IL: Scott, Foresman, 1986): 15.

第十六章　特殊场合及特殊目的演讲

1. Robert Watts and Michael Sheridan, "Blair Is World's Best Paid Speaker," *London Times,* April 5, 2009.
2. Jason Buckland, "Highest-Paid Public Speakers," *Canada msnmoney*, October 20, 2011.
3. "10 Highest-Paid Public Speakers in the World," www.onlineuniversities.com, April 27, 2010.
4. "10 Highest-Paid Public Speakers in the World."
5. "Clinton's Speaking Fees Nearly Total $40 Million," *Huffington Post,* February 23, 2007.
6. Leslie Wayne, "In World Where Talk Doesn't Come Cheap, Former Officials Are Finding Lucrative Careers," *New York Times,* March 10, 2004: A14.
7. Roger E. Flax, "A Manner of Speaking," *Ambassador* (May–June 1991): 37.
8. *Slainte! Toasts, Blessings, and Sayings.* March 1998.
9. Sarah Husberg, "A Wedding Toast," in Tasha Van Horn, Lori Charron, and Michael Charron, eds., *Allyn & Bacon Video II User's Guide*, 2002.
10. Jeff Brooks, *Wedding Toasts*. March 1998.
11. Everett M. Dirksen, "Nominating Speech for Barry Goldwater" (July 15, 1964), in James R. Andrews and David Zarefsky, eds., *Contemporary American Voices* (New York: Simon & Schuster, 1965) 815.
12. Erma Bombeck, "Abbreviated Thank-you's Allow Us More Time to Study Danson's Head," *Austin American-Statesman*, June 22, 1993: F3.
13. Cindy Pearlman, "Oscar Speeches: Statues in Their Hands, Feet in Their Mouths," *Austin American-Statesman,* March 24, 1997: E8.
14. Barack Obama, "A Just and Lasting Peace," *Vital Speeches of the Day* (February 1, 2010): 50–53.
15. William Faulkner, acceptance of the Nobel Prize for literature (December 10, 1950), in Houston Peterson, ed., *A Treasury of the World's Great Speeches* (New York: Simon & Schuster, 1965) 815.
16. Barbara Jordan, "Change: From What to What?" *Vital Speeches of the Day* (August 15, 1992): 651.
17. David Abel, "Commencement Addresses Leave Audiences Lost," *Boston Globe*, June 5, 2000: B4.
18. Richard Pérez-Peña, "In Looser Tone, Speakers Urge Graduates to Take Risks and Be Engaged," *The New York Times,* June 15, 2013.
19. "Mike Bloomberg's Remarks from Stanford University's 122nd Commencement," mikebloomberg.com, June 16, 2013.
20. Sylvia Earle, "The Best Time in History for Whatever You're Going to Do Next," *Vital Speeches of the Day*

(August 2012): 254–58.
21. Abel, "Commencement Addresses Leave Audiences Lost," B4.
22. Cyrus Copeland, "Death, Be Not Ponderous," *New York Times,* October 31, 2004.
23. Veronique Pozner, "Momma Loves You, Little Man," *Vital Speeches of the Day* (February 2013): 36.
24. John T. Masterson, Jr., eulogy for Betty Stalvey, New Braunfels, TX, March 26, 2005.
25. Dave Barry, "Speak! Speak!" *Austin American-Statesman,* June 2, 1991: C4.
26. Sarah Booth Conroy, "State Dinners Offer Speech as First Course," *Austin American-Statesman,* November 10, 1989.
27. Debi Martin, "Laugh Lines," *Austin American-Statesman,* May 20, 1988: D1.
28. Jon Macks, *How to Be Funny* (New York: Simon & Schuster, 2003).
29. Matt Hughes, "Tricks of the Speechwriter's Trade," *Management Review* 79 (November 1990): 56–58.
30. Michael Koresky, "Prognosis: Dire, Michael Moore's 'Sicko'," *indieWIRE,* June 22, 2007.
31. John C. Meyer, "Humor as a Double-Edged Sword: Four Functions of Humor in Communication," *Communication Theory* 10 (August 2000): 311.
32. Joe Queenan, "How to Tell a Joke," *Reader's Digest* (September 2003): 73.
33. Michael Blastland and David Spiegelhalter, *The Norm Chronicles: Stories and Numbers about Danger* (London: Profile Books, 2013) 42.
34. Alison White, "Writing a Humorous Speech," bizinternet.com June 2004.
35. Mark Twain, "The Alphabet and Simplified Spelling," address at the dedication of the New York Engineers' Club, December 9, 1907. *Mark Twain's Speeches; with an Introduction by William Dean Howells* (University of Virginia Library: Electronic Text Center).
36. Bill Gates, 2007 Harvard commencement address, *Harvard University Gazette Online,* June 7, 2007.
37. Chris O'Keefe, untitled speech, in John K. Boaz and James Brey, eds., *1987 Championship Debates and Speeches* (Speech Communication Association and American Forensic Association, 1987) 99.
38. Owen H. Lynch, "Humorous Communication: Finding a Place for Humor in Communication Research," *Communication Theory* 12.4 (November 2002): 423–45.
39. "Mirren 'Too Busy' to Meet Queen," *BBC News,* May 10, 2007.
40. Susan Wallace, "Seriously, How Do I Write a Humorous Speech?" as reported by Mike Dicerbo, *Leadership in Action,* November 1, 2000.

附录 A 小组演讲

1. Group communication principles presented in this chapter are adapted from Steven A. Beebe and John T. Masterson, *Communicating in Small Groups: Principles and Practices*, 11th ed. (Boston: Pearson, 2015).
2. Our definition of team is based on a discussion in Beebe and Masterson, *Communicating in Small Groups*; and in Steven A. Beebe, Susan J. Beebe, and Diana K. Ivy, *Communication Principles for a Lifetime* (Boston: Pearson, 2013): 240–41; J. R. Katzenback and D. K. Smith, *The Wisdom of Teams: Creating the High-Performance Organization* (New York: Harper Business, 1993); M. Schrage, *No More Teams! Mastering the Dynamics of Creative Collaboration* (New York: Currency Doubleday, 1995); D. D. Chrislip and C. E. Larson, *Collaborative Leadership* (San Francisco, CA: Jossey-Bass, 1994); C. Klein, D. DiazGranados, E. Salas, H. Le, C. S. Burke, R. Lyons, and G. F. Goodwin, "Does Team Building Work?" *Small Group Research* 40, no. 2 (2009): 181–222; A. N. Pieterse, D. van Knippenberg, and W. P. van Ginkel, "Diversity in Goal Orientation, Team Reflexivity, and Team Performance," *Organizational Behavior and Human Decision Processes* 114 (2011): 153–64.
3. For discussions of the advantages and disadvantages of working in small groups, see Norman R. F. Maier, "Assets and Liabilities in Group Problem Solving: The Need for an Integrative Function," *Psychological Review* 74 (1967): 239–49; Michael Argyle, *Cooperation: The Basis of Sociability* (London: Routledge, 1991); J. Surowiecki, *The Wisdom of Crowds* (New York: Anchor, 2005); P. R. Laughlin, E. C. Hatch, J. Silver, and L. Boh, "Groups Perform Better Than the Best Individuals on Letters-to-Numbers Problems: Effects on Group Size," *Journal of Personality and Social Psychology* 90 (2006): 644–51. J. S. Mueller, "Why Individuals in Larger Teams Perform Worse," *Organizational Behavior and Human Decision*

Processes 117 (2012): 111–24; B. R. Staats, K. L. Milkman, and C. R. Fox, "The Team Scaling Fallacy: Underestimating the Declining Efficiency of Larger Teams," *Organizational Behavior and Human Decision Processes* 118 (2012): 132–42; B. M. Waller, L. Hope, N. Burrowes, and E. R. Morrison, "Twelve (Not So) Angry Men: Managing Conversational Group Size Increases Perceived Contribution by Decision Makers," *Group Processes & Intergroup Relations* 14, no. 6 (2011): 835–43.

4. Maier, "Assets and Liabilities in Group Problem Solving" ; Argyle, *Cooperation*.
5. John Dewey, *How We Think* (Boston: Heath, 1910).
6. P. L. McLeod, "Effects of Anonymity and Social Comparison of Rewards on Computer-Mediated Group Brainstorming," *Small Group Research* 42, no. 2 (2011): 475–503; H. Barki, "Small Group Brainstorming and Idea Quality: Is Electronic Brainstorming the Most Effective Approach?" *Small Group Research* 32 (2001): 158–205; B. A. Nijstad, W. Stroebe, and H. F. M. Lodewijkx, "Cognitive Stimulation and Interference in Groups: Exposure Effects in an Idea Generation Task," *Journal of Experimental Social Psychology* 38 (2002): 535–44; E. F. Rietzchel, B. A. Nijstad, and W. Stroebe, "Productivity Is Not Enough: A Comparison of Interactive and Nominal Brainstorming Groups on Idea Generation and Selection," *Journal of Experimental Social Psychology* 42 (2006): 244–51; also see P. B. Paulus, M. T. Dzindolet, H. Coskun, and V. K. Putman, "Social and Cognitive Influences in Group Brainstorming: Predicting Production Gains and Losses," *European Review of Social Psychology* 12 (2002): 299–326.
7. K. L. Dugosh, P. B. Paulus, E. J. Roand, and H. C. Yang, "Cognitive Stimulation in Brainstorming," *Journal of Personality and Social Psychology* 79 (2000): 722–35.
8. R. Y. Hirokawa and A. J. Salazar, "Task-Group Communication and Decision-Making Performance," in L. Frey, ed., *The Handbook of Group Communication Theory and Research* (Thousand Oaks, CA: Sage, 1999): 167–91; D. Gouran and R. Y. Hirokawa, "Functional Theory and Communication in Decision-Making and Problem-Solving Groups: An Expanded View," in R. Y. Hirokawa and M. S. Poole, eds., *Communication and Group Decision Making* (Thousand Oaks, CA: Sage, 1996): 55–80.
9. C. A. VanLear and E. A. Mabry, "Testing Contrasting Interaction Models for Discriminating Between Consensual and Dissentient Decision-Making Groups," *Small Group Research* 30 (1999): 29–58; also see T. J. Saine and D. G. Bock, "A Comparison of the Distributional and Sequential Structures of Interaction in High and Low Consensus Groups," *Central States Speech Journal* 24 (1973): 125–39.
10. Randy Y. Hirokawa and Roger Pace, "A Descriptive Investigation of the Possible Communication-Based Reasons for Effective and Ineffective Group Decision Making," *Communication Monographs* 50 (Dec. 1983): 363–79.
11. Randy Y. Hirokawa, "Group Communication and Problem-Solving Effectiveness: An Investigation of Group Phases," *Human Communication Research* 9 (Summer 1983): 291–305.
12. Dennis S. Gouran, "Variables Related to Consensus in Group Discussion of Question of Policy," *Speech Monographs* 36 (Aug. 1969): 385–91.
13. For a summary of research about conflict management in small groups, see S. M. Farmer and J. Roth, "Conflict-Handling Behavior in Work Groups: Effects of Group Structure, Decision Processes, and Time," *Small Group Research* 29 (1998): 669–713; also see Beebe and Masterson, *Communicating in Small Groups*; J. Sell, M. J. Lovaglia, E. A. Mannix, C. D. Samuelson, and R. K. Wilson, "Investigating Conflict, Power, and Status Within and Among Groups," *Small Group Research* 30 (1999): 44–72; K. J. Behfar, E. A. Mannix, Randall S. Peterson, and W. M. Trochim, "Conflict in Small Groups: The Meaning and Consequences of Process Conflict," *Small Group Research* 42, no. 2 (2011): 127–76; L. L. Greer, H. M. Caruso, and K. A. Jehn, "The Bigger They Are, the Harder They Fall: Linking Team Power, Team Conflict, and Performance," *Organizational Behavior and Human Decision Process* 116 (2011): 116–28.
14. Ralph White and Ronald Lippitt, "Leader Behavior and Member Reaction in Three 'Social Climates,' " in Darwin Cartwright and Alvin Zander, eds., *Group Dynamics*, 3rd ed. (New York: Harper & Row, 1968): 319.
15. Peter M. Senge, "Leading Learning Organizations," in Richard Beckhard et al., eds., *The Leader of the Future* (San Francisco: Jossey-Bass, 1996); Bernard M. Bass and M. J. Avolio, "Transformational Leadership and Organizational Culture," *International Journal of Public Administration* 17 (1994): 541–54; Lynn Little, "Transformational Leadership," *Academic Leadership* 15 (Nov. 1999): 4–5.

16. Francis Y. Yammarino and Alan J. Dubinsky, "Transformational Leadership Theory: Using Levels of Analysis to Determine Boundary Conditions," *Personnel Psychology* 47 (1994): 787–809; L. Little, "Transformational Leadership," *Academic Leadership* 15 (Nov. 1999): 4–9.

附录 B　用于分析探讨的演讲

1. Daniel Rose, Burstyn Memorial Lecture at Hunter College, New York City, as appeared in *Vital Speeches of the Day* (December 2012): 392–94.
2. Angelitta Armijo, "Elvis," Texas State University student speech, 2013.

图书在版编目（CIP）数据

演讲课：听者为重 / (美) 史蒂文·A.毕比，(美) 苏珊·J.毕比著；张蓉蓉译. -- 上海：上海文化出版社，2023.8

ISBN 978-7-5535-2769-7

Ⅰ.①演… Ⅱ.①史… ②苏… ③张… Ⅲ.①演讲—语言艺术 Ⅳ.①H019

中国国家版本馆CIP数据核字(2023)第116092号

图字：09-2023-0564号

出 版 人　姜逸青
策　　划　后浪出版公司
责任编辑　葛秋菊
特约编辑　八　月
版面设计　肖　霄
封面设计　DarkSlayer
出版统筹　吴兴元
营销推广　ONEBOOK

书　　名　演讲课：听者为重
著　　者　［美］史蒂文·A.毕比　［美］苏珊·J.毕比
译　　者　张蓉蓉
出　　版　上海世纪出版集团　上海文化出版社
地　　址　上海市闵行区号景路159弄A座3楼　201101
发　　行　后浪出版公司
印　　刷　北京天宇万达印刷有限公司
开　　本　787×1092　1/16
印　　张　28
版　　次　2023年8月第1版　2023年8月第1次印刷
书　　号　ISBN 978-7-5535-2769-7/G.460
定　　价　98.00元